Nachhaltigkeit im Versicherungsaufsichtsrecht

Haftungs- und Versicherungsrecht

Rechtliche Probleme der vertraglichen
und außervertraglichen Haftung
sowie des Versicherungsrechts

Herausgegeben von Christoph Brömmelmeyer, Martin Ebers,
Hans-Peter Schwintowski und Jochen Taupitz

Band 19

PETER LANG
Berlin · Bruxelles · Chennai · Lausanne · New York · Oxford

Kai Simon Wettlaufer

Nachhaltigkeit im Versicherungsaufsichtsrecht

PETER LANG
Berlin · Bruxelles · Chennai · Lausanne · New York · Oxford

Bibliografische Information der Deutschen Nationalbibliothek
Die Deutsche Nationalbibliothek verzeichnet diese Publikation in der Deutschen Nationalbibliografie; detaillierte bibliografische Daten sind im Internet über http://dnb.d-nb.de abrufbar.

Zugl.: Gießen, Univ., Diss., 2025

Der Fachbereich Rechtswissenschaft der Justus-Liebig-Universität Gießen hat diese Arbeit im Jahre 2025 als Dissertation angenommen.

DE-26
ISSN 0945-3628
ISBN 978-3-631-94648-0 (Print)
ISBN 978-3-631-94664-0 (ePDF)
ISBN 978-3-631-94665-7 (ePUB)
DOI 10.3726/b23408

Verlegt durch Peter Lang GmbH, Berlin, Deutschland

info@peterlang.com

www.peterlang.com

Kontakt zur Verordnung über die allgemeine Produktsicherheit (GPSR):
gpsr@peterlang.com

Inhaltsverzeichnis

Vorwort

Die vorliegende Arbeit entstand während meiner Tätigkeit als wissenschaftlicher Mitarbeiter an der Professur für Bürgerliches Recht, Arbeitsrecht und Versicherungsrecht der Justus-Liebig-Universität Gießen. Sie wurde im Sommersemester 2025 vom Fachbereich Rechtswissenschaft der Justus-Liebig-Universität als Dissertation angenommen. Die Disputation erfolgte am 3. Juli 2025. Gesetzgebung, Rechtsprechung und Literatur wurden bis Anfang Juli 2025 berücksichtigt.

Ich möchte mich herzlich bei meiner Doktormutter, Frau *Professorin Dr. Lena Rudkowski*, für die sehr engagierte Betreuung meiner Arbeit und die lehrreiche Zeit als wissenschaftlicher Mitarbeiter an ihrer Professur bedanken. Herrn *Professor Dr. Franz Reimer* danke ich für die Übernahme und Erstellung des Zweitgutachtens.

Bedanken möchte ich mich zudem bei den ehemaligen Kolleginnen und Kollegen an der Professur. Ich empfand die Zusammenarbeit als sehr angenehm und werde die gemeinsame Zeit in guter Erinnerung behalten.

Der größte Dank gilt schließlich meiner Familie. Besonders möchte ich meine Schwester *Hanna Wettlaufer, M.Sc.* hervorheben, die mir eine sehr große Unterstützung bei der Korrektur dieser Arbeit war.

Marburg, im Dezember 2025
Kai Simon Wettlaufer

Abkürzungsverzeichnis

a.A.	andere Ansicht
Abb.	Abbildung
ABl.	Amtsblatt der Europäischen Union
Abs.	Absatz
AcP	Archiv für die civilistische Praxis
a.E.	am Ende
AEUV	Vertrag über die Arbeitsweise der Europäischen Union
a.F.	alte Fassung
AG	Aktiengesellschaft
AG	Die Aktiengesellschaft (Zeitschrift)
AktG	Aktiengesetz
AL	Ad Legendum
Alt.	Alternative
AltZertG	Altersvorsorgeverträge-Zertifizierungsgesetz
a.M.	am Main
Änderungs-RL zur Bilanz-RL	Richtlinie 2013/34/EU

Änderungs-RL 80-E-KOM	Richtlinienvorschlag der EU-Kommission bezüglich der Termine, ab denen die Mitgliedstaaten bestimmte Anforderungen an die Nachhaltigkeitsberichterstattung und die Sorgfaltspflichten von Unternehmen erfüllen müssen
Änderungs-RL 81-E-KOM	Richtlinienvorschlag der EU-Kommission im Hinblick auf bestimmte Anforderungen an die Nachhaltigkeitsberichterstattung und die Sorgfaltspflichten von Unternehmen
Anm.	Anmerkung
AöR	Archiv des öffentlichen Rechts
ARP	Arbeitsschutz in Recht und Praxis
Art.	Artikel
ARUG II-RL	Richtlinie (EU) 2017/828
ARUG II-UmsG	Gesetz zur Umsetzung der zweiten Aktionärsrechterichtlinie (ARUG II)
Aufl.	Auflage
BAFA	Bundesamt für Wirtschaft und Ausfuhrkontrolle
BaFin	Bundesanstalt für Finanzdienstleistungsaufsicht
BAV	Bundesaufsichtsamt für Versicherungs- und Bausparwesen
BB	Betriebs-Berater (Zeitschrift)
Bd.	Band
BeckRS	Beck-Rechtsprechung
Begr.	Begründer
Beh. Sci. Policy	Behavioral Science and Policy (Zeitschrift)
BfJ	Bundesamt für Justiz
Beil.	Beilage
Benchmark-VO	Verordnung (EU) 2016/1011
Beschl.	Beschluss
BGB	Bürgerliches Gesetzbuch
BGBl.	Bundesgesetzblatt

BGH	Bundesgerichtshof
BGHZ	Entscheidungen des Bundesgerichtshofs
BKR	Zeitschrift für Bank- und Kapitalmarktrecht
bspw.	beispielsweise
BT-Drs.	Drucksache des Bundestages
BVerfG	Bundesverfassungsgericht
BVerfGE	Entscheidungen des Bundesverfassungsgerichts
BVerwG	Bundesverwaltungsgericht
BVerwGE	Entscheidungen des Bundesverwaltungsgerichts
BWaldG	Bundeswaldgesetz
bzgl.	bezüglich
bzw.	beziehungsweise
Cap. Mark. Law J.	Capital Markets Law Journal
CCZ	Corporate Compliance Zeitschrift
CO_2	Kohlenstoffdioxid
CFL	Corporate Finance Law (Zeitschrift)
CRD	Richtlinie 2013/36/EU
CRR-VO	Verordnung (EU) Nr. 575/2013
CSDDD	Richtlinie (EU) 2024/1760
CSDDD-E-KOM	Richtlinienvorschlag der EU-Kommission über Sorgfaltspflichten von Unternehmen im Hinblick auf Nachhaltigkeit
CSRD	Richtlinie (EU) 2022/2464
CSRD-UmsG	Gesetz zur Umsetzung der Richtlinie (EU) 2022/2464 hinsichtlich der Nachhaltigkeitsberichterstattung von Unternehmen in der durch die Richtlinie (EU) 2025/794 geänderten Fassung
CSR-RL	Richtlinie 2014/95/EU
DB	Der Betrieb (Zeitschrift)
Del. VO 2017/2358	Delegierte Verordnung (EU) 2017/2358
Del. VO 2017/2359	Delegierte Verordnung (EU) 2017/2359

Del. VO 2021/1256	Delegierte Verordnung (EU) 2021/1256
Del. VO 2021/1257	Delegierte Verordnung (EU) 2021/1257
Del. VO 2021/2139	Delegierte Verordnung (EU) 2021/2139
Del. VO 2022/1214	Delegierte Verordnung (EU) 2022/1214
Del. VO 2022/1288	Delegierte Verordnung (EU) 2022/1288
Del. VO 2023/363	Delegierte Verordnung (EU) 2023/363
Del. VO 2023/2486	Delegierte Verordnung (EU) 2023/2486
Del. VO 2023/2772	Delegierte Verordnung (EU) 2023/2772
d.h.	das heißt
DK	Der Konzern (Zeitschrift)
DÖV	Die öffentliche Verwaltung (Zeitschrift)
DStR	Deutsches Steuerrecht (Zeitschrift)
DV	Die Verwaltung (Zeitschrift)
DV-VO 2021/637	Durchführungsverordnung (EU) 2021/637
DV-VO 2022/2453	Durchführungsverordnung (EU) 2022/2453
DV-VO 2024/3172	Durchführungsverordnung (EU) 2024/3172
EBA	European Banking Authority; Europäische Bankenaufsichtsbehörde
EbAV	Einrichtung(en) der betrieblichen Altersvorsorge
EbAV-UmsG	Gesetz zur Umsetzung der Richtlinie (EU) 2016/2341 des Europäischen Parlaments und des Rates vom 14. Dezember 2016 über die Tätigkeiten und die Beaufsichtigung von Einrichtungen der betrieblichen Altersversorgung (EbAV) (Neufassung)
EbAV-II-RL	Richtlinie (EU) 2016/2341
EFRAG	European Financial Advisory Group; Europäische Beratergruppe für Rechnungslegung
EGBGB	Einführungsgesetz zum Bürgerlichen Gesetzbuch
EGMR	Europäischer Gerichtshof für Menschenrechte
Einf.	Einführung

Einl.	Einleitung
EIOPA	European Insurance and Occupational Pensions Authority; Europäische Aufsichtsbehörde für das Versicherungswesen und die betriebliche Altersversorgung
EIOPA-VO	Verordnung (EU) Nr. 1094/2010
EMRK	Europäische Menschenrechtskonvention
Entsch.	Entscheidung
ErwG	Erwägungsgrund
ESG	Zeitschrift für nachhaltige Unternehmensführung
ESGZ	Fachzeitschrift für Nachhaltigkeit und Recht
ESRS	European Sustainability Reporting Standards; Europäische Standards für die Nachhaltigkeitsberichterstattung
EU	Europäische Union
EuGH	Gerichtshof der Europäischen Union
EU-Kommission	Europäische Kommission
EUR	Euro
EuR	Europarecht (Zeitschrift)
EUV	Vertrag über die Europäische Union
EuZW	Europäische Zeitschrift für Wirtschaftsrecht
e.V.	eingetragener Verein
EWeRK	Zeitschrift des Instituts für Energie- und Wettbewerbsrecht in der Kommunalen Wirtschaft e.V.
EZB	Europäische Zentralbank
f.	folgende
FAQ	Frequently Asked Questions
ff.	fortfolgende
FinDAG	Finanzdienstleistungsaufsichtsgesetz
FMA	Österreichische Finanzmarktaufsichtsbehörde
Fn.	Fußnote

FS	Festschrift
FüPoG I	Führungspositionen-Gesetz
FüPoG II	Zweites Führungspositionen-Gesetz
GA	Generalanwalt am Europäischen Gerichtshof
GewArch	Gewerbearchiv (Zeitschrift)
GG	Grundgesetz
ggf.	gegebenenfalls
GmbH	Gesellschaft mit beschränkter Haftung
GPR	Zeitschrift für das Privatrecht der Europäischen Union
grdl.	grundlegend
GRC	Charta der Grundrechte der Europäischen Union
GuP	Gesundheit und Pflege (Zeitschrift)
GWR	Gesellschafts- und Wirtschaftsrecht (Zeitschrift)
HGB	Handelsgesetzbuch
h.M.	herrschende Meinung
Hrsg.	Herausgeber
Hs.	Halbsatz
IBIP	Insurance-Based Investment Product; Versicherungsanlageprodukt
IDD	Richtlinie (EU) 2016/97
i.E.	im Ergebnis
ILO	International Labour Organization; Internationale Arbeitsorganisation
ILO-Übereinkommen Nr. 155	Übereinkommen über Arbeitsschutz und Arbeitsumwelt
ILO-Übereinkommen Nr. 182	Übereinkommen über das Verbot und unverzügliche Maßnahmen zur Beseitigung der schlimmsten Formen der Kinderarbeit
IPbpR	Internationaler Pakt über bürgerliche und politische Rechte

IPCC	Intergovernmental Panel on Climate Change; Zwischenstaatlicher Ausschuss für Klimaänderungen
IPwskR	Internationaler Pakt über wirtschaftliche, soziale und kulturelle Rechte
IRZ	Zeitschrift für internationale Rechnungslegung
IT	Information Technology; Informationstechnik
IUCN	International Union for Conservation of Nature and Natural Resources; Internationale Union zur Bewahrung der Natur
i.V.m.	in Verbindung mit
J. Financ. Regul.	Journal of Financial Regulation
jurisPR-BVerwG	juris PraxisReport Bundesverwaltungsgericht
jurisPR-Compl	juris PraxisReport Compliance & Investigations
JuS	Juristische Schulung
JZ	JuristenZeitung
KAGB	Kapitalanlagegesetzbuch
Kap.	Kapitel
KG	Kammergericht
KleinanlegerschutzG	Kleinanlegerschutzgesetz
KlimaRZ	Zeitschrift für materielles und prozessuales Klimarecht
krit.	kritisch
KriV	Kritische Vierteljahresschrift für Gesetzgebung und Rechtswissenschaft
KWG	Kreditwesengesetz
lit.	Litera (Buchstabe)
LkSG	Lieferkettensorgfaltspflichtengesetz
LMuR	Lebensmittel & Recht (Zeitschrift)
MaComp	Mindestanforderungen an die Compliance und die weiteren Verhaltens-, Organisations- und Transparenzanforderungen nach § 31 ff. WpHG

MaGo	Mindestanforderungen an die Geschäftsorganisation der Versicherungsunternehmen
MaRisk	Mindestanforderungen an das Risikomanagement
MDR	Monatsschrift für Deutsches Recht
MedR	Medizinrecht (Zeitschrift)
m.N.	mit Nachweisen
m.w.N.	mit weiteren Nachweisen
NJOZ	Neue Juristische Online Zeitschrift
NJW	Neue Juristische Wochenschrift
NJW-RR	NJW-Rechtsprechungs-Report Zivilrecht
NLMR	Newsletter Menschenrechte
No.	Numero (Nummer)
NR	Nachhaltigkeitsrecht (Zeitschrift)
Nr.	Nummer
NVwZ	Neue Zeitschrift für Verwaltungsrecht
NZA	Neue Zeitschrift für Arbeitsrecht
NZG	Neue Zeitschrift für Gesellschaftsrecht
NZI	Neue Zeitschrift für Insolvenz- und Sanierungsrecht
NZKart	Neue Zeitschrift für Kartellrecht
o.ä.	oder ähnlich
OECD	Organization for Economic Cooperation and Development; Organisation für wirtschaftliche Entwicklung und Zusammenarbeit
Offenlegungs-VO	Verordnung (EU) 2019/2088
OHCHR	Office of the High Commissioner for Human Rights; Büro des Hohen Kommissars der Vereinten Nationen für Menschenrechte
OLG	Oberlandesgericht
Omnibus-II-RL	Richtlinie 2014/51/EU

PEPP	Pan-European Personal Pension Product; Paneuropäisches privates Pensionsprodukt
PEPP-VO	Verordnung (EU) 2019/1238
PRIIP-VO	Verordnung (EU) Nr. 1286/2014
PSF	Platform on Sustainable Finance; Plattform für nachhaltiges Finanzwesen
RdA	Recht der Arbeit (Zeitschrift)
RdF	Recht der Finanzinstrumente (Zeitschrift)
RefE	Referentenentwurf
RegE	Regierungsentwurf
RGBl.	Reichsgesetzblatt
RL 2025/2	Richtlinie (EU) 2025/2
RL 2025/794	Richtlinie (EU) 2025/794
Rn.	Randnummer
r+s	recht und schaden (Zeitschrift)
Rs.	Rechtssache
Rspr.	Rechtsprechung
RT	Rechtstheorie (Zeitschrift)
RuP	Recht und Politik (Zeitschrift)
RW	Rechtswissenschaft (Zeitschrift)
S.	Seite
s.	siehe
SE	Societas Europaea; Europäische Gesellschaft
sog.	sogenannte
Solva-II-RL	Richtlinie 2009/138/EG
Solva-II-VO	Delegierte Verordnung (EU) 2015/35
SpoPrax	Sportrecht und E-Sportrecht in der Praxis (Zeitschrift)
StGB	Strafgesetzbuch
SSM-VO	Verordnung (EU) Nr. 1024/2013

stRspr.	ständige Rechtsprechung
SZ	Süddeutsche Zeitung
Taxonomie-VO	Verordnung (EU) 2020/852
Tab.	Tabelle
u.a.	und andere; unter anderem
u.ä.	und ähnlich
UAbs.	Unterabsatz
UKlaG	Unterlassungsklagegesetz
UN	United Nations; Vereinte Nationen
UNEP	UN Environment Programme; Umweltprogramm der Vereinten Nationen
UNHRC	UN Human Rights Council; Menschenrechtsrat der Vereinten Nationen
Urt.	Urteil
US	United States; Vereinigte Staaten
u.U.	unter Umständen
usw.	und so weiter
v.	von; vom
v.a.	vor allem
VAG	Versicherungsaufsichtsgesetz
Var.	Variante
v. d.	von der
Verb.	Verbundene
VersR	Zeitschrift für Versicherungsrecht
VG	Verwaltungsgericht
VGH	Verwaltungsgerichtshof
vgl.	vergleiche
VGR	Gesellschaftsrechtliche Vereinigung
VorstAG	Gesetz zur Angemessenheit der Vorstandsvergütung
VO 2021/1119	Verordnung (EU) 2021/1119

VO 2024/1623	Verordnung (EU) 2024/1623
VSSAR	Vierteljahresschrift für Sozial- und Arbeitsrecht
VVDStRL	Veröffentlichungen der Vereinigung der Deutschen Staatsrechtslehrer
VVG	Versicherungsvertragsgesetz
VW	Versicherungswirtschaft (Zeitschrift)
VwVfG	Verwaltungsverfahrensgesetz
WCED	World Commission on Environment and Development; Weltkommission für Umwelt und Entwicklung
WD	Wirtschaftsdienst (Zeitschrift)
WM	Zeitschrift für Wirtschafts- und Bankrecht
Wpg	Die Wirtschaftsprüfung (Zeitschrift)
WpHG	Wertpapierhandelsgesetz
WWF	World Wide Fund for Nature
ZAG	Zahlungsdiensteaufsichtsgesetz
ZaöRV	Zeitschrift für ausländisches öffentliches Recht und Völkerrecht
z.B.	zum Beispiel
ZBB	Zeitschrift für Bankrecht und Bankwirtschaft
ZEuP	Zeitschrift für Europäisches Privatrecht
ZfA	Zeitschrift für Arbeitsrecht
ZfBR	Zeitschrift für deutsches und internationales Bau- und Vergaberecht
ZfDR	Zeitschrift für Digitalisierung und Recht
ZfgK	Zeitschrift für das gesamte Kreditwesen
ZfPW	Zeitschrift für die gesamte Privatrechtswissenschaft
ZfV	Zeitschrift für Versicherungswesen
ZfU	Zeitschrift für Umweltpolitik & Umweltrecht
ZGR	Zeitschrift für Unternehmens- und Gesellschaftsrecht

ZHR	Zeitschrift für das gesamte Handelsrecht und Wirtschaftsrecht
Ziff.	Ziffer
ZIP	Zeitschrift für Wirtschaftsrecht
ZLR	Zeitschrift für das gesamte Lebensmittelrecht
ZRP	Zeitschrift für Rechtspolitik
zugl.	zugleich
ZUM	Zeitschrift für Urheber- und Medienrecht
ZUR	Zeitschrift für Umweltrecht
ZVersWiss	Zeitschrift für die gesamte Versicherungswissenschaft
ZVertriebsR	Zeitschrift für Vertriebsrecht
ZVglRWiss	Zeitschrift für Vergleichende Rechtswissenschaft

Einleitung

Das Thema Nachhaltigkeit[1] ist omnipräsent und hat Einzug in nahezu alle Lebensbereiche gehalten.[2] Es beschäftigt auch in einem immer größer werdenden Maße Versicherungsunternehmen und Versicherungsaufsicht.[3] Dies ist darauf zurückzuführen, dass der Umfang der nachhaltigkeitsbezogenen Vorschriften, der an die Akteure[4] der Versicherungswirtschaft adressiert wird, stetig zunimmt.[5]

Diese Entwicklung lässt sich zum einen damit erklären, dass insbesondere der Klimawandel spürbare Auswirkungen auf die Geschäftstätigkeit der Versicherungsunternehmen hat.[6] Zum anderen steht das europäische Wirtschaftssystem – maßgeblich angetrieben durch die europäische

1 Die Begriffe Nachhaltigkeit und nachhaltige Entwicklung werden gewöhnlicherweise synonym verwendet, wobei Ersterer im nationalen und Letzter im internationalen Kontext gebraucht wird; dazu *Mittwoch*, Nachhaltigkeit und Unternehmensrecht, S. 2 m.w.N.; auch für diese Untersuchung gilt, dass die Begriffe synonym verwendet werden.

2 *Pohl*, VW 1/2021, 56, 57 nennt beispielhaft Essen, Kleiden und Wohnen; *Müller-Reichart*, VW 8/2022, 84, 86 spricht vom 21. Jahrhundert als dem „Jahrhundert der Nachhaltigkeit".

3 *Eling*, VW 11/2022, 74, 76.

4 Zur besseren Lesbarkeit wird das generische Maskulinum verwendet, dennoch schließen alle Formulierungen und Personenbezeichnungen alle Geschlechter ein.

5 *Brock*, VW 5/2021, 52; *Renner*, ZEuP 2022, 782, 783 spricht von einem „Regulierungs-Tsunami".

6 *Batsaikhan/Heep-Altiner/Fischer/Schulz/Wenzel*, in: Heep-Altiner/Rohlfs/Berg/Schmidt, Klima- und Nachhaltigkeitsrisiken für die Versicherungswirtschaft, Kap. 3, S. 105 ff.

Rechtsetzung – vor einem grundlegenden Wandel hin zu einer nachhaltigen Ökonomie.[7] Für die Erreichung einer klimaneutralen Wirtschaft bedarf es einer gewaltigen Menge an Kapital, welches auch von privaten Kapitalgebern – Versicherungsunternehmen gehören zu den bedeutenden institutionellen Anlegern[8] – aufgebracht werden muss.[9]

Dieser angestoßene Wandel beruht auf den verheerenden Katastrophen, die sich seit geraumer Zeit immer häufiger ereignen und der Menschheit den anthropogenen Klimawandel vor Augen führen,[10] und den nun stärker zur Kenntnis genommenen wissenschaftlichen Erkenntnissen zum Zustand von Umwelt und Klima[11].

Der Befund soll zum Anlass genommen werden, zunächst der Frage nachzugehen, ob sich im Versicherungsaufsichtsrecht ein Paradigmenwechsel vollzieht, indem sich dieses in Richtung Nachhaltigkeit entwickelt (Teil 2). In einem anschließenden Schritt wird untersucht, welche Möglichkeiten und Grenzen – insbesondere mit Blick auf einschlägige Grundrechte und vorhandene Aufsichtsziele – für eine nachhaltigkeitsbezogene Entwicklung im Bereich des Versicherungsaufsichtsrechts bestehen (Teil 3).

Teil 2 widmet sich zunächst dem Begriff der Nachhaltigkeit. Es soll dazu in gebotener Kürze die Entwicklung des Begriffs, die stark durch internationale Übereinkommen geprägt ist, skizziert werden. Weiter wird aufgezeigt, dass es nach heutigem Verständnis keine einheitliche Definition dieses Begriffs gibt, sondern verschiedene Begriffsverständnisse nebeneinander existieren. Dies ist von besonderer Bedeutung für die Untersuchung, da hieran gezeigt werden kann, dass der Begriff nicht ohne weitere Konkretisierungen in Rechtsvorschriften verwendet werden sollte. Anschließend wird herausgearbeitet, welchem Nachhaltigkeitsverständnis die auf der europäischen Ebene erlassenen nachhaltigkeitsbezogenen Verordnungen unterliegen. Es folgt sodann eine kritische Auseinandersetzung mit dem Begriff selbst, um

---

7 *Baumüller/Scheid/Needham*, IRZ 2021, 337, 343.

8 *Broichhausen/Winter/van Meegen*, VW 11/2020, 96.

9 S. dazu *Balz*, FS v. Fürstenwerth, 2020, 11, 13; *Broichhausen/Winter/van Meegen*, VW 11/2020, 96.

10 Dazu bspw. *Duhm/Götze/Großekemper/Weinzlerl*, DER SPIEGEL 45/2022, S. 8 ff.

11 Zur Illustration sei auf die zahlreichen wissenschaftlichen Publikationen im *Europäischen Grünen Deal* verwiesen; EU-Kommission, Der europäische Grüne Deal v. 11.12.2019, COM(2019) 640 final, S. 2.

aufzuzeigen, dass die Verwendung des Begriffs mit erheblichen – bislang ungelösten – Problemen verbunden ist.

Schließlich werden nachhaltigkeitsbezogene Vorschriften dargestellt, die an Versicherungsunternehmen, EbAV und Versicherungsvermittler adressiert sind, um hieran die Entwicklungstendenz des Versicherungsaufsichtsrechts aufzuzeigen.

Teil 3 bildet den Hauptteil der Untersuchung. Zunächst wird herausgestellt, dass Nachhaltigkeit – trotz der materiellen Vorgaben – nicht als formelles Ziel des Versicherungsaufsichtsrechts implementiert wurde.

Die weitere Untersuchung befasst sich damit, ob die historische Entwicklung und die Zielsetzung des Versicherungsaufsichtsrechts mit der bisherigen nachhaltigkeitsbezogenen Entwicklung vereinbar sind, und inwiefern diese Gesichtspunkte einer weitergehenden Entwicklung – etwa im Hinblick auf allgemeinpolitische Anliegen oder der Förderung von Nachhaltigkeit – entgegenstehen.

Sodann wird herausgearbeitet, ob die unter Teil 2.II.1. dargestellten nachhaltigkeitsbezogenen Normen im Rahmen der Missstandsaufsicht kontrolliert werden können.

Hieran anschließend werden sowohl die nachhaltigkeitsbezogenen Vorgaben des Versicherungsaufsichtsrechts als auch das *Nudging*-Konzept auf die Vereinbarkeit mit dem europäischen Primärrecht untersucht.

Es wird zunächst aufgezeigt, dass das europäische Primärrecht den Maßstab für die Untersuchung bildet. Es wird sodann gezeigt, dass sowohl die maßgeblichen Grundsätze – der Vorbehalt des Gesetzes, das Bestimmtheitsgebot und der Verhältnismäßigkeitsgrundsatz – als auch der Grundrechtsschutz denen des deutschen Verfassungsrechts entsprechen.

Im Grundrechtsteil wird dargestellt, welche europäischen Grundrechte die verschiedenen Akteure vor den zu untersuchenden Pflichten schützen. In diesem Rahmen wird zudem die Frage beantwortet, worum es sich beim *Nudging* handelt und welches Grundrecht vor *Nudging*-Maßnahmen Schutz bietet, und unter welchen Bedingungen solche Maßnahmen einen Eingriff darstellen. Anschließend wird geprüft, ob die nachhaltigkeitsbezogenen Vorgaben im Versicherungsaufsichtsrecht verhältnismäßig sind, und ob der dort niedergelegte Begriff des Nachhaltigkeitsrisikos den Anforderungen des Bestimmtheitsgebots genügt. Zudem werden die primärrechtlichen Grenzen des *Nudging* ausgeleuchtet.

Abschließend wird ein Blick auf nachhaltigkeitsbezogene Regelungen im Bankenaufsichtsrecht geworfen und untersucht, ob diese auch im Bereich der Versicherungsaufsicht implementiert werden sollten.

Teil 4 bildet den Abschluss dieser Untersuchung. Hier werden die aus den vorherigen beiden Teilen gewonnenen Erkenntnisse in Thesenform zusammengefasst.

Entwicklung des Versicherungsaufsichtsrechts in Richtung Nachhaltigkeit?

Zur Beantwortung der aufgeworfenen Frage wird in einem ersten Schritt der Begriff der Nachhaltigkeit untersucht (I.). In einem zweiten Schritt werden die an Versicherungsunternehmen, EbAV und Versicherungsvermittler adressierten Nachhaltigkeitsvorschriften dargestellt, um die Entwicklungsrichtung des Versicherungsaufsichtsrechts aufzuzeigen (II.).

I. Begriff der Nachhaltigkeit

Zunächst wird überblicksartig die Entstehungsgeschichte des Begriffs Nachhaltigkeit in zeitlicher Abfolge dargestellt (1.).[12]

Danach werden die Dimensionen des Nachhaltigkeitsbegriffs aufgezeigt (2.). Dimensionen der Nachhaltigkeit meint in diesem Zusammenhang, dass der Begriff aufgrund eines divergierenden Begriffsverständnisses unterschiedlich viele Komponenten (bspw. umwelt-, wirtschafts- und sozialbezogene) aufweisen kann.[13]

Weiter werden zwei aktuelle europäische Verordnungen mit Bezug zum Thema Nachhaltigkeit untersucht, ob diesen ein konsistenter Nachhaltigkeitsbegriff zugrunde gelegt wurde (3.). Anschließend unterzieht die Untersuchung den Begriff der Nachhaltigkeit einer kritischen Betrachtung (4.).

---

12 Umfassend zur geschichtlichen Entwicklung *Pufé*, Nachhaltigkeit, S. 36 ff.; zur Wort- und Begriffsgeschichte ausführlich *Klippel/Otto*, in: Kahl, Nachhaltigkeit als Verbundbegriff, 39, 44 ff.

13 Dazu unten Teil 2.I.2.

1. Begriffsentwicklung

a) Ursprung im 18. Jahrhundert

Der Begriff der Nachhaltigkeit entstammt der Forstwirtschaft und geht auf das im Jahr 1713 veröffentlichte Werk *Sylvicultura oeconomica*[14] des sächsischen Oberberghauptmanns *Hans Carl v. Carlowitz* (1645–1714) zurück.[15] Er bedeutete in diesem Kontext ursprünglich, dass man in einem Forst nur so viel Holz schlagen soll, wie nachwächst.[16] Schon zu diesem frühen Zeitpunkt erkannte *v. Carlowitz* das Problem der Ressourcenknappheit.[17] Wenn nämlich das gesamte Holz geschlagen wird, hat man kurzfristig viel Holz, aber auf lange Sicht nur wenig.[18] Der Begriff war somit ursprünglich einem ökologischen Kontext zuzuordnen.[19]

Im Laufe des 19. Jahrhunderts entwickelte sich dieser zu einem forstlichen Fachterminus.[20] Als ein Fachbegriff in diesem Bereich überdauerte dieser ungefähr 250 Jahre.

---

14 *v. Carlowitz*, Sylvicultura oeconomica.

15 *v. d. Schulenburg*, ZVersWiss 100 (2011), 611; *Klippel/Otto*, in: Kahl, Nachhaltigkeit als Verbundbegriff, 39, 44; skeptisch dagegen *Lange*, BKR 2020, 216, 223; nach *Schubert*, Soziale Verantwortlichkeit und Nachhaltigkeit im Bankensektor, S. 9 gilt das Werk als die älteste schriftliche Quelle zum Thema Nachhaltigkeit; die „tragenden Pfeiler" der Nachhaltigkeitsidee reichen allerdings bis in die Antike zurück; dazu *Grober*, Die Entdeckung der Nachhaltigkeit, S. 49 ff.; *Gehne*, Nachhaltige Entwicklung als Rechtsprinzip, S. 11 verweist darauf, dass kaum ein Beitrag auf diesen Hinweis zur Herkunft verzichtet.

16 Vgl. *v. Carlowitz*, Sylvicultura oeconomica, S. 105 f.; ebenso *v. d. Schulenburg*, ZVersWiss 100 (2011), 611.

17 *Waschbusch/Kiszka/Runco*, BKR 2020, 615, 616.

18 *Pufé*, Nachhaltigkeit, S. 37.

19 Vgl. *Bauer/Stegmaier*, in: Bauer/Schuster, Nachhaltigkeit im Bankensektor, Kap. 1, S. 6; *Hofmeister*, in: ARL – Akademie für Raumforschung und Landesplanung, Handwörterbuch der Stadt- und Raumentwicklung, Stichwort: Nachhaltigkeit, 1.1 verweist dagegen darauf, dass es sich um ein ökonomisches Prinzip handele, da mit der Nachhaltigkeitsidee der existenzbedrohenden Holzkrise im Bergbau begegnet werden sollte; nach *Michelsen/Adomßent*, in: Heinrichs/Michelsen, Nachhaltigkeitswissenschaften, 3, 4 enthält dieser Grundsatz sowohl ökonomische als auch ökologische Aspekte.

20 *Klippel/Otto*, in: Kahl, Nachhaltigkeit als Verbundbegriff, 39, 40.

b) Entwicklungen im 20. Jahrhundert

Das Thema Nachhaltigkeit begann jedoch, in der zweiten Hälfte des 20. Jahrhunderts auf globaler Ebene Popularität zu erlangen.[21] Dies hängt v.a. mit dem Ende der 1960er und Anfang der 1970er Jahre beginnenden Bewusstsein der Industrienationen für Umweltthemen und den Erkenntnissen im Hinblick auf die Grenzen des wirtschaftlichen Wachstums zusammen.[22]

Zum einen ist hier die erste internationale Umweltkonferenz der UN in Stockholm im Jahr 1972 zu erwähnen.[23] Der im Rahmen dieser Konferenz verabschiedete *Report*[24] enthält u.a. eine Deklaration, in welcher neben politischen Proklamationen auch sechsundzwanzig Prinzipien enthalten sind. Sie wurde durch die Generalversammlung der UN am 15. Dezember 1972 angenommen.[25] Die Deklaration dient als „Inspiration" und „Leitfaden" für die Menschheit und ist damit unverbindlich[26].

Prinzip 1 beinhaltet einige fundamentale Rechte der Menschheit, aber erlegt dieser auch die Pflicht auf, die Umwelt für die gegenwärtige und die zukünftigen Generationen zu schützen und zu verbessern. Gleichzeitig hebt Prinzip 8 die Wichtigkeit der ökonomischen und sozialen Entwicklung für günstige Lebensverhältnisse sowie die Arbeitsumwelt hervor und erwähnt diese Entwicklung als Voraussetzung für die Verbesserung der Lebensqualität. Das Prinzip 13 bringt zum Ausdruck, dass Umwelt und (wirtschaftliche/soziale) Entwicklung Faktoren sind, die miteinander in Wechselwirkung und in einem Spannungsfeld stehen.[27] Dieses Spannungsfeld ist durch einen integrativen Politikansatz aufzulösen, in welchem bei

---

21 Zur Entwicklung des Nachhaltigkeitsbegriffs auf internationaler Ebene s. *Gehne*, Nachhaltige Entwicklung als Rechtsprinzip, S. 11 ff.; im Überblick zur Entwicklung des Begriffs der nachhaltigen Entwicklung im Völkerrecht s. *Hofbauer*, NR 2021, 53 ff.

22 *Mittwoch*, Nachhaltigkeit und Unternehmensrecht, S. 16; s. dazu auch *Podszun/Rohner*, NJW 2024, 3017, 3018, Rn. 8.

23 *Kahl*, in: Kahl, Nachhaltigkeit als Verbundbegriff, 1, 7.

24 UN, Report of the United Nations Conference on the Human Environment (A/CONF.48/14/Rev.1) (abrufbar unter: https://digitallibrary.un.org/record/523249#record-files-collapse-header; letzter Zugriff: 20.9.2025).

25 UN, United Nations Conference on the Human Environment (A/RES/2994(XXVII)) (abrufbar unter: https://digitallibrary.un.org/record/191558; letzter Zugriff: 20.9.2025).

26 *Kloepfer*, UmweltR, § 10 Rn. 46; *Koch/Mielke*, ZUR 2009, 403, 404.

27 *Gehne*, Nachhaltige Entwicklung als Rechtsprinzip, S. 28.

jedem Zielkonflikt eine Gewichtung und Abwägung der Ziele im Einzelfall durchzuführen ist.[28]

Zum anderen ist die 1972 erschienene Studie *Die Grenzen des Wachstums: Bericht des Club of Rome zur Lage der Menschheit* zu nennen.[29] Bei dem 1968 gegründeten *Club of Rome* handelt es sich um einen Zusammenschluss von Experten verschiedener Disziplinen aus mehr als dreißig Ländern, der sich für die nachhaltige Zukunft der Menschheit einsetzt und hierzu die weltweiten zentralen Entwicklungen (Bevölkerungsentwicklung, Wirtschaftswachstum, Einkommensverteilung u.ä.) untersucht.[30]

Die wichtigste Schlussfolgerung der Studie lautet, dass die absoluten Wachstumsgrenzen aufgrund der gegenwärtigen Zunahme der Weltbevölkerung, der Industrialisierung, der Umweltverschmutzung, der Nahrungsmittelproduktion und der Ausbeutung der natürlichen Rohstoffe im Laufe des 21. Jahrhunderts erreicht sein werden.[31] Weiter macht der Bericht allerdings deutlich, dass es möglich ist, die Wachstumstendenzen zu ändern und einen ökologischen und wirtschaftlichen Gleichgewichtszustand herzustellen, um zu erreichen, dass die materiellen Lebensgrundlagen für jeden Menschen auf der Erde sichergestellt sind.[32] Schließlich weisen die Autoren der Studie darauf hin, dass das Ziel umso eher zu erreichen ist, je schneller die Menschheit sich entschließt, damit zu beginnen.[33]

Die *World Conservation Strategy*[34] des IUCN, des UNEP und des WWF – es handelt sich hierbei um zwei Nichtregierungsorganisationen[35] und ein Programm der UN[36] – verwendet erstmalig den Begriff der nachhaltigen

---

[28] *Gehne*, Nachhaltige Entwicklung als Rechtsprinzip, S. 28.

[29] *Köndgen*, FS K. Schmidt, Bd. I, 2019, 671, 678 bezeichnet den Bericht als Auslöser für das Postulat der Erhaltung natürlicher Lebensgrundlagen und *Sustainable Finance* sei ein verspäteter Ableger davon.

[30] *Radermacher*, in: Görres-Gesellschaft, Staatslexikon, Bd. 1, Stichwort: Club of Rome.

[31] *Meadows/Meadows/Randers/Behrens*, Die Grenzen des Wachstums, 1972, S. 17.

[32] *Meadows/Meadows/Randers/Behrens*, Die Grenzen des Wachstums, 1972, S. 17.

[33] *Meadows/Meadows/Randers/Behrens*, Die Grenzen des Wachstums, 1972, S. 17.

[34] IUCN, UNEP, WWF, World Conservation Strategy, 1980 (abrufbar unter: https://portals.iucn.org/library/efiles/documents/wcs-004.pdf; letzter Zugriff: 20.9.2025).

[35] Bei der IUCN handelt es sich um eine „hybride" Organisation bestehend aus Nichtregierungsorganisationen und Staaten; s. dazu *Kloepfer*, UmweltR, § 10 Rn. 33.

[36] S. zum UNEP *Kloepfer*, UmweltR, § 10 Rn. 27.

Entwicklung in einem internationalen und umweltpolitischen Kontext.[37] Der Begriff der nachhaltigen Entwicklung wird damit in einem neuen – nämlich umweltpolitischen – Zusammenhang benutzt. Dieser wird in der *Strategy* allerdings an keiner Stelle konkret definiert.[38]

Einen entscheidenden Schritt in der Entwicklung des Begriffs der Nachhaltigkeit stellt der als *Brundtland-Report*[39] bekannte Bericht der sog. *Brundtland-Kommission*[40] aus dem Jahr 1987 dar. Die *Brundtland-Kommission* wurde 1983 von der UN als Sachverständigenkommission gegründet, um einen Bericht zur langfristig tragfähigen und umweltschonenden Entwicklung bis zum Jahr 2000 zu erstellen.[41]

Der Report analysiert die Gründe für die wirtschaftlichen, sozialen und ökologischen Krisen des Planeten, zeigt ihre Interdependenzen auf und untersucht die Defizite internationaler Strukturen.[42]

Weiter beschreibt er den Begriff der Nachhaltigkeit als eine Entwicklung, die den Bedürfnissen der heutigen Generation entspricht, ohne die Möglichkeiten künftiger Generationen zu gefährden, ihre eigenen Bedürfnisse zu befriedigen.[43] Es handelt sich hierbei um die erste moderne Definition

---

37 *Mittwoch*, Nachhaltigkeit und Unternehmensrecht, S. 17.

38 *Mittwoch*, Nachhaltigkeit und Unternehmensrecht, S. 17.

39 Englische Fassung: WCED, Report of the World Commission on Environment and Development: Our Common Future (A/42/427) (abrufbar unter: http://www.un-documents.net/ocf-02.htm#I; letzter Zugriff: 20.9.2025); auch in einem gängigen Rechtswörterbuch wird der Begriff der Nachhaltigkeit im Sinne des vorgenannten *Reports* verwendet; s. *Hakenberg*, in: Weber, Rechtswörterbuch, Stichwort: Nachhaltige Entwicklung.

40 Die offizielle Bezeichnung lautet *World Commission on Environment and Development*.

41 Aachener Stiftung Kathy Beys, Lexikon der Nachhaltigkeit, Stichwort: Weltkommission für Umwelt und Entwicklung (abrufbar unter: https://www.nachhaltigkeit.info/artikel/brundtland_report_1987_728.htm#:~:text=World%20Commission%20on%20Environment%20and,Jahr%202000%20und%20dar%C3%BCber%20hinaus; letzter Zugriff: 20.9.2025); s. auch *Podszun/Rohner*, NJW 2024, 3017, 3018, Rn. 9.

42 *Gehne*, Nachhaltige Entwicklung als Rechtsprinzip, S. 29.

43 WCED, Report of the World Commission on Environment and Development: Our Common Future (A/42/427), Nr. 1; *Pufé*, Nachhaltigkeit, S. 43: Hier wurde erstmals der Begriff der nachhaltigen Entwicklung einer breiten Öffentlichkeit nähergebracht; die Schutzpflicht des Staates gegenüber künftigen Generationen greift auch das BVerfG, Beschl. v. 24.3.2021, 1 BvR 2656/18 u.a. (*Klimaschutz*), BVerfGE 157, 30, 111 f., Rn. 146 auf; näher dazu *Britz*, NVwZ 2022, 825, 831.

dieses Begriffs.[44] Der Kern dieser Definition des Nachhaltigkeitsbegriffs ist die Berücksichtigung künftiger Generationen und ihrer Lebenssituation.[45] Der Aspekt der Zukunftsverantwortung war bereits im *Report* der UN von 1972 angeklungen.[46] Es ist außerdem hervorzuheben, dass die Innovation der Definition darin besteht, Nachhaltigkeit holistisch, also im Zusammenhang mit Umwelt sowie wirtschaftlicher bzw. sozialer Entwicklung, zu betrachten und auf alle Bereiche auszudehnen.[47]

Die nachgezeichneten Linien lassen erkennen, dass sich der Begriff Nachhaltigkeit von einem ökonomischen zu einem politischen Leitprinzip entwickelt hat.[48]

Wichtig für die Entwicklung des Begriffs der Nachhaltigkeit ist zudem die *Erklärung zu Umwelt und Entwicklung*[49], welche siebenundzwanzig Grundsätze enthält.[50]

Diese *Erklärung* wurde im Rahmen der Konferenz der UN über Umwelt und Entwicklung, die 1992 in Rio de Janeiro stattfand, neben vier weiteren wesentlichen Dokumenten unterzeichnet[51]; hierzu gehörte u.a. die *Agenda 21*[52].

Diese Konferenz hatte zum Ziel, gemeinsame Leitlinien für die Umsetzung des von der *Brundtland-Kommission* vorgeschlagenen Konzepts der nachhaltigen Entwicklung zu prägen.[53]

In Grundsatz 3 der *Erklärung* heißt es, bezugnehmend auf den *Brundtland-Report*, dass das Recht auf Entwicklung so verwirklicht werden muss, dass den Entwicklungs- und Umweltbedürfnissen der heutigen und der

---

44 *Mittwoch*, Nachhaltigkeit und Unternehmensrecht, S. 17.

45 *Gehne*, Nachhaltige Entwicklung als Rechtsprinzip, S. 30.

46 *Gehne*, Nachhaltige Entwicklung als Rechtsprinzip, S. 30.

47 *Heussner/Odenthal/Reif-Mosel/Straßer/Ziegert*, in: Hardtke/Prehn, Perspektiven der Nachhaltigkeit, S. 58.

48 *Beck*, ZIP 2022, 1471, 1472; *Nietsch*, KlimaRZ 2022, 22, 23 spricht von einer „rechtspolitischen Leitidee".

49 UN, Rio-Erklärung über Umwelt und Entwicklung (A/CONF.151/26) (abrufbar unter: https://www.un.org/german/sites/default/files/2024-09/rio.pdf; letzter Zugriff: 20.9.2025).

50 Vgl. *Gehne*, Nachhaltige Entwicklung als Rechtsprinzip, S. 36.

51 *Gehne*, Nachhaltige Entwicklung als Rechtsprinzip, S. 36.

52 UN, Agenda 21 (A/CONF.151/26/Rev.1) (abrufbar unter: https://www.un.org/Depts/german/conf/agenda21/agenda_21.pdf; letzter Zugriff: 20.9.2025).

53 *Gehne*, Nachhaltige Entwicklung als Rechtsprinzip, S. 35.

kommenden Generation in gerechter Weise entsprochen wird.[54] Grundsatz 4 hält fest, dass der Umweltschutz Bestandteil des Entwicklungsprozesses sein muss, damit nachhaltige Entwicklung zustande kommt.[55] Auch der Grundsatz 7 greift den Gedanken des Umweltschutzes auf.[56] Grundsatz 5 hält fest, dass es grundlegende Aufgabe aller Staaten und Menschen ist, die Armut zu beseitigen, die Ungleichheiten in Lebensstandards zu verringern und den Bedürfnissen der Mehrheit der Menschen in der Welt gerecht zu werden.[57] Dies beschreibt die soziale Perspektive der Nachhaltigkeit. Im Grundsatz 12, der eine ökonomische Perspektive einnimmt, heißt es: „Die Staaten sollten gemeinsam daran arbeiten, ein stützendes und offenes Weltwirtschaftssystem zu fördern, das in allen Ländern zu Wirtschaftswachstum und nachhaltiger Entwicklung führt und es gestattet, besser gegen die Probleme der Umweltverschlechterung vorzugehen“.

Dem Konzept liegt der Gedanke zugrunde, dass Interessengegensätze in Einklang gebracht werden sollen, um möglichst weitgehend ökologische, soziale und ökonomische Ziele und Anliegen generationenübergreifend zu berücksichtigen und zu verwirklichen.[58] Diese Konferenz war insofern innovativ, als sie Konkretisierungen bezüglich der Nachhaltigkeitsziele festlegte.[59]

Auf nationaler Ebene wurde 1995, unter Verweis auf das Leitbild *„Sustainable Development“* in Wirtschaft und Gesellschaft, die Enquete-Kommission „Schutz des Menschen und der Umwelt – Ziele und Rahmenbedingungen einer nachhaltig zukunftsverträglichen Entwicklung“ vom Bundestag eingesetzt.[60] Diese erhielt die Aufgabe, die Rahmenbedingungen für eine nachhaltig zukunftsverträgliche Entwicklung aus ökologischer, sozialer und

---

54 UN, Rio-Erklärung über Umwelt und Entwicklung (A/CONF.151/26), S. 1.

55 UN, Rio-Erklärung über Umwelt und Entwicklung (A/CONF.151/26), S. 1.

56 UN, Rio-Erklärung über Umwelt und Entwicklung (A/CONF.151/26), S. 2.

57 UN, Rio-Erklärung über Umwelt und Entwicklung (A/CONF.151/26), S. 1.

58 *Gehne*, Nachhaltige Entwicklung als Rechtsprinzip, S. 39.

59 Dazu und zu weiteren Gipfeln im Anschluss an die Konferenz von Rio de Janeiro *Mittwoch*, Nachhaltigkeit und Unternehmensrecht, S. 20 ff.

60 Antrag auf Einsetzung einer Enquete-Kommission, Schutz des Menschen und der Umwelt – Ziele und Rahmenbedingungen einer nachhaltig zukunftsverträglichen Entwicklung v. 31.5.1995, BT-Drs. 13/1533.

ökonomischer Perspektive zu erarbeiten.[61] Bis 1998 wurde ein Abschlussbericht erarbeitet[62]. Der Abschlussbericht der Kommission steht ganz im Zeichen der nur wenige Jahre zuvor stattgefundenen Konferenz von Rio de Janeiro[63] und nimmt ebenso Bezug auf den *Brundtland-Report*[64].

Die Kommission stellt in ihrem Bericht fest, dass es eine allgemeingültige Definition des Begriffs „nachhaltig zukunftsverträgliche Entwicklung" nicht gibt.[65] Im Ergebnis kommt die Enquete-Kommission zu dem Schluss, dass eine nachhaltig zukunftsverträgliche Entwicklung die drei Dimensionen Ökologie, Ökonomie und Soziales integrativ behandeln muss und dass diese als gleichberechtigt und gleichwertig behandelt werden müssen.[66] Dies entspricht der Entwicklung auf internationaler Ebene.

Die vorstehend dargestellte internationale Entwicklung führte dazu[67], dass mit dem Vertrag von Amsterdam[68] der Begriff der Nachhaltigkeit erstmals in die europäischen Verträge implementiert wurde[69].

Nach Artikel B des Vertrages von Amsterdam setzt sich die EU u.a. folgende Ziele: „die Förderung des wirtschaftlichen und sozialen Fortschritts

---

61 *Bauer/Stegmaier*, in: Bauer/Schuster, Nachhaltigkeit im Bankensektor, Kap. 1, S. 7 f.

62 Enquete-Kommission „Schutz des Menschen und der Umwelt – Ziele und Rahmenbedingungen einer nachhaltig zukunftsverträglichen Entwicklung", Abschlussbericht Konzept Nachhaltigkeit v. 26.6.1998, BT-Drs. 13/11200.

63 Vgl. Enquete-Kommission „Schutz des Menschen und der Umwelt – Ziele und Rahmenbedingungen einer nachhaltig zukunftsverträglichen Entwicklung", Abschlussbericht Konzept Nachhaltigkeit v. 26.6.1998, BT-Drs. 13/11200, 8.

64 Enquete-Kommission „Schutz des Menschen und der Umwelt – Ziele und Rahmenbedingungen einer nachhaltig zukunftsverträglichen Entwicklung", Abschlussbericht Konzept Nachhaltigkeit v. 26.6.1998, BT-Drs. 13/11200, 16.

65 Enquete-Kommission „Schutz des Menschen und der Umwelt – Ziele und Rahmenbedingungen einer nachhaltig zukunftsverträglichen Entwicklung", Abschlussbericht Konzept Nachhaltigkeit v. 26.6.1998, BT-Drs. 13/11200, 16.

66 Enquete-Kommission „Schutz des Menschen und der Umwelt – Ziele und Rahmenbedingungen einer nachhaltig zukunftsverträglichen Entwicklung", Abschlussbericht Konzept Nachhaltigkeit v. 26.6.1998, BT-Drs. 13/11200, 18; vgl. auch *Bauer/Stegmaier*, in: Bauer/Schuster, Nachhaltigkeit im Bankensektor, Kap. 1, S. 8.

67 Vgl. hierzu *Kahl*, in: Streinz, EUV/AEUV, Art. 11 AEUV Rn. 4 ff.

68 Vertrag von Amsterdam zur Änderung des Vertrages über die Europäische Union, der Verträge zur Gründung der Europäischen Gemeinschaften, sowie einiger damit zusammenhängender Rechtsakte v. 10.11.1997, ABl. 1997 C 340, S. 1.

69 Hierauf verweist *Bauer/Stegmaier*, in: Bauer/Schuster, Nachhaltigkeit im Bankensektor, Kap. 1, S. 7.

und eines hohen Beschäftigungsniveaus sowie die Herbeiführung einer ausgewogenen und nachhaltigen Entwicklung". Hiernach umfasst der Begriff die drei Säulen Naturerbe, wirtschaftliche Errungenschaften sowie soziale und gesellschaftliche Leistungen.[70] Auch in diesem Zusammenhang lässt sich erkennen, dass der Begriff im Sinne des internationalen Kontexts verstanden wird.

c) Entwicklungen im beginnenden 21. Jahrhundert

Im Jahr 2001 legte die EU eine erste Strategie für nachhaltige Entwicklung[71] vor.[72] Diese Strategie ordnet das Ziel der nachhaltigen Entwicklung als ein globales Ziel ein und nimmt Bezug auf die *Erklärung zu Umwelt und Entwicklung* von 1992 und den bereits geplanten Weltgipfel für nachhaltige Entwicklung in Johannesburg im Jahr 2002.[73] Für die EU-Kommission umfasst eine nachhaltige Entwicklung die Themen Wirtschaftswachstum, sozialer Zusammenhalt und Umweltschutz.[74]

Im weiteren Verlauf wurde das Ziel der nachhaltigen Entwicklung beim Weltgipfel für nachhaltige Entwicklung in Johannesburg im Jahr 2002 wiederholt. Dort heißt es in Nr. 5 der *Erklärung von Johannesburg über nachhaltige Entwicklung*, dass die interdependenten, sich gegenseitig stützenden Säulen der nachhaltigen Entwicklung – wirtschaftliche Entwicklung, soziale Entwicklung und Umweltschutz – auf lokaler, nationaler, regionaler und internationaler Ebene ausgebaut und gefestigt werden sollen.[75]

---

70 *Bauer/Stegmaier*, in: Bauer/Schuster, Nachhaltigkeit im Bankensektor, Kap. 1, S. 7.

71 Kommission der Europäischen Gemeinschaften, Nachhaltige Entwicklung in Europa für eine bessere Welt: Strategie der Europäischen Union für eine nachhaltige Entwicklung v. 15.5.2001, COM(2001) 264 final.

72 *Bauer/Stegmaier*, in: Bauer/Schuster, Nachhaltigkeit im Bankensektor, Kap. 1, S. 7.

73 Kommission der Europäischen Gemeinschaften, Nachhaltige Entwicklung in Europa für eine bessere Welt: Strategie der Europäischen Union für eine nachhaltige Entwicklung v. 15.5.2001, COM(2001) 264 final, S. 2.

74 Kommission der Europäischen Gemeinschaften, Nachhaltige Entwicklung in Europa für eine bessere Welt: Strategie der Europäischen Union für eine nachhaltige Entwicklung v. 15.5.2001, COM(2001) 264 final, S. 2.

75 UN, Bericht des Weltgipfels für nachhaltige Entwicklung (A/CONF.199/20), S. 1 (abrufbar unter: https://www.un.org/german/sites/default/files/2024-09/a.conf.199-20.pdf; letzter Zugriff: 20.9.2025).

Das Ziel der nachhaltigen Entwicklung wurde durch die Verabschiedung der *Agenda 2030 für eine nachhaltige Entwicklung*[76] gestärkt.[77] Hierbei handelt es sich um eine Resolution der Generalversammlung der UN, die am 25. September 2015 verabschiedet wurde. Diese Resolution beinhaltet siebzehn Ziele für eine nachhaltige Entwicklung und die unterzeichnenden Staaten verpflichten sich, sich um die Umsetzung dieser Ziele zu bemühen.[78] Diese Ziele haben unterschiedlichste Bereiche zum Gegenstand. Dies betrifft bspw. die Beseitigung von Armut (Ziel 1; Ziff. 24 der Resolution).[79] Das Ziel 2 beinhaltet die Gewährleistung einer inklusiven und gleichberechtigten hochwertigen Bildung auf allen Ebenen (Ziff. 25 der Resolution).[80] Das Ziel 8 (Ziff. 27 der Resolution) nennt dauerhaftes, inklusives und nachhaltiges Wirtschaftswachstum als eine wesentliche Voraussetzung für Wohlstand.[81] Daneben erfasst Ziel 13 (Ziff. 31 der Resolution) Maßnahmen zum Klimaschutz, um gegen die Bedrohung von Klimawandel und Umweltzerstörung vorzugehen.[82] Als Ziel 16 nennt die *Agenda 2030* den Aufbau einer friedlichen, gerechten und inklusiven Gesellschaft (Ziff. 35 der Resolution).[83]

---

[76] UN, Transformation unserer Welt: die Agenda 2030 für nachhaltige Entwicklung (A/RES/70/1) (abrufbar unter: https://www.un.org/german/sites/default/files/2024-09/ar70001.pdf; letzter Zugriff: 20.9.2025).

[77] S. dazu knapp *Hofbauer*, NR 2021, 114 ff.; auch die Nachhaltigkeitsstrategie der vorherigen Bundesregierung aus dem Jahr 2021 basiert auf der *Agenda 21*; Bundesregierung, Deutsche Nachhaltigkeitsstrategie v. 10.3.2021, S. 14 (abrufbar unter: https://www.bundesregierung.de/resource/blob/975274/1873516/9d73d857a3f7f0f8df5ac1b4c349fa07/2021-03-10-dns-2021-finale-langfassung-barrierefrei-data.pdf?download=1; letzter Zugriff: 20.9.2025).

[78] UN, Transformation unserer Welt: die Agenda 2030 für nachhaltige Entwicklung (A/RES/70/1), S. 2.

[79] UN, Transformation unserer Welt: die Agenda 2030 für nachhaltige Entwicklung (A/RES/70/1), S. 7.

[80] UN, Transformation unserer Welt: die Agenda 2030 für nachhaltige Entwicklung (A/RES/70/1), S. 8.

[81] UN, Transformation unserer Welt: die Agenda 2030 für nachhaltige Entwicklung (A/RES/70/1), S. 8.

[82] UN, Transformation unserer Welt: die Agenda 2030 für nachhaltige Entwicklung (A/RES/70/1), S. 9.

[83] UN, Transformation unserer Welt: die Agenda 2030 für nachhaltige Entwicklung (A/RES/70/1), S. 10.

Als Meilenstein im Rahmen dieser Entwicklung kann die Verabschiedung des *Abkommens von Paris*[84] am 12. Dezember 2015 bezeichnet werden.[85] Es handelt sich hierbei um den ersten völkerrechtlich verbindlichen Vertrag zum Klimaschutz.[86] Damit verschiebt sich die Fokussierung der nachhaltigen Entwicklung ab 2015 auf den Klimaschutz.

Dort ist in Art. 2 Abs. 1 lit. a des Abkommens statuiert, dass der Anstieg der Erdtemperatur deutlich unter 2 Grad Celsius über dem vorindustriellen Niveau gehalten werden und Anstrengungen unternommen werden sollen, um den Temperaturanstieg auf 1,5 Grad Celsius über dem vorindustriellen Niveau zu begrenzen. Das Abkommen nennt dort ausdrücklich die Klimaänderungen als Bedrohung für eine nachhaltige Entwicklung und die Bekämpfung von Armut. In Art. 2 Abs. 1 lit. c des Abkommens ist festgehalten, dass die Finanzmittelflüsse mit einem Weg hin zu einer hinsichtlich der Treibhausgase emissionsarmen und gegenüber Klimaänderungen widerstandsfähigen Entwicklung in Einklang gebracht werden. In diesem Abkommen wird erstmals ausdrücklich eine Verknüpfung zwischen Finanzmarkt und Klimaschutz hergestellt.[87] Diese prominente Stellung innerhalb des Abkommens betont die Wichtigkeit dieser Forderung.

Das *Abkommen von Paris* ist ein Katalysator für die nachfolgenden Entwicklungen.[88] Zur Illustration werden die von der EU-Kommission verfassten politischen Pläne nachfolgend in den Blick genommen.

d) Nachhaltigkeitspläne der EU-Kommission

Aufgrund dieser internationalen Entwicklungen hat die EU-Kommission im Jahr 2018 einen *Aktionsplan: Finanzierung nachhaltigen Wachstums* vorgelegt.[89]

---

[84] UN, Übereinkommen von Paris (abrufbar unter: https://www.bmu.de/fileadmin/Daten_BMU/Download_PDF/Klimaschutz/paris_abkommen_bf.pdf; letzter Zugriff: 20.9.2025).

[85] *Hirte/Frohmann*, FS Windbichler, 2020, 1335, 1337 sprechen von einer „bedeutenden Rolle“, dem das Abkommen im internationalen Kontext zukomme.

[86] *Kammerer-Galahn*, in: Looschelders/Michael, Düsseldorfer Vorträge zum Versicherungsrecht 2021, 1, 5.

[87] Ähnlich *Kammerer-Galahn*, in: Looschelders/Michael, Düsseldorfer Vorträge zum Versicherungsrecht 2021, 1, 6.

[88] *Schön*, ZfPW 2022, 207, 211 bezeichnet das Abkommen als „Ausgangspunkt der europäischen und deutschen Nachhaltigkeitspolitik“.

[89] EU-Kommission, Aktionsplan: Finanzierung nachhaltigen Wachstums v. 8.3.2018, COM(2018) 97 final; zur Entstehungsgeschichte dieses Plans s. *Dietz*, EuR 2022, 443, 444 f.

Die EU-Kommission bezieht sich ausdrücklich auf das *Abkommen von Paris* und die siebzehn Ziele für nachhaltige Entwicklung.[90] Sie geht davon aus, dass dem Finanzsystem eine Schlüsselrolle im Kampf gegen den Klimawandel zukommt.[91]

Für die EU-Kommission setzt sich der Begriff der Nachhaltigkeit aus den Komponenten Umwelt, Soziales und Governance zusammen.[92] Im Zusammenhang mit Umweltaspekten geht es um die Anpassung an den Klimawandel und die Abschwächung von dessen Folgen, aber auch um allgemeine Umweltaspekte und die damit verbundenen Risiken.[93] Die soziale Komponente umfasst Fragen im Zusammenhang mit Ungleichheit, Teilhabe, Beschäftigungsverhältnissen und Investitionen in Mensch und Gemeinschaft.[94] Die Governance bezieht sich nach der EU-Kommission auf Managementstrukturen, die Beziehung zwischen den Beschäftigten, und die Vergütung von Führungskräften.[95] Die EU-Kommission geht davon aus, dass alle Komponenten miteinander verwoben sind und daher zusammen gedacht werden müssen.[96]

Das erklärte Ziel der EU-Kommission ist es, erstens die Kapitalflüsse auf nachhaltige Investitionen umzulenken, um ein nachhaltiges und integratives Wachstum zu erreichen; zweitens finanzielle Risiken zu bewältigen, die sich aus dem Klimawandel, der Ressourcenknappheit, der Umweltzerstörung und sozialen Problemen ergeben, und drittens Transparenz und Langfristigkeit in der Finanz- und Wirtschaftstätigkeit zu fördern.[97]

---

[90] EU-Kommission, Aktionsplan: Finanzierung nachhaltigen Wachstums v. 8.3.2018, COM(2018) 97 final, S. 1.

[91] EU-Kommission, Aktionsplan: Finanzierung nachhaltigen Wachstums v. 8.3.2018, COM(2018) 97 final, S. 1.

[92] EU-Kommission, Aktionsplan: Finanzierung nachhaltigen Wachstums v. 8.3.2018, COM(2018) 97 final, S. 2.

[93] EU-Kommission, Aktionsplan: Finanzierung nachhaltigen Wachstums v. 8.3.2018, COM(2018) 97 final, S. 2.

[94] EU-Kommission, Aktionsplan: Finanzierung nachhaltigen Wachstums v. 8.3.2018, COM(2018) 97 final, S. 2.

[95] EU-Kommission, Aktionsplan: Finanzierung nachhaltigen Wachstums v. 8.3.2018, COM(2018) 97 final, S. 2.

[96] EU-Kommission, Aktionsplan: Finanzierung nachhaltigen Wachstums v. 8.3.2018, COM(2018) 97 final, S. 2.

[97] EU-Kommission, Aktionsplan: Finanzierung nachhaltigen Wachstums v. 8.3.2018, COM(2018) 97 final, S. 2 f.

Eine weitere Entwicklung stellt die Vorstellung des *Europäischen Grünen Deals*[98] im Jahr 2019 dar. Es handelt sich hierbei um eine Strategie bzw. ein Programm.[99] Die EU-Kommission will damit eine Antwort auf die Frage geben, wie die EU die Netto-Treibhausgasemissionen bis zum Jahr 2050 auf null senken und das Wirtschaftswachstum von der Ressourcennutzung abgekoppelt werden kann.[100] Zudem hat diese den Naturschutz und die Verhütung von umweltbedingten Risiken für Gesundheit und Wohlergehen der Menschen im Blick.[101] Die EU-Kommission sieht die EU gerüstet, diese im Hinblick auf Wirtschaft und Gesellschaft so umzugestalten, dass sie einen „nachhaltigeren Weg“ einschlägt.[102] Der *Europäische Grüne Deal* ist als Umsetzung der *Agenda 2030 für eine nachhaltige Entwicklung* der UN zu sehen.[103]

Das Strategiepapier der EU-Kommission greift die Bedeutung des Privatsektors für die „grüne Wende“ auf und hebt erneut die Lenkung von Finanz- und Kapitalmarktströmen in grüne Investitionen hervor.[104] Bereits an dieser Stelle werden die Taxonomie zur Klassifizierung ökologisch nachhaltiger Tätigkeiten und eine stärkere Integration von Nachhaltigkeit in den *Corporate Governance*-Rahmen betont.[105] Ebenso wird die Überprüfung der Richtlinie zu nichtfinanziellen Informationen im Zusammenhang mit der Offenlegung von Klima- und Umweltdaten von Unternehmen und Finanzinstituten in Aussicht gestellt, um Anleger besser zu informieren.[106] Schließlich sollen nach der EU-Kommission

---

98 EU-Kommission, Der europäische Grüne Deal v. 11.12.2019, COM(2019) 640 final.

99 *Calliess/Dross*, ZUR 2020, 456, 458.

100 EU-Kommission, Der europäische Grüne Deal v. 11.12.2019, COM(2019) 640 final, S. 2.

101 EU-Kommission, Der europäische Grüne Deal v. 11.12.2019, COM(2019) 640 final, S. 2.

102 EU-Kommission, Der europäische Grüne Deal v. 11.12.2019, COM(2019) 640 final, S. 2.

103 EU-Kommission, Der europäische Grüne Deal v. 11.12.2019, COM(2019) 640 final, S. 3.

104 EU-Kommission, Der europäische Grüne Deal v. 11.12.2019, COM(2019) 640 final, S. 20.

105 EU-Kommission, Der europäische Grüne Deal v. 11.12.2019, COM(2019) 640 final, S. 20.

106 EU-Kommission, Der europäische Grüne Deal v. 11.12.2019, COM(2019) 640 final, S. 20 f.

Klima- und Umweltrisiken besser in den EU-Aufsichtsrahmen integriert und die Eignung der bestehenden Eigenkapitalanforderungen für grüne Vermögenswerte bewertet werden.[107]

Im Anschluss an den *Europäischen Grünen Deal* wurden eine Vielzahl von Strategien, Plänen und Vorschlägen vonseiten der EU-Kommission verabschiedet.[108]

e) Gesetzgeberische Begriffsbestimmung auf europäischer Ebene

Im Zuge der vorgenannten Entwicklungen wurde auf europäischer Ebene erstmalig eine gesetzliche Definition für den Begriff der Nachhaltigkeit durch die Offenlegungs-VO[109] und die Taxonomie-VO[110] verabschiedet.[111] Es gab bis dato keine gesetzliche Definition des Begriffs.[112] Neben dem Ziel einer handhabbaren Definition des Begriffs Nachhaltigkeit sollen diese Regelungen auch *Greenwashing* verhindern – also die unzutreffend positive Bezeichnung eines Produktes als nachhaltig.[113]

In den Art. 2 Nr. 17, 22 und 24 Offenlegungs-VO werden die Begriffe „nachhaltige Investition“, „Nachhaltigkeitsrisiko“ und „Nachhaltigkeitsfaktoren“ definiert.

Es ist ersichtlich, dass der Begriff der Nachhaltigkeit im Hinblick auf verschiedene Bezugspunkte, nämlich Investition, Faktor und Risiko, verwendet

---

[107] EU-Kommission, Der europäische Grüne Deal v. 11.12.2019, COM(2019) 640 final, S. 21.

[108] S. dazu *Zetzsche/Nast*, in: Assmann/Wallach/Zetzsche, KAGB, Sustainable Finance – Einl. Rn. 23 ff.

[109] Verordnung (EU) 2019/2088 des Europäischen Parlaments und des Rates v. 27.11.2019 über nachhaltigkeitsbezogene Offenlegungspflichten im Finanzsektor, ABl. 2019 L 317, S. 1; *Ekkenga/Schirrmacher/Schneider*, NJW 2021, 1509, Rn. 1 weisen darauf hin, dass die Verordnung oftmals auch als Transparenz-Verordnung bezeichnet wird; teilweise ist auch von Disclosure-Verordnung oder schlicht „SFDR“ die Rede; hierauf verweisen *Ruland/Bürger/Weber/Kroth*, Newsdienst Compliance 2022, 220027.

[110] Verordnung (EU) 2020/852 des Europäischen Parlaments und des Rates v. 18.6.2020 über die Einrichtung eines Rahmens zur Erleichterung nachhaltiger Investitionen und zur Änderung der Verordnung (EU) 2019/2088, ABl. 2020 L 198, S. 13.

[111] Ausführlich zu den genannten Verordnungen z.B. *Bueren*, WM 2020, 1611 ff.; *Bueren*, WM 2020, 1659 ff.; *Glander/Lühmann/Jesch*, BKR 2020, 485 ff.; *Glander/Lühmann/Jesch*, BKR 2020, 545 ff.; *Ipsen/Röh*, ZIP 2020, 2001 ff.

[112] *Eberius*, WM 2019, 2143.

[113] *Weiand/Winter/Rojahn*, ZfgK 2020, 285, 286 m.w.N.; zu Letzterem s. auch ErwG 11 S. 2, 3 zur Taxonomie-VO; für Beispiele zum Thema s. *Ferati/Meyer*, CCZ 2022, 349, 354.

wird. Auf die jeweiligen Inhalte der Begriffe wird im Nachfolgenden genauer eingegangen.[114]

Es wird aus den nachgezeichneten Entwicklungen deutlich, dass zunehmend eine Kodifizierung im Bereich der Nachhaltigkeit erfolgt. Hieraus ist zu folgern, dass sich der Nachhaltigkeitsbegriff von einem politischen Begriff zu einem Rechtsbegriff weiterentwickelt.[115]

2. Dimensionen des Nachhaltigkeitsbegriffs

Die Darstellung der Entwicklung des Nachhaltigkeitsbegriffs hat erkennen lassen, dass dem Begriff in verschiedenen Kontexten eine unterschiedliche Bedeutung zukommen kann.[116] Aus diesem Grund lässt sich keine allgemeine Definition des Begriffs aufstellen.[117]

Es soll nachfolgend genauer gezeigt werden, dass sich die verschiedenen Nachhaltigkeitsbegriffe nach unterschiedlichen Dimensionen kategorisieren lassen.

a) Eindimensionales Verständnis

Ursprünglich wurde der Begriff im Sinne einer nachhaltigen forstwirtschaftlichen Anbauweise verstanden, also in einem rein ökologischen Sinne.[118] Dieses Begriffsverständnis lässt sich als eindimensional beschreiben und liegt bspw. Art. 20a GG[119] sowie § 1 Nr. 1 BWaldG[120] zugrunde[121].

---

[114] S. Teil 2.I.3.a).

[115] Zur Wechselwirkung von politischem Begriff und Rechtsbegriff *Mathis*, Nachhaltige Entwicklung und Generationengerechtigkeit, S. 63; *Hellgardt/Jouannaud*, AcP 222 (2022), 164, 170 ff. ordnen Nachhaltigkeit als Rechtsprinzip ein.

[116] Vgl. auch *Waschbusch/Kiszka/Runco*, BKR 2020, 615, 616.

[117] *Waschbusch/Kiszka/Runco*, BKR 2020, 615, 616; zum Versuch einer Definitionsbildung *Ekardt*, Theorie der Nachhaltigkeit, S. 67; *Kersten*, NVwZ 2024, 614, 616 ff.; *Mittwoch*, Nachhaltigkeit und Unternehmensrecht, S. 38 f.

[118] Nach noch heute vertretener Ansicht soll sich der Begriff der Nachhaltigkeit auf die Erhaltung der natürlichen Lebensgrundlagen beschränken („enger Begriff“), also ökologisch verstanden werden; *Halfmeier*, AcP 216 (2016), 717, 721 f. m.w.N.; *Hellgardt/Jouannaud*, AcP 222 (2022), 164, 168 m.w.N.

[119] Grundgesetz für die Bundesrepublik Deutschland v. 23.5.1949, BGBl. 1949 I S. 1.

[120] Gesetz zur Erhaltung des Waldes und zur Förderung der Forstwirtschaft (Bundeswaldgesetz) v. 2.5.1975, BGBl. 1975 I S. 1037.

[121] Zu Art. 20a GG *Calliess*, in: Dürig/Herzog/Scholz, GG-Kommentar, Bd. III, Art. 20a Rn. 103; *Jarass*, in: Jarass/Pieroth, GG, Art. 20a Rn. 10; zu § 1 Nr. 1 BWaldG *Kahl*,

b) Dreidimensionales Verständnis

Die Entwicklung des dreidimensionalen Verständnisses des Begriffs der Nachhaltigkeit fand im ausgehenden 20. Jahrhundert statt.[122] Danach lässt sich der Begriff der Nachhaltigkeit neben einer ökologischen auch in einer ökonomischen und einer sozialen Dimension beschreiben.[123] Teilweise wird auch von den drei Säulen der Nachhaltigkeit gesprochen.[124] Ebenfalls ist der Begriff des „Nachhaltigkeits-Dreiecks" geläufig.[125]

Das dreidimensionale Verständnis geht auf die Definition zurück, die dem *Brundtland-Report* zugrunde liegt.[126] Den in § 289c Abs. 2 HGB[127] aufgelisteten Aspekten, zu denen im Rahmen der nichtfinanziellen Berichterstattung eine Erklärung abzugeben ist, wohnt z.B. ein solches dreidimensionales Verständnis inne.[128]

Auf internationaler Ebene greifen bspw. die *Erklärung von Johannesburg über nachhaltige Entwicklung* und die *Agenda 2030 für eine nachhaltige Entwicklung*[129] die vormals bezeichneten Dimensionen der Nachhaltigkeit auf. Auch die Vorstellungen der EU-Kommission gehen in die Richtung eines so verstandenen Begriffes von Nachhaltigkeit, wie der *Aktionsplan: Finanzierung nachhaltigen Wachstums* verdeutlicht. Gleiches gilt für den in dem Abschlussbericht der deutschen Enquete-Kommission verwendeten Nachhaltigkeitsbegriff.

---

in: Kahl, Nachhaltigkeit als Verbundbegriff, 1, 17; vgl. auch *Kloepfer*, UmweltR, § 12 Rn. 574.

122 *Lange*, BKR 2020, 216, 223.

123 *Lange*, BKR 2020, 216, 223; dazu ausführlich *v. Hauff*, Nachhaltige Entwicklung, S. 35 ff.

124 *Kockrow/Zypries*, ZRP 2021, 13; *Kahl*, in: Kahl, Nachhaltigkeit als Verbundbegriff, 1, 9: „Drei-Säulen-Konzept" m.w.N.; *Pufé*, Nachhaltigkeit, S. 100 verweist darauf, dass mittlerweile häufiger von Dimensionen die Rede sei, um das verwobene In- und Miteinander der drei Bereiche zu beschreiben, dagegen assoziiere der Begriff der Säule ein Nebeneinander; in diesem Kontext ist auch von einem „weiten Nachhaltigkeitsbegriff" die Rede; *Nietsch*, in: Nietsch, CSR Compliance, § 1 Rn. 4.

125 v. *Hauff/Kleine*, Methodischer Ansatz zur Systematisierung von Handlungsfeldern und Indikatoren einer Nachhaltigkeitsstrategie, S. 7 Abb. 2.

126 *Kockrow/Zypries*, ZRP 2021, 13; vgl. auch *Birkner*, NVwZ 2024, 1394, 1396.

127 Handelsgesetzbuch v. 10.5.1897, RGBl. 1897 S. 219.

128 S. hierzu Teil 2.II.1.c).

129 *Kammerer-Galahn*, in: Looschelders/Michael, Düsseldorfer Vorträge zum Versicherungsrecht 2021, 1, 4 f.; *Mittwoch*, Nachhaltigkeit und Unternehmensrecht, S. 25.

Zudem ist der dreidimensionale Begriff der Nachhaltigkeit sehr stark mit dem aus der Finanzbranche[130] bekannten Akronym „ESG“ verbunden.[131] Dies steht für *Environmental, Social* und *Governance*.[132] Diese Bezeichnung wird in unterschiedlichen Zusammenhängen verwendet. Es handelt sich hierbei etwa um Kriterien, die bei der Erstellung und Vermarktung von Investmentprodukten berücksichtigt werden.[133] Diese Kriterien werden außerdem verwendet, um Unternehmen in Bezug auf ihr nachhaltiges Wirtschaften zu messen.[134] Für Investoren spielen die Kriterien im Hinblick auf die Anlageentscheidung eine Rolle.[135] Der Begriff wird schließlich in der Gesetzgebung verwendet.[136] Auf die ESG-Kriterien wird noch näher eingegangen, wenn es darum geht, wie die BaFin diese versteht.[137]

Ebenso ist das Akronym „CSR“, welches für *Corporate Social Responsibility* steht, mit dem Begriff der Nachhaltigkeit verbunden.[138] In Bezug auf den Begriff „CSR“ wird teilweise ein dreidimensionales Verständnis des

---

[130] Das Thema wird auch in vielen anderen Bereichen diskutiert; erwähnt sei das Arbeitsrecht; s. *Lachmann/Hößl*, DB 2023, 1734 ff.; insbesondere im Mitbestimmungsrecht; dazu *Göpfert/Stöckert*, NZA 2022, 452 ff.; *Heimann/Flöter*, ESG 2022, 138 ff.; *Lelley/Hahn*, DB 2024, 592 ff.; ebenso der Bereich Digitalisierung; hierzu *Armbrüster*, ZVersWiss 111 (2022), 19 ff.; *Nemat/Panzer-Heemeier/Meckenstock*, ESG 2022, 104, 106 ff.; *Panzer-Heemeier/Nemat*, CCZ 2022, 223 ff.; *Zech*, ZfDR 2022, 123 ff.; das Sportrecht; hierzu *Schaffner/Kürten*, SpoPrax 2022, 433 ff.; zudem das Insolvenzrecht; dazu *Jungmann*, ZIP 2025, 614 ff.; *Kuntz*, ZIP 2023, 1336 ff.; *Thönissen*, NZI 2023, 649 ff.; sowie das Steuerrecht; s. *Brunnhübner/Schaumberger*, DB 2025, 153 ff.; *Schnitger/Kockrow*, BB 2024, 1111 ff.

[131] *Lange*, BKR 2020, 216, 224; nach *Ferati/Meyer*, CCZ 2022, 349 setzt sich der Begriff der Nachhaltigkeit „im Wesentlichen“ aus diesen drei Komponenten zusammen.

[132] Knapp zum Begriff *Köndgen*, FS K. Schmidt, Bd. I, 2019, 671, 673; Beispiele zu den einzelnen Bereichen finden sich bei *Kammerer-Galahn*, in: Looschelders/Michael, Düsseldorfer Vorträge zum Versicherungsrecht 2021, 1, 8.

[133] *Lange*, BKR 2020, 216, 224.

[134] *Mayer*, Nachhaltigkeit: 125 Fragen und Antworten, Frage 23, S. 33.

[135] *Ihlau/Zwenger*, BB 2020, 2091, 2092.

[136] *Lange*, BKR 2020, 216, 224.

[137] S. Teil 2.II.1.a)ii)(3).

[138] *Walden*, NZG 2020, 50, 51 nimmt an, dass die Begriffe Nachhaltigkeit und CSR in der Praxis häufig synonym verwendet werden; nach *Schön*, ZfPW 2022, 207, 210 ist der Begriff CSR enger zu verstehen als derjenige der Nachhaltigkeit; *Boor/Nowrot*, in: Walden/Depping, CSR und Recht, 35, 36 m.w.N. halten den Begriff eher für einen politischen Sammelbegriff als für einen definierbaren Rechtsbegriff; krit. auch *Buck-Heeb*,

Nachhaltigkeitsbegriffs verwendet.[139] Teilweise wird allerdings auch von einem weitreichenderen Verständnis des Begriffs ausgegangen, der eher einem multidimensionalen Verständnis entspricht.[140] Der Begriff beschreibt die Ausrichtung der Wirtschaft auf nachhaltige Entwicklung und verantwortungsvolles Handeln und betrifft alle Bereiche.[141] In diesem Zusammenhang geht es auch um die Berichterstattung über nichtfinanzielle Aspekte der Unternehmenstätigkeit.[142]

c) Multidimensionales Verständnis

Teilweise unterliegt der Begriff der Nachhaltigkeit einem noch weitergehenden, multidimensionalen Verständnis.

Es wird bspw. darauf hingewiesen, dass die siebzehn Ziele der *Agenda 2030 für eine nachhaltige Entwicklung* auch politische und institutionelle Aspekte der Nachhaltigkeit aufweisen.[143] Dort heißt es etwa, dass die Menschenrechte, die Menschenwürde, die Rechtsstaatlichkeit, die Gerechtigkeit, die

---

in: Fleischer/Kalss/Vogt, Corporate Social Responsibility, 91, 94 m.w.N.; instruktiv zum Begriff *Fleischer*, in: Fleischer/Kalss/Vogt, Corporate Social Responsibility, 1, 2 ff.

139 *Grützner/Jakob*, in: Grützner/Jakob, Compliance von A-Z, Stichwort: Corporate Social Responsibility (CSR); *Walden*, in: Walden/Depping, CSR und Recht, 1, 2; *Walden*, NZG 2020, 50, 51 f. geht nunmehr dagegen davon aus, dass der Begriff der Nachhaltigkeit im Sinne der siebzehn Nachhaltigkeitsziele der UN zu verstehen sei, alle Akteure, Politik, Wirtschaft, Wissenschaft und Zivilgesellschaft, eine gemeinsame Verantwortung für eine nachhaltige Entwicklung trügen und CSR einen Teilaspekt – nämlich die unternehmerische Verantwortlichkeit – darstelle.

140 Dazu Teil 2.I.2.c); so z.B. EU-Kommission, Eine neue EU-Strategie (2011–14) für die soziale Verantwortung der Unternehmen (CSR) v. 25.10.2011, COM(2011) 681 final, S. 7: CSR ist die Verantwortung von Unternehmen für ihre Auswirkungen auf die Gesellschaft. Unternehmen sollen auf ein Verfahren zurückgreifen können, mit dem soziale, ökologische, ethische, Menschenrechts- und Verbraucherbelange in enger Zusammenarbeit mit den *Stakeholdern* in die Betriebsführung und Kernstrategie integriert werden; ebenso *Spindler*, in: Goette/Habersack/Kalss, MüKo AktG, Bd. 2, § 76 AktG Rn. 97 m.w.N.

141 *Grützner/Jakob*, in: Grützner/Jakob, Compliance von A–Z, Stichwort: Corporate Social Responsibility (CSR); zur Entwicklung des Begriffs s. *Böcking/Althoff*, FS Hopt, 2020, 83, 85 ff.

142 *Ihlau/Zwenger*, BB 2020, 2091, 2092; dazu auch *Walden*, NZG 2020, 50, 54 f.

143 *Lange*, BKR 2020, 216, 224.

Gleichheit und die Nichtdiskriminierung allgemein geachtet werden sollen.[144] Dies lässt sich sowohl als politische als auch institutionelle Dimension des Begriffs verstehen. Insbesondere die Betonung von Rechtsstaatlichkeit, Gerechtigkeit und Gleichheit spricht für ein Verständnis, welches über die Trias „ESG“ hinausreicht.

Es wird als Erweiterung des dreidimensionalen Verständnisses auch vertreten, dass sowohl die Generationen- als auch die Globalperspektive in das Verständnis von Nachhaltigkeit einzubeziehen seien.[145]

Es lässt sich festhalten, dass der Begriff der Nachhaltigkeit unter Einbeziehung weiterer Aspekte, wie z.B. Gerechtigkeit oder Globalität, teilweise weit und danach in einem fünfdimensionalen Sinne verstanden wird.

d) Fazit

Der Begriff der Nachhaltigkeit weist – je nach Kontext – unterschiedlich viele Dimensionen auf.[146] Es soll allerdings an dieser Stelle keine Position dazu bezogen werden, da diese Untersuchung nicht die Entwicklung einer neuen Nachhaltigkeitsdefinition zum Gegenstand hat.

3. Nachhaltigkeitsbegriff der neuen europäischen Regelungen

Im Folgenden wird der der Offenlegungs- und Taxonomie-VO zugrunde gelegte Nachhaltigkeitsbegriff im Einzelnen untersucht. Es soll insbesondere mit Hilfe der dimensionalen Einordnung der verschiedenen nachhaltigkeitsbezogenen Bezugspunkte in den Verordnungen illustriert werden, dass der Normgeber die Schaffung eines konsistenten Nachhaltigkeitsbegriffs nicht erreicht hat.

---

144 UN, Transformation unserer Welt: die Agenda 2030 für nachhaltige Entwicklung (A/RES/70/1), S. 1.

145 *Ekardt*, ZfU 2009, 223, 227 ff.; ebenso *Mittwoch*, Nachhaltigkeit und Unternehmensrecht, S. 31.

146 Für ein fünfdimensionales Verständnis bspw. *Lange*, BKR 2020, 216, 224; dagegen geht die EU in diesem Kontext von einem dreidimensionalen Begriff aus, vgl. ErwG 2 zur Taxonomie-VO; ebenso *Beck*, ZIP 2022, 1471, 1472; *Hofmeister*, in: ARL – Akademie für Raumforschung und Landesplanung, Handwörterbuch der Stadt- und Raumentwicklung, Stichwort: Nachhaltigkeit, 1.2 weist darauf hin, dass im Kontext der *Agenda21* teilweise von vier Dimensionen die Rede sei; *Michelsen/Adomßent*, in: Heinrichs/Michelsen, Nachhaltigkeitswissenschaften, 3, 29 merken an, dass die Bandbreite der Dimensionen der Nachhaltigkeit von zwei bis acht reiche.

a) Nachhaltigkeitsbegriff der Offenlegungs-VO

Der Nachhaltigkeitsbegriff im Sinne der Offenlegungs-VO weist je nach Bezugspunkt – Ziel, Risiko und Faktor – einen unterschiedlichen Inhalt auf.

Es ist hervorzuheben, dass der Nachhaltigkeitsbegriff im Rahmen der Offenlegungs-VO ökologische und soziale Ziele enthält.[147] In Bezug auf die Governance[148] ist anhand des Wortlauts von Art. 2 Nr. 17 Offenlegungs-VO anzunehmen, dass dieser Aspekt lediglich einen „Ausschlussfaktor" darstellt.[149] Hieraus lässt sich der Schluss ziehen, dass der Nachhaltigkeitsbegriff in Bezug auf die Ziele zweidimensional ist.

Die Definition des Begriffs Nachhaltigkeitsrisiko in Art. 2 Nr. 22 Offenlegungs-VO sieht die Bereiche Umwelt, Soziales und Unternehmensführung vor – dies spricht dafür, dem Nachhaltigkeitsbegriff in Bezug auf die Risiken drei Dimensionen zuzuordnen. In diesem Zusammenhang wird die Governance nicht lediglich als Ausschlusskriterium eingeordnet, sondern steht als selbstständiges Risiko neben den anderen Risiken.[150]

Nachhaltigkeitsfaktoren im Sinne des Art. 2 Nr. 24 Offenlegungs-VO sind Umwelt-, Sozial- und Arbeiternehmerbelange, die Achtung der Menschenrechte und die Bekämpfung von Korruption und Bestechung. Diese Definition spricht wiederum für ein noch weitergehendes Verständnis des Nachhaltigkeitsbegriffs im Hinblick auf die Faktoren;[151] nämlich in einem solchen Sinne, dass auch eine politische und institutionelle Dimension damit verbunden ist[152]. Dies spricht für eine multidimensionale Sichtweise.

Es lässt sich somit feststellen, dass der Begriff der Nachhaltigkeit in Bezug auf Ziele, Risiken und Faktoren einen unterschiedlichen Inhalt aufweist.

---

147 *Geier/Meringdal/Stille*, ESG-Compliance, § 3 Rn. 9; *Zetzsche/Nast*, in: Assmann/Wallach/Zetzsche, KAGB, Art. 2 Offenlegungs-VO Rn. 25; hierfür spricht der Wortlaut des Art. 2 Nr. 17 Offenlegungs-VO.

148 Wortlaut der Norm: „Verfahrensweisen einer guten Unternehmensführung".

149 *Lange*, BKR 2020, 261, 263; *Zetzsche/Nast*, in: Assmann/Wallach/Zetzsche, KAGB, Art. 2 Offenlegungs-VO Rn. 28; a.A. *Bürkle*, VersR 2023, 1019, 1020, wonach dem Faktor Governance eine vorrangige Stellung zukomme.

150 Ähnlich *Zetzsche/Nast*, in: Assmann/Wallach/Zetzsche, KAGB, Art. 2 Offenlegungs-VO Rn. 28.

151 *Nietsch*, in: Nietsch, CSR Compliance, § 18 Rn. 50: „Weites Nachhaltigkeitsverständnis".

152 *Lange*, BKR 2020, 261, 263.

b) Nachhaltigkeitsbegriff der Taxonomie-VO

Der Nachhaltigkeitsbegriff im Rahmen der Taxonomie-VO deutet darauf hin, dass dieser eng, nämlich ökologisch, zu verstehen ist.[153]

In Art. 9 lit. a-f Taxonomie-VO sind folgende Umweltziele definiert: Klimaschutz; Anpassung an den Klimawandel; die nachhaltige Nutzung und Schutz von Wasser- und Meeresressourcen; der Übergang zu einer Kreislaufwirtschaft; Vermeidung und Verminderung der Umweltverschmutzung sowie der Schutz und die Wiederherstellung der Biodiversität und der Ökosysteme. Der Normgeber hat ökologische Ziele definiert und bringt damit zum Ausdruck, dass er die Nachhaltigkeitsziele in einem rein ökologischen Sinn versteht.[154]

Es ist an dieser Stelle allerdings in den Blick zu nehmen, dass Art. 18 Abs. 1 Taxonomie-VO gewisse Mindestgarantien enthält, die im Rahmen der nachhaltigen Wirtschaftstätigkeit eingehalten werden müssen.[155] Diese Mindestgarantien beziehen sich auf Menschenrechte und Arbeitsschutzstandards.[156] Nach dieser Vorschrift müssen die OECD-Leitsätze für multinationale Unternehmen[157] und die Leitprinzipien der Vereinten Nationen für Wirtschaft und Menschenrechte[158], einschließlich der Grundprinzipien und Rechte aus den acht Kernübereinkommen[159], die in der Erklärung der ILO über grundlegende Prinzipien und Rechte bei der Arbeit[160]

---

[153] So *Möslein/Mittwoch*, WM 2019, 481, 482 in Bezug auf den Entwurf zur Taxonomie-VO; ebenso *Stumpp*, ZBB 2019, 71, 73.

[154] *Eberius*, WM 2019, 2143, 2145.

[155] Vgl. *Ipsen/Röh*, ZIP 2020, 2001, 2005.

[156] *Ipsen/Röh*, ZIP 2020, 2001, 2005.

[157] OECD, OECD-Leitsätze für multinationale Unternehmen, Neufassung 2011 (abrufbar unter: https://www.oecd.org/content/dam/oecd/de/publications/reports/2011/09/oecd-guidelines-for-multinational-enterprises-2011-edition_g1g13daf/9789264122352-de.pdf; letzter Zugriff: 20.9.2025).

[158] UNHRC, UN Guiding Principles on Business und Human Rights (A/HRC/17/31) (die deutsche Fassung ist abrufbar unter: https://www.auswaertiges-amt.de/blob/266624/b51c16faf1b3424d7efa060e8aaa8130/un-leitprinzipien-de-data.pdf; letzter Zugriff: 20.9.2025).

[159] Mittlerweile existieren zehn Kernübereinkommen; s. ILO, Normenkontrolle (abrufbar unter: https://www.ilo.org/de/normenkontrolle; letzter Zugriff: 20.9.2025).

[160] ILO, Erklärung über grundlegende Prinzipien und Rechte bei der Arbeit und ihre Folgemaßnahmen v. 18.6.1998 (abrufbar unter: https://www.ilo.org/wcmsp5/groups/public/---europe/---ro-geneva/---ilo-berlin/documents/normativeinstrument/wcms_193727.pdf; letzter Zugriff: 20.9.2025).

festgelegt sind, sowie die Internationale Charta der Menschenrechte[161], befolgt werden.

Zwar ist bei der Einhaltung des Mindestschutzes gemäß Art. 18 Abs. 2 Taxonomie-VO lediglich der Grundsatz der „Vermeidung erheblicher Beeinträchtigungen" im Sinne des Art. 2 Nr. 17 Offenlegungs-VO zu beachten – dies stellt eine geringere Intensität dar als einen „wesentlichen Beitrag" zur Erreichung eines Umweltziels zu leisten. Allerdings würde eine erhebliche Beeinträchtigung eines der Kriterien aus Art. 18 Abs. 1 Taxonomie-VO dazu führen, dass eine solche Wirtschaftstätigkeit nicht mehr als ökologisch nachhaltig anzusehen ist. Somit beinhaltet eine nachhaltige Wirtschaftstätigkeit im Sinne der Taxonomie-VO mehr als die Erreichung eines Umweltziels.

Diese Vorschrift zeigt, dass der im Rahmen der Taxonomie-VO verwendete Nachhaltigkeitsbegriff nicht rein ökologisch zu verstehen ist, sondern die Dimensionen *Social* und *Governance* im Sinne der ESG-Kriterien berücksichtigt werden.[162] Es lässt sich sogar folgern, dass der Nachhaltigkeitsbegriff aufgrund der Bezugnahme auf die Leitsätze und Prinzipien über das Verständnis von Nachhaltigkeit im Sinne der ESG-Kriterien hinausgeht und eher fünfdimensional, also unter Einschluss der politischen und ideellen Dimension, zu verstehen ist.[163]

Allerdings handelt es sich bei den Nachhaltigkeitsdimensionen, die sich aus Art. 18 Abs. 1 Taxonomie-VO herleiten lassen, um nachrangige Aspekte, sodass der Begriff der Nachhaltigkeit im Bereich der Taxonomie primär ökologisch zu verstehen ist.[164]

---

[161] Diese Charta setzt sich aus der Allgemeinen Erklärung der Menschenrechte v. 1948, dem IPbpR v. 1966, dem IPwskR v. 1966 und den zum IPbpR gehörenden Protokollen zusammen; s. OHCHR, Fact Sheet No. 2 (Rev. 1), The International Bill of Human Rights (abrufbar unter: https://www.ohchr.org/sites/default/files/Documents/Publications/FactSheet2Rev.1en.pdf; letzter Zugriff: 20.9.2025).

[162] *Brömmelmeyer*, EWeRK 2022, 76, 77; *Ipsen/Röh*, ZIP 2020, 2001, 2005 f.; *Kumpan*, ZHR 187 (2023), 278, 290; *Weitnauer*, in: Weitnauer, Venture Capital-HdB, Teil B Rn. 117; *Zetzsche/Nast*, in: Assmann/Wallach/Zetzsche, KAGB, Art. 18 Taxonomie-VO Rn. 2; *Bueren*, WM 2020, 1611, 1618 nimmt an, dass die Taxonomie-VO abseits des Art. 18 Taxonomie-VO nur einen ökologischen Nachhaltigkeitsbegriff abdeckt; im Umkehrschluss bedeutet dies, dass der Nachhaltigkeitsbegriff unter Beachtung von Art. 18 Taxonomie-VO weitreichender ist.

[163] Zu den Problemen in diesem Zusammenhang *Bueren*, WM 2020, 1611, 1615 f.

[164] Ähnlich auch *Mittwoch*, BKR 2024, 305, 309.

c) Fazit

Die Untersuchung hat gezeigt, dass die Nachhaltigkeitsbegriffe in den beiden europäischen Verordnungen einen unterschiedlichen Inhalt aufweisen.[165] Die Einordnung der dort verwendeten Nachhaltigkeitsbegriffe in Dimensionen konnte nämlich offenlegen, dass der in der Offenlegungs-VO benutzte Begriff des Nachhaltigkeitsziels zweidimensional, der des Nachhaltigkeitsrisikos dreidimensional und der des Nachhaltigkeitsfaktors multidimensional ist. Der Nachhaltigkeitsbegriff in der Taxonomie-VO ist hingegen primär eindimensional zu verstehen.

Unstimmigkeiten zeigen sich besonders im Hinblick auf die Nachhaltigkeitsziele: Die Taxonomie-VO versteht das Nachhaltigkeitsziel ausschließlich ökologisch, während die Offenlegungs-VO ökologische und soziale Ziele als gleichrangig erachtet.[166] Dieser Gesichtspunkt bereitet insbesondere vor dem Hintergrund Schwierigkeiten, dass der Begriff der Nachhaltigkeit der Offenlegungs-VO um die Definition des Nachhaltigkeitsbegriffs der Taxonomie-VO erweitert wird.[167]

Zusammengefasst lässt sich sagen, dass es dem europäischen Normgeber nicht gelungen ist, einen konsistenten Nachhaltigkeitsbegriff zu definieren.[168]

4. Kritische Betrachtung

a) Inhaltliche Unschärfe

Der Begriff der Nachhaltigkeit ist im Hinblick auf die inhaltliche Unschärfe zu kritisieren.[169] Der Begriff wird aufgrund seines unklaren Inhalts[170] trefflich

---

165 Ebenso *Beenken/Rudkowski*, r+s 2023, 49, 52.

166 So auch *Beenken/Rudkowski*, r+s 2023, 49, 52.

167 Dazu ausführlich Teil 2.II.1.f).

168 *Beenken/Rudkowski*, r+s 2023, 49, 52: Unklarer Nachhaltigkeitsbegriff; zum Problem der Bestimmtheit des Begriffs Nachhaltigkeitsrisiko im Rahmen der Versicherungsaufsicht s. Teil 3.II.6.d)aa)(2).

169 *Kahl*, in: Kahl, Nachhaltigkeit als Verbundbegriff, 1, 2 m.w.N., der die inhaltliche Unschärfe mit den mit dem Begriff der Nachhaltigkeit verbundenen Merkmalen erklärt; Nachweise zu weiterer Kritik bei *Kahl*, in: Kahl, Nachhaltigkeit durch Verfahren und Organisation, 1 Fn. 4.

170 *Rudkowski/Chrzan/Pott*, VersR 2022, 601, 603; *Schwintowski*, EWeRK 2020, 122; *Bosselmann*, The Principle of Sustainability, S. 8: „[…] the term [sustainability] has been used in such a variety of meanings that it has become meaningless".

als „schillernd“[171] bezeichnet. Bisweilen wird er auch als „schwammig“ beschrieben.[172] Es ist bisher nicht gelungen, eine einheitliche Definition des Begriffs auszumachen.[173]

Dies liegt v.a. daran, dass auf verschiedenen Ebenen unterschiedliche Inhalte mit dem Begriff der Nachhaltigkeit verbunden werden.[174] Auf internationaler Ebene wird der Begriff unter Bezugnahme auf die siebzehn Nachhaltigkeitsziele der UN sehr weit verstanden.[175] Im Sinne der ESG-Kriterien wird der Begriff der Nachhaltigkeit hingegen teilweise enger verstanden. Nochmals enger wird der Begriff im Sinne der Offenlegungs-VO verstanden, wenn man diesen primär ökologisch und sozial versteht, wobei dies nicht konsequent durchgehalten wird.

Hieran lässt sich erkennen, dass es unklar ist, wie der Begriff inhaltlich zu verstehen ist. Es lässt hieran auch festmachen, dass der Begriff in Bezug auf verschiedene Regelungsgebiete autonom definiert werden muss.[176]

Es ist zu kritisieren, dass durch die Aufnahme von mehr inkompatiblen ESG-Teilzielen auf die rechtspolitische Tagesordnung die „Nachhaltigkeitsdoktrin“ zu einem „konturlose[n]“ und nach „den Parteiwünschen zusammengewürfelte[n] Gemisch unterschiedlicher und teilweise gegenläufiger Partikularinteressen“ zu verkommen droht.[177] Hier besteht die Gefahr, dass der Begriff in der Beliebigkeit mündet.[178]

---

[171] *Schirmer*, ZEuP 2021, 35, 37; so auch die bei *Kahl*, in: Kahl, Nachhaltigkeit als Verbundbegriff, 1 Fn. 5 zitierte Kritik.

[172] *Louven*, BB 2022, 2178.

[173] *Bueren*, ZGR 2019, 813, 859; *Mittwoch*, JZ 2023, 376, 380; *Schellhas/Rotärmel*, VW 7/2019, 84.

[174] *Möslein/Mittwoch*, WM 2019, 481, 482.

[175] In diese Richtung *Möslein/Mittwoch*, WM 2019, 481, 482; *Ihlau/Zwenger*, BB 2020, 2091 definieren den Begriff der Nachhaltigkeit auch in diesem Sinne.

[176] In diese Richtung *Sieben*, NVwZ 2003, 1173, 1176; vgl. auch *Schirmer*, ZEuP 2021, 35, 37, der danach fragt, ob das jeweilige Nachhaltigkeitskonzept einen Niederschlag im Recht gefunden hat.

[177] So die scharfe Kritik von *Ekkenga*, WM 2020, 1664, 1666; krit. in Bezug auf die Konturlosigkeit des Begriffs auch *Nietsch*, in: Nietsch, CSR Compliance, § 1 Rn. 5.

[178] *Ekkenga*, WM 2020, 1664, 1666 in Bezug auf die *Corporate Governance*-Debatte im Gesellschaftsrecht – aber er sieht diese Entwicklung auch für die Finanzmärkte; ebenso *Ekardt*, ZUR 2016, 463, 466.

Der Inhalt des Begriffs der Nachhaltigkeit unterliegt einem dynamischen Wandel.[179] Die Ausfüllungsbedürftigkeit des Begriffs ist verbunden mit der Gefahr einer politischen Instrumentalisierung, bei der eine Wertentscheidung zugunsten einer anderen sehr schnell ersetzt wird.[180] Dies zeigt sich bspw. am Streit um die Einstufung von Kernenergie sowie Erdgas als nachhaltig im Rahmen der Taxonomie-VO,[181] ebenso wie an der Debatte um die Einordnung von Rüstungsunternehmen, welche im Zusammenhang mit Waffenlieferungen an die vom Angriffskrieg durch Russland betroffene Ukraine erneut entflammt ist[182].

Es lässt sich darüber hinaus bemängeln, dass die mangelnde Bestimmtheit des Begriffs es dem Rechtsanwender – je nach (politischer) Präferenz – ermöglicht, sowohl der ökologischen als auch der ökonomischen oder der sozialen Komponente des Begriffs den Vorzug zu geben und hier ohne rechtliche Anbindung Konflikte gelöst werden, die eigentlich vom demokratisch legitimierten Gesetzgeber respektive Normgeber zu lösen sind.[183]

Es hat sich gezeigt, dass die Notwendigkeit besteht, dass das zuständige Rechtsetzungsorgan den Begriff der Nachhaltigkeit für die jeweilige Kodifikation genau zu definieren hat, um Rechtssicherheit zu gewährleisten. Um die vorgenannte Problematik zu vermeiden, ist dem Gesetzgeber zu raten, den Begriff der „Nachhaltigkeit" aus den Gesetzestexten zu streichen und stattdessen schlicht mit Begriffen wie „Umweltziele", „Sozialziele" und ggf. „Unternehmensziele" zu operieren und diese mit Inhalt zu füllen.[184]

b) Zielkonflikte

Die unterschiedlichen Nachhaltigkeitsziele weisen Zielkonflikte auf, sodass sich die Ziele nicht vollständig parallel verwirklichen lassen.[185] *Köndgen*

---

179 *Louven*, BB 2022, 2178, 2181.

180 *Nietsch*, in: Nietsch, CSR Compliance, § 1 Rn. 11.

181 Dazu knapp *Chatzinerantzis/Rölike*, DB 2022 Beil. 2, 2; hierzu krit. Stimmen aus der Praxis bei *Pohl*, VW 12/2022, 76 ff.

182 *Appel/Meyn*, DB 2022 Beil. 2, 10, 13; hierzu auch *Graewe*, BB 2023, 262, 265 f.

183 Zu den Zielkonflikten und der fehlenden Vorrangregelung gleich Teil 2.I.4.b) und c).

184 Zum Problem der Bestimmtheit des Begriffs Nachhaltigkeitsrisiko s. Teil 3.II.6.d)aa)(2).

185 *Ekkenga*, WM 2020, 1664, 1666 bemängelt in Bezug auf die ESG-Kriterien, dass unklar sei, wie sich die drei „Grundlinien" in der konkreten Entscheidungssituation zueinander verhalten; *Marauhn*, in: Lange, Nachhaltigkeit im Recht, 87, 88, der

kritisiert, dass ein „fundamentaler und unauflöslicher Zielkonflikt" zwischen den ESG-Kriterien bestehe.[186] Diese Zielkonflikte können sowohl Unternehmen als auch Staaten betreffen.

Exemplarisch hierfür lässt sich die Batterieproduktion für Elektroautos anführen.[187] Es werden Autos mit elektronischem Antrieb produziert, um den CO_2-Ausstoß der Fahrzeuge zu reduzieren bzw. zu vermeiden (Ziel: Umweltschutz). Allerdings werden für die Batterieproduktion Rohmaterialien wie Kobalt, Lithium, Nickel u.a. gebraucht, die hauptsächlich in Bürgerkriegsgebieten abgebaut werden. Mit dem Abbau sind Kinderarbeit, die Unterstützung von Guerillagruppen und gefährliche Arbeitsbedingungen verbunden. Dies widerspricht dem Sozialziel im Sinne der ESG-Kriterien.

Zielkonflikte können auch bei der Verwirklichung der Ziele der ökonomischen und sozialen Nachhaltigkeit bestehen. Der Aufbau von Produktionsstätten in einem Land mit niedrigen Lohnkosten sorgt u.a. dafür, dass ein Unternehmen aufgrund geringerer Ausgaben höhere Gewinne erwirtschaften kann (Ziel: ökonomische Nachhaltigkeit). Der Betrieb einer solchen Produktionsstätte kann u.U. mit Zwangsarbeit, also der Verletzung von Menschenrechten, verbunden sein.[188] Dies widerspricht dem Ziel der sozialen Nachhaltigkeit.

---

sich ebenso auf die „Teilkomponenten" Ökologisches, Ökonomisches und Soziales bezieht; weitere Beispiele zu Zielkonflikten finden sich etwa bei *Bachmann*, ZHR 187 (2023), 166, 183; *Haaker*, IRZ 2024, 56, 60; *Schön*, ZfPW 2022, 207, 243 f.; *Weller/Fischer*, ZIP 2022, 2253, 2262.

[186] *Köndgen*, FS K. Schmidt, Bd. I, 2019, 671, 680; *Ekkenga/Schirrmacher/Schneider*, NJW 2021, 1509, 1513, Rn. 16 bemängeln, dass die Nachhaltigkeit im Sinne des ESG-Modells erhebliche innere Widersprüche berge; zustimmend *Steuer*, ZBB 2022, 31, 37; zu diesen Zielkonflikten im Bereich Künstlicher Intelligenz s. *Waltersmann/Miehe/Sauer*, in: Chibanguza/Kuß/Steege, KI-HdB, § 1 C. Rn. 13 ff., 19 ff.

[187] S. zum gesamten Beispiel *Spindler*, NZG 2021, 993, 994; v.a. mit Blick auf Umweltverschmutzungen beim Abbau von Kobalt in Marokko *Heubl/Izoard/Kunkel/Much*, SZ v. 13.11.2023, S. 19.

[188] Hierfür mag beispielhaft der an Volkswagen gerichtete Vorwurf dienen, in einem in Xinjiang gemeinsam mit einem chinesischen Staatskonzern errichteten Werk Zwangsarbeiter zu beschäftigen; dazu *Giesen/Hage/Obermaier/Traufetter*, DER SPIEGEL 22/2022, S. 18 ff.; krit. zur Rechtsstaatlichkeit und zum Grundrechtsschutz in der Volksrepublik China *Heußner*, NJOZ 2023, 960, 962 ff.

Ein weiterer Zielkonflikt ist auszumachen, wenn ein Unternehmen Windräder für die Produktion von Strom baut (Ziel: Umweltschutz) und durch den Betrieb dieser Windräder, nämlich durch die Rotation der Blätter, Vögel und Fledermäuse zu Tode kommen.[189] Letzteres widerspricht dem Ziel des Umweltschutzes und führt zur Entstehung eines Konflikts innerhalb eines zu erreichenden Ziels.

Zielkonflikte im Rahmen der Erreichung der siebzehn Nachhaltigkeitsziele der UN können sowohl innerhalb eines Staates als auch zwischen verschiedenen Staaten auftreten.[190]

Innerhalb eines Staates kann ein Konflikt zwischen dem Ziel Armutsbekämpfung (Ziel 1) und dem Ziel Klimaschutz (Ziel 13) auftreten. Ein sich entwickelnder Staat muss wirtschaftlich wachsen, um die Armutsbekämpfung voranzutreiben, und dies widerspricht aufgrund des damit zusammenhängenden ansteigenden Ressourcenverbrauchs dem Ziel des Klimaschutzes.[191]

Ein Zielkonflikt zwischen verschiedenen Staaten lässt sich daran illustrieren, dass entwickelte Industriestaaten ihre Wirtschaftstätigkeit ressourcenschonender und CO_2-ärmer gestalten wollen, ohne aber ihren Wohlstand zu gefährden – aufstrebende bzw. sich entwickelnde Staaten müssen den Verbrauch ihrer Ressourcen und ihren CO_2-Ausstoß (zunächst jedenfalls) noch erhöhen, um eine Steigerung ihrer Wirtschaftstätigkeit zu erreichen und um zu den bereits entwickelten Staaten aufzuschließen.[192] Dies führt zu einem Zielkonflikt zwischen Klimaschutz (Ziel 13) und wirtschaftlicher Entwicklung (Ziel 8).

Die Beispiele lassen erkennen, dass die Verwirklichung eines Nachhaltigkeitsziels nur auf Kosten eines anderen Nachhaltigkeitsziels erreicht werden

---

189 Vgl. *Bürkle*, in: Dreher/Wandt, Nachhaltigkeit und Versicherungsaufsicht, 55, 73.

190 Zu weiteren Zielkonflikten s. *Lecina*, in: Herlyn/Lévy-Tödter, Die Agenda 2030 als magisches Vieleck der Nachhaltigkeit, 283, 295 f. Tab. 14.1.

191 Vgl. *Köndgen*, FS K. Schmidt, Bd. I, 2019, 671, 678; zum Zusammenhang zwischen Human Development Index und „ökologischem Fußabdruck" *Herlyn*, in: Herlyn/Lévy-Tödter, Die Agenda 2030 als magisches Vieleck der Nachhaltigkeit, 43, 47 Abb. 3.2.

192 Vgl. dazu *Lange*, BKR 2020, 216 f.; dazu im Zusammenhang mit den ESG-Kriterien *Ekkenga/Schirrmacher/Schneider*, NJW 2021, 1509, 1513, Rn. 16.

kann. Es bestehen also Zielkonflikte[193], die sich nicht ohne Weiteres auflösen lassen. Dies betrifft sowohl die Nachhaltigkeitsziele im Sinne der ESG-Kriterien als auch die siebzehn Nachhaltigkeitsziele der UN.

c) Fehlende Vorrangregelung

Zwischen den verschiedenen Nachhaltigkeitszielen kann ein Zielkonflikt bestehen. Dieser lässt sich häufig auch nicht auflösen. In einem solchen Fall ist es erforderlich, zu ermitteln, welchem Ziel der Vorzug zu geben ist. Eine solche Regelung fehlt oftmals, da bereits die Definition des Begriffs diesen Konflikt beinhaltet. Eine Vorrangregelung ist häufig lediglich in Bezug auf unterschiedliche Rechtsquellen oder Normen auszumachen. Nach Art. 31 GG geht etwa Bundesrecht im Kollisionsfall Landesrecht vor.[194] Zudem enthält § 246 Abs. 1 StGB[195] eine „Subsidiaritätsklausel", wonach alle anderen Zueignungsdelikte vorgehen, sofern die Tat nach einer anderen Vorschrift mit schwererer Strafe bedroht ist.[196]

In Bezug auf den Nachhaltigkeitsbegriff im Zusammenhang mit den siebzehn Nachhaltigkeitszielen der UN wird davon ausgegangen, dass die Ziele gleichrangig nebeneinanderstehen.[197] Ebenso wird in Bezug auf die drei Säulen der Nachhaltigkeit – Ökologie, Ökonomie und Soziales – angenommen, dass diese gleichwertig nebeneinanderstehen.[198] Der Nachhaltigkeitsbegriff auf europäischer Ebene im Rahmen der Taxonomie-VO gibt dagegen dem Umweltschutz den Vorzug.[199]

Diese Beispiele zeigen, dass sich auf manchen Regelungsebenen eine Vorrangregelung findet – es aber auch so sein kann, dass entweder eine solche

---

193 Vgl. auch *Lange*, BKR 2020, 216 f.; *Mittwoch*, Nachhaltigkeit und Unternehmensrecht, S. 33.

194 Näher dazu *Jarass*, in: Jarass/Pieroth, GG, Art. 31 Rn. 1.

195 Strafgesetzbuch (StGB) in der Fassung der Bekanntmachung v. 13.11.1998, BGBl. 1998 I S. 3322.

196 S. dazu im Einzelnen etwa *Heger*, in: Lackner/Kühl/Heger, StGB, § 246 Rn. 14.

197 *Möslein/Mittwoch*, WM 2019, 481, 483; ebenso *Sieben*, NVwZ 2003, 1173, 1175.

198 *Kahl*, in: Kahl, Nachhaltigkeit als Verbundbegriff, 1, 9 m.w.N.; *Pufé*, Nachhaltigkeit, S. 112 f., die von einer Gleichwertigkeit der drei Seiten der Pyramide bestehend aus Ökologie, Ökonomie und Soziales ausgeht.

199 *Ekkenga*, WM 2020, 1664, 1666; so schon *Möslein/Mittwoch*, WM 2019, 481, 482 zum Entwurf zur Taxonomie-VO.

Regel nicht existiert oder die verschiedenen Dimensionen gleichberechtigt nebeneinanderstehen.

Dem wird der Gesetzgeber bzw. Normgeber nur begegnen können, soweit dieser einem Nachhaltigkeitsziel aufgrund einer gesetzlichen Regelung den Vorrang zuweist; anderenfalls ist es für den Gesetzesanwender problematisch, wie dieser in einem auftretenden Zielkonflikt vorzugehen hat[200].

5. Fazit

Es ist festzuhalten, dass der Begriff der Nachhaltigkeit bereits Jahrhunderte zurückreicht – allerdings seit dem letzten Drittel des 20. Jahrhunderts einen beeindruckenden Aufstieg erlebt hat und nicht anzunehmen ist, dass er im 21. Jahrhundert aus der öffentlichen Wahrnehmung verschwinden wird. Vielmehr ist davon auszugehen, dass das Thema Nachhaltigkeit mit größer werdender Sensibilität der Öffentlichkeit und auch angesichts der Dringlichkeit in Bezug auf die erkennbaren Auswirkungen des Klimawandels[201] noch erheblich an Aufmerksamkeit gewinnen wird. Dies wird auch eine weitere Zunahme der Nachhaltigkeitsregulierung, insbesondere im Bereich der Finanzmärkte, zur Folge haben.

Die bisherige Untersuchung zeigt, dass der Begriff der Nachhaltigkeit sowohl in der Offenlegungs- als auch Taxonomie-VO inhaltlich unbestimmt und damit für den Rechtsanwender bzw. den Rechtsunterworfenen nicht praktikabel bzw. kaum zu befolgen ist. Dies ist im Hinblick auf das Bestimmtheitsgebot problematisch.[202] Ebenso problematisch ist, dass das den Vorschriften unterlegte Nachhaltigkeitskonzept widersprüchlich ist. Daraus folgt, dass das eigentliche Ziel des Normgebers – insbesondere mit der Hilfe von privatem Kapital die Ziele des *Abkommens von Paris* zu verwirklichen – nur schwer zu erfüllen sein wird. Es ist ebenfalls nicht auszuschließen, dass

---

[200] *Möslein/Mittwoch*, WM 2019, 481, 482: „Operabilitätsprobleme".

[201] S. hierzu etwa IPCC, Sixth Assessment Report - Climate Change 2022: Mitigation of Climate Change (abrufbar unter: https://www.ipcc.ch/report/ar6/wg3/downloads/report/IPCC_AR6_WGIII_Full_Report.pdf; letzter Zugriff: 20.9.2025); übersichtlich zum aktuellen Stand der Klimaforschung IPCC, Synthesis Report of the IPCC Sixth Assessment Report (AR6), 2023 (abrufbar unter: https://report.ipcc.ch/ar6syr/pdf/IPCC_AR6_SYR_SPM.pdf; letzter Zugriff: 20.9.2025).

[202] S. zum primärrechtlichen Bestimmtheitsgebot Teil 3.II.4.

die undurchsichtige Konzeption dazu führt, dass Finanzprodukte als „nachhaltig" deklariert werden, obwohl sie es im Ergebnis nicht sind.

Zudem bedarf es weiterer Forschungsarbeit, um den Begriff der Nachhaltigkeit weiter zu konturieren. Mit Blick auf die verschiedenen Regelungsebenen lässt sich allerdings konstatieren, dass der Begriff lediglich kontextspezifisch definiert werden kann. Es wäre aus der Perspektive des Rechtsanwenders sehr ratsam, wenn dies durch den Gesetzgeber bzw. Normgeber erfolgt, um Unklarheiten und Zweifel bei der Begriffsauslegung zu vermeiden.

Dieser ist für künftige Regelungen allerdings gut beraten, den Begriff der Nachhaltigkeit zu vermeiden und stattdessen bestimmte und widerspruchsfreie Gesetzesbegriffe zu verwenden, die sich in der Rechtspraxis praktikabel anwenden lassen. Hierfür bietet es sich beispielsweise an, den Begriff „Klimawandel" statt „Umwelt" zu benutzen.[203]

II. Nachhaltigkeitsregulierung

Die an die Versicherungsunternehmen (1.), die EbAV (2.) und die Versicherungsvermittler (3.) adressierte Nachhaltigkeitsregulierung ist gegenwärtig schon vielfältig ausgestaltet und es sind weitere Regelungen zu erwarten. Im Wesentlichen werden verbindliche Vorschriften (*hard law*) behandelt, womit unverbindliche Standards (*soft law*) unberücksichtigt bleiben.[204]

1. Versicherungsunternehmen

Die Regulierung von Versicherungsunternehmen erfolgt zuvörderst anhand des VAG[205]. Es soll also zunächst untersucht werden, welche Nachhaltigkeitsvorgaben durch das Gesetz selbst bzw. im Zusammenhang mit

---

[203] Diesen Begriff verwendet der europäischen Normgeber bei der Neufassung der Solva-II-RL; s. hierzu Teil 2.II.1.g)aa).

[204] Zu unverbindlichen Regelwerken im Zusammenhang mit Nachhaltigkeit *Brellochs*, ZHR 185 (2021), 319, 352 f.; *Louven*, BB 2022, 2178, 2180 ff.; *Spießhofer*, in: Nietsch, CSR Compliance, § 2 Rn. 6 ff.; ausführlich *Spießhofer*, Unternehmerische Verantwortung, S. 61 ff.

[205] Gesetz über die Beaufsichtigung der Versicherungsunternehmen v. 1.4.2015, BGBl. 2015 I S. 434.

der Solva-II-RL[206] statuiert werden. In diesem Zusammenhang werden auch die Nachhaltigkeitsvorgaben der BaFin dargestellt und rechtlich eingeordnet.

Weiter sollen die aus der PEPP-VO[207] stammenden nachhaltigkeitsbezogenen Regelungen erörtert werden. Außerdem müssen Versicherungsunternehmen zunehmend auch in weiteren Bereichen, insbesondere im Bereich des Handels- und Gesellschaftsrechts, nachhaltigkeitsbezogene Vorschriften beachten, welche in gebotener Kürze dargestellt werden. Es werden zudem die Pflichten, die aus dem LkSG[208] und der Offenlegungs-/Taxonomie-VO erwachsen, beleuchtet.

Ferner wird auf die europäischen Richtlinien im Bereich des Versicherungsaufsichtsrechts, der Nachhaltigkeitsberichterstattung, der Lieferkettenregulierung eingegangen, welche allerdings noch nicht in nationales Recht transformiert wurden. Es handelt sich aus Sicht der Akteure des Versicherungssektors um zu erwartende Regulierung, da die Richtlinien an die Mitgliedstaaten adressiert sind (Art. 288 Abs. 3 AEUV[209]), und daher für die einzelnen Unternehmen mangels eines Transformationsaktes nicht verbindlich sind[210].

Schließlich wird die Sozialtaxonomie in den Blick genommen. Diese steckt allerdings noch in den „Kinderschuhen", da hier derzeitig lediglich ein *Final Report* vorliegt.

a) VAG

Es soll nachfolgend v.a. gezeigt werden, dass Nachhaltigkeitsvorgaben in vielen Bereichen der Geschäftsorganisation von Versicherungsunternehmen

---

[206] Richtlinie 2009/138/EG des Europäischen Parlaments und des Rates v. 25.11.2009 betreffend die Aufnahme und Ausübung der Versicherungs- und der Rückversicherung (Solvabilität II), ABl. 2009 L 335, S. 1.

[207] Verordnung (EU) 2019/1238 des Europäischen Parlaments und des Rates v. 20.6.2019 über ein Paneuropäisches Privates Pensionsprodukt (PEPP), ABl. 2019 L 198, S. 1.

[208] Gesetz über die unternehmerischen Sorgfaltspflichten zur Vermeidung von Menschenrechtsverletzungen in Lieferketten (Lieferkettensorgfaltspflichtengesetz) v. 16.7.2021, BGBl. 2021 I S. 2959.

[209] Vertrag über die Arbeitsweise der Europäischen Union in der Fassung der Bekanntmachung v. 9.5.2008, ABl. 2008 C 115, S. 47.

[210] *Theusinger/Ilg*, DB 2025, 176 mit Blick auf die europäische Richtlinie betreffend die Nachhaltigkeitsberichterstattung; vgl. auch *Ruttloff/Bingel/Bühler*, BB 2023, 1155, 1157.

beachtet werden müssen. Zugleich soll herausgestellt werden, dass diese Nachhaltigkeitsvorgaben auch die äußeren Einwirkungen auf die Geschäftstätigkeit adressieren.

Die Konkretisierungen zur Solva-II-RL sind v.a. in der Solva-II-VO[211] dargelegt und müssen daher bei der Anwendung des VAG beachtet werden.[212] Nach der Änderung der Solva-II-VO durch die Del. VO 2021/1256[213] im Jahr 2021 sollen sich Nachhaltigkeitsrisiken im Governance-System von Versicherungsunternehmen sowie in der Beurteilung des Gesamtsolvabilitätsbedarfs widerspiegeln.[214] Die Änderungen betreffen eine Vielzahl von Bereichen der Geschäftsorganisation.[215]

Art. 1 Nr. 55c Solva-II-VO enthält den Begriff des Nachhaltigkeitsrisikos, d.h. ein Ereignis oder eine Bedingung in den Bereichen Umwelt, Soziales oder Unternehmensführung, dessen beziehungsweise deren Eintreten tatsächlich oder potenziell negative Auswirkungen auf den Wert der Investition oder auf den Wert der Verbindlichkeit haben könnte.

Art. 1 Nr. 55d Solva-II-VO definiert den Begriff der Nachhaltigkeitsfaktoren und verweist hierfür auf Art. 2 Nr. 24 Offenlegungs-VO.[216]

Art. 1 Nr. 55e Solva-II-VO beinhaltet eine Definition für den Begriff der Nachhaltigkeitspräferenzen.

Das Einfügen dieser Definitionen stellt ein Novum dar, da erstmalig auf Ebene der delegierten Verordnung verbindliche nachhaltigkeitsbezogene Begriffe festgelegt werden.

---

211 Delegierte Verordnung (EU) 2015/35 der Kommission v. 10.10.2014 zur Ergänzung der Richtlinie 2009/138/EG des Europäischen Parlaments und des Rates betreffend die Aufnahme und Ausübung der Versicherungs- und der Rückversicherungstätigkeit, ABl. 2014 L 12, S. 1.

212 *Bürkle*, in: Kaulbach/Bähr/Pohlmann, VAG, Einl. Rn. 65.

213 Delegierte Verordnung (EU) 2021/1256 der Kommission v. 21.4.2021 zur Änderung der Delegierten Verordnung (EU) 2015/35 im Hinblick auf die Einbeziehung von Nachhaltigkeitsrisiken in die Governance von Versicherungs- und Rückversicherungsunternehmen, ABl. 2021 L 277, S. 14.

214 ErwG 3 zur Del. VO 2021/1256.

215 Vgl. *Clauß*, in: Dreher/Wandt, Nachhaltigkeit und Versicherungsaufsicht, 1, 6.

216 Zum Begriff der Nachhaltigkeitsfaktoren schon Teil 2.I.3.a).

aa) Allgemeine Anforderungen an die Governance

Die allgemeinen gesetzlichen Anforderungen an die Geschäftsorganisation sind in § 23 Abs. 1 VAG geregelt.[217]

Die Anforderungen an die allgemeine Geschäftsorganisation sind in Art. 258 Solva-II-VO konkretisiert. Die Änderung der Solva-II-VO durch die Del. VO 2021/1256 hatte keine Implementierung von Nachhaltigkeitsvorgaben in der vorgenannten Vorschrift zur Folge, sodass in Bezug auf die allgemeine Geschäftsorganisation keine nachhaltigkeitsbezogenen Regelungen existieren.

Die BaFin hat in ihrem Merkblatt dargelegt, dass die beaufsichtigten Versicherungsunternehmen auch im Rahmen der Governance Nachhaltigkeitsrisiken zu berücksichtigen haben[218], allerdings handelt es sich hierbei lediglich um eine Innenrechtsvorschrift, nämlich um eine norminterpretierende Verwaltungsvorschrift der BaFin selbst[219].

Es lässt sich im Ergebnis festhalten, dass derzeitig keine allgemeinen gesetzlichen Nachhaltigkeitsvorgaben im Hinblick auf die Geschäftsorganisation nach § 23 Abs. 1 VAG existieren.[220]

bb) Personenbezogene Anforderungen

Bei personenbezogenen Anforderungen lässt sich zwischen speziellen Vorgaben durch das VAG und allgemeinen Anforderungen durch das AktG[221] differenzieren.

Personen, die ein Versicherungsunternehmen tatsächlich leiten oder andere Schlüsselaufgaben wahrnehmen, müssen zuverlässig und fachlich geeignet sein (§ 24 Abs. 1 S. 1 VAG). Das Gesetz statuiert an dieser Stelle

---

[217] Die Vorschrift wird als „große Generalklausel der Geschäftsorganisation“ beschrieben; *Pohlmann*, in: Kaulbach/Bähr/Pohlmann, VAG, § 23 Rn. 26; ähnlich *Pohlmann/Vossen/Everding/Scheiper*, ZVersWiss 111 (2022), 135, 159; teilweise ist auch von einer „organisationsrechtlichen Zentralnorm“ die Rede; *Bürkle*, VersR 2016, 2.

[218] S. dazu unten Teil 2.II.1.a)ii)(4).

[219] S. dazu ausführlich unten Teil 2.II.1.a)ii)(5).

[220] *Böffel*, in: Erdmann/Diehl/Schradin, BeckOK VAG, § 23 Rn. 8a betont allerdings, dass sich die Versicherungsunternehmen auf Anpassungen und Änderungen der Geschäftsorganisation mit Blick auf Nachhaltigkeit einstellen müssen.

[221] Aktiengesetz v. 6.9.1965, BGBl. 1965 I S. 1089.

Fit-and-proper-Voraussetzungen, die etwa für Mitglieder des Vorstandes und weitere Schlüsselpositionen gelten.[222]

Allgemeine Anforderungen hierzu sind in Art. 258 Abs. 1 lit. d Solva-II-VO geregelt.[223] Spezielle Konkretisierungen enthält Art. 273 Solva-II-VO.[224] Diese Norm wurde im Rahmen der Änderung der Solva-II-VO nicht um Nachhaltigkeitsanforderungen ergänzt.[225]

Die Kompetenzen, mit denen die vorgenannten Personen ausgestattet sein müssen, erstrecken sich auf die Gebiete Versicherung, Finanzen, Rechnungslegung, Versicherungsmathematik und Management (Art. 273 Abs. 2 Solva-II-VO).[226] In der gesamten Wertschöpfungskette von Versicherungsunternehmen spielen Nachhaltigkeitsanforderungen eine Rolle, sodass sich die Kompetenzanforderungen auch auf diese beziehen.[227] Hier wirken sich die tatsächlichen Änderungen in der Versicherungswirtschaft auf die rechtlichen Anforderungen an die Geschäftsleitung aus.[228]

Gemäß § 24 Abs. 1 S. 2 VAG setzt die fachliche Eignung berufliche Qualifikationen, Kenntnisse und Erfahrungen voraus, die eine solide und umsichtige Leitung des Unternehmens gewährleisten.[229] Nach § 24 Abs. 1 S. 3 VAG erfordert die fachliche Eignung u.a. angemessene theoretische und praktische Kenntnisse in Versicherungsgeschäften.

Die Vorschrift setzt für den Inhaber der Compliance-Funktion voraus, dass dieser über eine juristische Ausbildung bzw. einen entsprechenden Abschluss

---

[222] *Hasse*, in: Dreher/Wandt, Nachhaltigkeit und Versicherungsaufsicht, 13, 42; zum erfassten Personenkreis im Einzelnen s. *Bürkle*, in: Diehl, VersicherungsunternehmensR-HdB, § 13 Rn. 38 ff.

[223] *Hersch*, VersR 2016, 145, 146.

[224] *Hasse*, in: Dreher/Wandt, Nachhaltigkeit und Versicherungsaufsicht, 13, 42.

[225] So *Hasse*, in: Dreher/Wandt, Nachhaltigkeit und Versicherungsaufsicht, 13, 42 in Bezug auf den Vorschlag der EU-Kommission; auch die verabschiedete Fassung der Del. VO 2021/1256 zur Änderung der Solva-II-VO enthält keine Änderung der genannten Art.

[226] *Hasse*, in: Dreher/Wandt, Nachhaltigkeit und Versicherungsaufsicht, 13, 42.

[227] *Hasse*, in: Dreher/Wandt, Nachhaltigkeit und Versicherungsaufsicht, 13, 42; *Böffel*, in: Erdmann/Diehl/Schradin, BeckOK VAG, § 24 Rn. 23, 23.2; ebenso *Brand*, in: Brand/Baroch Castellvi, HK-VAG, § 24 Rn. 36; *Armbrüster*, ZfV 2021, 715, 716 hält zumindest eine Orientierung über die rechtlichen Vorgaben zur Nachhaltigkeit für erforderlich.

[228] Vgl. auch *Grote*, in: Langheid/Wandt, MüKo VVG, Bd. 3, Kap. 25 Rn. 397.

[229] *Hersch*, VersR 2016, 145, 152: Die Vorschrift bildet einen „konkreten Qualitätsmaßstab".

verfügt.[230] Rechtlich verbindliche Nachhaltigkeitsvorgaben sowie die praxisrelevanten Vorgaben der BaFin spielen in der Versicherungswirtschaft eine immer größere Rolle, sodass von der für die Compliance verantwortlichen Person erwartet werden muss, dass diese sich Kenntnisse bzgl. der nachhaltigkeitsbezogenen Vorgaben aneignet.

Andere Anforderungen können dagegen für andere Geschäftsbereiche gelten. Die rechtlichen Anforderungen an die individuelle Qualifikation einer Person dürfen nicht überdehnt werden, da ansonsten einerseits die Gefahr besteht, dass andere Themen neben einem bestimmten Sachthema unterbewertet werden und andererseits die Anforderungen an die Kenntnisse des Einzelnen zu einem bestimmten Themengebiet zu hoch angesetzt werden.[231] Je mehr Verantwortung eine Person für nachhaltigkeitsbezogene Themen trägt, desto höhere Anforderungen sind an die Kenntnisse zu diesem Thema zu stellen. Bspw. muss von einem nicht speziell mit diesem Thema betrauten Mitglied des Vorstandes erwartet werden können, dass dieses sich Grundkenntnisse auf diesem Gebiet aneignet.[232] Anderes gilt allerdings dann, wenn der Vorstand die Verantwortung für das Thema Nachhaltigkeit einem bestimmten Vorstandsmitglied zugewiesen hat; in diesem Fall sind die individuellen Qualifikationsanforderungen höher.[233]

Einige durch FüPoG I[234] und FüPoG II[235] erfolgte Änderungen im AktG zur Zusammensetzung von Vorstand und Aufsichtsrat sind im

---

[230] *Dreher*, VersR 2013, 929, 937; so auch *Bürkle*, FS 100 Jahre Hamburger Seminar, 2016, 693, 705 m.w.N.

[231] *Dreher*, VersR 2019, 1177, 1182 zu den Anforderungen an die IT-Kenntnisse von Vorstandsmitgliedern.

[232] In einem mehrgliedrigen Vorstand folgt schon aus der gegenseitigen Überwachungspflicht eine ausreichende Kenntnis in den vorhandenen Geschäftsbereichen; s. dazu *Dreher*, VersR 2019, 1177, 1182 m.w.N.; zu den Grenzen dieser Pflicht s. *Dreher*, in: Dreher, VAG, § 24 Rn. 68.

[233] „Funktionsspezifische Bestimmung" der fachlichen Eignung; dazu *Sieg/Haseloff*, FS v. Fürstenwerth, 2020, 359, 364; ähnlich auch VAG-RegE v. 22.10.2014, BT-Drs. 18/2956, 240.

[234] Gesetz für die gleichberechtigte Teilhabe von Frauen und Männern an Führungspositionen in der Privatwirtschaft und im öffentlichen Dienst v. 24.4.2015, BGBl. 2015 I S. 642.

[235] Gesetz zur Ergänzung und Änderung der Regelungen für die gleichberechtigte Teilhabe von Frauen an Führungspositionen in der Privatwirtschaft und im öffentlichen Dienst v. 7.8.2021, BGBl. 2021 I S. 3311.

Zusammenhang mit der Dimension *Social* im Sinne des ESG-Ansatzes zu sehen[236], da diese auf eine Frauenförderung auf Leitungsebene abzielen[237].

Bei Vorständen von börsennotierten AG, die bestimmten Arten der Mitbestimmung unterliegen und aus mehr als drei Personen bestehen, müssen gemäß § 76 Abs. 3a S. 1 AktG mindestens eine Frau und ein Mann Mitglied des Vorstandes sein.[238] Es gibt keine Proportionalitätsvorschrift, sodass die Anzahl der Frauen im Vorstand nicht mit steigender Größe des Vorstandes wachsen muss.[239]

Der Vorstand einer AG, die börsennotiert ist oder der Mitbestimmung unterliegt, hat nach § 76 Abs. 4 S. 1 AktG für den Frauenanteil in den beiden Führungsebenen unterhalb des Vorstandes Zielgrößen festzulegen.[240] Die Zielgrößen müssen den angestrebten Frauenanteil an der jeweiligen Führungsebene beschreiben (§ 76 Abs. 4 S. 2 AktG).[241] Liegt der Frauenanteil bei der Festlegung der Zielgrößen unter 30 Prozent, so dürfen nach § 76 Abs. 4 S. 5 AktG die Zielgrößen den jeweils erreichten Anteil nicht mehr unterschreiten. Gleichzeitig sind Fristen zur Erreichung der Zielgrößen festzulegen, die nicht länger als fünf Jahre sein dürfen (§ 76 Abs. 4 S. 6, 7 AktG).

Eine ähnliche Pflicht trifft gemäß § 111 Abs. 5 S. 1 AktG den Aufsichtsrat einer AG, die börsennotiert ist oder der Mitbestimmung unterliegt.[242] Dieser hat für den Frauenanteil im Aufsichtsrat und im Vorstand Zielgrößen festzulegen. Die Systematik der Regelung entspricht § 76 Abs. 4 AktG.

---

236 Dazu auch übersichtlich *Ulmer-Eilfort*, ESG 2022, 76, 78; s. tabellarisch zu gleichgelagerten Regelungen bei der GmbH, SE u.a. *Grau/Klaaßen-Kaiser/Wilk*, DB 2022 Beil. 2, 28; zu den Entwicklungen auf europäischer Ebene in diesem Bereich *Rothenburg/Moench*, AG 2023, 217 ff.

237 *Spindler*, in: Goette/Habersack/Kalss, MüKo AktG, Bd. 2, § 76 AktG Rn. 171.

238 Zu den Voraussetzungen der Anwendbarkeit der Vorschrift *Spindler*, WM 2021, 817, 819; ausführlich *Gärtner*, AG 2023, 513, 514, Rn. 5 ff.; ein Verstoß gegen dieses Beteiligungsgebot führt gemäß § 76 Abs. 3a S. 2 AktG zur Nichtigkeit der Bestellung des Vorstandsmitglieds.

239 *Spindler*, WM 2021, 817, 819; anders dagegen *Wellerdt*, ZIP 2022, 356, 357 unter Verweis auf *Spindler*, der denselben aber wohl falsch verstanden hat.

240 Es besteht allerdings kein Zwang zur Besetzung; *Spindler*, WM 2021, 817, 820.

241 Wenn die Zielgröße Null festgelegt wird, ist dieser Beschluss gemäß S. 3 klar und verständlich zu begründen.

242 Zu den genauen Voraussetzungen *Spindler*, WM 2021, 817, 824.

§ 96 Abs. 2 AktG sieht vor, dass sich der Aufsichtsrat von börsennotierten AG, die der Mitbestimmung unterliegen, zu mindestens 30 Prozent aus Frauen und zu 30 Prozent aus Männern zusammensetzt. Gleiches gilt für bestimmte börsennotierte AG nach § 96 Abs. 3 AktG.

Die vorgenannten Pflichten sind auch im Zusammenhang mit der Erklärung über die Unternehmensführung im Sinne des § 289f HGB zu sehen.[243]

cc) Vergütung

Auch im Rahmen der Vergütung lässt sich zwischen speziellen Vorgaben durch das VAG und allgemeinen Vorgaben durch das AktG unterscheiden, wobei beide Regelungen nebeneinander zur Anwendung kommen[244].

Die Vergütungssysteme für Geschäftsleiter und andere dort genannte Personen müssen angemessen, transparent und auf eine nachhaltige Entwicklung des Unternehmens gerichtet sein (§ 25 Abs. 1 S. 1 VAG).

Der in der Vorschrift verwendete Nachhaltigkeitsbegriff, der inhaltlich § 87 Abs. 1 S. 2 AktG a.F. entspricht[245], ist umstritten; nach überwiegender Auffassung wird dieser im Sinne langfristiger Interessen des Unternehmens verstanden und nicht, wie teilweise vertreten, im Sinne von ESG[246]. Der überwiegenden Auffassung wird gefolgt, da sich der Begriff der Nachhaltigkeit auf die Entwicklung des Unternehmens bezieht, und somit Rentabilität und Erfolg gemeint sind.[247]

Nach der Neufassung der Solva-II-VO müssen die Vergütungsrichtlinien Angaben dazu enthalten, wie der Einbeziehung von Nachhaltigkeitsrisiken in das Risikomanagementsystem Rechnung getragen wird (Art. 275 Abs. 4 Solva-II-VO). Dies hat zur Folge, dass in den Vergütungsleitlinien erklärt werden muss, wie im Rahmen der Vergütungspolitik Nachhaltigkeitsrisiken

---

[243] Dazu Teil 2.II.1.c).

[244] *Weber*, in: Hölters/Weber, AktG, § 87 Rn. 79.

[245] *Böffel*, in: Erdmann/Diehl/Schradin, BeckOK VAG, § 25 Rn. 39 m.w.N.; *De Raet/Dörfler*, CCZ 2017, 253, 259; so auch schon zum alten Recht *Armbrüster*, VersR 2011, 1, 4.

[246] Für die überwiegende Auffassung etwa *Hasse*, in: Annuß/Früh/Hasse, InstitutsVergV VersVergV, § 25 VAG Rn. 26 m.w.N.; *Kästel*, in: Diehl, VersicherungsunternehmensR-HdB, § 14 Rn. 62; a.A. *Böffel*, in: Erdmann/Diehl/Schradin, BeckOK VAG, § 25 Rn. 40b; *Dreher*, in: Dreher, VAG, § 25 Rn. 63.

[247] *Hasse*, in: Annuß/Früh/Hasse, InstitutsVergV VersVergV, § 25 VAG Rn. 26.

berücksichtigt werden.[248] Es bedeutet allerdings nicht, dass Nachhaltigkeitskriterien in den Vergütungsleitlinien zwangsläufig einen Niederschlag finden müssen.[249]

Für die Praxis ist es ratsam, ein oder mehrere speziell definierte Nachhaltigkeitsziele (CO_2-Fußabdruck, Mitarbeiterzufriedenheit, Ausrichtung der Kapitalanlagen o.ä.) in den Vergütungsleitlinien zu verankern, wenn ein Unternehmen diese im Rahmen der Vergütung berücksichtigen möchte.[250]

Kritisch ist zu sehen, dass die Nachhaltigkeitsaspekte auch bei der Vergütung von Personen mit Schlüsselfunktionen Berücksichtigung finden können, obwohl diese Personen – anders als die Unternehmensleitung – keinen Einfluss auf die grundlegende Ausrichtung eines Unternehmens haben.[251]

§ 87 Abs. 1 S. 1 AktG sieht eine Beschränkung der Vorstandsbezüge auf ein angemessenes Niveau vor.[252] Vor der Gesetzesänderung hatte sich die Vergütungsstruktur an einer „nachhaltige[n] Unternehmensentwicklung" auszurichten (§ 87 Abs. 1 S. 2 AktG a.F.).[253] Hieran hatte sich ein Streit entzündet, ob sich dieser Begriff nur auf eine zeitliche Komponente oder auch materielle Kriterien bezog.[254]

---

248 *Gerigk*, Die Organvergütung von Versicherungsunternehmen nach Solvency II, S. 239; *Hasse*, in: Dreher/Wandt, Nachhaltigkeit und Versicherungsaufsicht, 13, 41; ebenso *Böffel*, in: Erdmann/Diehl/Schradin, BeckOK VAG, § 25 Rn. 40b.

249 Missverständlich *Hasse*, in: Dreher/Wandt, Nachhaltigkeit und Versicherungsaufsicht, 13, 39 f.

250 *Hasse*, in: Dreher/Wandt, Nachhaltigkeit und Versicherungsaufsicht, 13, 41; dort auch mit weiteren Beispielen zu Nachhaltigkeitszielen.

251 So auch *Hasse*, in: Dreher/Wandt, Nachhaltigkeit und Versicherungsaufsicht, 13, 41.

252 S. dazu etwa *Spindler*, in: Goette/Habersack/Kalss, MüKo AktG, Bd. 2, § 87 AktG Rn. 1 ff.

253 Der Gesetzgeber erkannte als Lehre aus der Finanzmarktkrise, dass kurzfristig ausgerichtete Vergütungsinstrumente zu Fehlanreizen führen können und wollte hier gegensteuern; Entwurf zum VorstAG der Fraktionen CDU/CSU und SPD v. 17.3.2009, BT-Drs. 16/12278, 1; der Gesetzgeber verwendet hier den Begriff der „Nachhaltigkeit des Vorstandshandelns" im Zusammenhang mit der Konkretisierung der Angemessenheitsprüfung der Vorstandsvergütung, meint dies hier aber eindeutig nur in dem Sinne, dass die Handlungen auf den langfristigen Erfolg des Unternehmens gerichtet sein sollen; BT-Drs. 16/12278, 5; zur Einführung der Vorschrift auch *Waschbusch/Kiszka/Schuster/Biehl*, BKR 2022, 374, 375 f.

254 Dafür *Röttgen/Kluge*, NJW 2013, 900, 902 ff.; dagegen jedoch die h.M. *Harbarth*, ZGR 2018, 379, 385 ff. m.w.N.

Dieses Merkmal wurde im Rahmen der Umsetzung[255] der ARUG II-RL[256] im Jahr 2019 durch den Begriff „nachhaltige und langfristige Entwicklung der Gesellschaft“ ersetzt. Dieser Streit setzt sich auch nach Änderung des Wortlauts der Vorschrift fort.

Teilweise wird nun gefolgert, dass durch die beiden Adjektive „nachhaltig“ und „langfristig“ klargestellt werden solle, dass die Vergütungsstruktur von börsennotierten Gesellschaften neben einem zeitlichen Kriterium im Sinne eines dauerhaften wirtschaftlichen Erfolges auch an Nachhaltigkeitskriterien auszurichten sei.[257]

Allerdings wird auch weiterhin überwiegend die Auffassung vertreten, dass die Einfügung des Begriffs „nachhaltig“ keine Ausweitung auf Nachhaltigkeitskriterien im Rahmen der Vorstandsvergütung zur Folge habe.[258]

Der Gesetzgeber gibt in der Gesetzesbegründung an, dass die Änderung des Wortlauts der Vorschrift lediglich eine Anpassung an den Wortlaut der europäischen Richtlinie darstelle, es sich also um eine redaktionelle Anpassung handele und keine inhaltlichen Änderungen damit verbunden seien.[259] Die Änderung unterstreiche, dass die Auslegung des Begriffs „langfristige Entwicklung“ einheitlich zu verstehen sei.[260] Der Gesetzgeber stellt

---

[255] ARUG II-UmsG (Gesetz zur Umsetzung der zweiten Aktionärsrechterichtlinie (ARUG II) v. 12.12.2019, BGBl. 2019 I S. 2637); ausführlich zur umgesetzten Richtlinie *Brellochs*, ZHR 185 (2021), 319, 328 ff.

[256] Richtlinie (EU) 2017/828 des Europäischen Parlaments und des Rates v. 17.5.2017 zur Änderung der Richtlinie 2007/36/EG im Hinblick auf die Förderung der langfristigen Mitwirkung der Aktionäre, ABl. 2017 L 132, S. 1.

[257] Beschlussempfehlung und Bericht des Ausschusses für Recht und Verbraucherschutz zum ARUG II-UmsG-RegE v. 13.11.2019, BT-Drs. 19/15153, 55; so auch *Bachmann*, ZHR 187 (2023), 166, 170; *Döring/Mayer*, DB 2022 Beil. 2, 31; *Fleischer*, in: Stilz/Veil, BeckOGK AktG, Stand: 1.6.2025, § 87 AktG Rn. 36; *Heimann/Flöter*, ESG 2022, 138, 139; *Mittwoch/Wetenkamp/Bleier*, NJW 2022, 3601, 3603 f., Rn. 11; *Nemat/Panzer-Heemeier/Meckenstock*, ESG 2022, 104, 106; *Spindler*, in: Goette/Habersack/Kalss, MüKo AktG, Bd. 2, § 87 AktG Rn. 77; *Waschbusch/Kiszka/Schuster/Biehl*, BKR 2022, 374, 376 f.; *Weller/Hößl/Seemann*, ZEuP 2024, 575, 599; *Willms/Stark*, ESGZ 6/2023, 40, 41.

[258] *Weber*, in: Hölters/Weber, AktG, § 87 Rn. 30a unter Verweis auf den ARUG II-UmsG-RegE v. 29.4.2019, BT-Drs. 19/9739, 72; so auch *Harbarth*, FS Ebke, 2021, 307, 308 m.w.N.; i.E. auch *Dörrwächter*, NZG 2022, 1083, 1087; *Velte*, DStR 2022, 440, 445; zum Streitstand auch schon *Velte*, DB 2021, 1054, 1056 f.

[259] ARUG II-UmsG-RegE v. 29.4.2019, BT-Drs. 19/9739, 72.

[260] ARUG II-UmsG-RegE v. 29.4.2019, BT-Drs. 19/9739, 72.

damit klar, dass mit den Merkmalen lediglich eine zeitliche Komponente verbunden ist.

Dem Gesetzgeber kann an dieser Stelle allerdings vorgehalten werden, dass er es versäumt hat, hinreichend deutlich zum Ausdruck zu bringen, dass Nachhaltigkeitsaspekte keine Rolle spielen sollen. Hier wäre eine klare Absage mit Blick auf die Rechtssicherheit wünschenswert gewesen. Dies v.a. vor dem Hintergrund, dass sich der zuständige Ausschuss des Bundestages hier eindeutig anders positioniert hatte.

Die Änderung des Wortlauts hat den Streit vielmehr weiter befeuert und wenig dazu beigetragen, für Klarheit zu sorgen. Die Vorschrift ist unter Berücksichtigung der Gesetzesmaterialien dahingehend auszulegen, dass die Vorstandsvergütung sich am langfristigen Erfolg des Unternehmens zu orientieren hat.

Im Ergebnis handelt es sich bei der Verwendung der Adjektive „nachhaltig" und „langfristig" um eine unnötige Doppelung. Dem Gesetzgeber sei an dieser Stelle geraten, auf den Begriff der „Nachhaltigkeit" zu verzichten und stattdessen lediglich mit dem Begriff der „Langfristigkeit" zu operieren, soweit er nicht beabsichtigt, Nachhaltigkeitskriterien als Variable in der Vorstandsvergütung zu verankern.[261]

dd) Risikomanagement

Versicherungsunternehmen müssen gemäß § 26 Abs. 1 S. 1 VAG über ein wirksames Risikomanagement verfügen. Gemäß § 26 Abs. 5 S. 1 VAG hat das Risikomanagement sämtliche Risiken des Unternehmens zu umfassen und muss dabei insbesondere die sechs im Gesetz genannten Bereiche abdecken.[262] Dies betrifft nach Nr. 1 „Zeichnung von Versicherungsrisiken" und „Rückstellungen".

Nach der Neufassung von Art. 260 Abs. 1 lit. a Ziff. i) Solva-II-VO gehören dazu auch zu treffende Maßnahmen zur Bewertung und Handhabung des Risikos eines Verlustes oder einer nachteiligen Veränderung des Wertes von Verbindlichkeiten, das sich aus unangemessenen Annahmen in Bezug auf

---

[261] Nachhaltigkeitskriterien können allerdings bereits heute eine Rolle für den langfristigen Erfolg eines Unternehmens spielen; dazu *Harbarth*, FS Ebke, 2021, 307, 316 ff.

[262] Die Liste ist nicht als abschließend zu verstehen; *Dreher*, in: Dreher, VAG, § 26 Rn. 60 spricht von einem „Regelbeispielkatalog".

Bepreisung und Rückstellungsbildung aufgrund von internen oder externen Faktoren, einschließlich Nachhaltigkeitsrisiken, ergibt. Dies bedeutet, im Rahmen der Risikoübernahme und Rückstellungsbildung sind bei der Bewertung des Verlustrisikos oder einer negativen Veränderung von Verbindlichkeiten Nachhaltigkeitsrisiken ausdrücklich einbezogen. Hier zeigt sich deutlich, dass Versicherungsunternehmen im Rahmen ihrer Geschäftstätigkeit von außen einwirkende Nachhaltigkeitsrisiken einkalkulieren müssen. Nachhaltigkeitsrisiken in diesem Zusammenhang sind v.a. umweltbezogene Risiken, die sich negativ auf die Solvabilität eines Versicherungsunternehmens auswirken können, wenn durch schwere Unwetter verursachte Schäden bei der Prämienkalkulation nicht bedacht wurden, und die Versicherungsunternehmen höhere Zahlungen als ursprünglich angenommen leisten müssen.[263]

Gemäß § 26 Abs. 5 S. 1 Nr. 3 VAG hat das Risikomanagement den Bereich „Kapitalanlagen" abzudecken. Die Konkretisierungen zur Vorschrift finden sich in Art. 260 Abs. 1 lit. c Solva-II-VO; nach der neu eingefügten Ziff. vi) haben Versicherungsunternehmen durch zu treffende Maßnahmen sicherzustellen, dass Nachhaltigkeitsrisiken im Zusammenhang mit dem Anlageportfolio angemessen erkannt, bewertet und gemanagt werden. Hiernach sind auch im Bereich der Kapitalanlagen Nachhaltigkeitsrisiken zu berücksichtigen. Dies betrifft insbesondere auch langfristige Kapitalanlagen.[264]

Nach der Neufassung von Art. 260 Abs. 1a Solva-II-VO müssen die Versicherungsunternehmen Nachhaltigkeitsrisiken in die in Abs. 1 lit. a, c genannten und ggf. in anderen in Abs. 1 genannten Bereiche einbeziehen.

Daraus folgt im Ergebnis, dass Nachhaltigkeitsrisiken in sämtlichen Bereichen des Risikomanagements berücksichtigt werden müssen. Es ist hier regelungstechnisch allerdings nicht ersichtlich, dass eine Differenz zwischen Art. 260 Abs. 1 lit. a Ziff. i) Solva-II-VO/Art. 260 Abs. 1 lit. c Ziff. iv) Solva-II-VO und Art. 260 Abs. 1a Solva-II-VO besteht; es handelt sich vielmehr um eine sinnlose Doppelung der Berücksichtigung von Nachhaltigkeitsrisiken im Rahmen des Risikomanagements.[265]

---

263 S. dazu ausführlicher Teil 3.I.2.b)cc).

264 S. dazu *Böffel/Schürger*, in: Böffel/Schürger, Digitalisation, Sustainability, and the BMU and CMU, 229, 251.

265 *Hasse*, in: Dreher/Wandt, Nachhaltigkeit und Versicherungsaufsicht, 13, 34 zweifelt an der Stringenz der Regelung.

Die von den Versicherungsunternehmen aufzustellenden Leitlinien (§ 23 Abs. 3 S. 1 VAG) müssen u.a. Vorgaben zum Risikomanagement beinhalten (§ 26 Abs. 5 S. 1, 2 VAG); aufgrund der vorgenannten nachhaltigkeitsbezogenen Vorgaben zum Risikomanagement müssen die Leitlinien auch Nachhaltigkeitsrisiken zum Gegenstand haben.

Strategien, Prozesse und interne Meldeverfahren (§ 26 Abs. 1 S. 2 VAG) gehören zu den „risikobezogenen Instrumenten“ des Risikomanagements,[266] um Risiken, denen das Unternehmen ausgesetzt ist, zu identifizieren, zu bewerten, zu überwachen und zu steuern sowie aussagefähig über diese zu berichten. Nach der Neufassung des Art. 269 Abs. 1 lit. e Solva-II-VO gehört dazu u.a. auch die Ermittlung und Bewertung von Nachhaltigkeitsrisiken.

Zum Risikomanagement gehört eine unternehmenseigene Risiko- und Solvabilitätsbeurteilung (§ 27 Abs. 1 S. 1 VAG). Nachhaltigkeitsrisiken im Sinne des Art. 269 Abs. 1 lit. e Solva-II-VO sind Risiken im Sinne von Art. 262 Abs. 1 lit. a Solva-II-VO, die bei der Beurteilung der Solvabilität berücksichtigt werden müssen (Art. 269 Abs. 1a Solva-II-VO).

ee) Versicherungsmathematische Funktion

Versicherungsunternehmen müssen über eine wirksame versicherungsmathematische Funktion verfügen (§ 31 Abs. 1 S. 1 VAG). Zur Aufgabe der Funktion gehört es u.a., eine Stellungnahme zur allgemeinen Zeichnungs- und Annahmepolitik abzugeben (§ 31 Abs. 2 S. 1 VAG). Zur Stellungnahme im Hinblick auf die Zeichnungspolitik ergänzt die Neufassung von Art. 272 Abs. 6 lit. b Solva-II-VO u.a. Nachhaltigkeitsrisiken, zu denen Schlussfolgerungen enthalten sein müssen.

ff) „Produktgovernance“

§ 23 Abs. 1a-d VAG betrifft die „Produktgovernance“, welche die Produktfreigabe[267], die laufende Produktüberprüfung und die Produktinformation innerhalb des Vertriebs für Versicherungsprodukte reguliert.[268]

---

[266] *Dreher*, in: Dreher, VAG, § 26 Rn. 26.

[267] Im Rahmen des europäischen Rechts wird der Begriff „Produktgenehmigung“ verwendet, was aber keinen Unterschied macht; *Pohlmann*, in: Kaulbach/Bähr/Pohlmann, VAG, § 23 Rn. 64.

[268] *Pohlmann*, in: Kaulbach/Bähr/Pohlmann, VAG, § 23 Rn. 64; s. zu den Verfahrensschritten im Einzelnen *Bartel/Pfütze/Proschko*, VersR 2024, 129, 130 f.

Sie dient der Umsetzung von Regelungen aus der IDD[269] in nationales Recht.[270] Die konkretisierenden Vorgaben sind in der Del. VO 2017/2358[271] enthalten.[272] Die Verordnung betrifft Aufsichts- und Lenkungsanforderungen für Versicherungsprodukte (vgl. Art. 1 Del. VO 2017/2358). Die Änderung der vorgenannten Verordnung durch die Del. VO 2021/1257[273] führt dazu, dass im Rahmen der gesamten „Produktgovernance“ Nachhaltigkeitsaspekte berücksichtigt werden müssen.[274]

Bereits auf Zielsetzungsebene bei der Produktgenehmigung wird festgelegt, dass die Versicherungsprodukte so konzipiert sein müssen, dass sie neben anderen Kriterien auch etwaigen Nachhaltigkeitszielen der Kunden Rechnung tragen (Art. 4 Abs. 3 lit. a Ziff. i) Del. VO 2017/2358). Der Normgeber hat daran anknüpfend an zahlreichen Stellen im Verlauf des Verfahrens Vorgaben mit Blick auf Nachhaltigkeitsziele implementiert. Bei der Produktgenehmigung – im Rahmen der Ermittlung des Zielmarktes und der Gruppe der geeigneten Kunden – sind zudem u.a. Nachhaltigkeitsfaktoren im Sinne von Art. 2 Nr. 24 Offenlegungs-VO zu berücksichtigen (Art. 5 Abs. 1 S. 2 Del. VO 2017/2358). Kritisch ist anzumerken, dass bislang keine Definition zum Begriff der Nachhaltigkeitsziele in die delegierte Verordnung aufgenommen wurde und somit unklar ist, was hierunter zu verstehen ist.[275]

---

269 Richtlinie (EU) 2016/97 des Europäischen Parlaments und des Rates v. 20.1.2016 über Versicherungsvertrieb (Neufassung), ABl. 2016 L 26, S. 19.

270 *Matusche-Beckmann*, ZVertriebsR 2018, 285, 289.

271 Delegierte Verordnung (EU) 2017/2358 der Kommission v. 21.9.2017 zur Ergänzung der Richtlinie (EU) 2016/97 des Europäischen Parlaments und des Rates in Bezug auf die Aufsichts- und Lenkungsanforderungen für Versicherungsunternehmen und Versicherungsvertreiber, ABl. 2017 L 341, S. 1.

272 *Pohlmann*, in: Kaulbach/Bähr/Pohlmann, VAG, § 23 Rn. 66.

273 Delegierte Verordnung (EU) 2021/1257 der Kommission v. 21.4.2021 zur Änderung der Delegierten Verordnung (EU) 2017/2358 und (EU) 2017/2359 im Hinblick auf die Einbeziehung von Nachhaltigkeitsfaktoren, -risiken und -präferenzen in die Aufsichts- und Lenkungsanforderungen an Versicherungsunternehmen und Versicherungsvertreiber sowie in die für den Vertrieb von Versicherungsanlageprodukten geltenden Informationspflichten und Wohlverhaltensregeln, ABl. 2021 L 277, S. 18.

274 *Möllers*, ZHR 185 (2021), 881, 887.

275 So auch schon *Beenken/Rudkowski*, r+s 2023, 49, 53.

gg) Versicherungsvergütung und Vermeidung von Interessenkonflikten

Gemäß § 48a Abs. 1 S. 1 VAG darf die Vertriebsvergütung von Versicherungsunternehmen und deren Angestellten nicht mit ihrer Pflicht, im bestmöglichen Interesse der Kunden zu handeln, kollidieren. Die Versicherungsunternehmen haben daher ein System im Sinne der Abs. 2–6 einzurichten, um die Interessenkonflikte im Sinne des Abs. 1 zu managen, d.h. zu vermeiden oder ggf. offenzulegen.[276]

Die Vorschrift dient der Umsetzung der IDD.[277] Die Del. VO 2017/2359[278] ergänzt und konkretisiert die IDD.[279] Die zentrale Änderung dieser Verordnung, welche durch die Del. VO 2021/1257 erfolgte, besteht darin, dass im Vertrieb von Versicherungsanlageprodukten Informationen über Nachhaltigkeitspräferenzen der Kunden bzw. potenziellen Kunden eingeholt und berücksichtigt werden müssen.[280]

Die Berücksichtigung etwaiger Nachhaltigkeitspräferenzen gilt auch bei der Ermittlung von Interessenkonflikten im Zusammenhang mit dem Vertrieb von Versicherungsanlageprodukten (Art. 3 Del. VO 2017/2359).

Es handelt sich bei den „Nachhaltigkeitspräferenzen" gemäß Art. 2 Nr. 4 Del. VO 2017/2359 um die Entscheidung eines Kunden oder potenziellen Kunden darüber, ob und wenn ja, inwieweit eines der folgenden Finanzprodukte in seine Anlage einbezogen werden sollte: Ein Versicherungsprodukt mit einem Mindestanteil von ökologisch nachhaltigen Investitionen im Sinne von Art. 2 Nr. 1 Taxonomie-VO (lit. a); ein Versicherungsanlageprodukt mit einem Mindestanteil von nachhaltigen Investitionen im Sinne von Art. 2 Nr. 17 Offenlegungs-VO (lit. b); ein Versicherungsprodukt, bei dem die wichtigsten nachteiligen Auswirkungen auf Nachhaltigkeitsfaktoren

---

276 *Reiff*, VersR 2018, 193, 198.

277 Zu den im Einzelnen umgesetzten Vorschriften *Boslak*, in: Brand/Baroch Castellvi, HK-VAG, § 48a Rn. 1.

278 Delegierte Verordnung (EU) 2017/2359 der Kommission v. 21.9.2017 zur Ergänzung der Richtlinie (EU) 2016/97 des Europäischen Parlaments und des Rates in Bezug auf die für den Vertrieb von Versicherungsanlageprodukten geltenden Informationspflichten und Wohlverhaltensregeln, ABl. 2017 L 341, S. 8.

279 *Wendt*, VersR 2019, 257, 258 f.; s. auch ErwG 2 zur Del. VO 2017/2359; Ermächtigungsgrundlage für den Erlass der delegierten Verordnung ist Art. 28 Abs. 4 IDD.

280 *Clauß*, in: Dreher/Wandt, Nachhaltigkeit und Versicherungsaufsicht, 1, 7; dazu noch im Rahmen der Pflichten der Versicherungsvermittler Teil 2.II.3.a).

berücksichtigt werden, wobei die qualitativen oder quantitativen Elemente, mit denen diese Berücksichtigung nachgewiesen wird, vom Kunden oder potenziellen Kunden bestimmt werden (lit. c). Nachhaltigkeitsfaktoren sind gemäß Art. 2 Nr. 5 Del. VO 2017/2359 Faktoren im Sinne von Art. 2 Nr. 24 Offenlegungs-VO.

hh) Anlagegrundsätze

Versicherungsunternehmen müssen ihre Vermögenswerte nach dem Grundsatz der unternehmerischen Vorsicht anlegen (§ 124 Abs. 1 S. 1 VAG), wobei auch Nachhaltigkeitsrisiken berücksichtigt werden müssen (Art. 275a Abs. 1 Solva-II-VO). Sie berücksichtigen zudem, wie sich ihre Anlagestrategie und ihre Anlageentscheidungen langfristig auf Nachhaltigkeitsfaktoren auswirken können und bilden dort ggf. die Nachhaltigkeitspräferenzen ihrer Kunden ab, denen im Produktgenehmigungsverfahren Rechnung getragen wurde (Art. 275a Abs. 2 Solva-II-VO).[281]

Die nunmehr ausdrücklich zu berücksichtigenden Nachhaltigkeitsrisiken im Rahmen des Grundsatzes der unternehmerischen Vorsicht führen dazu, dass höhere Anforderungen an den Nachweis der Einhaltung von Kapitalanlagevorschriften durch erweiterte Checklisten und Dokumentation zu erfüllen sind.[282]

ii) Nachhaltigkeitsvorgaben der BaFin

(1) Allgemeines

Die BaFin hat das Thema „Nachhaltige Finanzwirtschaft, Sustainable Finance" als einen Aufsichtsschwerpunkt des Jahres 2020 ausgemacht.[283] Es ist das erklärte Ziel der BaFin, dass u.a. Versicherungsunternehmen Nachhaltigkeitsrisiken systematisch in ihr Risikomanagement integrieren.[284]

---

281 S. zur „Produktgovernance" Teil 2.II.1.a)ff).

282 *Kraft*, ZVersWiss 111 (2022), 89, 101.

283 BaFin, Aufsichtsschwerpunkte 2020 (abrufbar unter: https://www.bafin.de/SharedDocs/Downloads/DE/dl_Aufsichtsschwerpunkte2020.html?nn=19650940; letzter Zugriff: 20.9.2025), S. 14 f.

284 BaFin, Aufsichtsschwerpunkte 2020, S. 14.

Am 20. Dezember 2019 veröffentlichte sie ein Merkblatt zum Umgang mit Nachhaltigkeitsrisiken.[285] Es handelt sich hierbei um eine Veröffentlichung von Verwaltungsgrundsätzen im Sinne des § 318 Abs. 2 S. 1 Nr. 2 Hs. 1 VAG.[286]

Zunächst ist festzuhalten, dass die BaFin den Begriff der Nachhaltigkeit im Sinne der ESG-Kriterien definiert.[287]

Aus Sicht der Bafin handelt es sich bei dem Merkblatt um eine Orientierungshilfe und Kompendium unverbindlicher Verfahrensweisen.[288] Das Merkblatt bezieht sich auf die gesetzlichen Anforderungen in Bezug auf eine ordnungsgemäße Geschäftsorganisation und ein angemessenes Risikomanagement.[289] Die BaFin betont, dass die gesetzlichen Anforderungen – einschließlich der Konkretisierungen durch die MaGo[290] – in jedem Fall zu beachten sind.[291] Sie geht – trotz Betonung der Unverbindlichkeit des Merkblatts – davon aus, dass die beaufsichtigten Unternehmen eine Auseinandersetzung mit Nachhaltigkeitsrisiken sicherstellen und dies dokumentieren.[292] Die Aufsichtsbehörde macht außerdem darauf aufmerksam, dass durch dieses Merkblatt verbindliche gesetzliche oder aufsichtliche Vorgaben weder abgeschwächt noch erweitert werden.[293] Die BaFin betont den Grundsatz der Proportionalität im Zusammenhang mit Berücksichtigung

---

[285] BaFin, Merkblatt zum Umgang mit Nachhaltigkeitsrisiken (abrufbar unter: https://www.bafin.de/SharedDocs/Downloads/DE/Merkblatt/dl_mb_Nachhaltigkeitsrisiken.pdf; letzter Zugriff: 20.9.2025); BaFin, Aufsichtsschwerpunkte 2020, S. 14: Eine frühere Fassung des Merkblatts wurde im September 2019 zur Konsultation gestellt; dazu *Reich*, AG 2019, R308; die FMA hat im Juli 2020 ebenfalls einen Leitfaden zum Umgang mit Nachhaltigkeitsrisiken veröffentlicht; hierzu *Lehecka*, NR 2021, 322 ff.

[286] Rundschreiben und Merkblätter sind als solche zu qualifizieren; *Schöps*, in: Dreher, VAG, § 318 Rn. 6; ausführlich zur Vorschrift *Bürkle*, FS v. Fürstenwerth, 2020, 45 ff.; s. ausführlich zur Rechtsnatur Teil 2.II.1.a)ii)(5).

[287] BaFin, Merkblatt zum Umgang mit Nachhaltigkeitsrisiken, S. 8, 12 f.

[288] BaFin, Merkblatt zum Umgang mit Nachhaltigkeitsrisiken, S. 9.

[289] BaFin, Merkblatt zum Umgang mit Nachhaltigkeitsrisiken, S. 9.

[290] BaFin, Rundschreiben 2/2017 (VA), MaGo (abrufbar unter: https://www.bafin.de/SharedDocs/Veroeffentlichungen/DE/Rundschreiben/2017/rs_1702_mago_va.html; letzter Zugriff: 20.9.2025); dazu *Krimphove*, VersR 2017, 326 ff.

[291] BaFin, Merkblatt zum Umgang mit Nachhaltigkeitsrisiken, S. 10.

[292] BaFin, Merkblatt zum Umgang mit Nachhaltigkeitsrisiken, S. 10.

[293] BaFin, Merkblatt zum Umgang mit Nachhaltigkeitsrisiken, S. 10.

der Nachhaltigkeitsrisiken.[294] Sie verweist zur Begründung von klimabezogenen Risiken auf die im *Abkommen von Paris* darlegten wissenschaftlichen Erkenntnisse zum Klimawandel.[295]

Als Nachhaltigkeitsrisiken definiert die BaFin Ereignisse oder Bedingungen aus dem Bereich Umwelt, Soziales oder Unternehmensführung, deren Eintreten tatsächlich oder potenziell negative Auswirkungen auf die Vermögens-, Finanz- und Ertragslage sowie die Reputation eines beaufsichtigten Unternehmens haben können.[296]

Die BaFin unterscheidet zwischen physischen Risiken und Transitionsrisiken.[297] Physische Risiken können sich aufgrund von Extremwetterereignissen und deren Folgen oder auch aufgrund von langfristigen Änderungen der klimatischen und ökologischen Bedingungen ergeben.[298] Transitionsrisiken macht die BaFin aus, wenn es um die Umstellung auf eine CO_2-arme Wirtschaft geht.[299] Solche Risiken können sich bspw. aus einer Verteuerung bzw. Verknappung fossiler Energieträger oder aus hohen Investitionskosten für die Sanierung von Anlagen oder Gebäuden ergeben.[300] Auch werden Interdependenzen zwischen beiden Arten von Risiken ausgemacht, welche eine wechselseitige Verstärkung zur Folge haben können.[301]

Die BaFin stellt in ihrem Merkblatt dar, wie sich diese Risiken auf die Wirtschaft und das Finanzsystem auswirken können.[302] Sie ist sich bewusst, dass in Bezug auf den zeitlichen Horizont und den Umfang der Nachhaltigkeitsrisiken erhebliche Unsicherheiten bestehen.[303] Nach Ansicht der BaFin handelt es sich bei Nachhaltigkeitsrisiken nicht um

---

294 BaFin, Merkblatt zum Umgang mit Nachhaltigkeitsrisiken, S. 11.
295 BaFin, Merkblatt zum Umgang mit Nachhaltigkeitsrisiken, S. 12.
296 BaFin, Merkblatt zum Umgang mit Nachhaltigkeitsrisiken, S. 13.
297 BaFin, Merkblatt zum Umgang mit Nachhaltigkeitsrisiken, S. 13; *Bühler*, ESG 2022, 98 spricht in diesem Zusammenhang von physischen und wandlungsbedingten Risikotreibern.
298 BaFin, Merkblatt zum Umgang mit Nachhaltigkeitsrisiken, S. 14.
299 BaFin, Merkblatt zum Umgang mit Nachhaltigkeitsrisiken, S. 14.
300 BaFin, Merkblatt zum Umgang mit Nachhaltigkeitsrisiken, S. 14.
301 BaFin, Merkblatt zum Umgang mit Nachhaltigkeitsrisiken, S. 14.
302 Schaubilder der BaFin, Merkblatt zum Umgang mit Nachhaltigkeitsrisiken, S. 17; *Bühler*, ESG 2022, 98 spricht hier von Transmissionskanälen.
303 BaFin, Merkblatt zum Umgang mit Nachhaltigkeitsrisiken, S. 18.

eine eigene Risikoart, sondern diese können auf alle bekannten Arten von Risiken erheblich einwirken und als Faktor zur Wesentlichkeit dieser Risikoart beitragen.[304]

(2) Risikoarten

Die BaFin hat folgende Arten von Risiken ausgemacht[305]:

1. Kreditrisiko/Adressenausfallrisiko: Ein Kreditinstitut vergibt einen Kredit an ein Unternehmen, dessen Geschäftsmodell aufgrund politischer Entscheidungen zu ESG-Themen wesentlich beeinträchtigt sein kann (etwa eine CO_2-Bepreisung).
2. Markt(preis)risiko: Ein Pensionsfonds oder ein Investmentvermögen ist z.B. in Unternehmen angelegt, die belegbar weder nachhaltig wirtschaften noch die investierten Gelder zur Nachhaltigkeitstransition nutzen. Eine abrupte Änderung der Marktstimmung (z.B. wegen Einpreisung erwarteter regulatorischer Maßnahmen) führt zu Abwertungen.
3. Liquiditätsrisiko: Nach einer katastrophalen Überflutung ziehen zehntausende Kunden Geld von ihren Konten bei einem regional tätigen Kreditinstitut ab, um damit die Schadenbeseitigung zu finanzieren. Das Kreditinstitut muss daraufhin in hohem Maße Aktiva veräußern.
4. Operationelles Risiko: Durch die Überflutung werden auch die Filialen dieses Kreditinstituts in Mitleidenschaft gezogen.
5. Versicherungstechnisches Risiko: Im Bereich der verbundenen Wohngebäudeversicherung steigen die Schäden bspw. infolge von Sturm, Überflutung oder Hagel. Ebenfalls können sich versicherte Schäden in der Betriebsunterbrechungsversicherung erhöhen. Die Zunahme der Intensität und/oder Häufigkeit solcher Ereignisse sollte angemessen bei der Bewertung der versicherungstechnischen Rückstellungen oder des Prämienrisikos berücksichtigt werden. In diesem Zusammenhang ist auch zu bedenken, dass Versicherungsunternehmen durch dasselbe Nachhaltigkeitsrisiko sowohl aktiv- wie passivseitig getroffen werden können.

---

[304] BaFin, Merkblatt zum Umgang mit Nachhaltigkeitsrisiken, S. 18.

[305] Darstellung nach BaFin, Merkblatt zum Umgang mit Nachhaltigkeitsrisiken, S. 18.

6. Strategisches Risiko: Ein auf die Finanzierung von Kohlebergbau spezialisiertes Kreditinstitut verliert seine Geschäftsbasis.
7. Reputationsrisiko: Ein Investmentvermögen ist in eine Bekleidungsfabrik eines bekannten Herstellers in Ostasien investiert. Wegen unzureichender nationaler Vorgaben bezüglich Sicherheitsstandards brennt das Gebäude nieder, hunderte Arbeiter sterben, der Fall geht unter Nennung der Investoren durch die Medien. Der Verkauf von nur vermeintlich nachhaltigen Finanzprodukten (sog. *Greenwashing*) an ESG-bewusste Anleger kann ebenfalls ein Reputationsrisiko darstellen.

(3) ESG-Kriterien der BaFin

Die BaFin konkretisiert in ihrem Merkblatt zum Umgang mit Nachhaltigkeitsrisiken ihre Vorstellungen zu den ESG-Kriterien[306].

Folgende Beispiele werden zur Kategorie *Environmental* gezählt: Klimaschutz; Anpassung an den Klimawandel; Schutz der biologischen Artenvielfalt; nachhaltige Nutzung und Schutz von Wasser- und Meeresressourcen; Übergang zu einer Kreislaufwirtschaft, Abfallvermeidung und Recycling; Vermeidung und Verminderung der Umweltverschmutzung; Schutz gesunder Ökosysteme und nachhaltige Landnutzung.

In die Kategorie *Social* fallen folgende Beispiele: Einhaltung anerkannter arbeitsrechtlicher Standards; Einhaltung der Arbeitssicherheit und des Gesundheitsschutzes; angemessene Entlohnung, faire Arbeitsbedingungen am Arbeitsplatz, Diversität sowie Aus- und Weiterbildungschancen; Gewerkschafts- und Versammlungsfreiheit; Gewährleistung einer ausreichenden Produktsicherheit, einschließlich Gesundheitsschutz; gleiche Anforderungen an Unternehmen in der Lieferkette und inklusive Projekte bzw. Rücksichtnahme auf die Belange von Gemeinden und sozialen Minderheiten.

Die folgenden Beispiele unterfallen der Kategorie *Governance*: Steuerehrlichkeit; Maßnahmen zur Verhinderung von Korruption; Nachhaltigkeitsmanagement durch Vorstand; Vorstandsvergütung in Abhängigkeit von Nachhaltigkeit; Ermöglichung von *Whistle Blowing*; Gewährleistung von Arbeitnehmerrechten; Gewährleistung des Datenschutzes und Offenlegung von Informationen.

---

[306] Zum Nachfolgenden s. auch BaFin, Merkblatt zum Umgang mit Nachhaltigkeitsrisiken, S. 13.

Die Formulierung „Beispiel“ zeigt bereits, dass die BaFin die Auflistung dieser Nachhaltigkeitsrisiken als nicht abschließend versteht.[307] Ein überwiegender Teil der ESG-Kriterien ist positiv ausbuchstabiert, bedeutet also, dass die BaFin hier erstrebenswerte Nachhaltigkeitsziele vorgibt, deren Nichteinhaltung bzw. -erreichung ein Nachhaltigkeitsrisiko darstellen.[308] Es bleibt hierbei allerdings offen, ab welchem Zeitpunkt eine Nichteinhaltung bzw. -erreichung in ein Risiko umschlägt.[309] Des Weiteren ergibt sich aus dem Merkblatt auch nicht, in welchem Rangverhältnis die zu erreichenden Nachhaltigkeitsziele stehen.[310]

(4) Strategieanforderungen der BaFin

Die BaFin erwartet von den beaufsichtigten Unternehmen, dass diese in Bezug auf Nachhaltigkeitsrisiken eine eigene Strategie entwickeln oder ihre Strategie an diese Risiken entsprechend anpassen.[311] Es wird zudem erwartet, dass die beaufsichtigten Unternehmen ihre Risikostrategie ganzheitlich überprüfen.[312] Außerdem sollen die beaufsichtigten Unternehmen mit dem Management, den Mitarbeitern, den Vertragspartnern und Investoren im Umgang mit Nachhaltigkeitsrisiken klar kommunizieren.[313] Die BaFin erwartet, dass Nachhaltigkeitsrisiken im Bereich der Geschäftsorganisation[314] und im Bereich Risikomanagement[315], wozu auch Stresstests und Szenarioanalysen[316] zählen, berücksichtigt werden.[317]

---

[307] *Louven*, BB 2022, 2178, 2182.
[308] *Louven*, BB 2022, 2178, 2182.
[309] *Louven*, BB 2022, 2178, 2182.
[310] Zum Problem der fehlenden Vorrangregelung schon Teil 2.I.4.c).
[311] BaFin, Merkblatt zum Umgang mit Nachhaltigkeitsrisiken, S. 19.
[312] BaFin, Merkblatt zum Umgang mit Nachhaltigkeitsrisiken, S. 21.
[313] BaFin, Merkblatt zum Umgang mit Nachhaltigkeitsrisiken, S. 21.
[314] BaFin, Merkblatt zum Umgang mit Nachhaltigkeitsrisiken, S. 23 ff.
[315] BaFin, Merkblatt zum Umgang mit Nachhaltigkeitsrisiken, S. 26 ff.
[316] BaFin, Merkblatt zum Umgang mit Nachhaltigkeitsrisiken, S. 34 ff.
[317] *Broichhausen/Winter/van Meegen*, VW 11/2020, 96, 97 betonen, dass die BaFin davon ausgehe, dass die Unternehmen ihre Nachhaltigkeitsrisiken unternehmensweit zu berücksichtigen haben.

(5) Rechtsnatur des BaFin-Merkblatts und europarechtliche Konsequenzen

Von der Rechtsnatur des Merkblatts hängt ab, ob dieses für die Versicherungsunternehmen rechtlich verbindlich ist. Neben Merkblättern gibt es auch andere Verlautbarungen der BaFin wie z.B. Rundschreiben, Mitteilungen oder FAQ.[318] Die Merkblätter erläutern gesetzliche Vorschriften oder Bestimmungen und werden gelegentlich auch zur Auslegung einzelner Tatbestandsmerkmale verwendet.[319] Die Merkblätter der BaFin können auch materielle aufsichtsrechtliche Vorgaben zum Gegenstand haben[320]; dies ist auch hier der Fall, da das Merkblatt materielle Vorgaben zur Nachhaltigkeit im Rahmen des Risikomanagements beinhaltet.

Die BaFin selbst bezeichnet ihr Merkblatt als Orientierungshilfe und unverbindliche Verhaltensanweisung.[321] Die Rechtsnatur der Verlautbarungen der BaFin ist umstritten.[322]

Es handelt sich bei den Verlautbarungen mangels Verordnungsermächtigung weder um eine Rechtsverordnung im Sinne von Art. 80 Abs. 1 GG noch um eine Allgemeinverfügung gemäß § 35 S. 2 VwVfG[323], da es an einem hinreichend bestimmbaren Personenkreis sowie an einer Rechtsbehelfsbelehrung und einer förmlichen Zustellung fehlt.[324]

Hieraus wird erkennbar, dass es sich um keine rechtsverbindliche Anordnung handeln kann[325], welche also weder befolgt werden muss noch bei einem Verstoß zu einer Sanktion führen kann.

---

[318] Zu weiteren in der Praxis vorkommenden Verlautbarungen *Brand*, in: Brand/Baroch Castellvi, HK-VAG, Einf. Rn. 88; ausführlich zu den einzelnen Verlautbarungen *Fekonja*, BaFin-Verlautbarungen, S. 65 ff.

[319] *Fekonja*, BaFin-Verlautbarungen, S. 70.

[320] *Gurlit*, ZHR 177 (2013), 862, 893.

[321] Dazu schon Teil 2.II.1.a)ii)(1).

[322] Dazu ausführlich *Fekonja*, BaFin-Verlautbarungen, S. 71 ff.

[323] Verwaltungsverfahrensgesetz in der Fassung der Bekanntmachung v. 23.1.2003, BGBl. 2003 I S. 102.

[324] *Bauerfeind*, DÖV 2020, 110, 112; *Gurlit*, ZHR 177 (2013), 862, 894 f.; im Zusammenhang mit der Rechtsnatur der MaRisk (VA) *Michael*, VersR 2010, 141, 142.

[325] So auch *Bürkle*, VersR 2020, 1155, 1161.

Aus verwaltungsrechtlicher Sicht handelt es sich bei den Verlautbarungen der BaFin um norminterpretierende Verwaltungsvorschriften.[326] Dagegen handelt es sich nicht um normkonkretisierende Verwaltungsvorschriften[327], also solche, die die Behörde ermächtigen, Rechtsnormen für eine Vielzahl von Fällen rechtsverbindlich zu konkretisieren[328], da es hier an einer gesetzgeberischen Ermächtigung fehlt, um solche Verwaltungsvorschriften zu erlassen[329]. Auch die Annahme, es handele sich um schlicht-hoheitliches Handeln[330], um Verwaltungsvorschriften mit faktischer Auswirkung[331] oder um eine Rechtsform *sui generis*[332], der „eine präsumtive rechtliche Verbindlichkeit im Außenverhältnis“[333] zukomme, sind mit der Regelungssystematik nicht vereinbar und daher abzulehnen[334].

Es handelt sich bei den Merkblättern nicht um schlicht-hoheitliches Handeln, da diese auf die Interpretation bzw. Konkretisierung von Rechtsvorschriften und nicht lediglich auf die Herbeiführung eines tatsächlichen Erfolges gerichtet sind[335]. Die Auffassung, es handele sich bei den Verlautbarungen

---

[326] BGH, Beschl. v. 25.2.2008, II ZB 9/07, NJW-RR 2008, 865, 867, Rn. 24; BGH, Urt. v. 8.5.2001, XI ZR 192/00, BGHZ 147, 343, 350; *Behrendt Jonsson*, in: Diehl, VersicherungsunternehmensR-HdB, § 2 Rn. 29; *Brand*, in: Brand/Baroch Castellvi, HK-VAG, Einf. Rn. 90; *Bürkle*, FS v. Fürstenwerth, 2020, 45, 46 m.w.N.; *Gurlit*, ZHR 177 (2013), 862, 897 m.w.N. auch zur Gegenansicht; so auch in Bezug auf die MaRisk (VA) *Bürkle*, VersR 2009, 866, 867; so auch im Bereich des Bankenaufsichtsrechts *Bühler*, ESG 2022, 98, 99; *Hinrichs/Scharwächter/Ultsch*, WM 2025, 465; *Klöhn*, WM 2021, 1457, 1462; *Sedlak*, Bankenaufsicht über Geschäftsorganisation, S. 162 ff. ordnet die MaRisk (BA) allgemein als Verwaltungsvorschrift ein, ohne diese näher zu kategorisieren.

[327] So aber *Lösler*, WM 2010, 1917, 1918 zum BaFin-Rundschreiben 4/2010 (WA), MaComp.

[328] *Gurlit*, ZHR 177 (2013), 862, 895; dazu ausführlich *Fekonja*, BaFin-Verlautbarungen, S. 78 f.; s. dazu bspw. auch BVerwG, Urt. v. 28.10.1998, 8 C 16/96, BVerwGE 107, 338, 341 f. m.w.N.

[329] *Bauerfeind*, DÖV 2020, 110, 112 f.; *Gurlit*, ZHR 177 (2013), 862, 896 f.; zu den Voraussetzungen einer gesetzgeberischen Ermächtigung s. BVerfG, Beschl. v. 31.5.2011, 1 BvR 857/07 (*Investitionszulagen*), BVerfGE 129, 1, 22 f.

[330] *Fett*, WM 1999, 613; *Pitschas*, WM 2000, 1121, 1126.

[331] *Michael*, VersR 2010, 141, 148; ebenso *Looschelders/Michael*, in: Ruffert, EnzEuR, Bd. 5, § 11 Rn. 91.

[332] So *Fekonja*, BaFin-Verlautbarungen, S. 91.

[333] *Fekonja*, BaFin-Verlautbarungen, S. 109.

[334] *Brand*, in: Brand/Baroch Castellvi, HK-VAG, Einf. Rn. 90.

[335] Ausführlich zum Begriff des schlicht-hoheitlichen Handelns und mit Beispielen *Maurer/Waldhoff*, Allg. VerwR, § 15 Rn. 1 f.

um Verwaltungsvorschriften mit faktischer Außenwirkung, vermischt die grundlegende Trennung zwischen Rechtsnormen, denen Außenwirkung zukommt, und Verwaltungsvorschriften, denen nur eine Innenwirkung zukommt,[336] und ist daher abzulehnen. Es bedarf keiner weiteren Kategorisierung der Verlautbarungen als eine Rechtsform *sui generis*, da sich die Verlautbarungen in die bekannten Kategorien einordnen lassen, mithin ist auch diese Auffassung abzulehnen.

Vor dem Hintergrund der vollharmonisierenden Wirkung der Solva-II-RL[337] darf die BaFin ihre Verwaltungspraxis nicht aufrechterhalten, anhand von Rundschreiben oder Verlautbarungen ihre Rechtsgrundlagen oder Eingriffsbefugnisse nach eigenen Maßstäben auszulegen.[338] Es gilt zudem der europarechtliche Grundsatz, dass Vorgaben des europäischen Rechts, die in nationales Recht umgesetzt werden müssen, in verbindliches Recht umzusetzen sind,[339] sodass europäische nachhaltigkeitsbezogene Vorgaben nicht mittels Rundschreiben o.ä. umgesetzt werden dürften. Schließlich fällt es in die Kompetenz der EIOPA, mittels Leitlinien für eine einheitliche Aufsichtspraxis zu sorgen[340], und damit verstößt die BaFin mit der Umsetzung einer eigenen nachhaltigkeitsbezogenen Verwaltungspraxis gegen Europarecht.[341]

Obwohl die Verlautbarungen weder die Gerichte noch die Versicherungsunternehmen binden,[342] kommt ihnen in der Verwaltungspraxis dennoch erhebliches Gewicht zu[343]. Hier ist kritisch anzumerken, dass diese faktischen

---

336 Zur Regelungswirkung von Rechtsnormen und Verwaltungsvorschriften *Maurer/Waldhoff*, Allg. VerwR, § 24 Rn. 3.

337 S. hierzu Teil 3.II.1.

338 So bereits *Dreher/Lange*, VersR 2011, 825, 832; ähnlich *Bürkle*, in: Diehl, VersicherungsunternehmensR-HdB, § 13 Rn. 35.

339 EuGH, Urt. v. 24.6.2004, *Kommission/ Österreich*, Rs. C-212/02, ECLI:EU:C:2004:386 = EuZW 2004, 606, 607, Rn. 26; EuGH, Urt. v. 30.5.1991, *Kommission/ Deutschland*, Rs. C-59/89, ECLI:EU:C:1991:225 = NVwZ 1991, 866, 867, Rn. 20 f.; *Dreher*, EuZW 1997, 522, 523 f. m.w.N.; *Looschelders/Michael*, in: Ruffert, EnzEuR, Bd. 5, § 11 Rn. 92.

340 *Dreher*, in: Dreher, VAG, Einl. Rn. 61.

341 *Bürkle*, in: Bürkle, Compliance, § 2 Rn. 30.

342 VGH Kassel, Urt. v. 31.5.2006, 6 UE 3256/05, WM 2007, 392, 393 zu einer Verlautbarung im Rahmen der Bankenaufsicht; *Böffel*, VersR 2023, 691, 696; *Bürkle*, ZVersWiss 105 (2016), 511, 518 f.; *Dreher*, VersR 2019, 1, 3; *Dreher*, VersR 2025, 713.

343 *Bauerfeind*, DÖV 2020, 110: Die Verlautbarungen „werden in der Praxis wie ein förmliches Gesetz gelesen"; ähnlich auch *Klöhn*, WM 2021, 1457, 1460, der auf die Gründe

Steuerungsmöglichkeiten durch die Verwaltung in Bezug auf die Versicherungsunternehmen – ohne gesetzliche Grundlage – rechtsstaatlich hochproblematisch sind[344], und daher von der BaFin aufgegeben werden müssen.

(6) Fazit

In rechtsdogmatischer Hinsicht ist zu konstatieren, dass es sich bei dem Merkblatt zur Nachhaltigkeit um eine norminterpretierende Verwaltungsvorschrift handelt, die nur die Verwaltung bindet und keine Außenwirkung entfaltet. Die Umsetzung einer eigenständigen Verwaltungspraxis und Norminterpretation der BaFin ist vor dem Hintergrund der Einführung des Solvabilität-II-Systems und dessen vollharmonisierender Wirkung als europarechtswidrig einzustufen.

Im Hinblick auf die praktischen Auswirkungen lässt sich feststellen, dass das Merkblatt der BaFin einen „faktischen Zwang" auf die beaufsichtigten Unternehmen ausübt.[345] Dies folgt bereits daraus, dass die BaFin zwingend eine dokumentierte Auseinandersetzung mit den Nachhaltigkeitsrisiken erwartet.[346] Dies macht deutlich, dass aus Sicht der BaFin die Nachhaltigkeitsrisiken der Realwirtschaft in die allgemeinen Risikomanagementanforderungen der Finanzbranche einfließen müssen.[347]

Es wurde im Jahr 2020 konstatiert, dass die von der BaFin veröffentlichten Nachhaltigkeitsvorgaben zukünftig in aufsichtsrechtlich verbindliche Vorgaben wie europäische Verordnungen und Richtlinien fließen werden.[348] Hier ist festzuhalten, dass sich diese Vorhersage erfüllt hat. Insbesondere im Hinblick auf Nachhaltigkeitsrisiken existieren nun verbindliche Vorgaben in der Solva-II-VO.

---

hierfür eingeht; nach *Fischer/Boegl*, in: Ellenberger/Bunte, BankR-HdB, Bd. II, § 113 Rn. 97 sind die Verlautbarungen „keineswegs unverbindlich", wobei hier sogar offenbleibt, ob dies als faktische oder rechtliche Verbindlichkeit gemeint ist.

344 *Bürkle*, VersR 2009, 866, 867 zur MaRisk (VA); *Dreher*, ZVersWiss 98 (2009), 187, 216 zu Meldepflichten nach dem VAG aufgrund eines Rundschreibens.

345 *Zipperle/Kuthe*, DB 2020, 438; *Kropf*, WM 2020, 1102, 1110 geht davon aus, dass sich die Unternehmen in der Praxis danach richten werden; zu Rundschreiben generell *Diehl*, in: Höra/Schubach, MAH VersR, § 38 Rn. 33.

346 *Zipperle/Kuthe*, DB 2020, 438, ebenso *Weiand/Winter/Rojahn*, ZfgK 2020, 285, 288.

347 *Zipperle/Kuthe*, DB 2020, 438.

348 *Hartke/Kuhn/Wilhelm*, ZfgK 2020, 120, 121.

b) PEPP-VO

Die PEPP-VO hat die Registrierung, die Herstellung, den Vertrieb und die Beaufsichtigung von privaten Altersversorgungsprodukten, den sog. „Paneuropäischen Privaten Pensionsprodukten“, zum Gegenstand (Art. 1 PEPP-VO). Es handelt sich hierbei um das erste einheitliche Anlageprodukt der EU im Bereich des Versicherungswesens.[349] Der Normgeber spricht sich in den Erwägungsgründen zur PEPP-VO dafür aus, die Produkte „soweit möglich“ an den ESG-Kriterien „nach Maßgabe“ der von den UN unterstützten Grundsätzen für verantwortungsbewusstes Investment[350] auszurichten.[351] Die PEPP-VO steht im Zeichen der Förderung von nachhaltigen Investitionen.[352] Lebensversicherungsunternehmen im Sinne von Art. 2 Abs. 3, Anhang II Solva-II-RL können sich registrieren, um die vorgenannten Produkte herzustellen und zu vertreiben (Art. 6 Abs. 1 lit. b PEPP-VO). Damit werden sie zu „PEPP-Anbietern“ gemäß Art. 2 Nr. 15 PEPP-VO.

Die Verordnung enthält mit Blick auf die PEPP-Anbieter eine vorvertragliche Informationspflicht in Form eines „PEPP-Basisinformationsblatts“ (Art. 26 ff. PEPP-VO). Nach Maßgabe des Art. 28 Abs. 3 lit. c Ziff. xii) PEPP-VO muss der Inhalt dieses Blatts Informationen zum Abschneiden der Anlagen des PEPP-Anbieters im Hinblick auf ESG-Kriterien enthalten, sofern diese verfügbar sind. Während der Vertragslaufzeit ist ein PEPP-Anbieter verpflichtet, „PEPP-Leistungsinformationen“ offenzulegen; hierzu gehören gemäß Art. 36 Abs. 1 lit. l PEPP-VO zusammenfassende Angaben zur Anlagestrategie im Zusammenhang mit ESG-Kriterien. Zudem sind Angaben darüber zu machen, wo und wie ergänzende Informationen zu bekommen sind zu der Frage, wie im Rahmen der Anlagepolitik ESG-Kriterien berücksichtigt werden (Art. 37 Abs. 1 lit. c PEPP-VO).[353]

---

[349] *Emde*, in: Nietsch, CSR Compliance, § 20 Rn. 113.

[350] Zu den Grundsätzen s. UNEP/UN Global Compact, Prinzipien für verantwortliches Investieren, 2019 (abrufbar unter: https://dwtyzx6upklss.cloudfront.net/Uploads/e/g/l/pribrochure_german2019_820661.pdf; letzter Zugriff: 20.9.2025).

[351] ErwG 8 zur PEPP-VO; zu den damit verbundenen Problemen s. *Emde*, in: Nietsch, CSR Compliance, § 20 Rn. 115.

[352] *Emde*, in: Nietsch, CSR Compliance, § 20 Rn. 113.

[353] Eine ähnliche Regelung findet sich in § 7a Abs. 1 S. 2 AltZertG (Altersvorsorgeverträge-Zertifizierungsgesetz v. 26.6.2001, BGBl. 2001 I S. 1310); hierauf weisen auch *Wandt/Lüders*, VersR 2023, 809, 813 Fn. 43 hin.

Informationen zu Änderungen betreffend die Anlagestrategie mit Blick auf ESG-Kriterien müssen einem PEPP-Sparer[354] während der gesamten Vertragslaufzeit umgehend mitgeteilt werden (Art. 35 Abs. 6 lit. c PEPP-VO).

Bei der Anlage der Vermögenswerte haben die PEPP-Anbieter nach dem Grundsatz der unternehmerischen Vorsicht zu verfahren und insbesondere die Risiken und die möglichen langfristigen Auswirkungen der Anlageentscheidungen auf ESG-Kriterien zu berücksichtigen (Art. 41 Abs. 1 lit. b PEPP-VO).

c) Berichtspflichten im HGB

Im Handelsbilanzrecht haben Kapitalgesellschaften, die die Voraussetzungen von § 289b Abs. 1 S. 1 Nr. 1–3 HGB erfüllen, ihren Lagebericht gemäß § 289b Abs. 1 S. 1 HGB um eine nichtfinanzielle Erklärung im Sinne des § 289c Abs. 1 HGB zu erweitern.[355]

Diese Verpflichtung betrifft gemäß § 341a Abs. 1 S. 1, Abs. 1a S. 1, 3 HGB auch Versicherungsunternehmen, die nach § 267 Abs. 3 S. 1, Abs. 4–5 HGB als groß gelten und im Jahresdurchschnitt mehr als 500 Arbeitnehmer beschäftigen.[356] Sämtliche Versicherungsunternehmen, die eine der vorgenannten Voraussetzungen erfüllen, fallen in den Anwendungsbereich der Norm – auf eine spezifische Sparte, Rechtsform oder Kapitalmarktorientierung kommt es nicht an.[357]

Die nachfolgenden Vorschriften beruhen auf der Änderungs-RL zur Bilanz-RL[358] und der CSR-RL[359], wobei Letztere im Jahr 2017 in nationales

---

354 Zum Begriff s. Art. 2 Nr. 3 PEPP-VO.

355 Zur Bedeutung des Rechnungswesens, bestehend aus Jahresabschluss und Lagebericht, im Unternehmen s. *Müller/Otter/Hartau*, BB 2021, 2411, 2412.

356 S. zum Anwendungsbereich im Hinblick auf Versicherungsunternehmen ausführlich *Bürkle*, VersR 2017, 717, 718 f.

357 *Bürkle*, VersR 2017, 717, 718.

358 Richtlinie 2013/34/EU des Europäischen Parlaments und des Rates v. 26.6.2013 über den Jahresabschluss, den konsolidierten Abschluss und damit verbundene Berichte von Unternehmen bestimmter Rechtsformen und zur Änderung der Richtlinie 2006/43/EG des Europäischen Parlaments und des Rates und zur Aufhebung der Richtlinie 78/660/EWG und 83/349/EWG des Rates, ABl. 2013 L 182, S. 19.

359 Richtlinie 2014/95/EU des Europäischen Parlaments und des Rates v. 22.10.2014 zur Änderung der Richtlinie 2013/34/EU im Hinblick auf die Angabe nicht finanzieller

Recht[360] transformiert wurde.[361] Die Vorschriften haben zum Ziel, die Transparenz zu erhöhen und die Vergleichbarkeit der Berichterstattung zu verbessern.[362] Zudem zielen diese Pflichten darauf ab, die Unternehmen dazu anzuhalten, nachhaltiges Wirtschaften in ihren internen Entscheidungsprozessen stärker zu berücksichtigen.[363]

Gemäß § 289c Abs. 2 HGB muss sich die nichtfinanzielle Erklärung zumindest auf folgende Aspekte beziehen: Umweltbelange (Nr. 1); Arbeitnehmerbelange (Nr. 2); Sozialbelange (Nr. 3); die Achtung der Menschenrechte (Nr. 4) und die Bekämpfung von Korruption und Bestechung (Nr. 5). Die vorgenannte Aufzählung der Nachhaltigkeitsaspekte zeigt, dass Nachhaltigkeit hier sehr umfassend verstanden wird.[364] Dies bedeutet, dass neben der Nachhaltigkeitsdimension *Environmental* auch *Social* und *Governance* im Sinne des ESG-Ansatzes erfasst sind.[365]

§ 289f Abs. 1 S. 1 HGB sieht vor, dass u.a. börsennotierte AG eine Erklärung zur Unternehmensführung in ihren Lagebericht aufnehmen müssen. Das FüPoG II führt u.a. zu einer Änderung des anzugebenden Inhalts der Erklärung zur Unternehmensführung.

Dort sind nun nach § 289f Abs. 2 Nr. 4 HGB bestimmte AG verpflichtet, Zielgrößen für den Frauenanteil und Fristen für deren Erreichung festzulegen und die Festlegung der Zielgröße Null zu begründen sowie die vorgeschriebenen Festlegungen und Begründungen und die Angabe, ob die festgelegten

---

und die Diversität betreffender Informationen durch bestimmte große Unternehmen und Gruppen, ABl. 2014 L 330, S. 1.

360 Gesetz zur Stärkung der nichtfinanziellen Berichterstattung der Unternehmen in ihren Lage- und Konzernlageberichten (CSR-Richtlinien-Umsetzungsgesetz) v. 11.4.2017, BGBl. 2017 I S. 802.

361 Zum Ganzen auch *Bürkle*, VersR 2022, 401, 402; zur Umsetzung in Österreich s. *Klimscha/Lehner*, NR 2021, 302, 303 ff.

362 *Hennrichs*, ZGR 2018, 206, 209.

363 *Kajüter*, in: Drescher/Fleischer/Schmidt, MüKo HGB, Bd. 4, §§ 289b-289e Rn. 2; zum *Nudging*-Konzept in diesem Zusammenhang s. *Seibt*, DB 2016, 2707, 2708; krit. hierzu *Jung*, FS Ebke, 2021, 461, 468 f.; generell zum *Nudging* Teil 3.II.6.a)cc)(1).

364 Krit. zur Bestimmtheit der Vorschrift *Hennrichs*, ZGR 2018, 206, 211 f.; zum Nachhaltigkeitsbegriff im Sinne der CSR schon Teil 2.I.2.b).

365 *Beenken/Rudkowski*, r+s 2023, 49, 52; *Bürkle*, VersR 2022, 401, 402; *Mittwoch/Wetenkamp/Bleier*, NJW 2022, 3601, 3602, Rn. 8 heben hervor, dass die soziale Komponente gegenüber der ökologischen in dieser Norm stärker betroffen ist.

Zielgrößen während des Bezugszeitraums erreicht worden sind, mitzuteilen, und, falls nicht, ebenso eine Begründung zu liefern.[366] Ebenso sind gemäß § 289f Abs. 2 Nr. 5, 5a HGB Angaben zur Besetzung des Aufsichtsrates bzw. des Vorstandes zu machen.

Diese Regelung ist im Zusammenhang mit der Nachhaltigkeitsdimension *Social* im Sinne des ESG-Ansatzes zu sehen und soll die Präsenz von weiblichen Personen in Unternehmensorganen und hierarchisch darunter gelegenen Ebenen stärken.[367]

d) Offenlegungspflichten im AktG

Es finden sich neben den oben bereits erläuterten[368] weitere nachhaltigkeitsbezogene Vorschriften im AktG. Dies sind die mitwirkungsbezogenen Offenlegungspflichten von institutionellen Anlegern nach §§ 134b f. AktG. Die Vorschriften gehen auch auf die ARUG II-RL zurück.[369]

Sie dienen dem endgültigen Ziel, die *Corporate Governance* der Unternehmen zu verbessern, welches wiederum über das Zwischenziel der Transparenz erreicht werden soll.[370] Die institutionellen Anleger als Finanzintermediäre[371] haben gegenüber ihren Kapitalanlegern ihre Mitwirkungspolitik an den beteiligten Unternehmen offenzulegen; hierdurch sollen Letztere durch die Herstellung von Transparenz befähigt werden, ihre Stimmmacht und ihren Kontrolleinfluss gegenüber den institutionellen Anlegern wahrnehmen zu können.[372] Es geht nicht um die Mitwirkung der Anleger und Endbegünstigten[373] in den Portfoliogesellschaften selbst.[374]

Der Anwendungsbereich umfasst u.a. bestimmte Lebensversicherungsunternehmen, die zur Risikosparte nach Anlage 1 Nr. 19–24 zum VAG

---

[366] Die Regelung ist im Zusammenhang mit personenbezogenen Anforderungen nach dem AktG zu sehen; dazu Teil 2.II.1.a)bb).

[367] *Bürkle*, VersR 2022, 401, 404.

[368] S. dazu schon Teil 2.II.1.a)bb) und cc).

[369] *Louven*, in: Looschelders/Michael, Düsseldorfer Vorträge zum Versicherungsrecht 2022, 35, 50.

[370] *Koch*, BKR 2020, 1; s. auch ARUG II-UmsG-RegE v. 29.4.2019, BT-Drs. 19/9739, 98.

[371] Zum Begriff *Möllers*, ZHR 185 (2021), 881, 884.

[372] *Koch*, BKR 2020, 1 f.; zur Bedeutung der Aktionäre für die *Corporate Goverance* s. ErwG 14 zur ARUG II-RL; dazu auch ARUG II-UmsG-RegE v. 29.4.2019, BT-Drs. 19/9739, 98.

[373] Zum Begriff s. *Bürkle*, VersR 2021, 1, 4.

[374] ARUG II-UmsG-RegE v. 29.4.2019, BT-Drs. 19/9739, 101.

gehören (§ 134a Abs. 1 Nr. 1 lit. a AktG).[375] Diese Unternehmen werden als institutionelle Anleger definiert. Für den Anwendungsbereich des Gesetzes spielen die Rechtsform, die Börsennotierung oder die Größe des Unternehmens keine Rolle.[376]

Die institutionellen Anleger und Vermögensverwalter sind gemäß § 134b Abs. 1 AktG verpflichtet, eine Mitwirkungspolitik aufzustellen und zu veröffentlichen.[377] Mit Blick auf den Inhalt nennt der Gesetzgeber neben anderen Punkten auch die Überwachung wichtiger Angelegenheiten der Portfoliogesellschaft (Nr. 2).

Aus dem Wortlaut der Norm erschließt sich nicht unmittelbar, dass Nachhaltigkeitsaspekte davon erfasst sein sollen. Jedoch gibt Art. 3g Abs. 1 lit. a ARUG II-RL Aufschluss über den Inhalt der Vorschrift, da „wichtige Angelegenheiten" auch Strategie, finanzielle und nichtfinanzielle Leistung, Risiko, Kapitalstruktur, soziale und ökologische Auswirkungen und *Corporate Governance* umfasst. Diese Aufzählung ist beispielhaft und nicht als abschließend zu verstehen.[378] An dieser Stelle ist das nationale Recht entsprechend den Vorgaben der ARUG II-RL auszulegen. Dies bedeutet, dass „wichtige Angelegenheiten" im Sinne der Vorschrift auch nachhaltigkeitsbezogene Aspekte umfasst.

Handelt ein Vermögensverwalter[379] gemäß § 134c Abs. 2 S. 1 AktG für einen institutionellen Anleger, hat der institutionelle Anleger solche Angaben über die Vereinbarungen mit dem Vermögensverwalter offenzulegen, die erläutern, wie der Vermögensverwalter seine Anlagestrategie und Anlageentscheidungen auf das Profil und die Laufzeit der Verbindlichkeiten des institutionellen Anlegers abstimmt. Die Verpflichtung dient dazu, dem Endbegünstigten die gleichen Informationen zur Verfügung zu stellen, die er nach § 134b AktG hätte, wenn der institutionelle Anleger direkt investiert hätte.[380]

Die Offenlegung umfasst gemäß S. 2 insbesondere Angaben zur Berücksichtigung der mittel- bis langfristigen Entwicklung der Gesellschaft bei der Anlageentscheidung (Nr. 1). Der Gesetzgeber stellt hierzu klar, dass dabei

---

375 S. zum persönlichen Anwendungsbereich der Versicherungsunternehmen ausführlich *Bürkle*, VersR 2021, 1, 2 f.

376 *Bürkle*, VersR 2021, 1, 3.

377 S. auch *Koch*, AktG, § 134b Rn. 1.

378 *Koch*, BKR 2020, 1, 4.

379 Der Begriff ist in § 134a Abs. 1 Nr. 2 AktG definiert.

380 *Bürkle*, VersR 2021, 1, 9.

finanzielle und nichtfinanzielle Leistungen einzubeziehen sind; zu Letzterem gehören bspw. Risiken, die aus der Behandlung der Mitarbeiter und der Umwelt resultieren können, welche zu einer Beeinträchtigung der Reputation einer AG führen können.[381] Es handelt sich hierbei um die Einbeziehung von Nachhaltigkeitskriterien.[382] Die Aufzählung des Gesetzgebers ist nur beispielhaft zu verstehen, somit können auch andere bekannte nachhaltigkeitsbezogene Kriterien bei der mittel- und langfristigen Entwicklung der Gesellschaft berücksichtigt werden.

e) Sorgfaltspflichten im LkSG

Das LkSG dient dem Schutz von Menschenrechten und der Umwelt[383], indem es diese Schutzgüter zu unternehmensrelevanten Risiken (vgl. § 2 Abs. 2 Hs. 1 LkSG; § 2 Abs. 3 Hs. 1 LkSG)[384] erklärt.

Die den Unternehmen auferlegten Sorgfaltspflichten (§ 3 Abs. 1 S. 1 LkSG)[385] haben das Ziel, menschen- oder umweltbezogenen Risiken vorzubeugen, diese zu minimieren oder die Verletzung bereits eingetretener Risiken zu beenden. Der Umfang der Sorgfaltspflichten ist in § 3 Abs. 1 S. 2 Nr. 1–9 LkSG festgelegt. Dazu zählen u.a. die Einrichtung eines Risikomanagements (§ 4 Abs. 1 LkSG), die Durchführung von Risikoanalysen (§ 5 LkSG), die Verankerung von Präventionsmaßnahmen (§ 6 LkSG), die Einrichtung eines Beschwerdeverfahrens (§ 8 LkSG) sowie Pflichten im Hinblick auf Dokumentation (§ 10 Abs. 1 LkSG) und Berichterstattung (§ 10 Abs. 2 LkSG).[386]

Der persönliche Anwendungsbereich des Gesetzes umfasst Unternehmen ungeachtet ihrer Rechtsform, die ihre Hauptverwaltung, Hauptniederlassung

---

381 ARUG II-UmsG-RegE v. 29.4.2019, BT-Drs. 19/9739, 103.

382 *Koch*, AktG, § 134c Rn. 4.

383 Das Gesetz ist den Dimensionen *Social* und *Environmental* im Sinne des ESG-Ansatzes zuzuordnen; *Bürkle*, VersR 2022, 401, 404; s. auch LkSG-RegE v. 19.4.2021, BT-Drs. 19/28649, 23.

384 § 2 Abs. 2 Hs. 2 LkSG, Abs. 3 Hs. 2 LkSG enthalten konkrete Verbote, die auf unterschiedlichste Übereinkommen und Pakte verweisen; LkSG-RegE v. 19.4.2021, BT-Drs. 19/28649, 34 f. verweist darauf, dass der in Abs. 2 Hs. 2 LkSG verwendete Menschenrechtskatalog international anerkannt und auch von EU in der Taxonomie-VO verwendet worden sei.

385 Zur Konstruktion der Pflichten s. *Fleischer*, CCZ 2022, 205, 208 ff.

386 S. zu den Sorgfaltspflichten im Einzelnen etwa *Tschäpe/Trefzger*, ZfBR 2023, 423, 426 ff.

oder ihren Sitz im Inland haben (§ 1 Abs. 1 S. 1 Nr. 1 LkSG) und in der Regel mehr als 1.000 Arbeitnehmer im Inland beschäftigen (§ 1 Abs. 1 S. 1 Nr. 2, S. 3 LkSG).[387] Hiervon erfasst sind auch Versicherungsunternehmen.[388]

Der gegenständliche Bereich des Gesetzes wird durch den Begriff der Lieferkette (§ 2 Abs. 5 LkSG) konturiert[389]: Dieser bezieht sich auf alle Produkte und Dienstleistungen eines Unternehmens (S. 1), wobei sämtliche erforderlichen Schritte zur Herstellung bzw. Erbringung einbezogen sind (S. 2 Hs. 1), und das Handeln im eigenen Geschäftsbereich sowie das Handeln der unmittelbaren/mittelbaren Zulieferer[390] (S. 2 Hs. 2). Der weite Wortlaut[391] schließt Finanzdienstleistungen ein[392], wozu auch die Dienstleistungen von Versicherungsunternehmen gehören[393]. Nicht erfasst sind allerdings die „Anlage von Vermögenswerten" und die Vermittlungstätigkeit.[394] Die Kunden der Versicherungsunternehmen – die Versicherungsnehmer – sind aufgrund der Regelungskonzeption kein Teil der Lieferkette[395] und damit erstrecken sich die vorgenannten Sorgfaltspflichten auch nicht auf diese.

---

387 Zum Anwendungsbereich der Vorschrift *Nietsch/Wiedmann*, NJW 2022, 1 ff.

388 *Bürkle*, VersR 2022, 401, 404; *Walden*, in: Depping/Walden, LkSG, § 1 Rn. 33; nach *Bettermann/Hoes*, BKR 2022, 23, 24 sind z.B. auch Kreditinstitute erfasst.

389 *Walden*, in: Depping/Walden, LkSG, § 2 Rn. 480.

390 Zu solchen Zulieferern können etwa IT-Dienstleister zählen; so *Bettermann/Hoes*, BKR 2022, 23, 25.

391 *Nietsch/Wiedmann*, CCZ 2021, 101, 103.

392 LkSG-RegE v. 19.4.2021, BT-Drs. 19/28649, 40; *Lutz-Bachmann/Vorbeck/Wengenroth*, BB 2021, 906, 907; *Walden*, in: Depping/Walden, LkSG, § 2 Rn. 528.

393 *Wagner/Wagner/Schuler*, in: Wagner/Ruttloff/Wagner, LkSG, Rn. 43.

394 LkSG-RegE v. 19.4.2021, BT-Drs. 19/28649, 40; mit Blick auf Ersteres sind wohl die Emittenten von Finanzprodukten gemeint, in die ein Unternehmen investiert; *Leyens*, in: Hopt, HGB, § 2 LkSG Rn. 16; krit. zur Ausklammerung von Anlagetätigkeiten *Habrich*, ZVglRWiss 122 (2023), 219, 234.

395 BAFA, Kredit- und Versicherungswirtschaft, Handreichung, S. 2, 5 (abrufbar unter: https://www.bafa.de/SharedDocs/Downloads/DE/Lieferketten/handreichung_kredit_versicherung.html; letzter Zugriff: 20.9.2025); *Charnitzky*, in: Berg/Kramme, LkSG, § 2 Rn. 168 allgemein mit Blick auf Finanzdienstleister; speziell zu Kreditinstituten *Bettermann/Hoes*, BKR 2022, 23, 26 ff.; *Nietsch*, ZBB 2023, 264, 273; i.E. auch im Hinblick auf standardisierte Finanzdienstleistungen *Walden*, in: Depping/Walden, LkSG, § 2 Rn. 509 f.; unklar allerdings LkSG-RegE v. 19.4.2021, BT-Drs. 19/28649, 40; *Kolb*, in: Fleischer/Mankowski, LkSG, § 2 Rn. 220 bezeichnet die Ausführungen in der Regierungsbegründung als unschlüssig und widersprüchlich.

f) Offenlegungs-/Taxonomie-VO

Die Offenlegungs-VO stammt aus dem Jahr 2019 und wurde bereits bei Verabschiedung der Taxonomie-VO im Jahr 2020 durch diese geändert.[396]

Die Offenlegungs-VO enthält einen Katalog von abgestuften Offenlegungspflichten.[397] Ziel der Verordnung ist es, Informationsasymmetrien zwischen Finanzmarktteilnehmern und Endanlegern abzubauen.[398] Hierzu enthält die Offenlegungs-VO nachhaltigkeitsbezogene Transparenzvorschriften für Finanzmarktteilnehmer und Finanzberater[399]. Die Verordnung selbst betont die Bedeutung der Transparenz.[400]

Die Taxonomie-VO enthält das erste einheitliche System zur Klassifizierung von nachhaltigen Wirtschaftstätigkeiten.[401] Die Regelung ist im Zusammenhang mit den Plänen der EU-Kommission zu sehen, Geldflüsse möglichst in Richtung jener Unternehmen zu lenken, die einen Beitrag zu den europäischen Nachhaltigkeitszielen leisten.[402]

Die Taxonomie-VO enthält ebenfalls Offenlegungspflichten. Diese Pflichten nach der Taxonomie-VO zielen darauf ab, es dem Endanleger zu ermöglichen, zu erkennen, inwieweit Finanzmarktteilnehmer wirtschaftlichen Tätigkeiten nachgehen, die als nachhaltig einzustufen sind.[403]

Die Taxonomie-VO enthält allerdings keine Verpflichtung zum nachhaltigen Wirtschaften oder Investieren.[404] Es bleibt in der Hand der Unternehmen, zu entscheiden, ob sie ihre Tätigkeitsfelder ändern und an der Verordnung ausrichten.[405]

---

396 Vgl. die Änderungen in Art. 25 Taxonomie-VO.

397 *Nagel/Lorenz/El-Qalqili*, BKR 2022, 360.

398 Vgl. ErwG 10 zur Offenlegungs-VO.

399 S. mit Blick auf Versicherungsvermittler Teil 2.II.3.c).

400 ErwG 13 zur Offenlegungs-VO; nach *Nagel/Lorenz/El-Qalqili*, BKR 2022, 360, 362 steht die Verordnung ganz klar „im Zeichen der Transparenz".

401 *Nagel/Lorenz/El-Qalqili*, BKR 2022, 360, 361.

402 *Baumüller/Haring/Merl*, IRZ 2022, 77, 82; *Kammerer-Galahn*, in: Looschelders/Michael, Düsseldorfer Vorträge zum Versicherungsrecht 2021, 1, 18: „Konzept einer mittelbaren Lenkungswirkung"; dazu schon Teil 2.I.1.d).

403 *Klimscha/Lehner*, NR 2021, 302, 311; ähnlich auch schon *Ipsen/Röh*, ZIP 2020, 2001, 2003; *Lanfermann*, BB 2020, 1643 spricht in diesem Kontext von Berichterstattungspflichten; vgl. zu den Interessen der Anleger auch ErwG 11, 13 zur Taxonomie-VO.

404 *Derksen*, JZ 2022, 695, 700; *Ipsen/Röh*, ZIP 2020, 2001, 2002; *Kment*, GewArch 2023, 178, 180; *Kumpan*, ZHR 187 (2023), 278, 288.

405 *Hanke*, ZIP 2022, 62, 65.

Der Dialog über die beiden Verordnungen ist zu unterschiedlichen Zeitpunkten abgeschlossen worden, sodass diese nicht aufeinander abgestimmt waren.[406] Die später verabschiedete Taxonomie-VO klärt das Verhältnis der beiden Verordnungen zueinander.[407]

Erwägungsgrund 19 S. 1, 2 zur Taxonomie-VO stellt klar, dass die Offenlegungspflichten der Taxonomie-VO diejenigen der Offenlegungs-VO ergänzen.[408] Erwägungsgrund 19 S. 3 zur Taxonomie-VO bezieht sich auf die Offenlegungs-VO und stellt klar, dass der Begriff „nachhaltige Investition" im Sinne der Offenlegungs-VO den Begriff der „ökologisch nachhaltigen Investition" im Sinne der Taxonomie-VO (mit)umfasst.[409] Der Nachhaltigkeitsbegriff aus der Taxonomie-VO wird als Teilmenge in die Definition des Nachhaltigkeitsbegriffs der Offenlegungs-VO inkorporiert.[410] Die Offenlegungs-VO sieht keine Möglichkeit vor, den Begriff der ökologischen Nachhaltigkeit zu konkretisieren, weswegen hierfür auf die Vorschriften der Taxonomie-VO und die entsprechenden delegierten Verordnungen zurückgegriffen werden muss.[411] Dies bedeutet auch, dass eine Investition nachhaltig im Sinne der Offenlegungs-VO sein kann, auch wenn die Anforderungen der Taxonomie-VO nicht erfüllt sind, da der Begriff dort weiter ist.[412]

Die beiden Verordnungen entfalten durch ihre kombinierte Anwendung volle Wirkung; dies zeigt bereits die Bezugnahme der Verordnungen aufeinander.[413]

aa) Offenlegungs-VO

Nach Art. 1 Offenlegungs-VO werden mit dieser Verordnung harmonisierte Vorschriften für Finanzmarktteilnehmer und Finanzberater über Transparenz

---

[406] *Bueren*, WM 2020, 1659.

[407] *Bueren*, WM 2020, 1659.

[408] *Bueren*, WM 2020, 1659 f.

[409] *Bueren*, WM 2020, 1659, 1660.

[410] *Bueren*, WM 2020, 1659, 1660; ähnlich *Kumpan*, ZHR 187 (2023), 278, 295 f.; a.A. *Nagel/Lorenz/El-Qalqili*, BKR 2022, 360, 363, wonach der Begriff „nachhaltige Investition" im Sinne der Offenlegungs-VO autonom und unabhängig von der Taxonomie-VO auszulegen sei; nach *Flick/Meyding-Metzger*, Wpg 2020, 1404, 1410 enthält die Offenlegungs-VO selbst keine Definition für den Begriff der Nachhaltigkeit.

[411] *Geier/Hombach*, BKR 2021, 6, 9.

[412] *Hanke*, ZIP 2022, 62, 66.

[413] *Hanke*, ZIP 2022, 62, 65; s. auch *Glander/Lühmann/Jesch*, BKR 2020, 485, 486 f.; *Lüders/Wandt*, VersR 2024, 757; zur Verzahnung der beiden Vorschriften auch *Zetzsche/Nast*, in: Assmann/Wallach/Zetzsche, KAGB, Art. 1 Taxonomie-VO Rn. 17 ff.

bei der Einbeziehung von Nachhaltigkeitsrisiken und der Berücksichtigung nachteiliger Nachhaltigkeitsauswirkungen in ihren Prozessen und bei der Bereitstellung von Informationen über die Nachhaltigkeit bei Finanzprodukten[414] festgelegt.

Zu den Finanzmarktteilnehmern gehören u.a. gemäß Art. 2 Nr. 1 lit. a Offenlegungs-VO Versicherungsunternehmen, die ein IBIP[415] anbieten, sowie Versicherungsunternehmen im Sinne der Solva-II-RL (Art. 2 Nr. 2 Offenlegungs-VO).

Der Begriff des Finanzberaters erfasst insbesondere gemäß Art. 2 Nr. 11 lit. b Offenlegungs-VO Versicherungsunternehmen, die Versicherungsberatung für IBIP erbringen. Bei den Versicherungsanlageprodukten handelt es sich bspw. um kapitalbildende Lebensversicherungen mit Überschussbeteiligung.[416]

Die Offenlegungs-VO differenziert zwischen unternehmens- und produktbezogenen Offenlegungspflichten.[417] Die Ausgestaltung dieser Pflichten im Hinblick auf Inhalt, Methode und Darstellung erfolgt durch die Del. VO 2022/1288[418], welche am 1. Januar 2023 in Kraft getreten ist.[419]

---

414 Zum Begriff s. Art. 2 Nr. 12 Offenlegungs-VO; krit. zum beschränkten Umfang *Möllers*, ZHR 185 (2021), 881, 904.

415 S. zum Begriff Art. 2 Nr. 3 Offenlegungs-VO.

416 *Krakuhn/Stiefel/Gilles*, IRZ 2021, 133, 134 mit weiteren Beispielen.

417 *Glander/Lühmann/Jesch*, BKR 2020, 485, 487; ebenso *Zetzsche/Nast*, in: Assmann/Wallach/Zetzsche, KAGB, Art. 1 Offenlegungs-VO Rn. 9.

418 Delegierte Verordnung (EU) 2022/1288 der Kommission v. 6.4.2022 zur Ergänzung der Verordnung (EU) 2019/2088 des Europäischen Parlaments und des Rates im Hinblick auf technische Regulierungsstandards zur Festlegung der Einzelheiten des Inhalts und der Darstellung von Informationen in Zusammenhang mit dem Grundsatz der Vermeidung erheblicher Beeinträchtigungen, des Inhalts, der Methoden und der Darstellung von Informationen in Zusammenhang mit der Bewerbung ökologischer oder sozialer Merkmale und nachhaltiger Investitionsziele in vorvertraglichen Dokumenten, auf Internetseiten und in regelmäßigen Berichten, ABl. 2022 L 196, S. 1; diese delegierte Verordnung wurde bereits geändert durch die Del. VO 2023/363 (Delegierte Verordnung (EU) 2023/363 der Kommission v. 31.10.2022 zur Änderung und Berichtigung der in der delegierten Verordnung (EU) 2022/1288 festgelegten technischen Regulierungsstandards im Hinblick auf Inhalt und der Darstellung der in vorvertraglichen Dokumenten und regelmäßigen Berichten offenzulegenden Informationen über Finanzprodukte zur Anlage in ökologisch nachhaltige Wirtschaftstätigkeiten, ABl. 2023 L 50, S. 3); zur Entwicklung der delegierten Verordnung s. *Wandt/Lüders*, VersR 2023, 809, 815 f.

419 Krit. zur Ausgestaltung der Begriffe auf Ebene der delegierten Verordnung *Veil*, FS Hopt, 2020, 1321, 1328.

(1) Unternehmensbezogene Offenlegungspflichten

Finanzmarktteilnehmer müssen ihre Strategien zum Umgang mit Nachhaltigkeitsrisiken bei Investitionsentscheidungen offenlegen (Art. 3 Abs. 1 Offenlegungs-VO). Gleiches gilt für Finanzberater bei Anlageberatungs- oder Versicherungsberatungstätigkeiten (Abs. 2). Die Vorschriften dienen dazu, die Transparenzpflichten bzgl. Nachhaltigkeitsrisiken auf alle Finanzmarktteilnehmer und Finanzberater auszuweiten; solche Pflichten gab es bisher bspw. bei EbAV.[420]

Art. 4 Offenlegungs-VO enthält Offenlegungspflichten zu den wichtigsten nachteiligen Auswirkungen auf Nachhaltigkeitsfaktoren bei Investitionsentscheidungen bzw. Anlage- und Versicherungsberatung.[421]

Finanzmarktteilnehmer und Finanzberater müssen im Rahmen ihrer Vergütungspolitik offenlegen, inwiefern diese mit der Einbeziehung von Nachhaltigkeitsrisiken im Einklang steht (Art. 5 Abs. 1 Offenlegungs-VO). Art. 5 Abs. 2 Offenlegungs-VO regelt, dass die in Abs. 1 genannten Informationen in die Vergütungspolitik aufzunehmen sind, die Finanzmarktteilnehmer und Finanzberater gemäß der sektoralen Vorschriften, insbesondere der Solva-II-RL, IDD und EbAV-II-RL[422], festlegen und fortführen müssen.[423]

(2) Produktbezogene Offenlegungspflichten

Finanzmarktteilnehmer bzw. Finanzberater müssen gemäß Art. 6 Offenlegungs-VO in vorvertraglichen Informationen darlegen, wie Nachhaltigkeitsrisiken bei Investitionsentscheidungen bzw. Beratungen einbezogen werden und welche Auswirkungen diese voraussichtlich auf die Rendite der Finanzprodukte haben werden.[424] Die Art und Weise der zu veröffentlichenden Informationen richtet sich gemäß Art. 6 Abs. 3 Offenlegungs-VO nach dem sektoralen Recht, also insbesondere nach den umgesetzten Vorschriften der Solva-II-RL, der IDD und der EbAV-II-RL.

---

[420] *Glander/Lühmann/Jesch*, BKR 2020, 485, 488; s. dazu auch Teil 2.II.2.a).

[421] S. dazu im Einzelnen *Glander/Lühmann/Jesch*, BKR 2020, 485, 489 ff.

[422] Richtlinie (EU) 2016/2341 des Europäischen Parlaments und des Rates v. 14.12.2016 über die Tätigkeiten und die Beaufsichtigung von Einrichtungen der betrieblichen Altersversorgung (EbAV) (Neufassung), ABl. 2016 L 354, S. 37.

[423] S. zu den Vergütungsvorgaben für Versicherungsunternehmen schon Teil 2.II.1.a)cc).

[424] Im Einzelnen dazu *Glander/Lühmann/Jesch*, BKR 2020, 545 f.

Art. 7 Abs. 1 UAbs. 1 Offenlegungs-VO verpflichtet die Finanzmarktteilnehmer unter bestimmten Voraussetzungen zur Offenlegung von nachteiligen Nachhaltigkeitsfaktoren auf Ebene des Finanzprodukts.[425]

Die weiteren Offenlegungspflichten differenzieren nach Art des angebotenen Produkts.[426]

Bei Finanzprodukten im Sinne von Art. 9 Offenlegungs-VO handelt es sich um sog. *dark green products*.[427] Diese Produkte streben eine nachhaltige Investition an und sollen positiven Einfluss auf die Umwelt und Gesellschaft haben.[428] Hierfür ist eine direkte oder indirekte Investition erforderlich; dies bedeutet, dass der Emittent selbst einer nachhaltigen Wirtschaftstätigkeit nachgeht oder die von einer Anleihe des Emittenten generierten Erlöse in eine nachhaltige Wirtschaftstätigkeit eines Dritten investiert werden.[429] Die Offenlegungs-VO verpflichtet die Unternehmen, Informationen dazu offenzulegen, wie das Ziel einer nachhaltigen Investition erreicht wird, also warum es sich um ein nachhaltiges Produkt handelt.[430]

Finanzprodukte im Sinne von Art. 8 Offenlegungs-VO sind sog. *green light products*.[431] Es handelt sich hierbei um einen „Auffangtatbestand“ im Verhältnis zu den Produkten nach Art. 9 Offenlegungs-VO.[432] Bei Produkten im Sinne von Art. 8 Offenlegungs-VO werden im Gegensatz zu Art. 9 Offenlegungs-VO nachhaltige Merkmale „nur“ beworben.[433] Es genügt, wenn die Produkte Nachhaltigkeitsmerkmale aufweisen, ohne dass qualitative Angaben im Hinblick darauf gemacht werden müssen, wie nachhaltig die

---

[425] Näher hierzu *Glander/Lühmann/Jesch*, BKR 2020, 545, 546.

[426] *Geier/Hombach*, BKR 2021, 6, 13.

[427] *Hanke*, ZIP 2022, 62, 63; krit. zur Bezeichnung *Stotz*, VW 1/2024, 38, 40.

[428] *Hanke*, ZIP 2022, 62, 64.

[429] *Ségur-Cabanac/Wippel*, NR 2021, 314, 320.

[430] *Geier/Hombach*, BKR 2021, 6, 13.

[431] *Hanke*, ZIP 2022, 62, 64; krit. zum Begriff mit Blick auf soziale Merkmale *Busch*, Cap. Mark. Law J. 2023, 1, 7.

[432] *Hanke*, ZIP 2022, 62, 64; *Zetzsche/Nast*, in: Assmann/Wallach/Zetzsche, KAGB, Art. 8 Offenlegungs-VO Rn. 8 m.w.N.; übersichtlich in tabellarischer Form zu den verschiedenen Arten von nachhaltigen Produkten *Ségur-Cabanac/Wippel*, NR 2021, 314, 319.

[433] *Ségur-Cabanac/Wippel*, NR 2021, 314, 319.

getätigte Investition tatsächlich ist.[434] Die Vorschrift verpflichtet die Unternehmen offenzulegen, wie die Merkmale erfüllt werden.[435]

Die vorvertraglichen Offenlegungspflichten nach Art. 8, 9 Offenlegungs-VO werden durch eine Berichterstattungspflicht (Art. 11 Offenlegungs-VO) flankiert.[436]

bb) Taxonomie-VO

Gemäß Art. 1 Abs. 1 Taxonomie-VO enthält diese Verordnung Kriterien zur Bestimmung, ob eine Wirtschaftstätigkeit als ökologisch nachhaltig einzustufen ist, um damit den Grad der ökologischen Nachhaltigkeit einer Investition ermitteln zu können.

Es lässt sich hierbei zwischen taxonomiefähigen und taxonomiekonformen Aktivitäten differenzieren.

Die Taxonomiefähigkeit beschreibt finanzielle Aktivitäten, die auf ihre ökologische Wirtschaftlichkeit geprüft werden können.[437] Ob eine konkrete Wirtschaftstätigkeit taxonomiefähig ist, ist anhand der konkretisierenden technischen Bewertungskriterien zu ermitteln.[438]

In einem weiteren Schritt ist dann zu prüfen, ob diese taxonomiefähige Wirtschaftstätigkeit auch taxonomiekonform ist oder nicht.[439] Ist sie das, bedeutet dies, dass die Wirtschaftstätigkeit mit den Vorgaben der Taxonomie-VO im Einklang steht.[440]

Die Taxonomie-VO gilt gemäß Art. 1 Abs. 2 für Finanzmarktteilnehmer, die Finanzprodukte herstellen (lit. b) und Unternehmen, für die die Verpflichtung gilt, eine nichtfinanzielle Erklärung oder eine konsolidierte nichtfinanzielle Erklärung nach Art. 19a bzw. Art. 29a Änderungs-RL zur Bilanz-RL zu veröffentlichen (lit. c).

Zum Begriff des Finanzmarkteilnehmers (Art. 2 Nr. 2) bzw. des Finanzprodukts (Art. 2 Nr. 3) verweist die Taxonomie-VO auf die Offenlegungs-VO.

---

434 *Ségur-Cabanac/Wippel*, NR 2021, 314, 319.

435 S. dazu *Glander/Lühmann/Jesch*, BKR 2020, 545, 546 f.

436 Näher dazu *Glander/Lühmann/Jesch*, BKR 2020, 545, 548.

437 *Krakuhn/Stöwahse/Gilles/Cikanek*, IRZ 2022, 267, 268.

438 *Baumüller/Haring/Merl*, IRZ 2022, 77, 80.

439 *Baumüller/Haring/Merl*, IRZ 2022, 77, 80; s. auch *Baumüller/Haring/Merl*, IRZ 2022, 77, 81 Abb. 1.

440 *Krakuhn/Stöwahse/Gilles/Cikanek*, IRZ 2022, 267, 268; dazu gleich Teil 2.II.1.f)bb)(1).

(1) Kriterien zur Prüfung der „ökologischen Nachhaltigkeit"

Art. 3 lit. a-d Taxonomie-VO nennt Voraussetzungen, bei deren Erfüllung eine ökologisch nachhaltige Wirtschaftstätigkeit gegeben ist.[441] Es handelt sich damit um eine Definitionsnorm.[442]
Die Prüfung, ob eine Wirtschaftstätigkeit nachhaltig ist, erfolgt anhand eines dreistufigen Schemas[443]: Die Wirtschaftstätigkeit muss einen „wesentlichen Beitrag" zu einem der in Art. 9 Taxonomie-VO genannten Umweltziele leisten (Stufe 1, lit. a); diese darf zudem keine der fünf anderen Umweltziele gemäß Art. 17 Taxonomie-VO beeinträchtigen (Stufe 2, lit. b) und es müssen gewisse soziale Mindeststandards im Sinne des Art. 18 Taxonomie-VO eingehalten werden (Stufe 3, lit. c). Die Prüfung der Einhaltung der technischen Bewertungskriterien (lit. d) erfolgt jeweils innerhalb des vorgenannten Schemas, da die Bewertungskriterien der Konkretisierung der ersten beiden Prüfungspunkte dienen.[444]

Die „technischen Bewertungskriterien" in Form von delegierten Verordnungen sind für die betroffenen Unternehmen von besonderer Bedeutung, da sie anhand dieser Konkretisierungen genau bestimmen können, unter welchen Bedingungen eine wirtschaftliche Tätigkeit als nachhaltig im Sinne dieser Verordnung gilt.[445] Bei der Del. VO 2021/2139[446], welche bestimmt, ob eine Wirtschaftstätigkeit einen wesentlichen Beitrag zum Klimaschutz

---

[441] Übersichtliches Schaubild bei *Lanfermann*, in: Nietsch, CSR Compliance, § 12 Rn. 6.

[442] *Zetzsche/Nast*, in: Assmann/Wallach/Zetzsche, KAGB, Art. 3 Taxonomie-VO Rn. 4; krit. hierzu *Schlegel*, WM 2025, 738, 739, Rn. 8.

[443] *Baumüller/Haring/Merl*, IRZ 2022, 77, 78; *Geier/Meringdal/Stille*, ESG-Compliance, § 4 Rn. 2; *Hombach/Meringdal/Nienaber/Nienhaus*, IRZ 2023, 329, 330; *Kaufhold*, FS Streinz, 2023, 177, 181.

[444] Vgl. *Wellerdt*, EuZW 2021, 834, 837 Fn. 41, der dennoch von vier Voraussetzungen ausgeht; nach *Ipsen/Röh*, ZIP 2020, 2001, 2006 handelt es sich „streng genommen" nicht um eine eigene Voraussetzung; zustimmend *Zetzsche/Nast*, in: Assmann/Wallach/Zetzsche, KAGB, Art. 3 Taxonomie-VO Rn. 8.

[445] *Nietsch*, ZIP 2022, 449, 450; vgl. auch *Steuer/Tröger*, J. Financ. Regul. 8 (2022), 1, 14.

[446] Delegierte Verordnung (EU) 2021/2139 der Kommission v. 4.6.2021 zur Ergänzung der Verordnung (EU) 2020/852 des Europäischen Parlaments und des Rates durch Festlegung der technischen Bewertungskriterien, anhand deren bestimmt wird, unter welchen Bedingungen davon auszugehen ist, dass eine Wirtschaftstätigkeit einen wesentlichen Beitrag zum Klimaschutz oder zur Anpassung an den Klimawandel leistet, und anhand deren bestimmt wird, ob diese Wirtschaftstätigkeit erhebliche Beeinträchtigungen eines der übrigen Umweltziele vermeidet, ABl. 2021 L 442, S. 1.

(Art. 9 lit. a Taxonomie-VO) oder zur Anpassung an den Klimawandel (Art. 9 lit. b Taxonomie-VO) leistet, handelt es sich um die erste konkretisierende delegierte Verordnung. Diese wurde nach langem politischem Streit dahingehend geändert, dass nun auch Kernenergie und Erdgas unter bestimmten Voraussetzungen als Übergangstätigkeit zu qualifizieren sind.[447] Die Wirtschaftstätigkeiten, die einen Beitrag zum Erreichen der übrigen vier Umweltziele leisten, sind nachfolgend durch die Del. VO 2023/2486[448] konkretisiert worden.[449]

(2) Vorvertragliche Offenlegungspflichten

Art. 5 Taxonomie-VO erweitert die vorvertragliche Informationspflicht für Finanzprodukte im Sinne des Art. 9 Offenlegungs-VO, die zu einem Umweltziel im Sinne des Art. 2 Nr. 17 Offenlegungs-VO beitragen. Es müssen Informationen über das angestrebte Umweltziel bzw. die angestrebten Umweltziele im Sinne von Art. 9 Taxonomie-VO offengelegt werden und es muss beschrieben werden, ob bzw. in welchem Umfang die Investitionen nachhaltige Wirtschaftstätigkeiten gemäß Art. 3 Taxonomie-VO darstellen.

---

[447] S. Del. VO 2022/1214 (Delegierte Verordnung (EU) 2022/1214 der Kommission v. 9.3.2022 zur Änderung der Delegierten Verordnung (EU) 2021/2139 in Bezug auf Wirtschaftstätigkeiten in bestimmten Energiesektoren und der Delegierten Verordnung (EU) 2021/2178 in Bezug auf besondere Offenlegungspflichten für diese Wirtschaftstätigkeiten, ABl. 2022 L 188, S. 1); dazu *Falke*, ZUR 2022, 207, 208 ff.; *Kment*, GewArch 2023, 178, 182 f.; *Lorenzen*, ESG 2022, 12, 13 ff.

[448] Delegierte Verordnung (EU) 2023/2486 der Kommission v. 27.6.2023 zur Ergänzung der Verordnung (EU) 2020/852 des Europäischen Parlaments und des Rates durch Festlegung der technischen Bewertungskriterien, anhand derer bestimmt wird, unter welchen Bedingungen davon auszugehen ist, dass eine Wirtschaftstätigkeit einen wesentlichen Beitrag zur nachhaltigen Nutzung und zum Schutz von Wasser- und Meeresressourcen, zum Übergang zu einer Kreislaufwirtschaft, zur Vermeidung und Verminderung der Umweltverschmutzung oder zum Schutz und zur Wiederherstellung der Biodiversität und der Ökosysteme leistet, und anhand derer bestimmt wird, ob diese Wirtschaftstätigkeit erhebliche Beeinträchtigungen eines der übrigen Umweltziele vermeidet, und zur Änderung der Delegierten Verordnung (EU) 2021/2178 der Kommission in Bezug auf besondere Offenlegungspflichten für diese Wirtschaftstätigkeiten, ABl. 2023 L 164, S. 1.

[449] S. dazu etwa *Baumüller/Hrinkow*, IRZ 2023, 539, 540 f.

Diese Informationen dienen dazu, Transparenz in Bezug auf die Nachhaltigkeit von Investitionen zu gewährleisten.[450]

Werden gemäß Art. 6 Taxonomie-VO mit einem Finanzprodukt nach Art. 8 Abs. 1 Offenlegungs-VO ökologische Merkmale beworben, so gilt Art. 5 Taxonomie-VO entsprechend. Die Vorschrift dient dem Umgehungsschutz; hiermit soll verhindert werden, dass ein Unternehmen die an sie adressierten Offenlegungspflichten unterläuft.[451]

Flankiert werden die vorvertraglichen Offenlegungspflichten durch eine produktbezogene Hinweispflicht nach Art. 7 Taxonomie-VO: Wenn ein Finanzprodukt die Voraussetzungen von Art. 8, 9 Taxonomie-VO nicht erfüllt, ist darauf hinzuweisen, dass dem Finanzprodukt keine Wirtschaftsaktivitäten im Sinne des Art. 3 Taxonomie-VO zugrunde liegen.[452]

(3) Offenlegungspflicht in der nichtfinanziellen Erklärung

Art. 8 Taxonomie-VO bildet das „zentrale Element", um die von der Verordnung genannten Ziele zu erreichen.[453] Sie knüpft an die Berichterstattungspflicht der CSR-RL an und besteht nur dann, wenn auch nach dieser Richtlinie eine Berichtspflicht besteht.[454]

Der von der EU-Kommission vorgelegte Änderungs-RL 81-E-KOM[455], welcher u.a. Änderungen zur Nachhaltigkeitsberichterstattung enthält, sieht in Art. 19b Abs. 1 vor, dass Unternehmen, deren Nettoumsatzerlöse 450 Millionen EUR nicht übersteigen, von der Anwendung von Art. 8 Taxonomie-VO ausgenommen sind.[456] Unternehmen, die den vorgenannten Schwellenwert

---

[450] *Ekkenga/Posch*, WM 2021, 205, 211.

[451] ErwG 18 zur Taxonomie-VO; ebenso *Zetzsche/Nast*, in: Assmann/Wallach/Zetzsche, KAGB, Art. 6 Taxonomie-VO Rn. 1.

[452] *Zetzsche/Nast*, in: Assmann/Wallach/Zetzsche, KAGB, Art. 7 Taxonomie-VO Rn. 1.

[453] Vgl. *Baumüller/Haring/Merl*, IRZ 2022, 77.

[454] *Baumüller/Haring/Merl*, IRZ 2022, 77, 79.

[455] EU-Kommission, Vorschlag für eine Richtlinie des Europäischen Parlaments und des Rates zur Änderung der Richtlinien 2006/43/EG, 2013/34/EU, (EU) 2022/2464 und (EU) 2024/1760 im Hinblick auf bestimmte Anforderungen an die Nachhaltigkeitsberichterstattung und die Sorgfaltspflichten von Unternehmen v. 26.2.2025, COM(2025) 81 final.

[456] S. dazu auch *Herold/Grottel/Klein*, IRZ 2025, 155, 157; näher zum Änderungsvorschlag der EU-Kommission sogleich Teil 2.II.1.g).

nicht erreichen, können nach Art. 19b Abs. 2–4 freiwillig die Vorgaben von Art. 8 Taxonomie-VO erfüllen (*Opt-in*-Mechanismus).[457]

Die nichtfinanzielle Erklärung ist um Informationen darüber zu erweitern, wie und in welchem Umfang die Unternehmenstätigkeiten mit taxonomiekonformen Wirtschaftstätigkeiten (Art. 3 Taxonomie-VO) verbunden sind.[458] Die Pflicht zur Berichterstattung betrifft sämtliche Wirtschaftsaktivitäten, ist also nicht auf bestimmte „wesentliche" Bereiche beschränkt.[459]

Zwar ist die Berichterstattung im Rahmen der Taxonomie-VO Teil der nichtfinanziellen Berichterstattung im Sinne der CSR-RL, aber der dort geltende Wesentlichkeitsgrundsatz greift für die Taxonomie-Berichterstattung nicht.[460]

g) Zu erwartende Nachhaltigkeitsregulierung

Der deutsche Gesetzgeber wird nach dem Inkrafttreten von europäischen Richtlinien im Bereich des Versicherungsaufsichtsrechts, der Nachhaltigkeitsberichterstattung und der Lieferkettenregulierung Änderungen im nationalen Recht vornehmen müssen. Dies betrifft insbesondere das VAG, das HGB und das LkSG.

Es ist nach aktuellem Stand davon auszugehen, dass die den Bereich der Nachhaltigkeitsberichterstattung regelnde CSRD[461] sowie die CSDDD[462] im Bereich der Lieferkettenregulierung Änderungen erfahren werden. Die EU-Kommission hat zur Änderung der vorgenannten Richtlinien

457 Näher *Wagner/Rothenburg/Schuler*, DB 2025, 1128, 1331.

458 Zu den einzelnen offenzulegenden Leistungsindikatoren und ergänzenden qualitativen Angaben *Baumüller/Haring/Merl*, IRZ 2022, 77, 79.

459 S. *Baumüller/Haring/Merl*, IRZ 2022, 77, 79 f.

460 *Baumüller/Haring/Merl*, IRZ 2022, 77, 81; zu den Änderungen mit Blick auf die CSRD s. Teil 2.II.1.g)bb).

461 Richtlinie (EU) 2022/2464 des Europäischen Parlaments und des Rates v. 14.12.2022 zur Änderung der Verordnung (EU) Nr. 537/2014 und der Richtlinien 2004/109/EG, 2006/43/EG und 2014/34/EU hinsichtlich der Nachhaltigkeitsberichterstattung von Unternehmen, ABl. 2022 L 322, S. 15.

462 Richtlinie (EU) 2024/1760 des Europäischen Parlaments und des Rates v. 13.6.2024 über die Sorgfaltspflichten von Unternehmen im Hinblick auf Nachhaltigkeit und zur Änderung der Richtlinie (EU) 2019/1937 und der Verordnung (EU) 2023/2859, ABl. 2024 L 58, S. 1.

und weiterer Regelungen einen Änderungs-RL 80-E-KOM[463] sowie einen Änderungs-RL 81-E-KOM vorgeschlagen.[464] Die Änderungen zielen darauf ab, die Wettbewerbsfähig der EU zu steigern, indem der durch Regulierung erzeugte Aufwand für Unternehmen verringert wird.[465]

Erste Änderungen sind durch die Verabschiedung der RL 2025/794[466] bereits erfolgt.[467] Die Änderungen betreffen den Zeitpunkt, ab dem die Pflichten nach der CSRD sowie der CSDDD zur Anwendung kommen: Die Berichtspflichten nach der CSRD müssen für einen großen Teil der betreffenden Unternehmen erst zwei Jahre später erfüllt werden und die Umsetzungsfrist für die CSDDD wurde um ein Jahr verlängert (*Stop-the-clock*).[468]

Auf die von der EU-Kommission vorgeschlagenen inhaltlichen Änderungen wird nachfolgend eingegangen.[469]

Die Entwicklung einer Sozialtaxonomie befindet sich derzeitig noch in den „Kinderschuhen“, sodass diese nur grob skizziert werden kann.

---

[463] EU-Kommission, Vorschlag für eine Richtlinie des Europäischen Parlaments und des Rates zur Änderung der Richtlinien (EU) 2022/2464 und (EU) 2024/1760 bezüglich der Termine, ab denen die Mitgliedstaaten bestimmte Anforderungen an die Nachhaltigkeitsberichterstattung und die Sorgfaltspflichten von Unternehmen erfüllen müssen v. 26.2.2025, COM(2025) 80 final.

[464] S. hierzu *Hagel/Wiedmann*, CCZ 2025, 116 ff.; *Merbeth/Schleipfer/Wellerdt*, WM 2025, 957 ff.; *Mittwoch*, GPR 2025, 120 ff.; *Ruttloff/Burchert*, BB 2025, 972 ff.; *Stöbener de Mora/Noll*, EuZW 2025, 501 ff.; *Velte/Wulf/Weber/Fischer*, IRZ 2025, 145 ff.; *Wagner/Rothenburg/Schuler*, DB 2025, 1128 ff.

[465] ErwG 2 zum Änderungs-RL 81-E-KOM; s. auch *Herold/Grottel/Klein*, IRZ 2025, 155; *Stöbener de Mora/Noll*, EuZW 2025, 501, 502.

[466] Richtlinie (EU) 2025/794 des Europäischen Parlaments und des Rates v. 14.4.2025 zur Änderung der Richtlinie (EU) 2022/2464 und (EU) 2024/1760 bezüglich der Daten, ab denen die Mitgliedstaaten bestimmte Anforderungen an die Nachhaltigkeitsberichterstattung und die Sorgfaltspflichten von Unternehmen erfüllen müssen, ABl. 2025 L 4, S. 1.

[467] Zum Gang des Rechtsetzungsprozesses etwa *Hagel/Wiedmann*, CCZ 2025, 116, 117.

[468] S. hierzu auch *Mittwoch*, GPR 2025, 120, 123, Rn. 14 f.; *Wagner/Rothenburg/Schuler*, DB 2025, 1128, 1129 ff.

[469] S. hierzu Teil 2.II.1.g)bb) und cc); dazu auch schon Teil 2.II.1.f)bb)(3).

aa) Solva-II-RL

Nachdem die EU-Kommission am 22. September 2021 einen Vorschlag für die Änderung der Solva-II-RL[470] veröffentlichte,[471] wurde diese Richtlinie mit der Verabschiedung der RL 2025/2[472] geändert.

In den Erwägungsgründen wird hervorgehoben, dass die Solva-II-RL zur Verwirklichung der Ziele des *Europäischen Grünen Deals* beitragen kann.[473] Zudem wird betont, dass zur Verwirklichung dieser Ziele hohe Anlagesummen auch aus dem Versicherungssektor in nachhaltige Investitionen gelenkt werden müssen.[474] Mit der Änderung der Richtlinie soll sichergestellt, „dass Nachhaltigkeitsrisiken beim Risikomanagement von Versicherern konsequent berücksichtigt werden, indem Versicherer zur Szenarioanalyse zum Klimawandel verpflichtet werden."[475]

Nach der Neufassung der Solva-II-RL müssen Unternehmen gemäß Art. 44 Abs. 2 UAbs. 6 Solva-II-RL im Rahmen des Risikomanagements bei der Bewertung von Nachhaltigkeitsrisiken den kurz-, mittel- und langfristigen Zeithorizont berücksichtigen. Weiter sieht Art. 44 Abs. 2 UAbs. 7 Solva-II-RL vor, dass die Unternehmen für die Zwecke der in UAbs. 5 genannten Bewertung über Strategien, Leitlinien, Verfahren und Systeme zur Ermittlung, Messung, Steuerung und Überwachung von kurz-, mittel- und langfristigen Nachhaltigkeitsrisiken verfügen müssen.

Art. 44 Abs. 2b Solva-II-RL verpflichtet Unternehmen, einen Plan zu erstellen, um die finanziellen Risiken, die sich kurz-, mittel- und langfristig aus

---

470 S. dazu EU-Kommission, Vorschlag für eine Richtlinie des Europäischen Parlaments und des Rates zur Änderung der Richtlinie 2009/138/EG im Hinblick auf die Verhältnismäßigkeit, die Aufsichtsqualität, die Berichterstattung, langfristige Garantien, makroprudenzielle Instrumente, Nachhaltigkeitsrisiken, die Gruppenaufsicht und die grenzüberschreitende Aufsicht v. 22.9.2021, COM(2021) 581 final.

471 Ausführlich zum gesamten Review der Solva-II-RL *Dreher*, VersR 2023, 137 ff.

472 Richtlinie (EU) 2025/2 des Europäischen Parlaments und des Rates v. 27.11.2024 zur Änderung der Richtlinie 2009/138/EG im Hinblick auf die Verhältnismäßigkeit, die Aufsichtsqualität, die Berichterstattung, langfristige Garantien, makroprudenzielle Instrumente, Nachhaltigkeitsrisiken, die Gruppenaufsicht und die grenzüberschreitende Aufsicht sowie zur Änderung der Richtlinien 2002/87/EG und 2013/34/EU, ABl. 2025 L 91, S. 1.

473 ErwG 2, 7 zur RL 2025/2.

474 ErwG 95 zur RL 2025/2.

475 ErwG 7 zur RL 2025/2; s. hierzu auch *Fritz*, WM 2025, 1213, 1218, Rn. 21.

Nachhaltigkeitsfaktoren ergeben. Aus der systematischen Stellung in Art. 44 Solva-II-RL ergibt sich, dass diese Pflicht zum Risikomanagement gehört.[476]

Der Klimawandel stellt einen von mehreren neuen Bezugspunkten dar, die Gegenstand bei der Bewertung der Wirtschafts- und Finanzmarktentwicklungen im Rahmen der Risiko- und Solvabilitätsbeurteilung sind (Art. 45 Abs. 1 UAbs. 2 lit. d, e, Abs. 1a UAbs. 1 lit. e Solva-II-RL).

Gemäß Art. 45a Abs. 1 S. 1 Solva-II-RL hat das betreffende Unternehmen für die Zwecke der Ermittlung und Bewertung der in Art. 45 Abs. 2 genannten Risiken auch zu bewerten, ob es wesentlichen klimawandelbezogenen Risiken ausgesetzt ist. Nach § 45a Abs. 1 S. 2 Solva-II-RL hat das Unternehmen in der in Art. 45 Abs. 1 genannten Bewertung zu zeigen, wie wesentlich seine klimawandelbezogenen Risiken sind.

Wenn das betreffende Unternehmen wesentlichen klimabezogenen Risiken ausgesetzt ist, so legt es gemäß Art. 45a Abs. 2 Solva-II-RL mindestens zwei langfristige Klimawandelszenarien fest, bei denen einmal der weltweite Temperaturanstieg unter 2 Grad Celsius bleibt (lit. a) und bei dem der weltweltweite Temperaturanstieg erheblich mehr als 2 Grad Celsius beträgt (lit. b).

In regelmäßigen Intervallen muss gemäß Art. 45a Abs. 3 S. 1 Solva-II-RL die in Art. 45 Abs. 1 genannte Bewertung eine Analyse der Auswirkungen der gemäß Abs. 2 festgelegten langfristigen Klimawandelszenarien auf die Geschäftstätigkeit des Unternehmens beinhalten. Die Intervalle müssen angemessen sein, dürfen jedoch nicht länger als drei Jahre sein (S. 2).

Gemäß Art. 45a Abs. 4 Solva-II-RL werden die in Abs. 2 genannten langfristigen Klimawandelszenarien mindestens alle drei Jahre überprüft und erforderlichenfalls aktualisiert. Ausgenommen von den Abs. 2–4 sind kleine und nicht komplexe Versicherungsunternehmen (Art. 45a Abs. 5 Solva-II-RL).

Die von dem deutschen Gesetzgeber vorzunehmenden Änderungen betreffen den Bereich der unternehmenseigenen Risiko- und Solvabilitätsbeurteilung (umgesetzt in § 27 Abs. 1 S. 1 VAG).[477] Die Berücksichtigung von klimabezogenen Risiken im Zusammenhang mit der Geschäftstätigkeit impliziert eine Ausweitung des Zeitrahmens, der über die üblichen drei bis

---

[476] *Fritz*, WM 2025, 1213, 1218, Rn. 21.

[477] *Kraft*, ZVersWiss 111 (2022), 89, 102; dazu schon Teil 2.II.1.a)dd).

fünf Jahre hinausgeht.[478] Die Erweiterung des zeitlichen Horizonts wäre mit erheblichen Auswirkungen auf die Aufsicht verbunden.[479]

Die EIOPA erhält zudem gemäß Art. 304c Abs. 1 UAbs. 1 S. 1 Solva-II-RL die Aufgabe, zu prüfen, ob eine spezielle aufsichtsrechtliche Behandlung von Risikopositionen im Zusammenhang mit Vermögenswerten oder Tätigkeiten, die im Wesentlichen mit ökologischen oder sozialen Zielen verbunden sind, gerechtfertigt wäre.[480] Die EIOPA hat nach S. 2 insbesondere zu bewerten, wie sich eine spezielle aufsichtsrechtliche Behandlung von Risikopositionen im Zusammenhang mit Vermögenswerten und Tätigkeiten, die im Wesentlichen mit ökologischen oder sozialen Zielen verbunden sind oder die im Wesentlichen mit einer Beeinträchtigung dieser Ziele verbunden sind, einschließlich Vermögenswerten im Zusammenhang mit fossilen Kraftstoffen, potenziell auf den Schutz der Versicherungsnehmer und die Finanzstabilität in der Union auswirken könnte.

Diese Vorgabe ist insoweit kritisch zu sehen, als bislang weder eine Sozialtaxonomie in Form eines Rechtsaktes vorliegt[481] noch der EIOPA die Kompetenz für die Erarbeitung einer solchen Definition zustünde.[482]

bb) Nachhaltigkeitsberichterstattung

Im Bereich der Nachhaltigkeitsberichterstattung, dies betrifft insbesondere die §§ 289b f. HGB, war bereits seit längerer Zeit abzusehen, dass der europäische Normgeber hier Änderungen vornehmen wird.

Die EU-Kommission veröffentlichte am 21. April 2021 einen Richtlinienvorschlag zur Nachhaltigkeitsberichterstattung von Unternehmen[483]. Dieser

[478] *Gründl/Kraft*, VW 3/2022, 76, 79.

[479] *Böffel/Schürger*, in: Böffel/Schürger, Digitalisation, Sustainability, and the BMU and CMU, 229, 259.

[480] Dazu *Kammerer-Galahn*, in: Looschelders/Michael, Düsseldorfer Vorträge zum Versicherungsrecht 2021, 1, 21; *Kraft*, ZVersWiss 111 (2022), 89, 103.

[481] Zum aktuellen Stand der Sozialtaxonomie s. unten Teil 2.II.1.g)dd).

[482] *Dreher*, VersR 2023, 137, 141.

[483] EU-Kommission, Vorschlag für eine Richtlinie des Europäischen Parlaments und des Rates zur Änderung der Richtlinie 2013/34/EU, 2004/109/EG und 2006/43/EG und der Verordnung (EU) Nr. 537/2014 hinsichtlich der Nachhaltigkeitsberichterstattung von Unternehmen v. 21.4.2021, COM(2021) 189 final.

Vorschlag, der im Gesetzgebungsprozess teilweise abgeändert wurde[484], wurde in der CSRD finalisiert.

Der deutsche Gesetzgeber hat die Richtlinie bislang nicht in nationales Recht transformiert; es existiert nach derzeitigem Stand lediglich ein Referentenentwurf[485].

Die Änderung der Richtlinie verfolgt u.a. das Ziel, die Nachhaltigkeitsberichterstattung zu geringstmöglichen Kosten zu verbessern, um das Potenzial des Binnenmarktes besser zu nutzen und somit zum Übergang zu einem vollständig nachhaltigen und inklusiven Wirtschafts- und Finanzsystem im Einklang mit dem *Europäischen Grünen Deal* und den Zielen der UN für nachhaltige Entwicklung beizutragen.[486]

Die Richtlinie betrifft die Änderung von vier bestehenden europäischen Regelungen, nämlich einer europäischen Verordnung und drei Richtlinien, und dient der Herstellung von Kohärenz in diesem Bereich.[487] Dies betrifft insbesondere eine Abstimmung zwischen der CSRD und der Taxonomie-VO, der Offenlegungs-VO, der Benchmark-VO[488] und der CRR-VO[489].[490] Es handelt sich somit um eine reine Änderungsrichtlinie.[491]

---

[484] Zu den vorgenommenen Änderungen in der finalen Fassung der Richtlinie gegenüber dem Vorschlag der EU-Kommission s. *Lanfermann/Baumüller*, DB 2022, 2745 ff.

[485] CSRD-UmsG-RefE v. 10.7.2025 (abrufbar unter: https://www.bmjv.de/SharedDocs/Gesetzgebungsverfahren/DE/2025_CSRD-UmsG.html; letzter Zugriff: 20.9.2025).

[486] So bereits EU-Kommission, Vorschlag für eine Richtlinie des Europäischen Parlaments und des Rates zur Änderung der Richtlinie 2013/34/EU, 2004/109/EG und 2006/43/EG und der Verordnung (EU) Nr. 537/2014 hinsichtlich der Nachhaltigkeitsberichterstattung von Unternehmen v. 21.4.2021, COM(2021) 189 final, S. 4; s. auch ErwG 1, 6, 16 zur CSRD; zu weiteren Zielen s. ErwG 9, 10, 12, 13, 14, 15 zur CSRD.

[487] So ausdrücklich im Vorschlag EU-Kommission, Vorschlag für eine Richtlinie des Europäischen Parlaments und des Rates zur Änderung der Richtlinie 2013/34/EU, 2004/109/EG und 2006/43/EG und der Verordnung (EU) Nr. 537/2014 hinsichtlich der Nachhaltigkeitsberichterstattung von Unternehmen v. 21.4.2021, COM(2021) 189 final, S. 5 f.

[488] Verordnung (EU) 2016/1011 des Europäischen Parlaments und des Rates v. 8.6.2016 über Indizes, die bei Finanzinstrumenten und Finanzkontrakten als Referenzwert oder zur Messung der Wertentwicklung eines Investmentfonds verwendet werden, und zur Änderung der Richtlinie 2008/48/EG und 2014/17/EU sowie der Verordnung (EU) Nr. 596/2014, ABl. 2014 L 171, S. 1.

[489] Verordnung (EU) Nr. 575/2013 des Europäischen Parlaments und des Rates v. 26.6.2013 über Aufsichtsanforderungen an Kreditinstitute und zur Änderung der Verordnung (EU) Nr. 648/2012, ABl. 2013 L 176, S. 1.

[490] ErwG 41 zur CSRD.

[491] *Rohatschek/Schönhart/Sigl*, IRZ 2022, 183, 187.

Neben den Anlegern, einschließlich Vermögensverwaltern, adressiert die Richtlinie auch zivilgesellschaftliche Akteure, wie z.B. Nichtregierungsorganisationen und Sozialpartner.[492] Es geht mithin nicht nur darum, dass sich Investoren Informationen über ein Unternehmen beschaffen können, in welches sie potenziell investieren wollen.[493]

Gemäß Art. 1 Abs. 3 lit. a CSRD werden Versicherungsunternehmen unabhängig von ihrer Rechtsform vom Anwendungsbereich der Vorschrift erfasst, sofern die weiteren Voraussetzungen vorliegen.[494] Die Rechtsformunabhängigkeit hat zur Folge, dass – im Gegensatz zur alten Rechtslage – nun auch Versicherungsunternehmen erfasst sind, die als Versicherungsverein auf Gegenseitigkeit oder Genossenschaft gegründet wurden.[495]

Der von der EU-Kommission vorgelegte Änderungs-RL 81-E-KOM zielt insbesondere darauf ab, durch Anhebung der Schwellen für die Anzahl der Beschäftigten (mehr als 1.000 Beschäftigte) sowie den Umsatz (mehr als 50 Millionen EUR) bzw. die Bilanzsumme (mehr als 25 Millionen EUR) den Anwendungsbereich der Richtlinie zu beschränken.[496] Diese Beschränkung würde auch für Versicherungsunternehmen gelten.[497]

Der Normgeber führt in der CSRD eine neue Terminologie ein; er verwendet den Begriff „Nachhaltigkeitsinformationen“ anstelle von „nichtfinanzielle Informationen“, um zum Ausdruck zu bringen, dass diese Informationen von finanzieller Relevanz sind.[498] Zudem stellt der Normgeber

---

[492] ErwG 9 zur CSRD spricht von „Hauptnutzergruppen“; ähnlich bereits der Vorschlag zur Richtlinie; dazu EU-Kommission, Vorschlag für eine Richtlinie des Europäischen Parlaments und des Rates zur Änderung der Richtlinie 2013/34/EU, 2004/109/EG und 2006/43/EG und der Verordnung (EU) Nr. 537/2014 hinsichtlich der Nachhaltigkeitsberichterstattung von Unternehmen v. 21.4.2021, COM(2021) 189 final, S. 3; nach *Nettesheim*, ZfA 2023, 166, 177 sind die Berichte an die „breite Öffentlichkeit“ adressiert; *Renner*, ZEuP 2022, 782, 791 weist darauf hin, dass sich die Berichte dennoch primär an „gegenwärtige oder potentielle Anteilseigner“ richten.

[493] *Nettesheim*, in: Stiftung Familienunternehmen, Nachhaltigkeitsberichterstattung: Zur Unionsrechtskonformität des CSRD-Standardsetzungsverfahrens, S. 12; krit. hierzu *Ekkenga*, ZHR 187 (2023), 228, 251 f.

[494] Zu den weiteren Voraussetzungen knapp *Lanfermann/Baumüller*, DB 2022, 2745, 2746.

[495] *Nietsch*, ZIP 2022, 449, 452.

[496] ErwG 5 zum Änderungs-RL 81-E-KOM; dazu auch *Mittwoch*, GPR 2025, 120, 123, Rn. 17; *Wagner/Rothenburg/Schuler*, DB 2025, 1128, 1129.

[497] ErwG 7 zum Änderungs-RL 81-E-KOM.

[498] ErwG 8 zur CSRD.

durch die Änderung der Überschrift von Art. 19 CSRD klar, dass es sich um „Nachhaltigkeitsberichterstattung“ handelt und nicht lediglich um eine „nichtfinanzielle Erklärung“.[499] Kritisch ist hierzu anzumerken, dass die Änderung der Terminologie nicht dem ursprünglichen Zweck der Berichterstattung – der Verbesserung der Transparenz – dient, sondern auf Diskussionen um unternehmerische Entscheidungen abzielt.[500]

Die betroffenen Unternehmen haben in den Lagebericht gemäß Art. 19a Abs. 1 CSRD Informationen aufzunehmen, die für das Verständnis der Auswirkungen der Tätigkeiten des Unternehmens auf Nachhaltigkeitsaspekte sowie das Verständnis der Auswirkungen von Nachhaltigkeitsaspekten auf Geschäftsverlauf, Geschäftsergebnis und Lage des Unternehmens erforderlich sind. Die Neuregelung ist gegenüber der alten Fassung offener formuliert, da auf die Nennung von Mindestthemen als Inhalt des Berichts verzichtet wird.[501]

Nachhaltigkeitsaspekte sind gemäß Art. 2 Nr. 17 CSRD Umwelt-, Sozial- und Menschenrechtsfaktoren sowie Governance-Faktoren, einschließlich Nachhaltigkeitsfaktoren im Sinne von Art. 2 Nr. 24 Offenlegungs-VO. Die Liste der Nachhaltigkeitsaspekte soll so weit wie möglich im Einklang mit dem Begriff der Nachhaltigkeitsfaktoren im Sinne der Offenlegungs-VO stehen.[502]

Die CSRD hebt den Aspekt der Governance ausdrücklich hervor, obwohl Art. 2 Nr. 24 Offenlegungs-VO bereits Arbeitnehmerbelange, die Achtung der Menschenrechte und die Bekämpfung von Korruption und Bestechung nennt und es somit gewisse inhaltliche Doppelungen gibt. Ebenso hätte man zur Begriffsbestimmung von Governance auf Art. 2 Nr. 17 Offenlegungs-VO verweisen können.[503]

Art. 19a Abs. 2 UAbs. 1 lit. a-h CSRD enthält Vorgaben dazu, welche Informationen der zu veröffentlichende Bericht enthalten muss.[504] Hierzu zählt u.a. eine Beschreibung des Geschäftsmodells und der Strategie (lit. a), wovon auch Risiken und Chancen im Zusammenhang mit Nachhaltigkeitsaspekten erfasst sind (Ziff. i) und ii)), zudem auch Maßnahmen, um die

---

[499] *Needham/Warnke/Müller*, IRZ 2023, 41, 43.

[500] S. auch *Renner*, ZEuP 2022, 782, 795.

[501] *Nietsch*, ZIP 2022, 449, 452.

[502] ErwG 28 zur CSRD.

[503] *Nietsch*, ZIP 2022, 449, 452.

[504] Dies wird als sechsstufiges Handlungsprogramm für die Unternehmensführung beschrieben; s. dazu im Einzelnen *Hommelhoff/Allgeier/Jelonek*, NZG 2023, 911, 912 f.

Vereinbarkeit des Geschäftsmodells mit dem Übergang zu einer nachhaltigen Wirtschaft und der Begrenzung der Erderwärmung auf 1,5 Grad Celsius im Einklang mit dem *Abkommen von Paris* und dem in der VO 2021/1119[505] verankerten Ziel der Klimaneutralität bis 2050 sicherzustellen (Ziff. iii)). Weitere Informationen betreffen bspw. Nachhaltigkeitsziele (lit. b), die Rolle der Verwaltungs-, Leitungs- und Aufsichtsorgane im Zusammenhang mit Nachhaltigkeitsaspekten (lit. c), die wichtigsten tatsächlichen und potenziellen negativen Auswirkungen, die mit der Wertschöpfungskette des Unternehmens, einschließlich ihrer eigenen Geschäftstätigkeiten, ihrer Produkte und Dienstleistungen, ihrer Geschäftsbeziehungen und ihrer Lieferkette, verknüpft sind (lit. f Ziff. ii)) sowie die wichtigsten Risiken im Zusammenhang mit Nachhaltigkeitsaspekten, von denen das Unternehmen betroffen ist (lit. g). Innerhalb der einzelnen Aufzählungen finden sich teilweise weitere konkretisierende Aspekte.

Die EU-Kommission erlässt gemäß Art. 29b Abs. 1 CSRD delegierte Rechtsakte, um Standards für die Nachhaltigkeitsberichterstattung nach Art. 19a Abs. 1 und 2 CSRD festzulegen.[506] Die bisherige Möglichkeit, sich die zu nutzenden „Rahmenwerke" (§ 289d HGB) auszusuchen oder auf solche ganz zu verzichten, entfällt damit für die Unternehmen in Zukunft.[507]

Nach dem von der EU-Kommission vorgelegten Änderungs-RL 81-E-KOM soll die Ermächtigung zum Erlass sektorspezifischer ESRS gestrichen werden.[508]

---

505 Verordnung (EU) 2021/1119 des Europäischen Parlaments und des Rates v. 30.6.2021 zur Schaffung des Rahmens für die Verwirklichung der Klimaneutralität und zur Änderung der Verordnungen (EG) Nr. 401/2009 und (EU) 2018/1999 („Europäisches Klimagesetz"), ABl. 2021 L 243, S. 1.

506 S. hierzu Del. VO 2023/2772 (Delegierte Verordnung (EU) 2023/2772 der Kommission v. 31.7.2023 zur Ergänzung der Richtlinie 2013/34/EU des Europäischen Parlaments und des Rates durch Standards für die Nachhaltigkeitsberichterstattung, ABl. 2023 L 284, S. 1); krit. dazu *Hommelhoff*, NZG 2023, 1631, 1633; zu den ESRS-Entwürfen der EFRAG etwa *Reuter*, ZIP 2023, 1572, 1576 f.; *Stolzenberg/Labus*, NZA 2023, 479 ff.; krit. *Hommelhoff/Allgeier/Jelonek*, NZG 2023, 911, 916 f.; *Nettesheim*, ZfA 2023, 166, 173 ff.; zur aktuellen Ausarbeitung von sektorspezifischen ESRS, die auch den Bereich Versicherung betreffen, s. *Lanfermann/Kutter/Liepe*, BB 2024, 878, 879 f.

507 *Warnke/Thomas/Müller*, DB 2023, 977, 979.

508 ErwG 13 zum Änderungs-RL 81-E-KOM; s. auch Hagel/*Wiedmann*, CCZ 2025, 116, 118.

Die zu konkretisierenden Nachhaltigkeitsaspekte sind aufgeschlüsselt. Art. 29b Abs. 2 UAbs. 2 lit. a-c CSRD unterscheidet nach Umwelt-, Sozial- und Governance-Faktoren und diese Faktoren werden mit Hilfe weiterer Untergliederungen noch einmal näher beschrieben.[509]

Hervorzuheben ist, dass die Umweltfaktoren der CSRD im Wesentlichen den Umweltzielen gemäß Art. 9 Taxonomie-VO entsprechen; diese Angleichung erfolgt vor dem Hintergrund, dass der Anwendungsbereich der CSRD weiter ist als der der Taxonomie-VO, und mittelfristig die gesamte Privatwirtschaft den Taxonomie-Vorschriften unterworfen werden soll.[510]

Nach Art. 19a Abs. 2 lit. f Ziff. ii) CSRD muss ein Unternehmen einerseits die Auswirkungen auf Dritte, also z.B. Kunden oder auch unbeteiligte Personen, beschreiben (sog. *Inside Out*-Perspektive), andererseits gemäß Art. 19a Abs. 2 lit. g CSRD auch die Einwirkungen Dritter, wie z.B. Geltendmachung von Schadensersatzansprüchen, oder Reputationsschäden auf das Unternehmen (sog. *Outside In*-Perspektive).[511]

Nach dem bisherigen Verständnis von § 289c Abs. 2 HGB war erforderlich, dass sowohl nach der *Outside In*- als auch nach der *Inside Out*-Perspektive eine Betroffenheit vorliegen musste, um eine Berichtspflicht auszulösen, was im Ergebnis zu einer Einschränkung führte.[512] An dieser Stelle ist zu konstatieren, dass die Berichtspflichten nun aufgrund des Wegfalls dieses „doppelten Wesentlichkeitsvorbehalts“ ausgeweitet werden.[513]

Nach der Neuregelung entfällt zudem der sog. *Comply-or-explain*-Mechanismus,[514] der gegenwärtig in § 289c Abs. 4 HGB umgesetzt ist.

Zukünftig müssen betroffene Unternehmen außerdem die Nachhaltigkeitsangaben verpflichtend im Lagebericht aufnehmen – eine gesonderte nichtfinanzielle Erklärung wird nicht mehr ausreichen.[515]

---

[509] Dazu näher *Nietsch*, ZIP 2022, 449, 452 f.

[510] *Nietsch*, ZIP 2022, 449, 453.

[511] Dazu ausführlich *Nietsch*, ZIP 2022, 449, 454.

[512] *Nietsch*, ZIP 2022, 449, 454 m.w.N.

[513] Klarstellend ErwG 29 zur CSRD; *Nietsch*, ZIP 2022, 449, 454 verwendet hierzu den Begriff „alternative Materialität“; *Needham/Warnke/Müller*, IRZ 2023, 41, 43 sprechen fälschlicherweise weiterhin vom „Ansatz der doppelten Wesentlichkeit“.

[514] *Nietsch*, ZIP 2022, 449, 455; krit. hierzu *Ekkenga*, ZHR 187 (2023), 228, 244 ff.; *Hommelhoff/Allgeier/Jelonek*, NZG 2023, 911, 913 f.

[515] *Nietsch*, ZIP 2022, 449, 457; *Rohatschek/Schönhart/Sigl*, IRZ 2022, 183, 187.

cc) Lieferkettenregulierung

Auf europäischer Ebene ist nach andauernder politischer Uneinigkeit ein Konsens über eine Richtlinie zu nachhaltigkeitsbezogenen Pflichten in der Lieferkette erreicht worden.[516] Die EU-Kommission veröffentlichte bereits am 23. Februar 2022 einen Vorschlag für eine CSDDD-E-KOM[517].

Die endgültige Fassung der CSDDD bleibt insbesondere mit Blick auf den persönlichen Anwendungsbereich hinter dem CSDDD-E-KOM zurück.[518] Dieser richtet sich neben der Anzahl der Beschäftigten auch nach dem weltweiten Nettoumsatz und sinkt stufenweise bis zum Jahr 2029 auf 1.000 Beschäftigte und einen weltweiten Nettoumsatz von mehr als 450 Millionen EUR (Art. 2 Abs. 1 lit. a CSDDD).[519] Die in der CSDDD vorgegebene Anzahl an Beschäftigten entspricht dem Schwellenwert des LkSG. Eine Umsatzschwelle sieht das LkSG dagegen bisher nicht vor.[520] Die im CSDDD-E-KOM vorgeschlagenen Sonderregelungen zu Hochrisikosektoren wurden gestrichen.[521]

Der in Art. 3 Abs. 1 lit. a CSDDD definierte Begriff des Unternehmens ist sehr weit gefasst und erfasst ausdrücklich auch Versicherungsunternehmen (Art. 3 Abs. 1 lit. a Ziff. iii) CSDDD).[522] Die von der CSDDD geschützten umwelt- und menschenrechtsbezogenen Güter (Art. 3 Abs. 1 lit. b, c CSDDD i.V.m. Anhang zur CSDDD) gehen nochmals weiter als die Vorgaben zum LkSG.[523]

---

516 Zu den Hintergründen s. etwa *Schmidt*, NZG 2024, 859, Rn. 1 ff.

517 EU-Kommission, Vorschlag für eine Richtlinie des Europäischen Rates und des Parlaments über die Sorgfaltspflichten von Unternehmen im Hinblick auf Nachhaltigkeit und zur Änderung der Richtlinie (EU) 2019/1937 v. 23.2.2022, COM(2022) 71 final.

518 *Schmidt*, NZG 2024, 859, 860, Rn. 12 ff.

519 Zu den davor geltenden Parametern s. Art. 37 Abs. 1 lit. a-d CSDDD; s. hierzu auch *Ruttloff/Wagner/Hahn*, NJW 2024, 3401, 3403, Rn. 15.

520 *Mittwoch*, NJW 2024, 2353, Rn. 2; der Anwendungsbereich der CSDDD ist damit enger als der des LkSG; *Weihe*, CCZ 2024, 85, 86.

521 *Schmidt*, NZG 2024, 417.

522 In bestimmten Fällen kann der Anwendungsbereich allerdings auch enger sein als beim LkSG; dazu *Bettermann/Hoes*, WM 2022, 697.

523 Krit. zum Entwurf der CSDDD bereits *Bettermann/Hoes*, WM 2022, 697, 699; *Spindler*, ZIP 2022, 765, 769; *Stöbener de Mora/Noll*, EuZW 2023, 14, 17.

Die Reichweite der von der Richtlinie statuierten Sorgfaltspflichten (Art. 5 ff. CSDDD), die im Wesentlichen denen des LkSG entsprechen[524], umfasst den eigenen Geschäftsbereich, den der Tochtergesellschaft und die Aktivitätskette der Geschäftspartner (Art. 1 Abs. 1 lit. a, Art. 3 lit. e-g CSDDD) – und ist damit weiter gefasst als der vom LkSG verwendete Begriff der Lieferkette[525]. Für regulierte Finanzunternehmen, wie Versicherungsunternehmen, ist die Aktivitätskette auf den Bereich *upstream* beschränkt,[526] womit Kundenbeziehungen – wie auch beim LkSG – nicht erfasst werden[527].

Darüber hinaus enthält die CSDDD eine – bislang im LkSG nicht vorgesehene – neuartige „klimaschutzbezogene Sorgfaltspflicht" für bestimmte Unternehmen (Art. 22 CSDDD)[528] und eine zivilrechtliche Haftung bei bestimmten Verstößen (Art. 29 CSDDD)[529], die nach § 3 Abs. 3 S. 1 LkSG bislang ausgeschlossen ist.[530]

Der Änderungs-RL 81-E-KOM sieht vor, die bislang in der CSDDD vorgesehenen Pflichten zu begrenzen, insbesondere durch die Einschränkung der Reichweite der Aktivitätskette, der *Stakeholder*-Beteiligung und der Abschaffung der zivilrechtlichen Haftung.[531]

---

[524] Übersichtlich hierzu *Hübner/Habrich/Weller*, NZG 2022, 644, 646; die einzuhaltenden Sorgfaltspflichten der CSDDD sind gegenüber dem Entwurf im „Grundsatz" gleichgeblieben; *Schmidt*, NZG 2024, 417.

[525] S. dazu im Einzelnen *Hübner/Habrich/Weller*, NZG 2022, 644, 647 f.

[526] ErwG 26, 51 zur CSDDD; *Hübner/Lieberknecht*, NJW 2024, 1841, 1843, Rn. 14.

[527] *Schmidt*, NZG 2024, 417.

[528] *Hübner/Habrich/Weller*, NZG 2022, 644, 645; diese Anforderung geht über eine reine *Nudging*-Konzeption hinaus, sondern ist vielmehr echte Rechtspflicht; s. dazu *Harbarth*, ZGR 2022, 533, 555; ebenso *Lieder/Döhrn*, AG 2023, 723, 726, Rn. 16; *Weitnauer*, GWR 2023, 221, 223: Diese konkrete Verpflichtung ist weitgehender als bisherige Vorgaben; hier zeigt sich zudem eine Abstimmung mit der CSRD; dazu *Kappler/Rampf/Dobers*, ESG 2022, 299, 302.

[529] *Tschäpe/Trefzger*, ZfBR 2023, 423, 433; hierzu auch *Steinbrück/Traub*, MDR 2024, 1141, 1144 ff.

[530] S. zu weiteren Unterschieden zwischen LkSG und CSDDD *Kropf*, BKR 2024, 545, 555.

[531] S. dazu im Einzelnen *Mittwoch*, GPR 2025, 120, 124 ff.; *Wagner/Rothenburg/Schuler*, DB 2025, 1128, 1130 f.; krit. zur geplanten Streichung der zivilrechtlichen Haftung *Kieninger*, ZIP 2025, 682 ff.

Ob die von der EU-Kommission vorgelegten Änderungsvorschläge im weiteren Rechtsetzungsprozess unverändert angenommen werden oder ob diese noch Änderungen erfahren, bleibt abzuwarten.[532]

dd) Sozialtaxonomie

Bereits in der Taxonomie-VO war angekündigt worden, prüfen zu wollen, ob neben einer ökologischen auch eine soziale Taxonomie eingeführt werden soll.[533] Die Plattform für nachhaltiges Finanzwesen[534] hat am 28. Februar 2022 einen *Final Report on Social Taxonomy*[535] veröffentlicht.[536] Die Struktur der Sozialtaxonomie soll im Wesentlichen der der (ökologischen) Taxonomie-VO entsprechen.[537] Dies bedeutet, dass eine Wirtschaftstätigkeit sozial nachhaltig ist, wenn sie einen wesentlichen Beitrag zur Erreichung eines näher definierten Sozialziels beiträgt, keines der anderen Ziele wesentlich beeinträchtigt und gewisse ökologische Mindeststandards eingehalten werden.[538] Als mögliche soziale Ziele werden in dem Report „*Decent work*", „*adequate living standards and wellbeing for end-users*" und „*inclusive and sustainable communities and societies*" genannt.[539] Diese drei Ziele werden jeweils durch einzelne Unterziele näher ausgeformt.[540] Auch unter Zuhilfenahme der Unterziele bleiben die drei Zielvorgaben aufgrund ihrer Unbestimmtheit weitgehend konturlos.

---

[532] *Stöbener de Mora/Noll*, EuZW 2025, 501, 506; *Wagner/Rothenburg/Schuler*, DB 2025, 1128, 1133.

[533] ErwG 59 a.E. zur Taxonomie-VO.

[534] S. zur Zusammensetzung und den Aufgaben Art. 20 Taxonomie-VO.

[535] PSF, Final Report on Social Taxonomy v. 28.2.2022 (abrufbar unter: https://ec.europa.eu/info/sites/default/files/business_economy_euro/banking_and_finance/documents/280222-sustainable-finance-platform-finance-report-social-taxonomy.pdf; letzter Zugriff: 20.9.2025).

[536] S. dazu auch *Appel/Meyn*, DB 2022 Beil. 2, 10, 13.

[537] PSF, Final Report on Social Taxonomy, S. 29.

[538] PSF, Final Report on Social Taxonomy, S. 29 f.; s. dazu auch knapp *Deutsches Rechnungslegungs Standards Committee e.V.*, BB 2022, 553.

[539] Zu den Inhalten im Einzelnen PSF, Final Report on Social Taxonomy, S. 34 f.

[540] PSF, Final Report on Social Taxonomy, S. 35 ff.

Die Unterteilung von Hauptzielen in weitere Unterziele ist eine Modifikation gegenüber der Taxonomie-VO, die nur sechs ökologische Ziele kennt.[541] Dagegen ist auch im Rahmen der Sozialtaxonomie vorgesehen, die Ausgestaltung im Einzelnen durch delegierte Verordnungen vorzunehmen.[542]

In Bezug auf die Taxonomien lassen sich einige Unterschiede ausmachen. Dies betrifft zunächst den Umgang mit den Wirtschaftstätigkeiten. Im Gegensatz zur ökologischen Taxonomie muss eine Sozialtaxonomie zwischen inhärenten Nutzeffekten (Schaffung von Jobs, Steuereinnahmen des Staates, Produktivität) und weiteren sozialen Nutzeffekten, wie etwa das Leisten eines Beitrages zur Realisierung von Menschenrechten, differenzieren.[543] Ein weiterer Unterschied besteht bei der Art und Weise der Bestimmung der Ziele bzw. Kriterien, da diese im Rahmen der ökologischen Taxonomie auf naturwissenschaftlichen Erkenntnissen beruhen, während diese bei der Sozialtaxonomie mit Hilfe von internationalen Abkommen bestimmt werden.[544] Eine letzter Unterschied besteht darin, dass es bei der Sozialtaxonomie wesentlich schwerer ist, quantitative Kriterien zu entwickeln.[545] Diesen Unterschieden muss bei der Ausarbeitung einer Sozialtaxonomie Rechnung getragen werden.[546]

Es bleibt abzuwarten, welche konkrete Form die Sozialtaxonomie letztlich annimmt. Sicher scheint allerdings, dass Unternehmen künftig von weiteren Offenlegungspflichten betroffen sein werden, die nicht nur die ökologische, sondern auch die soziale Nachhaltigkeit betreffen werden.

h) Fazit

Mit Blick auf das Versicherungsaufsichtsrecht konnte herausgestellt werden, dass in vielen dort regulierten Bereichen Nachhaltigkeitsvorgaben implementiert wurden. Diese Vorgaben beziehen sich einerseits auf innerorganisatorische

---

541 *Betz/Harsch*, KPMG Digital Hub v. 3.8.2022 (abrufbar unter: https://klardenker.kpmg.de/digital-hub/auf-dem-weg-zu-einer-eu-sozialtaxonomie-wie-definiert-man-das-s-in-esg/; letzter Zugriff: 20.9.2025).

542 PSF, Final Report on Social Taxonomy, S. 29.

543 PSF, Final Report on Social Taxonomy, S. 7.

544 PSF, Final Report on Social Taxonomy, S. 7.

545 PSF, Final Report on Social Taxonomy, S. 30.

546 PSF, Final Report on Social Taxonomy, S. 7.

Anforderungen und andererseits auf von außen stammende Einwirkungen auf die Geschäftstätigkeit der Versicherungsunternehmen.

Es hat sich zudem gezeigt, dass die untersuchten nachhaltigkeitsbezogenen Regelungen einerseits durch den deutschen Gesetzgeber induziert sind, andererseits auch vonseiten des europäischen Normgebers vorgegeben werden. Es ist zu vermuten, dass die Regelungsdichte und -geschwindigkeit in Bezug auf solche Regelungen in Zukunft noch weiter zunehmen werden.[547] Dies betrifft v.a. Offenlegungspflichten. Hierbei wird die Ausweitung der Taxonomie-VO eine Rolle spielen und die Etablierung eines Bewertungsmaßstabes für den Bereich Soziales und ggf. Governance.

Es ist schließlich ersichtlich, dass im Bereich der unternehmerischen Sorgfaltspflichten in Bezug auf die Einhaltung von Menschenrechten und der Umwelt vieles in Bewegung ist. Das LkSG wird – nachdem die CSDDD in Kraft getreten und damit in nationales Recht umzusetzen ist – weitreichende Änderungen erfahren.[548] Hier ist zu erkennen, dass der europäische Normgeber Einfluss auf die Gesetzgebung der Mitgliedstaaten in diesem Bereich nehmen möchte. Es ist vorauszusehen, dass die Einhaltung von Sorgfaltspflichten bzgl. der Menschenrechte und der Umwelt ein Bereich ist, der Versicherungsunternehmen vor weitere Herausforderungen stellen wird.

2. Nachhaltigkeitsregulierung im Rahmen der EbAV

Im Rahmen der Nachhaltigkeitsregulierung von EbAV ist zwischen Pflichten nach dem VAG, dem AktG und der Offenlegungs-/Taxonomie-VO zu unterscheiden. Es wird zudem erläutert, ob die Vorschriften der PEPP-VO auch auf EbAV Anwendung finden.[549]

a) VAG

Die Kodifizierung von nachhaltigkeitsbezogenen Vorgaben im Rahmen des VAG ist bisher lediglich fragmentarisch erfolgt. Im Rahmen der Pensionskassen (§§ 232 ff. VAG) und der Pensionsfonds (§§ 236 ff. VAG) finden sich einige Regelungen hierzu.

---

[547] Ebenso *Graewe*, BB 2023, 262, 263; *Kammerer-Galahn*, in: Looschelders/Michael, Düsseldorfer Vorträge zum Versicherungsrecht 2021, 1, 20.

[548] So bereits *Bettermann/Hoes*, WM 2022, 697, 703 zum Entwurf zur CSDDD.

[549] Dazu Teil 2.II.2.b).

aa) Allgemeines

Diese Regelungen folgen dem Trend, Nachhaltigkeitsaspekte in der Finanz- und Versicherungsaufsicht stärker in den Blick zu nehmen.[550] Namentlich betroffen sind die Bereiche Anlagepolitik, allgemeine Anforderungen an die Unternehmensführung, das Risikomanagement, die eigene Risikobeurteilung und die Offenlegung.[551] Die Nachhaltigkeitsvorgaben haben vorrangig Bedeutung für die Risikobelange und werden weniger im Hinblick auf die aufsichtliche Investitionslenkung in nachhaltige Vermögensanlangen genutzt, wobei der Risikoperspektive ein „investitionslenkendes Moment" zukommt.[552]

Die geltenden Vorschriften beruhen auf der neugefassten EbAV-II-RL; diese wurde vom deutschen Gesetzgeber Ende 2018 in nationales Recht transformiert[553]. Erwägungsgrund 58 zur EbAV-II-RL hebt die Bedeutung der Nachhaltigkeitsfaktoren im Zusammenhang mit den Grundsätzen für verantwortungsbewusstes Investment in der Anlagepolitik und den Risikomanagementsystemen der EbAV hervor.[554] Informationspflichten mit Blick auf die Berücksichtigung von nachhaltigkeitsbezogenen Belangen existieren im Rahmen der betrieblichen Altersversorgung allerdings schon länger.[555] Die Umsetzung der Vorgaben aus der EbAV-II-RL bedeuten jedoch eine deutliche Ausweitung der nachhaltigkeitsbezogenen Pflichten im Bereich der EbAV.

---

550 *Reich*, in: Bürkle, Compliance, § 6 Rn. 17.

551 *Clauß*, in: Dreher/Wandt, Nachhaltigkeit und Versicherungsaufsicht, 1, 5.

552 Vgl. *Emde*, in: Nietsch, CSR Compliance, § 20 Rn. 110; *Döring/Rawe*, DB 2023 Beil. 2, 34, 35 sprechen von einer mittelbaren Investitionslenkung.

553 S. EbAV-UmsG (Gesetz zur Umsetzung der Richtlinie (EU) 2016/2341 des Europäischen Parlaments und des Rates v. 14.12.2016 über die Tätigkeiten und die Beaufsichtigung von Einrichtungen der betrieblichen Altersversorgung (EbAV) (Neufassung) v. 19.12.2018, BGBl. 2018 I S. 2672); zur Umsetzung der Richtlinie in nationales Recht s. auch *Bürkle*, VersR 2022, 401, 402.

554 Zu den Grundsätzen in anderen Bereichen schon Teil 2.II.1.b).

555 Vgl. § 10a Abs. 2 i.V.m. Anlage D Nr. 2 lit. b cc) i.V.m. § 115 Abs. 4 VAG in der Fassung von 2013; § 144 Abs. 1 S. 1 Nr. 1 lit. f VAG in der Fassung von 2016; dazu *Veil/Deckert/Kämmerer/Voigt*, Nachhaltige Kapitalanlagen durch Finanzmarktregulierung, S. 21 f.

bb) Nachhaltigkeitsregulierung betreffend die Pensionskassen

Die Pensionskasse hat gemäß § 234a Abs. 1 S. 2 VAG die Pflicht, die Geschäftsorganisation darauf abzustimmen, ob und auf welche Weise ökologische, soziale und die Unternehmensführung betreffende Faktoren in Bezug auf die Vermögenswerte bei Anlageentscheidungen berücksichtigt werden. Es besteht allerdings keine Pflicht, ESG-Faktoren bei der Anlageentscheidung zu berücksichtigen.[556]

Gemäß § 234c Abs. 1 S. 1 VAG muss das Risikomanagement einer Pensionskasse über § 26 Abs. 5 VAG hinaus auch ökologische und soziale Risiken sowie die Unternehmensführung betreffende Risiken abdecken, soweit diese Risiken mit dem Anlageportfolio und dessen Verwaltung in Verbindung stehen.

Im Rahmen der eigenen Risikobeurteilung hat die Pensionskasse gemäß § 234d Abs. 2 S. 1 Nr. 8 VAG die neu hinzukommenden und die voraussichtlich hinzukommenden Risiken zu beurteilen, die dadurch bedingt sind, dass die Pensionskasse ökologische, soziale und die Unternehmensführung betreffende Faktoren bei ihren Anlageentscheidungen berücksichtigt. In diese Beurteilung sind u.a. Risiken im Zusammenhang mit dem Klimawandel, der Verwendung von Ressourcen und der Umwelt sowie soziale Risiken und Risken im Zusammenhang mit der durch die geänderte Regulierung bedingten Wertminderung von Vermögenswerten einzubeziehen (Abs. 2 S. 2).

Die allgemeinen Anlagegrundsätze sehen vor, dass die Pensionskassen bei ihren Anlageentscheidungen im Rahmen des Grundsatzes der unternehmerischen Vorsicht den möglichen langfristigen Auswirkungen auf ökologische, soziale und die Unternehmensführung betreffende Belange Rechnung tragen können (§ 234h Abs. 3 VAG).

Die Pensionskasse hat gegenüber der Aufsichtsbehörde gemäß § 234i S. 1 VAG die Grundsätze ihrer Anlagepolitik vorzulegen, in denen u.a. auf die Frage einzugehen ist, wie die Anlagepolitik ökologischen, sozialen und die Unternehmensführung betreffenden Belangen Rechnung trägt (S. 2).

Gegenüber einem Versorgungsanwärter, der automatisch in das Versorgungssystem aufgenommen wurde, muss die Pensionskasse gemäß § 234m Abs. 2 Nr. 3 VAG Angaben dazu machen, ob und inwieweit die Anlagepolitik

---

556 EbAV-UmsG-RegE v. 1.10.2018, BT-Drs. 19/4673, 61 unter Verweis auf ErwG 58 zur EbAV-II-RL.

Belangen aus den Bereichen Umwelt, Klima, Soziales und Unternehmensführung Rechnung trägt.[557]

cc) *Nachhaltigkeitsregulierung betreffend die Pensionsfonds*

Pensionsfonds haben im Rahmen der Erklärung zu den Grundsätzen ihrer Anlagepolitik u.a. auf die Frage einzugehen, wie die Anlagepolitik ökologischen, sozialen und die Unternehmensführung betreffenden Belangen Rechnung trägt (§ 239 Abs. 2 S. 3 VAG). Im Übrigen ordnet § 237 Abs. 1 S. 1, 2 VAG eine entsprechende Anwendung der Vorschriften an, die für die Pensionskassen gelten, soweit die §§ 236 ff. VAG keine abweichenden Regelungen enthalten.[558]

dd) *Stellungnahme*

Die im Gesetz verwendeten Begrifflichkeiten sind teilweise uneinheitlich und werfen Fragen im Hinblick auf die Auslegung auf. § 234i S. 2 VAG und § 239 Abs. 2 S. 3 VAG sprechen von ökologischen Belangen, dagegen spricht § 234m Abs. 2 Nr. 3 VAG von Belangen aus den Bereichen Umwelt und Klima. Hier stellt sich die Frage, ob der Normgeber den Begriff „ökologische Belange" umfassender versteht als den Begriff „Bereiche Umwelt und Klima", da Letzterer lediglich als Teilaspekt ökologischer Belange verstanden werden könnte. Eine endgültige Begriffsbestimmung durch Auslegung ist nicht möglich.

Der europäische Normgeber sollte daher zur Klarstellung und Vereinheitlichung der Begrifflichkeiten an die Terminologie der Solva-II-VO anknüpfen, also besser die Termini „Nachhaltigkeitsrisiko" oder „-faktoren" verwenden. Die in der Solva-II-VO verwendeten Begrifflichkeiten wiederum sollten aufgrund ihrer mangelnden Bestimmtheit durch eine Legaldefinition konkretisiert werden.[559]

Gemein ist den beiden Vorschriften, dass diese die Nachhaltigkeitsaspekte im Sinne der ESG-Kriterien verstehen, also nicht lediglich ökologische Aspekte in den Blick nehmen, sondern auch soziale Aspekte und die Unternehmensführung.

---

[557] Beispiele zu möglichen Angaben finden sich bei *Höfer*, in: Höfer/De Groot/Küpper, BetrAVG, Bd. I, Kap. 13 Rn. 86.23.

[558] Ausnahmen sind zudem in Abs. 2 normiert.

[559] Zur Unbestimmtheit des Begriffs Nachhaltigkeitsrisiko Teil 3.II.6.d)aa)(2).

b) PEPP-VO

EbAV im Sinne der EbAV-II-RL steht im Rahmen der PEPP-VO grundsätzlich die Möglichkeit offen, sich zu registrieren, um private Altersversorgungsprodukte herzustellen und zu vertreiben (Art. 6 Abs. 1 lit. c PEPP-VO). Es ist allerdings zu beachten, dass die PEPP-VO voraussetzt, dass EbAV nach nationalem Recht dafür zugelassen sind, private Altersversorgungsprodukte anzubieten.[560] Der europäische Normgeber erkennt an, dass die Organisation und Beaufsichtigung der EbAV in den Mitgliedstaaten unterschiedlich ausgestaltet ist, und daher sollen nur solche EbAV PEPP anbieten dürfen, denen der Vertrieb von privaten Altersversorgungsprodukten bereits gestattet ist.[561]

In Deutschland dürfen Pensionskassen und Pensionsfonds nur Produkte der betrieblichen Altersversorgung anbieten[562]; mithin können sie sich nicht für die Herstellung und den Vertrieb von PEPP registrieren lassen. Die Nachhaltigkeitsregulierung nach der PEPP-VO betrifft EbAV nach aktuellem Stand somit nicht.

c) Offenlegungspflichten im AktG

Die Offenlegungspflichten der §§ 134b f. AktG finden auch auf EbAV Anwendung, da § 134a Abs. 1 Nr. 1 lit. c AktG diese als institutionelle Anleger definiert.[563]

d) Offenlegungs-/Taxonomie-VO

EbAV sind gemäß Art. 2 Nr. 1 lit. c Offenlegungs-VO Finanzmarktteilnehmer und damit finden die Vorschriften auf diese Anwendung.[564] Die oben bereits erläuterten Verpflichtungen für Versicherungsunternehmen gelten für EbAV entsprechend.[565]

Die Taxonomie-VO gilt für EbAV gemäß Art. 1 Abs. 2 lit. b Taxonomie-VO, da sie Finanzmarktteilnehmer im Sinne des Art. 2 Nr. 1 Offenlegungs-VO

---

560 Krit. zu einer solchen Möglichkeit nach der EbAV-II-RL *Reiner*, in: Franzen/Gallner/Oetker, EuArbRK, Art. 6 RL (EU) 2016/2341 Rn. 7.

561 ErwG 27 zur PEPP-VO.

562 *Horak*, in: Dreher, VAG, § 236 Rn. 7; zur Rechtslage in Österreich s. *Reiner*, Liber Amicorum Mazal, 2019, 123 ff.

563 *Wandt/Lüders*, VersR 2023, 809, 812 Fn. 34; zu diesen Pflichten s. bereits Teil 2.II.1.d).

564 Ebenso *Döring/Rawe*, DB 2023 Beil. 2, 34, 35.

565 S. dazu schon Teil 2.II.1.f)aa).

sind und soweit sie Finanzprodukte herstellen. Dies bedeutet, dass die oben erläuterten Pflichten nach der Taxonomie-VO auch für EbAV gelten.[566]

e) Fazit

Eine weitreichende Implementierung nachhaltigkeitsbezogener Regelungen erfolgte durch die Änderung der EbAV-II-RL. Hier fand also eine Änderung auf Ebene der Richtlinie statt. In entsprechender Weise wurden jüngst nachhaltigkeitsbezogene Regelungen auf Ebene der Solva-II-RL implementiert, welche sich an Versicherungsunternehmen richten.[567] Es zeigt sich, dass der europäische Normgeber vermehrt solche Regelungen auf Richtlinien-Ebene umsetzt.

Es ist abzusehen, dass mit der geplanten Überarbeitung der EbAV-II-RL weitere nachhaltigkeitsbezogene Pflichten einhergehen werden.[568]

Es ist zudem hervorzuheben, dass EbAV die Vorgaben der Offenlegungs-/Taxonomie-VO im Blick haben müssen. Es steht nämlich zu erwarten, dass die Regulierung in diesem Bereich ausgeweitet wird.

3. Versicherungsvermittler

Versicherungsvermittler haben nachhaltigkeitsbezogene Vorgaben im Rahmen der Beratungspflichten nach dem VVG[569], der „Produktgovernance“ und der Offenlegungs-/Taxonomie-VO einzuhalten.

a) Beratungspflicht im VVG

Versicherungsvermittler sind Versicherungsvertreter und Versicherungsmakler (§ 59 Abs. 1 S. 1 VVG).[570] Die §§ 59 ff. VVG beruhen auf der IDD. § 59 Abs. 1 S. 2 VVG erklärt §§ 1a, 6a, 7a, 7b und 7c VVG für entsprechend anwendbar.

---

566 Dazu Teil 2.II.1.f)bb).

567 S. hierzu Teil 2.II.1.g)aa).

568 EIOPA, Technical advice for the review of the IORP II Directive v. 28.9.2023 (BoS-23/341), S. 189 ff. (abrufbar unter: https://www.eiopa.europa.eu/system/files/2023-09/EIOPA-BoS-23-341-Advice_IORPII_review.pdf; letzter Zugriff: 20.9.2025); dazu *Wirth/Schreier*, r+s 2024, 49, 52, Rn. 14.

569 Gesetz über den Versicherungsvertrag v. 23.11.2007, BGBl. 2007 I S. 2631.

570 Die Begriffe sind in § 59 Abs. 2, 3 VVG legaldefiniert.

Die Nachhaltigkeitsregulierung betrifft in diesem Kontext die Verpflichtung, die Nachhaltigkeitspräferenzen von Kunden abzufragen.[571] Eine solche Pflicht wurde mit der Änderung der Del. VO 2017/2359, die durch Del. VO 2021/1257 erfolgt, umgesetzt.[572] Diesen Vorschriften liegt das *Nudging*-Konzept zugrunde.[573]

Gemäß § 7c Abs. 1 S. 1 VVG hat der Versicherungsvermittler bei einer Beratung zu einem Versicherungsprodukt u.a. die Anlageziele (Nr. 3) zu erfragen. Dies schließt die Erkundigung nach Nachhaltigkeitspräferenzen[574] gemäß Art. 9 Abs. 2 lit. a Del. VO 2017/2359 ein.

Auch bei der Erteilung eines Rates (§ 7c Abs. 1 S. 2 VVG) muss der Versicherungsvermittler die Nachhaltigkeitspräferenzen des Kunden beachten (Art. 9 Abs. 6 UAbs. 2 S. 1 Del. VO 2017/2359).

b) „Produktgovernance"

Die Vorschriften zur „Produktgovernance" (§ 23 Abs. 1a-d VAG) gelten auch für Versicherungsvermittler, die Versicherungsprodukte herstellen und vertreiben.[575] Ebenso gelten auch hier die Konkretisierungen der Del. VO 2017/2358.

c) Offenlegungs-/Taxonomie-VO

Ein Finanzberater im Sinne der Offenlegungs-VO ist gemäß Art. 2 Nr. 11 lit. a ein Versicherungsvermittler, der Versicherungsberatung für IBIP erbringt. Für diese gelten die in Art. 3 Abs. 2, Art. 4 Abs. 5, Art. 5 Abs. 1 und Art. 6 Abs. 2 Offenlegungs-VO niedergelegten Verpflichtungen.[576] Ausgenommen

---

[571] *Beenken*, r+s 2025, 249, 251, Rn. 24; *Möllers*, ZHR 185 (2021), 881, 887.

[572] Dazu schon oben Teil 2.II.1.a)gg).

[573] *Klöhn/Jochmann*, KlimaRZ 2022, 12, 18; hierzu schon *Bueren*, ZGR 2019, 813, 868 f.; zu ähnlichen Regelungen im Wertpapierrecht s. *Ekkenga*, WM 2022, 1765, 1769 f.

[574] Zum Begriff schon Teil 2.II.1.a)gg).

[575] *Pohlmann*, in: Kaulbach/Bähr/Pohlmann, VAG, § 23 Rn. 67; zur „Produktgovernance" s. schon Teil 2.II.1.a)ff).

[576] S. hierzu bereits Teil 2.II.1.f)aa); dazu auch *Baumann*, in: Staudinger/Halm/Wendt, VersR, § 59 VVG Rn. 4.

sind gemäß Art. 17 Abs. 1 Offenlegungs-VO Versicherungsvermittler, sofern sie weniger als drei Personen beschäftigen.[577]

Versicherungsvermittler sind gemäß Art. 2 Nr. 20 Offenlegungs-VO Versicherungsvermittler im Sinne des Art. 2 Abs. 1 Nr. 3 IDD. Versicherungsvermittler übermitteln gemäß Art. 15 Abs. 2 Offenlegungs-VO die in Art. 3, Art. 4 Abs. 5, Art. 5, Art. 6 und Art. 10 Abs. 1 UAbs. 1 genannten Informationen in der in Art. 23 IDD vorgegebenen Art und Weise.

Die speziellen in der Taxonomie-VO niedergelegten Pflichten obliegen nicht den Versicherungsvermittlern, da der Anwendungsbereich nach Art. 1 Abs. 2 Taxonomie-VO nicht eröffnet ist – Versicherungsvermittler sind keine Finanzmarktteilnehmer, sondern Finanzberater im Sinne der Offenlegungs-VO. Die Taxonomie-VO findet nur insoweit Anwendung, als in der Offenlegungs-VO auf diese verwiesen wird.

d) Fazit

Versicherungsvermittler werden zum einen von nachhaltigkeitsbezogenen Vorschriften adressiert, wenn es um die Frage nach den Nachhaltigkeitspräferenzen der zu beratenden Kunden geht; diese Pflicht wird durch das VVG und die konkretisierende delegierte Verordnung statuiert.[578] Hier zeigt sich erneut das *Nudging*-Konzept, auf dem die hier untersuchten Vorschriften beruhen.[579] Es ist allerdings keineswegs so, dass eine Frage- oder Beratungspflicht im Hinblick auf Nachhaltigkeit besteht, sondern eine Beratung in diesem Bereich nur dann stattfindet, wenn eine Präferenz des Kunden besteht.[580] Zum anderen haben Versicherungsvermittler Vorschriften zur „Produktgovernance“, die einen Nachhaltigkeitsbezug aufweisen, zu beachten.

Versicherungsvermittler haben außerdem die aus der Offenlegungs-VO erwachsenden Pflichten einzuhalten. In Bezug auf die Auswirkungen aus der Taxonomie-VO ist festzuhalten, dass die Versicherungsvermittler auf

---

577 Von der Rückausnahme gemäß Art. 17 Abs. 2 Offenlegungs-VO hat Deutschland bisher keinen Gebrauch gemacht; *Schwintowski*, ZfV 2021, 419.

578 Krit. mit Blick auf die praktische Handhabbarkeit der Regelungen *Kunkel*, VW 5/2023, 8.

579 Zum *Nudging* Teil 3.II.6.a)cc)(1); zu den Grenzen im Bereich der Beratung s. *Rudkowski/Chrzan/Pott*, VersR 2022, 601, 606.

580 *Beenken/Rudkowski*, r+s 2023, 49, 53.

eine Vielzahl von Informationen aus der Wirtschaft zugreifen können und müssen, um ihren Beratungspflichten nachzukommen.[581]

III. Fazit

Es lässt sich für die Ausgangsfrage konstatieren, dass sich das Versicherungsaufsichtsrecht in Richtung Nachhaltigkeit entwickelt.[582] Dies zeigt sich daran, dass für die verschiedenen Akteure im Versicherungssektor eine Vielzahl von nachhaltigkeitsbezogenen Vorgaben erlassen wurden. Maßgeblich wird diese Entwicklung durch den europäischen Normgeber vorangetrieben, der nachhaltigkeitsbezogene Vorgaben durch Richtlinien oder Verordnungen implementiert. Damit einher geht die Ausweitung der von der BaFin zu überwachenden Vorschriften.[583]

Es ist zu erwarten, dass zukünftig weitere Pflichten mit Nachhaltigkeitsbezug an Versicherungsunternehmen, EbAV und Versicherungsvermittler adressiert werden. Dies wird insbesondere die Ausweitung von Offenlegungspflichten betreffen.

---

581 *Schwintowski*, ZfV 2021, 719, 721.

582 *Armbrüster*, EuZW 2023, 877, 885: „Das Aufsichtsrecht steht mittlerweile ganz im Zeichen der Nachhaltigkeit."

583 Exemplarisch sei auf die Aufsicht über die Einhaltung der Vorgaben der Offenlegungs-/Taxonomie-VO verwiesen; näher dazu Teil 3.I.3.b)dd)(7).

Möglichkeiten und Grenzen der Nachhaltigkeitsregulierung im Versicherungsaufsichtsrecht

Nachdem der gegenwärtige Stand zur Nachhaltigkeitsregulierung im Versicherungsaufsichtsrecht dargestellt wurde, wird nachfolgend zum einen die aktuelle Regulierung überprüft und zum anderen werden die Möglichkeiten und Grenzen einer weiteren Ausgestaltung aufgezeigt.

Zunächst wird analysiert, ob die Implementierung von formellen nachhaltigkeitsbezogenen Aufsichtszielen mit den historischen Ursprüngen und den Zielen des Versicherungsaufsichtsrechts in Einklang stehen würde, und ob die Berücksichtigung von Nachhaltigkeitsrisiken hiermit in Einklang steht. Hiernach wird geprüft, ob bzw. in welchem Umfang die an die Versicherungsunternehmen adressierten nachhaltigkeitsbezogenen Vorschriften im Rahmen der Missstandsaufsicht zu überwachen sind (I.).

Weiter wird die geltende nachhaltigkeitsbezogene Regulierung hinsichtlich der Vereinbarkeit mit dem Primärrecht beleuchtet. Zunächst wird herausgearbeitet, welche Grundrechte vor nachhaltigkeitsbezogenen versicherungsaufsichtsrechtlichen Regelungen und vor *Nudging* schützen, und inwiefern Grundrechtseingriffe vorliegen. Danach wird zur Frage der Rechtfertigung der Grundrechtseingriffe Stellung genommen. In diesem Rahmen wird schließlich untersucht, ob der in der Solva-II-VO verwendete Begriff des Nachhaltigkeitsrisikos mit dem Gebot der Normenbestimmtheit vereinbar ist (II.).

Abschließend wird ausgeleuchtet, ob bereits etablierte nachhaltigkeitsbezogene Regelungen aus dem Bereich des Bankenaufsichtsrechts im Versicherungsaufsichtsrecht implementiert werden sollten (III.).

I. Nachhaltigkeit als formelles Ziel des Versicherungsaufsichtsrechts?

Es hat sich gezeigt, dass insbesondere mit der Änderung der Solva-II-VO materielle nachhaltigkeitsbezogene Regelungen im Versicherungsaufsichtsrecht implementiert wurden. Mit dieser Änderung wurden die formellen in der Solva-II-RL bzw. im VAG normierten Aufsichtsziele allerdings nicht angepasst. Der europäische Normgeber hat bislang keine nachhaltigkeitsbezogenen Ziele im Versicherungsaufsichtsrecht umgesetzt.

Nachfolgend soll anhand der historischen Entwicklung und der geltenden Aufsichtsziele aufgezeigt werden, dass weder Nachhaltigkeit, wie auch andere allgemeinpolitische Anliegen, noch die Förderung derselben als Aufsichtsziele der Versicherungsaufsicht umgesetzt werden dürfen. Dagegen ist die Implementierung von Vorgaben zur Berücksichtigung von Nachhaltigkeitsrisiken in der Solva-II-VO mit der Historie der Versicherungsaufsicht und den bestehenden Aufsichtszielen vereinbar (1. und 2.). Diese Erkenntnis wird für die nachstehende Verhältnismäßigkeitsprüfung nutzbar gemacht.[584]

Aufbauend auf den Ausführungen zur Zielsetzung wird illustriert, dass die oben dargestellten nachhaltigkeitsbezogenen Vorschriften im Rahmen der Missstandsaufsicht nur eingeschränkt zu überwachen sind (3.).

1. Entwicklung der Versicherungsaufsicht

a) Erste Hälfte des 20. Jahrhunderts

Die Ursprünge des VAG und damit der Versicherungsaufsicht liegen im beginnenden 20. Jahrhundert – die ursprüngliche Fassung des VAG vom 12. Mai 1901, welches am 1. Januar 1902 in Kraft trat, ist die erstmalige gesamtdeutsche Kodifikation des Versicherungsaufsichtsrechts.[585] Damals hieß es noch „Gesetz über die privaten Versicherungsunternehmen“.[586]

---

[584] Zur Verhältnismäßigkeit der materiellen Nachhaltigkeitsvorgaben der Solva-II-VO s. Teil 3.II.6.d)aa)(1).

[585] *Schneider*, in: Beckmann/Matusche-Beckmann, VersR-HdB, § 1 Rn. 43; die ersten Ansätze einer Versicherungsaufsicht reichen allerdings viel weiter zurück und lassen sich bis ins 16. Jahrhundert verfolgen; im Überblick *Langheid/Goergen*, in: Langheid/Wandt, MüKo VVG, Bd. 3, Kap. 25 Rn. 4 ff.; ausführlich *Zampano*, Die Ursprünge der Versicherungsaufsicht in Deutschland und Italien aus historisch-vergleichender Perspektive, S. 41 ff.

[586] Gesetz über die privaten Versicherungsunternehmen v. 12.5.1901, RGBl. 1901 S. 139.

Der ursprüngliche Hauptzweck des Gesetzes war der Schutz der Versicherungsnehmer vor Schäden durch unseriöse Versicherungsunternehmen.[587] Das Konzept der Versicherungsaufsicht bestand darin, privatwirtschaftlichen Subjekten die Tätigkeiten im Versicherungswesen zu ermöglichen und den staatlichen Aufsichtsstellen die Aufgabe zuzuweisen, die Missstände in diesem Bereich zu verhindern und die Belange der Versicherten zu wahren.[588] Bereits die ursprüngliche Fassung des Gesetzes enthielt in § 64 Abs. 2 VAG a.F. eine Generalklausel, mit der das Kaiserliche Aufsichtsamt die zu beaufsichtigenden Versicherungsunternehmen überwachte.[589]

Diese Aufsichtsbehörde definierte einen Missstand als einen Zustand, „der an sich geeignet ist, eine erhebliche Verletzung der Interessen der Versicherten herbeizuführen, der also die nahe Möglichkeit, die Gefahr einer solchen Verletzung in sich birgt."[590] Diese Aufsicht war materieller Natur, also die Aufsichtsbehörde konnte Entscheidungen „materieller" Art in Bezug auf den Geschäftsbetrieb des Versicherers treffen.[591] Zudem war die Aufsicht von Beginn an nicht auf die Einhaltung von Gesetzen beschränkt, sondern wurde zur Durchsetzung der „Aufsichtszwecke" angewendet.[592]

Dieses Konzept lässt sich mit dem Begriff der materiellen Staatsaufsicht beschreiben, welche von dem Gedanken ausging, dass das gesamte Geschehen der Versicherungswirtschaft durch eine staatliche Aufsicht überwacht werden sollte.[593]

---

[587] *Schneider*, in: Beckmann/Matusche-Beckmann, VersR-HdB, § 1 Rn. 46; die Gesetzesbegründung ist abgedruckt in *Langheid/Goergen*, in: Langheid/Wandt, MüKo VVG, Bd. 3, Kap. 25 Rn. 18.

[588] Vgl. *Oehlenberg/Oehlenberg*, in: Müller/Golz/Washausen-Richter/Trommeshauser, 100 Jahre materielle Versicherungsaufsicht, Bd. I, 39, 40.

[589] *Dreher/Lange*, VersR 2011, 825, 831.

[590] *Ruge*, in: Müller/Golz/Washausen-Richter/Trommeshauser, 100 Jahre materielle Versicherungsaufsicht, Bd. I, 27, 29 f. unter Verweis auf die Veröffentlichungen des Aufsichtsamtes.

[591] *Donhauser*, in: Müller/Golz/Washausen-Richter/Trommeshauser, 100 Jahre materielle Versicherungsaufsicht, Bd. I, 123, 124 m.w.N.

[592] *Barbey*, VersR 1985, 101, 105.

[593] *Dreher*, in: Dreher, VAG, § 294 Rn. 23.

Die weitere Entwicklung des VAG in der ersten Hälfte des 20. Jahrhunderts[594] ist geprägt durch die wirtschaftlichen Folgen des Ersten Weltkriegs[595] und den Nationalsozialismus[596]. Die Novelle des VAG[597] im Jahr 1937 hatte zur Folge, dass der Gesetzeszweck weniger darin bestand, individuelle Güter zu schützen, sondern wirtschaftslenkende Maßnahmen zur Verwirklichung der nationalsozialistischen Wirtschaftspolitik zu ermöglichen;[598] dies zeigte sich insbesondere daran, dass dem Reichsaufsichtsamt als zuständiger Behörde ein größerer Ermessens- und Entscheidungsspielraum eröffnet wurde sowie durch die Möglichkeit der Einflussnahme des Reichswirtschaftsministeriums auf das Reichsaufsichtsamt[599]. Um wirtschaftslenkende Maßnahmen mit Hilfe der Generalklausel zu verwirklichen, war eine Änderung des Wortlauts von § 81 Abs. 2 S. 1 VAG a.F. nicht erforderlich.[600]

b) Zweite Hälfte des 20. Jahrhunderts

Nach dem Ende des Zweiten Weltkriegs galt das VAG materiell-rechtlich fort und wurde entsprechend angewendet.[601] Die Entwicklung des

---

[594] Zur Übersicht über die Entwicklung des VAG in der ersten Hälfte des 20. Jahrhunderts s. *Langheid/Goergen*, in: Langheid/Wandt, MüKo VVG, Bd. 3, Kap. 25 Rn. 21 ff.

[595] *Ruge*, in: Müller/Golz/Washausen-Richter/Trommeshauser, 100 Jahre materielle Versicherungsaufsicht, Bd. I, 27, 31 ff.

[596] *Oehlenberg/Oehlenberg*, in: Müller/Golz/Washausen-Richter/Trommeshauser, 100 Jahre materielle Versicherungsaufsicht, Bd. I, 39 ff.

[597] Gesetz zur Änderung des Gesetzes über die Beaufsichtigung privater Versicherungsunternehmen und Bausparkassen v. 5.3.1937, RGBl. 1937 I S. 269.

[598] S. dazu *Oehlenberg/Oehlenberg*, in: Müller/Golz/Washausen-Richter/Trommeshauser, 100 Jahre materielle Versicherungsaufsicht, Bd. I, 39, 45 ff.; hierzu auch *Koch*, Geschichte der Versicherungswirtschaft in Deutschland, S. 289 f.; zum Funktionswandel des Aufsichtsrechts im Nationalsozialismus auch *Weber*, ZVersWiss 50 (1961), 333, 335.

[599] *Oehlenberg/Oehlenberg*, in: Müller/Golz/Washausen-Richter/Trommeshauser, 100 Jahre materielle Versicherungsaufsicht, Bd. I, 39, 47; weitere Beispiele finden sich bei *Weber*, ZVersWiss 50 (1961), 333, 335.

[600] *Bullinger*, VVDStRL 22 (1965), 264, 272 unter Verweis auf *Weber*; ebenso *Ipsen*, DÖV 1975, 805, 807; krit. mit Blick auf die Indienststellung der Klausel zu unterschiedlichen politischen Zwecken *Bähr*, VersR 2001, 1185, 1186; *Bähr/Gölden*, in: Looschelders/Michael, Düsseldorfer Vorträge zum Versicherungsrecht 2022, 1, 7.

[601] *Wöhrle*, in: Müller/Golz/Washausen-Richter/Trommeshauser, 100 Jahre materielle Versicherungsaufsicht, Bd. I, 65, 70 m.w.N.

Versicherungsaufsichtsrechts im Rahmen der nationalen Gesetzgebung vollzog sich zunächst ohne Struktur- und Systemänderungen.[602]

Mit dem Gesetz über die Errichtung eines Bundesamtes für das Versicherungs- und Bausparwesen[603] aus dem Jahr 1951 wurde das BAV gegründet, das am 1. April 1952 seine Tätigkeit aufnahm.[604] Das BAV knüpfte an die „ureigene" Aufgabe der Abwehr von Beeinträchtigungen der Versicherungsnehmer an.[605] Ebenso nahm das BAV das gute Funktionieren der Versicherungswirtschaft in den Blick; es wollte gewährleisten, dass die Versicherungsunternehmen die Verpflichtungen aus den mit den Versicherungsnehmern geschlossenen Versicherungsverträgen erfüllen.[606]

Das BAV führte die ursprüngliche Aufsichtspraxis fort, wonach ein Missstand im Sinne des § 81 Abs. 2 S. 1 VAG a.F. auch vorliegen kann, wenn zwar kein Gesetzesverstoß anzunehmen war, aber gegen ein Rundschreiben der zuständigen Behörde verstoßen wurde.[607]

Ab den 1960er Jahren begann eine wesentliche Europäisierung des Versicherungsaufsichtsrechts, welche durch die Umsetzung von europäischen Richtlinien in deutsches Recht vollzogen wurde.[608] Diese Entwicklung zeichnet sich im Wesentlichen durch Harmonisierung und Koordinierung der vormals streng regulierten nationalen Aufsichtssysteme aus[609], welche der

---

602 *Wandt*, VersR, Rn. 67.

603 Gesetz über die Errichtung eines Bundesamtes für das Versicherungs- und Bausparwesen vom 31.7.1951, BGBl. 1951 I S. 480.

604 *Wöhrle*, in: Müller/Golz/Washausen-Richter/Trommeshauser, 100 Jahre materielle Versicherungsaufsicht, Bd. I, 65, 74.

605 *Langheid/Goergen*, in: Langheid/Wandt, MüKo VVG, Bd. 3, Kap. 25 Rn. 30; ebenso *Wöhrle*, in: Müller/Golz/Washausen-Richter/Trommeshauser, 100 Jahre materielle Versicherungsaufsicht, Bd. I, 65, 75.

606 *Wöhrle*, in: Müller/Golz/Washausen-Richter/Trommeshauser, 100 Jahre materielle Versicherungsaufsicht, Bd. I, 65, 75 f.

607 *Kaulbach*, in: Bähr, VAG-HdB, § 8 Rn. 45; *Bürkle*, in: Kaulbach/Bähr/Pohlmann, VAG, Einl. Rn. 7 spricht von einer „behördlichen Überwachung jenseits der Legalitätskontrolle"; ausführlich zu dieser Vorschrift *Bürkle*, in: Dreher/Wandt, Solvency II in der Rechtsanwendung, 191, 194 ff.

608 *Bürkle*, in: Kaulbach/Bähr/Pohlmann, VAG, Einl. Rn. 17; dazu auch *Schröder*, in: Looschelders/Pohlmann, VVG, Teil 2 C. Rn. 14 ff.; in diesem Zusammenhang ist von „drei Richtliniengenerationen" die Rede; dazu knapp *Bürkle*, in: Kaulbach/Bähr/Pohlmann, VAG, Einl. Rn. 18.

609 *Wandt*, VersR, Rn. 84.

Verwirklichung der europäischen Niederlassungs- und Dienstleistungsfreiheit diente[610], und im Ergebnis zu einer Deregulierung und Liberalisierung des Versicherungsaufsichtsrechts führte[611]. Beispielhaft für die erfolgte Deregulierung kann die Abschaffung der Vorschriften genannt werden, nach denen die Allgemeinen Vertragsbedingungen vorab genehmigt werden mussten.[612] Ebenso wurde eine einheitliche europäische Zulassung (*Single license*) eingeführt sowie das Prinzip der Sitzlandaufsicht.[613] Die Umsetzung der dritten Richtliniengeneration in nationales Recht im Jahr 1994 führte zu einem vorläufigen Abschluss der weitgehenden Vollendung des Versicherungsbinnenmarktes.[614] Nach der Verabschiedung der vorgenannten Richtlinien war die Praxis der Missstandsaufsicht aufgrund der Mindestharmonisierung des Versicherungsaufsichtsrechts auf inländische Erstversicherungsunternehmen beschränkt.[615]

c) Fortentwicklung im 21. Jahrhundert

Die Gründung der BaFin als eine bundesunmittelbare, rechtsfähige Anstalt des öffentlichen Rechts erfolgte zum 1. Mai 2002 (§ 1 Abs. 1 S. 1 FinDAG[616]).[617] Aus der genannten Vorschrift ergibt sich zudem, dass diese aus der Zusammenlegung von Bundesaufsichtsamt für das Kreditwesen, Bundesaufsichtsamt für Versicherungswesen und Bundesaufsichtsamt für Wertpapierhandel errichtet wurde und gemäß § 4 Abs. 1 S. 1 FinDAG die den vorgenannten

---

610 Dazu *Mönnich*, in: Beckmann/Matusche-Beckmann, VersR-HdB, § 2 Rn. 23 ff.

611 *Wandt*, VersR, Rn. 84.

612 *Schneider*, in: Beckmann/Matusche-Beckmann, VersR-HdB, § 1 Rn. 44; hierauf verweist auch *Waclawik*, in: Halm/Engelbrecht/Krahe, FA-VersR, Kap. 5 Rn. 9.

613 *Mönnich*, in: Beckmann/Matusche-Beckmann, VersR-HdB, § 2 Rn. 48 ff.; die Herkunftslandbehörde übernimmt die gesamte Aufsicht in allen Mitgliedsstaaten, lediglich die Rechtsaufsicht ist zwischen Herkunftsbehörde und Behörde des Tätigkeitslandes geteilt, s. dazu *Langheid/Goergen*, in: Langheid/Wandt, MüKo VVG, Bd. 3, Kap. 25 Rn. 48.

614 *Wandt*, VersR, Rn. 84; ähnlich auch *Mönnich*, in: Beckmann/Matusche-Beckmann, VersR-HdB, § 2 Rn. 48 m.w.N.

615 *Dreher/Lange*, VersR 2011, 825, 831.

616 Gesetz über die Bundesanstalt für Finanzdienstleistungsaufsicht v. 22.4.2002, BGBl. 2002 I S. 1310.

617 Zur Übersicht über die Ziele, Struktur und Aufgaben der BaFin *Fromberger*, AL 2022, 17 ff.

Behörden übertragenen Aufgaben übernimmt.[618] Sie ist im nationalen Kontext zentrale Akteurin, wenn es um die Beaufsichtigung von Versicherungsunternehmen geht.[619]

Mit dem Einfügen von § 4 Abs. 1a S. 1 FinDAG im Jahr 2015 wurde der BaFin das Aufsichtsziel des kollektiven Verbraucherschutzes zugewiesen.[620] Nach dem Willen des Gesetzgebers dient die Vorschrift als Klarstellung, dass neben dem Aufsichtsziel eines stabilen und integren Finanzsystems auch der kollektive Verbraucherschutz ein Aufsichtsziel der BaFin darstellt.[621]

Auf europäischer Ebene ist die EIOPA zentrale Akteurin.[622] Sie wurde gemeinsam mit den Europäischen Aufsichtsbehörden im Bereich der Banken- und Wertpapieraufsicht zum 1. Januar 2011 geschaffen.[623]

Das Hauptaufsichtsziel der EIOPA ist es, für die Wirtschaft der EU, ihre Bürger und Unternehmen kurz-, mittel- und langfristig zur Stabilität und Wirksamkeit des Finanzsystems beizutragen (Art. 1 Abs. 6 UAbs. 1 S. 1 EIOPA-VO).[624] Dieses Hauptziel wird in Art. 1 Abs. 6 UAbs. 1 S. 2 EIOPA-VO in sechs Unterziele „heruntergebrochen"[625]; hierzu gehört u.a. die Verbesserung des Funktionierens des Binnenmarkts (lit. a); die Verhinderung von

---

618 S. zur Entwicklung der Versicherungsaufsichtsbehörden im 20. Jahrhundert *Langheid/Goergen*, in: Langheid/Wandt, MüKo VVG, Bd. 3, Kap. 25 Rn. 28 ff.

619 Ähnlich *Kaufhold*, DV 49 (2016), 339, 343; zu den von der BaFin beaufsichtigten Versicherungsunternehmen s. § 320 Abs. 1 VAG.

620 KleinanlegerschutzG-RegE v. 11.2.2015, BT-Drs. 18/3994, 36; *Klöhn/Adam*, WM 2022, 1149, 1157: Die BaFin ist allerdings keine zentrale Behörde für Verbraucherschutz.

621 KleinanlegerschutzG-RegE v. 11.2.2015, BT-Drs. 18/3994, 36; zum Verhältnis der Aufsichtsziele ausführlich *Klöppel*, Die Aufsicht über Verbraucherfinanzmärkte, S. 142 ff.

622 Die Errichtung und die Tätigkeit der EIOPA fußen auf der EIOPA-VO (Verordnung (EU) Nr. 1094/2010 des Europäischen Parlaments und des Rates v. 24.11.2010 zur Errichtung einer Europäischen Aufsichtsbehörde (Europäische Aufsichtsbehörde für das Versicherungswesen und die betriebliche Altersvorsorge), zur Änderung des Beschlusses Nr. 716/2009/EG und zur Aufhebung Beschlusses 2009/79/EG der Kommission, ABl. 2010 L 331, S. 48); ausführlich zu dieser Aufsichtsbehörde *Looschelders/Michael*, in: Ruffert, EnzEuR, Bd. 5, § 11 Rn. 8 ff.

623 *Sasserath-Alberti/Hartig*, VersR 2012, 524; s. auch Art. 82 Abs. 3 EIOPA-VO; zur Entwicklung der europäischen Behörden im Versicherungsaufsichtsrecht *Looschelders/Michael*, in: Ruffert, EnzEuR, Bd. 5, § 11 Rn. 4 ff.

624 *Gal*, in: Dreher, VAG, Art. 1 EIOPA-VO Rn. 30.

625 *Gal*, in: Dreher, VAG, Art. 1 EIOPA-VO Rn. 31.

Aufsichtsarbitrage und Förderung gleicher Wettbewerbsbedingungen (lit. d) und die Verbesserung des Verbraucherschutzes (lit. f).

Die Ausarbeitung der Entwürfe von Regulierungs- und Durchführungsstandards gehört zu den besonders wichtigen Aufgaben (Art. 8 Abs. 1 lit. a EIOPA-VO) und Befugnissen (Art. 8 Abs. 2 lit. a, b EIOPA-VO) der EIOPA.[626] Zu den Befugnissen gehört nach Art. 8 Abs. 2 lit. g EIOPA-VO auch die Abgabe von Stellungnahmen an das Europäische Parlament, den Rat oder die EU-Kommission.[627] Im Gefüge der Versicherungsaufsicht kommt der EIOPA im Wesentlichen eine Koordinationsfunktion zwischen den verschiedenen mitgliedstaatlichen Aufsichtsbehörden zu.[628]

Die Einführung und Umsetzung des Solvabilität-II-Systems im nationalen Versicherungsaufsichtsrecht zum 1. Januar 2016 kann wegen der grundlegenden Änderungen als „fundamentale Zäsur" beschrieben werden.[629] Maßgebend hierfür ist die Solva-II-RL, welche durch die Verabschiedung der Omnibus-II-RL[630] geändert wurde.

Diese Umsetzung vollzog eine „gesamthafte" Risikoorientierung aus der Perspektive eines einzelnen Versicherungsunternehmens.[631] Folgende drei Säulen sind für das Solvabilität-II-System charakteristisch: Säule I betrifft die quantitativen Solvenzkapitalanforderungen; Säule II umfasst die qualitativen Anforderungen an die Governance der Versicherungsunternehmen sowie

---

626 *Gal*, in: Dreher, VAG, Art. 8 EIOPA-VO Rn. 8; s. hierzu auch *Bürkle*, VersR 2016, 2, 3.

627 Diese Stellungnahmen können auch nachhaltigkeitsbezogene Änderungen zum Gegenstand haben; etwa EIOPA, Opinion on Sustainability within Solvency II v. 30.9.2019 (BoS-19/241) (abrufbar unter: https://www.eiopa.europa.eu/system/files/2019-12/2019-09-30_opinionsustainabilitywithinsolvencyii.pdf; letzter Zugriff: 20.9.2025); dazu knapp *Armbrüster*, EuZW 2021, 781, 782.

628 *Goldmann/Purnhagen*, VersR 2012, 29, 31.

629 *Wandt*, VersR, Rn. 85 m.w.N.; *Langheid/Goergen*, in: Langheid/Wandt, MüKo VVG, Bd. 3, Kap. 25 Rn. 53 sprechen von einem „vorläufigen Höhenpunkt der Europäisierung der materiellen Versicherungsaufsicht"; s. auch *Dreher*, in: Dreher, VAG, Einl. Rn. 5.

630 Richtlinie 2014/51/EU des Europäischen Parlaments und des Rates v. 16.4.2014 zur Änderung der Richtlinien 2003/71/EG und 2009/138/EG und der Verordnungen (EG) Nr. 1060/2009, (EU) Nr. 1094/2010 und (EU) Nr. 1095/2010 im Hinblick auf die Befugnisse der Europäischen Aufsichtsbehörde (Europäische Aufsichtsbehörde für das Versicherungswesen und die betriebliche Altersversorgung) und der Europäischen Aufsichtsbehörden (Europäische Wertpapier- und Marktaufsichtsbehörde), ABl. 2014 L 153, S. 1.

631 *Dreher*, in: Dreher, VAG, Einl. Rn. 5.

die aufsichtsbehördlichen Überprüfungsverfahren und Säule III trifft Anforderungen zu den Offenlegungspflichten gegenüber der Aufsichtsbehörde und der Öffentlichkeit.[632]

Das durch die Solva-II-RL vorgegebene Aufsichtsrecht ist – im Gegensatz zur vormaligen nationalen Ausgestaltung – auf eine reine Legalitätsaufsicht beschränkt.[633]

Gesetzestechnisch verfolgt die Solva-II-RL ein „prinzipienbasiertes" Regelungskonzept, welches unbestimmte Rechtsbegriffe wie „angemessen", „unverhältnismäßig" oder „ausreichend" verwendet.[634] Das Konzept soll es den Versicherungsunternehmen ermöglichen, die aufsichtsrechtlichen Anforderungen in einer Weise zu bewältigen, die dem individuellen Tätigkeits- und Risikoprofil des jeweiligen Unternehmens entspricht.[635]

Das Rechtsetzungsverfahren im Rahmen des Solvabilität-II-Systems – das sog. „Lamfalussy-Verfahren"[636] – führt indes zu einer stärkeren Regulierung der Versicherungsaufsicht[637], die im Widerspruch zur Prinzipienorientierung des Konzepts steht[638].

d) Fazit

Das Versicherungsaufsichtsrecht wurde ursprünglich als materielle Staatsaufsicht konzipiert, um Missstände, welche den Versicherungssektor betreffen, zu verhindern bzw. zu beseitigen. Dieser Schutzgedanke durchzieht – mit

---

632 *Dreher*, in: Dreher, VAG, Einl. Rn. 5; ausführlich dazu *Funke/Rohlfs*, Risikomanagement im Versicherungsunternehmen, S. 96 ff.; übersichtlich zu den Säulen im Einzelnen *Wandt*, VersR, Rn. 97 ff.

633 *Dreher*, in: Dreher, VAG, § 294 Rn. 21 f.; s. dazu noch ausführlich im Rahmen der Missstandsaufsicht Teil 3.I.3.b)aa)(1) und (2).

634 *Wandt*, VersR, Rn. 94; der vormals geltende regelungsbasierte Ansatz sollte damit überwunden werden; s. hierzu *Dreher*, in: Dreher, VAG, Einl. Rn. 106.

635 *Erdmann/Kaulbach/Schlömer/Schneider*, in: Erdmann/Kaulbach, Grundzüge des Versicherungsaufsichtsrechts, S. 8.

636 Übersichtlich *Wandt*, VersR, Rn. 88 ff.; s. auch *Bürkle*, VersR 2011, 1469, 1471 f.; ausführlich dazu *Dreher*, in: Dreher, VAG, Einl. Rn. 49 ff.; *Wymeersch*, ZGR 2011, 443, 451 ff.

637 *Dreher*, in: Dreher, VAG, Einl. Rn. 48 m.w.N.; differenzierend nach den Säulen I-III *Bürkle*, in: Kaulbach/Bähr/Pohlmann, VAG, Einl. Rn. 26.

638 *Dreher*, in: Dreher, VAG, Einl. Rn. 48 spricht von einem „deutlichen Gegensatz"; krit. auch *Wendt*, in: Staudinger/Halm/Wendt, VersR, Kap. X. 1. Rn. 9.

Ausnahme der Zeit des Nationalsozialismus – das gesamte 20. Jahrhundert als Mittelpunkt der Versicherungsaufsicht.

Mit Blick auf das 21. Jahrhundert lässt sich erkennen, dass neben den Schutz der Versicherungsnehmer auch der Schutz der Verbraucher tritt.[639] Dies bedeutet allerdings keinen Systembruch, sondern zeigt lediglich, dass der Kreis der zu schützenden Personengruppen durch den Gesetzgeber bzw. Normgeber erweitert wurde. Der Schutzgedanke ist damit weiterhin prägend für das Aufsichtsrecht.

Die Entwicklung des Versicherungsaufsichtsrechts in Richtung Nachhaltigkeit als Hinwendung zur Verfolgung eines politisch gewünschten Anliegens steht damit grundsätzlich[640] in Widerspruch zu dessen historischen Wurzeln. Gleiches gilt für die gezielte Förderung von Nachhaltigkeit.

Auch mit Blick auf die Versicherungsaufsichtsbehörden – BaFin und EIOPA – zeigt sich, dass diese gesetzlich definierte Aufgaben zu erfüllen haben, aber nicht losgelöst von Recht und Gesetz[641] für Nachhaltigkeit eintreten dürfen.

2. Zielsetzung der Versicherungsaufsicht

Nachfolgend soll anhand der zur Zielsetzung des VAG vertretenen Theorien zunächst gezeigt werden, dass nahezu alle Theorien spezifischen Gefahren des Versicherungssektors begegnen wollen.[642] Daran anschließend soll aufgezeigt werden, dass die Implementierung von Nachhaltigkeit, wie auch andere allgemeinpolitische Anliegen, sowie auch die Förderung derselben als Aufsichtsziele mit den bestehenden Aufsichtszielen nicht in Einklang zu bringen sind. Zudem wird geprüft, inwieweit die Verankerung von Nachhaltigkeitsrisiken in der Solva-II-VO mit der gefahrbezogenen Konzeption der Aufsichtsziele vereinbar ist.

Schließlich soll nach einer kritischen Auseinandersetzung mit den verschiedenen Theorien einer gefolgt werden, um diese anschließend als Argumentationsgrundlage heranziehen zu können, wenn die Frage beantwortet

---

[639] Zum Verbraucherschutz im Rahmen der Versicherungsaufsicht s. *Dreher*, VersR 2013, 401 ff.

[640] Zur Vereinbarkeit der Berücksichtigung von Nachhaltigkeitsrisiken mit den Aufsichtszielen s. Teil 3.I.2.b)cc).

[641] *Bürkle*, VersR 2014, 529, 531.

[642] Die Darstellung der Theorien orientiert sich an *Böffel*, ZVersWiss 107 (2018), 333 ff.

wird, welche nachhaltigkeitsbezogenen Vorschriften im Rahmen der Missstandsaufsicht nach dem VAG zu überwachen sind.[643]

a) Vertretene Theorien

aa) Gefahrentheorie

Die Gefahrentheorie, welche das VAG von seinem gewerbepolizeilichen Ursprung betrachtet, nimmt an, dass das Ziel des Gesetzes die Abwehr von konkreten und erkennbaren Gefahren bzw. Missständen ist.[644] Nach dem damaligen Verständnis von Gefahr, welches einen eingetretenen Schaden voraussetzte, waren die Befugnisse der Aufsichtsbehörde auf repressive Maßnahmen beschränkt.[645] Dieses Verständnis geht auf § 10, Teil II, Titel 17 des Preußischen Allgemeinen Landrechts von 1794 zurück.[646]

bb) Schutztheorie

Die Schutztheorie nimmt die Belange der Versicherten bzw. den Schutz der Versicherungsnehmer und „die dauernde Erfüllbarkeit der Verträge“ in den Blick.[647] Diese Theorie erweitert die Gefahrentheorie um ein präventives Element, sodass die Versicherungsaufsichtsbehörde auch zur Abwehr von bevorstehenden Gefahren eingreifen kann.[648]

---

643 Zur Relevanz des Gesetzeszwecks bei der Auslegung von Tatbestandsmerkmalen *Rüthers/Fischer/Birk*, Rechtstheorie, Rn. 730a; allerdings ist zu beachten, dass der Gesetzeszweck nur anhand der Entstehungsgeschichte, des Wortlauts und der Systematik des Gesetzes erfolgen kann, um keinem „Zirkelschluss“ zu unterliegen; s. zur Missstandsaufsicht nach dem VAG Teil 3.I.3.b).

644 *Böffel*, ZVersWiss 107 (2018), 333, 335 m.w.N.; ausführlich dazu *Bähr*, Das Generalklausel- und Aufsichtssystem des VAG im Strukturwandel, S. 65 ff.; zu den Ursprüngen der Theorie *Starke*, in: Rohrbeck, 50 Jahre materielle Versicherungsaufsicht, Bd. 3, 11, 58.

645 *Bähr*, Das Generalklausel- und Aufsichtssystem des VAG im Strukturwandel, S. 65 m.w.N.

646 *Bähr*, Das Generalklausel- und Aufsichtssystem des VAG im Strukturwandel, S. 65; die Theorie wird heute nicht mehr vertreten; *Winter*, ZVersWiss 94 (2005), 105, 109.

647 *Bähr*, Das Generalklausel- und Aufsichtssystem des VAG im Strukturwandel, S. 68 m.w.N.; ausführlich *Böffel*, ZVersWiss 107 (2018), 333, 335 ff.

648 *Kraus*, Versicherungsaufsichtsrecht, S. 31; die Theorie lässt sich mit zahlreichen Vorschriften des VAG begründen; s. die Aufzählung der Vorschriften bei *Böffel*, ZVersWiss 107 (2018), 333, 336.

cc) Strukturtheorie

Die Strukturtheorie geht auf *Starke* zurück.[649] Nach dieser Theorie ist das Hauptanliegen der Versicherungsaufsicht die „Erhaltung der Struktur und normalen Funktionsfähigkeit der Versicherungsunternehmungen".[650] Im Rahmen dieser Zielverfolgung haben sich der Schutz der Interessen der Versicherungsnehmer „ein- und notfalls unterzuordnen".[651] Sie sieht sich als eine „Fortentwicklung der Schutztheorie".[652]

Starke weist zunächst darauf hin, dass die Ware des Versicherungsgewerbes ein abstraktes Gebilde darstelle und dies eine von anderen Wirtschaftszweigen abweichende Eigengesetzlichkeit bedinge.[653] Es komme hinzu, dass sich das Angebot an Ware aus dem vorgenannten Grund erheblich ausweiten lasse und die Nachfrage übersteigen könne.[654] Zudem hänge das Versicherungsprodukt in Ermangelung eines konkreten, anschaulichen Handelsgutes von besonders gesteigertem Vertrauen des Erwerbers ab.[655]

Aufgrund dieser „besonderen Struktur der Versicherungswirtschaft" bedürfe es der Einrichtung einer „besonderen Aufsicht".[656] Diese Aufsicht solle die Tätigkeit unsolider Unternehmen, welche auch Auswirkungen auf die Tätigkeit solider Unternehmen habe, verhindern und die Vertrauensbasis kräftigen.[657] Dieser komme die Funktion eines Korrektivs zu, welche einen Ersatz für den mangelnden Wirtschaftsautomatismus darstelle.[658] Die Aufsicht habe den natürlichen Ablauf der Wirtschaftsvorgänge zu erhalten.[659] Eine Begrenzung auf die vorgenannte Funktion verhindere ein Abgleiten

---

649 *Starke*, in: Rohrbeck, 50 Jahre materielle Versicherungsaufsicht, Bd. 3, 11, 65 ff.; hierauf verweist auch *Bähr*, Das Generalklausel- und Aufsichtssystem des VAG im Strukturwandel, S. 74 f.

650 *Starke*, in: Rohrbeck, 50 Jahre materielle Versicherungsaufsicht, Bd. 3, 11, 68; s. auch die Überschrift bei *Starke*, in: Rohrbeck, 50 Jahre materielle Versicherungsaufsicht, Bd. 3, 11, 65: „II. Die besondere Struktur der Versicherung als Grund der Aufsichtsfunktion".

651 *Starke*, in: Rohrbeck, 50 Jahre materielle Versicherungsaufsicht, Bd. 3, 11, 68.

652 *Starke*, in: Rohrbeck, 50 Jahre materielle Versicherungsaufsicht, Bd. 3, 11, 69.

653 *Starke*, in: Rohrbeck, 50 Jahre materielle Versicherungsaufsicht, Bd. 3, 11, 65.

654 *Starke*, in: Rohrbeck, 50 Jahre materielle Versicherungsaufsicht, Bd. 3, 11, 65.

655 *Starke*, in: Rohrbeck, 50 Jahre materielle Versicherungsaufsicht, Bd. 3, 11, 66.

656 *Starke*, in: Rohrbeck, 50 Jahre materielle Versicherungsaufsicht, Bd. 3, 11, 67.

657 *Starke*, in: Rohrbeck, 50 Jahre materielle Versicherungsaufsicht, Bd. 3, 11, 67.

658 *Starke*, in: Rohrbeck, 50 Jahre materielle Versicherungsaufsicht, Bd. 3, 11, 67.

659 *Starke*, in: Rohrbeck, 50 Jahre materielle Versicherungsaufsicht, Bd. 3, 11, 67.

in „staatswirtschaftliche Tendenzen" und mache zudem deutlich, dass die Aufsicht keine Garantie für die beaufsichtigten Versicherungsunternehmen übernehme.[660]

dd) Funktionsschutztheorie

Die Funktionsschutztheorie, die von *Stein*[661] entwickelt wurde, betrachtet den Zweck des Gesetzes von einem wirtschaftlichen Standpunkt aus und kombiniert Pflichten-[662] und Strukturtheorie.[663] Im Kern geht es danach bei der staatlichen (Versicherungs-)Aufsicht darum, das „Funktionieren lebenswichtiger gesellschaftlicher Funktionen" zu gewährleisten.[664] Hinter jeder Aufsichtsmaßnahme stehe unausgesprochen „der Schutz der Funktionsfähigkeit der Gesamtwirtschaft".[665]

Die Herangehensweise, die er wählt, ist eine „seinswissenschaftliche"[666]; das bedeutet, dass die Begriffsbildung anhand eines „bestimmten Seinsbereichs" erfolgt und normative Elemente außer Acht gelassen werden[667]. *Stein* weist der Wirtschaft die Funktion der „Bedarfsbefriedigung"[668] und „Bedarfsdeckung"[669] zu.

Diese Theoriebildung erfolgt vor dem Hintergrund, den Begriff der „Staatsaufsicht" von dem der „staatlichen Leitung" abzugrenzen.[670] Die Theorie will verhindern, dass sich die Wirtschaftsaufsicht zur Staatslenkung wandelt.[671]

---

660 *Starke*, in: Rohrbeck, 50 Jahre materielle Versicherungsaufsicht, Bd. 3, 11, 68.

661 *Stein*, Die Wirtschaftsaufsicht, S. 14 ff.

662 Nach der Pflichtentheorie ist der Zweck der Aufsicht, die Pflichterfüllung der dem Staat dienenden Organe zu gewährleisten; einerseits durch Verhinderung der Überschreitung von Kompetenzen und anderseits durch Erwirkung der geforderten Tätigkeit; dazu *Haenel*, Deutsches Staatsrecht, Bd. 1, S. 301.

663 *Böffel*, ZVersWiss 107 (2018), 333, 339.

664 Vgl. *Stein*, Die Wirtschaftsaufsicht, S. 19.

665 *Stein*, Die Wirtschaftsaufsicht, S. 26.

666 *Stein*, Die Wirtschaftsaufsicht, S. 14.

667 *Stein*, Die Wirtschaftsaufsicht, S. 1.

668 *Stein*, Die Wirtschaftsaufsicht, S. 36.

669 *Stein*, Die Wirtschaftsaufsicht, S. 58.

670 S. dazu im Einzelnen *Stein*, Die Wirtschaftsaufsicht, S. 14 ff.

671 Vgl. *Bähr*, Das Generalklausel- und Aufsichtssystem des VAG im Strukturwandel, S. 76.

Die Rechtsprechung hat sich bisher nicht explizit zum Theorienstreit des VAG geäußert, allerdings tendiert sie in der Sache zur Funktionsschutztheorie[672].

ee) Institutionsschutztheorie

Scholz entwickelte unter Kombination aus Schutztheorie und Strukturtheorie einen Ansatz, nach dem das Schutzgut der Versicherungsaufsicht die Funktionsfähigkeit des Versicherungswesens als solche darstellt, wobei die konkrete schutzgutbezogene Missbrauchs- und Gefahrenabwehr betont wird.[673] Er kritisiert, dass jede Theorie für sich genommen Schwächen aufweise und nur ein kombinierter Ansatz überzeugend sei.[674]

Diese Theorie ist vor dem Hintergrund von *Scholz*' Untersuchung aus dem Jahr 1971 zu sehen, in welcher der „Wirtschaftsaufsicht" die Aufgabe des „objektiven Institutionsschutzes" zukommt.[675] Der Schutzzweck der Wirtschaftsaufsicht ist danach in der Sicherung bestimmter wirtschaftlicher Sachverhalte zu sehen.[676] Die Wirtschafsaufsicht interessiert sich für das „tatsächliche Funktionieren wirtschaftlicher Sachverhalte".[677] Diese setzt das Bestehen einer wirtschaftlichen Ordnung voraus und versucht lediglich, deren Funktionen vor Gefährdungen zu schützen.[678] Kurzgefasst bedeutet Wirtschaftsaufsicht die „Abwehr von funktionsstörendem (Freiheits-)Missbrauch oder funktionshindernder Gefahr".[679]

---

672 BVerfG, Urt. v. 26.7.2005, 1 BvR 782/94 und 1 BvR 957/96 (*Lebensversicherung I*), BVerfGE 114, 1, 43; BVerfG, Urt. v. 26.7.2005, 1 BvR 80/95 (*Lebensversicherung II*), BVerfGE 114, 73, 93; dazu auch *Eilert*, VersR 2009, 709 ff.; so auch die Einschätzung von *Wandt/Sehrbrock*, FS Schneider, 2011, 1395, 1403 f.; gänzlich ohne Bezugnahme auf den Theorienstreit BVerwG, Urt. v. 21.4.2021, 8 C 18/20, BVerwGE 172, 209, 214 ff., Rn. 19 ff.

673 *Scholz*, ZVersWiss 73 (1984), 1, 13.

674 *Scholz*, ZVersWiss 73 (1984), 1, 13: „Eine solche Formel würde [...] noch am ehesten überzeugen".

675 *Scholz*, Wirtschaftsaufsicht und subjektiver Konkurrentenschutz, S. 15 ff.

676 *Scholz*, Wirtschaftsaufsicht und subjektiver Konkurrentenschutz, S. 16 f.

677 *Scholz*, Wirtschaftsaufsicht und subjektiver Konkurrentenschutz, S. 17.

678 *Scholz*, Wirtschaftsaufsicht und subjektiver Konkurrentenschutz, S. 17 unter Verweis auf *Stein*.

679 *Scholz*, Wirtschaftsaufsicht und subjektiver Konkurrentenschutz, S. 22.

ff) Sozialstaatliche Theorie

Ebenfalls in Anlehnung an *Stein* entwickelte *Bogs* eine sozialstaatliche Theorie zur Versicherungsaufsicht.[680] Mit folgender „Kurzformel" umreißt dieser die Aufgabe der Versicherungsaufsicht: „Diese staatliche Institution hat unter Beachtung der Eigengesetzlichkeiten einer Wettbewerbsversicherung auf eine die sozialpolitischen und wirtschaftspolitischen Anliegen des Staates möglichst wirksam und situationsgerecht unterstützende Versicherungswirtschaft hinzuwirken".[681] Diese Theorie orientiert sich an den Vorschriften des GG, welche die Wirtschafts- und Sozialordnung einrahmen.[682] Unter Verweis auf das Sozialstaatsprinzip (Art. 20, 28 GG), den allgemeinen Gleichheitssatz (Art. 3 Abs. 1 GG) und die Schutzpflicht des Staates (Art. 1 Abs. 1 S. 2 GG) entwickelt *Bogs* eine „sozial(gemein)wirtschaftliche" ausgerichtete privatwirtschaftlich betriebene Versicherung, die durch eine „ausreichend starke Privatversicherungsaufsicht" kontrolliert wird.[683]

Hintergrund dieser Theorie ist die Annahme von *Bogs*, dass die größeren privaten Versicherungsunternehmen öffentliche, soziale Institutionen sind und ihnen eine Verantwortung gegenüber dem gemeinen Wohl zukommt.[684] Im Ergebnis gehört für ihn zur „staatsentlastenden Funktionstüchtigkeit" der Versicherungsunternehmen deren Verlässlichkeit, die dauernde Erfüllbarkeit der Versicherungsverträge und die Anpassung an die „gesamtwirtschaftlichen-konjunkturellen Erfordernisse", insbesondere im Kapitalanlagenbereich.[685]

gg) Mehrzwecktheorie

Die Mehrzwecktheorie vereint verschiedene Ziele – die teilweise vormals auch schon beschrieben wurden – und bündelt diese in einem kollektivistischen Ansatz, wobei sich sechs Teilaspekte ausmachen lassen.[686] *Mahr* ist Vertreter dieser Theorie.[687]

---

[680] *Bogs*, Die Sozialversicherung im Staat der Gegenwart, S. 398.
[681] *Bogs*, Die Sozialversicherung im Staat der Gegenwart, S. 398.
[682] Vgl. *Bogs*, Die Sozialversicherung im Staat der Gegenwart, S. 390.
[683] Vgl. *Bogs*, Die Sozialversicherung im Staat der Gegenwart, S. 394 f.
[684] *Bogs*, Die Sozialversicherung im Staat der Gegenwart, S. 312.
[685] *Bogs*, Die Sozialversicherung im Staat der Gegenwart, S. 398 f.
[686] *Böffel*, ZVersWiss 107 (2018), 333, 342.
[687] *Mahr*, Einführung in die Versicherungswirtschaft, S. 381 ff.

Der erste Teilaspekt betrifft das Auseinanderfallen der Leistungen des Versicherers und des Versicherungsnehmers; Letzterer zahlt regelmäßig seine Prämien und muss darauf hoffen, dass Ersterer im Schadensfall seine versprochenen Leistungen erfüllt bzw. erfüllen kann.[688] Hier besteht die Gefahr, dass ungeeignete oder betrügerische Versicherungsunternehmen diese Situation ausnutzen; daher muss der Staat durch organisatorische Vorgaben eingreifen, um im Interesse der Versicherten die Erfüllung der Verpflichtungen zu gewährleisten.[689]

Der zweite Aspekt ist durch das fehlende Wissen des Versicherungsnehmers über die Solidität des Versicherers gekennzeichnet.[690] Die Versicherungsnehmer müssen sich auf die Reputation und die Werbung der Versicherer verlassen, ohne die Angaben überprüfen zu können.[691]

Drittens kann die „oligopolistische Struktur des Versicherungsmarktes" zu finanziell aufwendigen Auseinandersetzungen zwischen den Versicherern oder zu Absprachen zwischen den Versicherern führen, die sich zum Nachteil der Versicherungsnehmer auswirken.[692]

Viertens besteht ohne eine funktionierende Aufsicht die Gefahr, dass die von den Versicherungsnehmern gleichermaßen durch die Prämienzahlung erwirtschafteten Überschüsse in einer Weise angelegt werden, die sich für diese als nachteilig erweisen.[693] Dies kann etwa durch risikoreiche Kapitalanlagen erfolgen, da durch gesteigerte Gewinne eine Prämienvergünstigung möglich wäre und dies wiederum bessere Werbemöglichkeiten zur Folge hätte.[694]

Der fünfte Aspekt betrifft die gesamtwirtschaftlichen Auswirkungen des Versicherungswesens auf den Staat im Falle eines Marktversagens und einer damit verbundenen Hilfe- bzw. Interventionsmaßnahme durch diesen.[695]

Der sechste und letzte Aspekt betrifft die schiedsrichterliche Aufgabenfunktion des Staates durch die Versicherungsaufsicht in Fällen, in denen

---

[688] *Mahr*, Einführung in die Versicherungswirtschaft, S. 382.
[689] Vgl. *Mahr*, Einführung in die Versicherungswirtschaft, S. 382.
[690] *Mahr*, Einführung in die Versicherungswirtschaft, S. 383.
[691] *Mahr*, Einführung in die Versicherungswirtschaft, S. 383.
[692] *Mahr*, Einführung in die Versicherungswirtschaft, S. 383.
[693] *Mahr*, Einführung in die Versicherungswirtschaft, S. 384.
[694] *Mahr*, Einführung in die Versicherungswirtschaft, S. 384.
[695] *Mahr*, Einführung in die Versicherungswirtschaft, S. 385.

sich Privat- und Sozialversicherung überschneiden und dabei in Konflikt miteinander geraten.[696]

hh) Modifizierte Kombinationstheorie

Ein weiterer Ansatz besteht in der Kombination aus Schutz- und Institutionsschutztheorie, um die Schwächen der jeweiligen (Einzel-)Theorie auszugleichen.[697] Die Schutztheorie verstärkt die Institutionsschutztheorie im Hinblick auf das Ziel gemäß § 294 Abs. 1 VAG und diese wiederum erweitert die Schutztheorie in Bezug auf den Institutionenschutz und den Schutz der Versicherungsunternehmen.[698] Im Kollisionsfall ist allerdings dem Schutz der Versicherungsnehmer der Vorrang zu gewähren.[699]

b) Kritische Betrachtungen

aa) Nachhaltigkeit und allgemeinpolitische Anliegen

Es zeigt sich, dass sämtliche vertretenen Theorien zur Zielsetzung des VAG – mit Ausnahme der von *Stein* vertretenen Funktionsschutztheorie – den Schutz vor spezifischen Gefahren des Versicherungssektors zum Gegenstand haben. Das Verfolgen von Nachhaltigkeit und anderen allgemeinpolitischen Anliegen ist dagegen kein Ziel der Versicherungsaufsicht.

In Anbetracht der gegenwärtigen geopolitischen Lage[700] könnte in Zukunft zu den von den Aufsichtsbehörden in den Blick zu nehmenden politischen Anliegen z.B. das sog. *Reshoring* gehören, welches auf eine Rückverlagerung von Produktionsprozessen und Dienstleistungstätigkeiten in den „heimischen" Staat zielt[701]. Gleichermaßen könnten von Versicherungsunternehmen gehaltene Beteiligungen an Unternehmen in menschenrechtlich problematischen

---

696 *Mahr*, Einführung in die Versicherungswirtschaft, S. 385 f.

697 *Bähr*, Das Generalklausel- und Aufsichtssystem des VAG im Strukturwandel, S. 85 f.; *Böffel*, ZVersWiss 107 (2018), 333, 354 m.w.N.; *Böffel*, Versicherungskonzernrecht, S. 11; *Winter*, ZVersWiss 94 (2005), 105, 143 f.; *Winter*, Versicherungsaufsichtsrecht, S. 75, 83 f.

698 *Böffel*, ZVersWiss 107 (2018), 333, 354.

699 Dazu ausführlich *Böffel*, ZVersWiss 107 (2018), 333, 354 ff.

700 S. zur geopolitischen Lage mit Blick auf China knapp *Seibt*, AG 2022, 833 ff.

701 Zum Begriff Cambridge Dictionary, Stichwort: Reshoring (abrufbar unter: https://dictionary.cambridge.org/de/worterbuch/englisch/reshoring; letzter Zugriff: 20.9.2025); ähnliche Definition bei *Kempa*, in: Görres-Gesellschaft, Staatslexikon, Bd. 6, Stichwort: Weltwirtschaft; beim sog. „*Friendshoring*" sollen Wirtschaftsaktivitäten nur in

Ländern in den Blick geraten oder die von solchen Ländern durch Staatsfonds gehaltenen Beteiligungen an inländischen Unternehmen.[702]

Die Implementierung solcher Ziele würde die Versicherungsaufsicht von ihrem ursprünglichen Schutzzweck entfernen und sie zur Erfüllung systemfremder Ziele verpflichten.[703] Die Folge wäre außerdem eine Politisierung der Versicherungsaufsicht.

Es ist die originäre Aufgabe des nationalen Gesetzgebers bzw. europäischen Normgebers – nicht der Aufsichtsbehörden –, Nachhaltigkeit und andere politische Anliegen zu verfolgen bzw. sich für deren Verwirklichung einzusetzen.[704] Hierzu können die Akteure zwar neue gesetzliche Vorgaben erlassen oder bestehende Regelungen ändern, aber mit Blick auf die Verfolgung von nachhaltigkeitsbezogenen Anliegen sollte dies bspw. durch Ge- bzw. Verbote, Subventionen oder steuerliche Anreizsetzung[705] erfolgen – nicht durch die „Indienstnahme" des Aufsichtsrechts[706].

„befreundeten" demokratischen Staaten stattfinden; s. etwa *Sauga*, DER SPIEGEL 48/2023, S. 72 f.

702 Hierzu aus Sicht von deutschen Unternehmen unter dem Gesichtspunkt des *De-Risking* am Beispiel von Katar *Liebscher*, BKR 2023, 786 f.

703 Plastisch *Langheid*, FS Schimikowski, 2023, 189, 197: Was haben der *Europäische Grüne Deal* und die siebzehn Ziele für eine nachhaltige Entwicklung der UN mit dem Schutz der Versicherten vor einer unzureichenden Kapitalausstattung ihres Versicherers zu tun?

704 So auch die Selbsteinschätzung der BaFin, Sustainable-Finance-Strategie der BaFin (abrufbar unter: https://www.bafin.de/DE/DieBaFin/Sustainable_Finance_Strategie/SF_Strategie_artikel.html;jsessionid=D88B7725E865D94C8862155B5CB00EE3.internet961?nn=19692320; letzter Zugriff: 20.9.2025); s. auch *Schaefer*, ESGZ 11–12/2023, 55; hierzu im Bereich des Bankenrechts *Dietz*, EuR 2022, 443, 459; *Kaufhold*, FS Streinz, 2023, 177, 186.

705 S. zu möglichen Instrumenten im Bereich des Klimaschutzes instruktiv *Schön*, ZfPW 2022, 207, 222 f.

706 Nach *Dreher*, VersR 2023, 137, 148 bleibt im Rahmen des Reviews zur Solva-II-RL das Problem der „Indienstnahme von Versicherungsunternehmen […] für politische Ziele" unerwähnt; krit. hierzu anschließend *Dreher*, VersR 2023, 137, 158; ebenso *Langheid*, FS Schimikowski, 2023, 189, 196 f.; eine „*Guided Transition*" im Bereich des Bankenaufsichtsrechts dagegen grundsätzlich befürwortend *Smoleńska/van't Klooster*, J. Financ. Regul. 8 (2022), 51, 69 ff.; krit. indes *Schäfer*, ESGZ 1/2024, 46, 48; eine ähnlich gelagerte Diskussion findet im Bereich des Gesellschaftsrechts statt; dazu etwa *Bachmann*, ZHR 187 (2023), 166, 175 ff.; *Fleischer*, ZGR 2022, 466, 477 ff.; *Krause*, ZHR

Nachhaltigkeit oder andere politische Anliegen sollten im Ergebnis nicht als Ziele der Versicherungsaufsicht implementiert werden, damit sich die Aufsichtsbehörden auf ihre Hauptaufgabe – die Abwehr und Verhütung von versicherungsspezifischen Gefahren – fokussieren können.[707]

bb) Förderung von Nachhaltigkeit

Die bisher erfolgte Umsetzung der nachhaltigkeitsbezogenen Regulierung ist vor dem Hintergrund des *Aktionsplans: Finanzierung nachhaltigen Wachstums* und des *Europäischen Grünen Deals* zu sehen.[708] Die EU-Kommission hat das Ziel ausgerufen, möglichst viel privates Kapital in nachhaltige Unternehmen bzw. Projekte zu lenken.[709] In diesem Sinne wird der Begriff Förderung von Nachhaltigkeit verwendet.

Das Versicherungsaufsichtsrecht hat nach gegenwärtigem Regelungsstand nicht die Zielsetzung, eine staatlich orchestrierte Lenkung der Versicherungswirtschaft zu betreiben.[710] Es soll hervorgehoben werden, dass die Förderung von Nachhaltigkeit damit *de lege lata* kein Aufsichtsziel des VAG darstellt.[711] Ein solches Ziel ist auch von der Solva-II-RL nicht vorgegeben.

Es stellt sich hieran anschließend die Frage, ob die Implementierung der Förderung von Nachhaltigkeit als Aufsichtsziel im Versicherungsaufsichtsrecht *de lege ferenda* ratsam wäre.

Der europäische Normgeber wäre grundsätzlich frei, die Zielsetzung der Richtlinie entsprechend zu ändern.[712] Der europäische Normgeber müsste

---

187 (2023), 581, 588 f.; *Spießhofer*, in: VGR, Gesellschaftsrecht in der Diskussion 2016, 61 ff.

707 *Bopp/Weber*, Wpg 2020, 899, 902 sehen im Bereich der Bankenaufsicht keine Bedenken, den Aufsichtsbehörden nachhaltigkeitsbezogene Ziele zuzuweisen; krit. hingegen *Schäfer*, ESGZ 1/2024, 46, 50.

708 Diese Regulierung führt zu einem „Paradigmenwechsel" im Finanzmarktrecht; *Kaufhold*, FS Streinz, 2023, 177, 178.

709 Dazu schon Teil 2.I.1.d).

710 Vgl. *Brand*, in: Brand/Baroch Castellvi, HK-VAG, Einf. Rn. 5; *Bürkle*, in: Kaulbach/Bähr/Pohlmann, VAG, Einl. Rn. 2; *Schüffner/Franck*, in: Sodan, KrankenVersR-HdB, § 47 Rn. 55a.

711 So generell zu finanzmarktaufsichtsrechtlichen Vorschriften *Brellochs*, ZHR 185 (2021), 319, 330.

712 Der EuGH, Urt. v. 8.6.2010, *Vodafone u.a.*, Rs. C-58/08, ECLI:EU:C:2010:321 = EuZW 2010, 539, 541, Rn. 52 m.w.N. zur vorangegangenen Rspr. billigt dem Normgeber

festlegen, ob die Förderung von Nachhaltigkeit als Hauptziel oder Nebenziel in der Solva-II-RL ausgestaltet wird. Mit der Änderung der Zielsetzung der Richtlinie könnte der Normgeber als konkrete Maßnahme Vorgaben zu den Kapitalanlagen verbinden. Art. 133 Solva-II-RL (Anlagefreiheit) könnte dahingehend geändert werden, dass die Anlage von Vermögen nur zulässig ist, soweit das Anlageziel nachhaltigkeitsbezogenen Vorgaben entspricht.

Die Einführung der Förderung von Nachhaltigkeit als selbstständiges Ziel, welches die Lenkung von Kapitalströmen intendiert, wäre ein systemfremdes Ziel. Das Versicherungsaufsichtsrecht entstammt nämlich dem Gefahrenabwehrrecht[713] und erfüllt hauptsächlich eine Schutzfunktion[714], d.h. als Hauptziel dem Schutz der Versicherungsnehmer zu dienen[715].

Grundsätzlich problematisch an dieser Zielsetzung ist, dass die vom Normgeber beabsichtigte Lenkungswirkung zu einer Fehlallokation von Kapital führen kann, mit dem Ergebnis, dass sich „Blasen“ bilden und diese eine erhebliche Gefährdung des Hauptziels der Versicherungsaufsicht darstellen.[716] Aus dem Platzen einer solchen „Blase“ können sich für die Versicherungsunternehmen schwere wirtschaftliche Verwerfungen ergeben, die zur Folge haben können, dass diese ihre Verpflichtungen aus den Versicherungsverträgen gegenüber den Versicherungsnehmern nicht mehr erfüllen können. Die Möglichkeit einer solchen Beeinträchtigung der Solvabilität lässt sich vor dem Hauptziel der Versicherungsaufsicht nicht rechtfertigen. Dagegen spricht auch die Schutzpflicht des europäischen Normgebers, der das durch

---

ein weitreichendes Ermessen in Bereichen zu, in denen politische, wirtschaftliche und soziale Entscheidungen zu treffen sind und komplexe Prüfungen und Beurteilungen vorgenommen werden müssen; ebenso *Gundel*, ZHR 180 (2016), 323, 357 im Hinblick auf den „weiten Gestaltungsspielraum des Gesetzgebers für wirtschaftsregulierende Eingriffe“; so auch *Brellochs*, ZHR 185 (2021), 319, 361 in Bezug auf das Gesellschaftsrecht.

713 Hierzu Teil 3.I.1.a).

714 S. zum Schutzbezug der vertretenen Theorien schon Teil 3.I.2.b)aa).

715 Zur hier vertretenen Auffassung Teil 3.I.2.c).

716 *Winter/Hafner*, DB 2022 Beil. 2, 59, 62; krit. auch *Dreher*, VersR 2023, 137, 148; in diese Richtung schon *Hufeld*, RdF 2019, 177; im Bereich des Bankenaufsichtsrechts *Böffel/Schürger*, in: Böffel/Schürger, Digitalisation, Sustainability, and the BMU and CMU, 229, 245; zum Phänomen des „Herdenverhaltens“ *Kaufhold*, Systemaufsicht, S. 54 ff.

Art. 17 Abs. 1 GRC[717] garantierte Eigentumsrecht der Versicherungsnehmer zu schützen hat.[718]

Im Ergebnis verbietet es sich daher, die Förderung der Nachhaltigkeit neben dem Schutz der Versicherungsnehmer als Hauptziel der Versicherungsaufsicht zu statuieren.

Es wäre zu überlegen, ob der europäische Normgeber die Förderung von Nachhaltigkeit als Nebenziel in der Solva-II-RL installieren könnte. Die Solva-II-RL kennt neben dem Hauptziel auch Nebenziele.[719] Diese Nebenziele haben allerdings im Wesentlichen ebenso wie das Hauptziel eine Schutzfunktion. Die Stabilität des Versicherungswesens als Nebenziel der Solva-II-RL[720] kann durch die Förderung von Nachhaltigkeit als parallel zu verwirklichendes Ziel beeinträchtigt werden[721] und ist daher hiermit nicht in Einklang zu bringen. Die Förderung von Nachhaltigkeit als Nebenziel würde außerdem eine Lenkungsfunktion in der Solva-II-RL implementieren und damit dem bisherigen Aufsichtssystem eine Aufgabe zuweisen, welche diesem nicht zukommt.

Im Ergebnis lässt sich festhalten, dass das Ziel der Förderung von Nachhaltigkeit nicht als Nebenziel in die Solva-II-RL aufgenommen werden darf.

Der Normgeber muss ebenso davon absehen, steuernde nachhaltigkeitsbezogene Vorgaben im Bereich der Kapitalanlagevorschrift zu implementieren. Art. 16 GRC umfasst die Freiheit, über Investitionen zu entscheiden.[722] In

---

717 Charta der Grundrechte der Europäischen Union v. 12.12.2007, ABl. 2007 C 303, S. 1; s. zum Grundrechtsschutz auch Teil 3.II.1.

718 Hierzu *Bernsdorff*, in: Meyer/Hölscheidt, NK-GRC, Art. 17 Rn. 17; zur Schutzpflicht der Legislative unter Verweis auf die Rspr. des EGMR *Cremer*, in: Grabenwarter, EnzEuR, Bd. 2, § 3 Rn. 80; zur Schutzfunktion der Grundrechte allgemein *Kingreen*, in: Calliess/Ruffert, EUV AEUV, Art. 51 GRC Rn. 32 ff.; zu den Schutzpflichten des deutschen Gesetzgebers gegenüber den Versicherungsnehmern s. BVerfG, Urt. v. 26.7.2005, 1 BvR 782/94 und 1 BvR 957/96 (*Lebensversicherung I*), BVerfGE 114, 1, 42 ff.

719 Dazu knapp Teil 3.I.2.c); s. etwa auch *Dreher*, in: Dreher, VAG, Einl. Rn. 10 ff.; *Schäfers*, in: Erdmann/Diehl/Schradin, BeckOK VAG, § 294 Rn. 2.

720 S. dazu Teil 3.I.2.c).

721 Krit. hierzu im Bereich des Bankenaufsichtsrechts *Binder*, EBI Working Paper Series 2022 – No. 131, S. 22 f. (abrufbar unter: https://papers.ssrn.com/sol3/papers.cfm?abstract_id=4276702; letzter Zugriff: 20.9.2025).

722 *Frenz*, GewArch 2009, 427, 429; vor der Geltung der GRC wurde die Investitionsfreiheit dem „gemeinschaftsrechtlichen Eigentumsgrundrecht“ zugeordnet; s. dazu *Schmidt-Preuß*, EuR 2006, 463, 467.

einem marktwirtschaftlich geprägten Umfeld tragen Versicherungsunternehmen die Verantwortung, innerhalb des rechtlich vorgesehenen Rahmens selbstständig zu entscheiden, wie eingesammeltes Kapital reinvestiert wird. Dieser der Anlagefreiheit innewohnende Gedanke[723] würde durch einschränkende regulatorische Vorgaben durchkreuzt und sich in Widerspruch zur Konzeption der Solva-II-RL setzen, die dem Rechtsanwender aufgrund des prinzipienorientierten Ansatzes mehr Spielraum belässt[724].

Schließlich kann die Konzentration von Kapital in nachhaltigen Anlagen der Gefahr von „Blasenbildung“ Vorschub leisten und eine solche Gefahr ist mit der Sicherheit als wichtigstem Anlageziel[725] unvereinbar. Der Sicherheitsaspekt ist vor dem Hintergrund der Erfüllbarkeit der Versicherungsverträge zu sehen[726] und damit beschränken auch hier die Schutzpflichten des Normgebers mit Blick auf Art. 17 Abs. 1 GRC die Ausgestaltung der Anlagefreiheit.

cc) Nachhaltigkeitsrisiken

Mit der Änderung der Solva-II-VO im Jahr 2021 wurde der Begriff Nachhaltigkeitsrisiko im Versicherungsaufsichtsrecht definiert und an verschiedenen Stellen implementiert.[727] Es soll nachfolgend untersucht werden, ob diese Umsetzung in den einzelnen Vorschriften mit der Konzeption der Aufsichtsziele – sektorspezifische Gefahren abzuwehren – vereinbar ist.

Es ist zunächst festzuhalten, dass Nachhaltigkeitsrisiken keine eigene Risikoart darstellen, sondern in die bestehenden Risikokategorien eingeordnet werden können.[728]

Die BaFin sieht Nachhaltigkeitsrisiken darüber hinaus im Zusammenhang mit Reputationsrisiken.[729] Zwar kann Nachhaltigkeitsrisiken als

---

[723] S. auch *Lipowsky*, in: Dreher, VAG, § 124 Rn. 11; *Schnepp*, in: Erdmann/Diehl/Schradin, BeckOK VAG, § 124 Rn. 11.

[724] *Winter*, in: Brand/Baroch Castellvi, HK-VAG, § 124 Rn. 5.

[725] *Lemmer*, in: Kaulbach/Bähr/Pohlmann, VAG, § 124 Rn. 19.

[726] *Winter*, in: Brand/Baroch Castellvi, HK-VAG, § 124 Rn. 4.

[727] S. dazu schon Teil 2.II.1.a).

[728] *Böffel/Schürger*, in: Böffel/Schürger, Digitalisation, Sustainability, and the BMU and CMU, 229, 248; *Bürkle*, VersR 2022, 401, 407; *Fritz*, WM 2025, 1213, 1218, Rn. 18; *Funke/Rohlfs*, Risikomanagement im Versicherungsunternehmen, S. 140; *Hasse*, in: Dreher/Wandt, Nachhaltigkeit und Versicherungsaufsicht, 13, 51; so auch die Auffassung der BaFin; dazu bereits Teil 2.II.1.a)ii)(1).

[729] Dazu schon Teil 2.II.1.a)ii)(1).

Reputationsrisiko außerhalb des operationalen Risikos eine selbstständige Bedeutung zukommen, allerdings fließt dieses nicht in die Berechnung der Eigenmittelanforderungen ein.[730] Es fehlt nämlich an der Möglichkeit der Quantifizierung des Risikos.[731] Schließlich sind Reputationsrisiken die Konsequenz eines vorangegangenen fehlerhaften Verhaltens und damit keine eigenständige Risikokategorie.[732] Im Ergebnis sind daher Nachhaltigkeitsrisiken nicht als Reputationsrisiken einzuordnen.[733]

Nachhaltigkeitsrisiken, die sich verwirklichen, können negative Auswirkungen auf die Solvabilität von Versicherungsunternehmen haben. Im Bereich Umwelt können bspw. klimabezogene Risiken negative Auswirkungen auf den Wert von Vermögen, wie etwa Immobilien, haben und damit insgesamt die finanzielle Situation der Versicherungsunternehmen negativ beeinflussen.[734] Ebenso kann der wirtschaftliche Wandel hin zu CO_2-armer Produktion dazu führen, dass eine Beteiligung an einem CO_2-intensiven Unternehmen aufgrund von geringerer Nachfrage im Wert sinkt.[735] Eine Beeinträchtigung der Solvabilität kann auch dadurch verursacht werden, dass Nachhaltigkeitsrisiken bei der Prämienkalkulation nicht ausreichend Rechnung getragen wird, etwa wenn vermehrt auftretende Naturkatastrophen, die mit größeren Schäden verbunden sind, nicht eingepreist sind, und ein Versicherungsunternehmen im Schadensfall anschließend höhere Zahlungen leisten muss.[736]

---

730 *Hasse*, in: Dreher/Wandt, Nachhaltigkeit und Versicherungsaufsicht, 13, 35 f.

731 *Bürkle*, VersR 2022, 401, 407.

732 *Bürkle*, VersR 2022, 401, 407.

733 So auch *Bürkle*, VersR 2022, 401, 407; *Hasse*, in: Dreher/Wandt, Nachhaltigkeit und Versicherungsaufsicht, 13, 36; anders dagegen *Böffel/Schürger*, in: Böffel/Schürger, Digitalisation, Sustainability, and the BMU and CMU, 229, 248; *Pickartz*, ESGZ 2/2022, 33, 34.

734 *Pickartz*, ESGZ 2/2022, 33, 34; s. auch *Gründl/Kraft*, VW 3/2022, 76, 78; ähnlich *Dietz*, EuR 2022, 443, 451 m.w.N. mit Blick auf den Bankensektor; dazu auch *Kaufhold*, in: Augsberg/Schuppert, Wissen und Recht, 289, 316 f.

735 Man spricht von *„stranded assets"*, wenn ein Wertverlust aufgrund von Änderungen in Politik, Wirtschaft, Regulierung o.ä. droht; dazu etwa *Nietsch*, CCZ 2023, 61, 67.

736 S. dazu *Böffel/Schürger*, in: Böffel/Schürger, Digitalisation, Sustainability, and the BMU and CMU, 229, 268 f.; speziell mit Blick auf den Klimawandel *Batsaikhan/Heep-Altiner/Fischer/Schulz/Wenzel*, in: Heep-Altiner/Rohlfs/Berg/Schmidt, Klima- und Nachhaltigkeitsrisiken für die Versicherungswirtschaft, Kap. 3, S. 108.

Diese negativen Auswirkungen wiederum können dazu führen, dass die Versicherungsunternehmen ihre vertraglichen Verpflichtungen gegenüber den Versicherungsnehmern (auf Dauer) nicht mehr erfüllen können. Der Eintritt eines solchen Ereignisses würde dem Hauptziel der Versicherungsaufsicht – dem Schutz der Versicherungsnehmer – diametral entgegenstehen.[737]

Wenn sich solche Nachhaltigkeitsrisiken in einer Vielzahl von Fällen verwirklichen, kann dies über die Betroffenheit der Versicherungsnehmer hinaus auch eine erhebliche Auswirkung auf eine große Anzahl an Versicherungsunternehmen haben, und folglich auch die Funktionsfähigkeit des Versicherungswesens als Ganzes bedrohen.[738]

Das Risikomanagement dient im Wesentlichen der Identifizierung von „bestandsgefährdenden Risiken"[739] und hat damit den Bestand des Unternehmens und die Erfüllbarkeit der Verträge mit den Versicherungsnehmern zum Gegenstand[740]. Nachhaltigkeitsrisiken können – wie vormals erläutert – die Erfüllbarkeit der Verträge und somit auch den Schutz der Versicherungsnehmer beeinträchtigen. Es ist daher mit den Aufsichtszielen vereinbar, Nachhaltigkeitsrisiken im Bereich des Risikomanagements, insbesondere bei der Zeichnungspolitik, zu berücksichtigen.

Gleichermaßen mit den Aufsichtszielen zu vereinbaren ist die Berücksichtigung von Nachhaltigkeitsrisiken im Bereich der versicherungsmathematischen Funktion – die der Erfüllbarkeit der Versicherungsverträge und damit auch dem Schutz der Versicherungsnehmer dient –[741], da sich diese Risiken auf die Prämienkalkulation und die Berechnung der Rückstellungen auswirken[742].

---

737 S. gleich zur hier vertretenen Auffassung Teil 3.I.2.c).

738 Ähnlich auch *Bopp/Weber*, Sustainable Finance, S. 58 im Bankenaufsichtsrecht; zu systemischen Risiken im Versicherungssektor s. *Balz*, FS v. Fürstenwerth, 2020, 11, 14; zu den Auswirkungen solcher Risiken auf das gesamte Finanzsystem *Haenle*, in: Heithecker, Nachhaltige Finanzwirtschaft, Rn. 95 ff.

739 *Pelzer*, in: Gründl/Kraft, Solvency II, S. 103.

740 *Pelzer*, in: Gründl/Kraft, Solvency II, S. 98; *Pohlmann*, in: Kaulbach/Bähr/Pohlmann, VAG, § 26 Rn. 6; s. auch *Michael/Weckmann*, in: Erdmann/Diehl/Schradin, BeckOK VAG, § 26 Rn. 72.

741 *Dreher*, in: Dreher, VAG, § 31 Rn. 7 f.; *Waclawik*, in: Halm/Engelbrecht/Krahe, FA-VersR, Kap. 5 Rn. 138 f.

742 *Holtmann/Langsdorf/Rohlfs*, in: Heep-Altiner/Rohlfs/Berg/Schmidt, Klima- und Nachhaltigkeitsrisiken für die Versicherungswirtschaft, Kap. 4, S. 171.

Auch die Anlagegrundsätze dienen der Erfüllbarkeit der Versicherungsverträge[743] und damit ist es auch mit den Aufsichtszielen vereinbar, wenn Nachhaltigkeitsrisiken, die die Erfüllbarkeit der Verträge und damit den Schutz der Versicherungsnehmer tangieren können, berücksichtigt werden.[744]

Die Vergütungsvorgaben, die eine Erklärung zur Berücksichtigung von Nachhaltigkeitsrisiken enthalten müssen, haben primär den Zweck, einer verfehlten Anreizstruktur, also kurzfristigen Kenngrößen, entgegenzuwirken und stattdessen die Vergütung am langfristigen Unternehmenserfolg auszurichten.[745] Der europäische Normgeber betont mit Blick auf die Vorgaben zur Vergütung in der Solva-II-VO die Verhinderung der Untergrabung eines wirksamen Risikomanagements sowie der Förderung von übermäßiger Risikobereitschaft.[746] Zwar dient die vorgenannte Zielsetzung auch dem Schutz der Versicherungsnehmer[747], aber es ist auch nicht zu verkennen, dass den Vergütungsparametern ein „steuernder" Effekt zukommt[748].

Aufgrund der aufgezeigten möglichen negativen Auswirkungen von Nachhaltigkeitsrisiken auf Versicherungsunternehmen sind Angaben zur Berücksichtigung von Nachhaltigkeitsrisiken in den Vorgaben zur Vergütung mit dem Schutzzweck der Vergütungsvorgaben vereinbar. Dagegen wäre die Implementierung von verpflichtenden Nachhaltigkeitsfaktoren in den Vergütungsvorgaben unvereinbar mit dem Schutz der Versicherungsnehmer, da

---

743 *Winter*, in: Brand/Baroch Castellvi, HK-VAG, § 124 Rn. 4.

744 S. zu möglichen klimawandelbezogenen Risiken für Kapitalanlagen *Batsaikhan/Heep-Altiner/Fischer/Schulz/Wenzel*, in: Heep-Altiner/Rohlfs/Berg/Schmidt, Klima- und Nachhaltigkeitsrisiken für die Versicherungswirtschaft, Kap. 3, S. 109.

745 *Dreher*, in: Dreher, VAG, § 25 Rn. 22; *Schlierenkämper*, in: Brand/Baroch Castellvi, HK-VAG, § 25 Rn. 1; ebenso *Böffel*, BKR 2021, 549, 552 f. mit einem vergleichenden Blick auf das Bankenaufsichtsrecht.

746 ErwG 102 zur Solva-II-VO.

747 *Dreher/Gerigk*, WM 2018, 1433, 1435; der EuGH, Urt. v. 1.8.2020, *HOLD Alapkezelő*, Rs. C-352/20, ECLI:EU:C:2022:606 = EuZW 2022, 900, 902 f., Rn. 52 erkennt im Banken- und Kapitalmarktrecht an, dass Vergütungsvorgaben den Zielen der jeweiligen Richtlinien, d.h. dem Anlegerschutz und der Stabilität des Finanzsystems, dienen.

748 *Böffel*, in: Erdmann/Diehl/Schradin, BeckOK VAG, § 25 Rn. 40b; *Needham/Schildhauer/Müller*, DK 2021, 155 sprechen von einem „Anreizmechanismus"; ähnlich auch *Gerigk*, Die Organvergütung von Versicherungsunternehmen nach Solvency II, S. 239 f.

solche Vorgaben lediglich eine lenkende Wirkung erzielen sollen und keine Schutzfunktion erfüllen.[749]

Die Implementierung von Nachhaltigkeitsrisiken in den Vorschriften der Solva-II-VO ist mithin mit den Zielen der Versicherungsaufsicht vereinbar und diesen zuträglich.[750] Mit der Umsetzung erfüllt der Normgeber zudem seine eigentumsrechtliche Schutzpflicht (Art. 17 Abs. 1 GRC) in Bezug auf die Versicherungsnehmer, damit die Aufsichtsbehörden diesen Risiken effektiv begegnen können.

c) Stellungnahme zur Zielsetzung

Nachdem verschiedene nachhaltigkeitsbezogene Ziele im Hinblick auf die Vereinbarkeit mit den bestehenden Aufsichtszielen untersucht wurden, soll nachfolgend zur umstrittenen Frage der Aufsichtsziele des Versicherungsaufsichtsrechts Stellung bezogen werden.

Der Gefahrentheorie ist entgegenzutreten; diese greift zu kurz und vernachlässigt das Schutzinteresse der Versicherungsnehmer, da ein Eingreifen erst bei Vorliegen einer Gefahr möglich ist.[751] Auch widerspricht die Theorie dem Schutzzweck aus § 294 Abs. 1 VAG und der Generalklausel gemäß § 298 Abs. 1 S. 1 VAG, wonach die Aufsichtsbehörde alle Maßnahmen ergreifen kann, um Missstände zu vermeiden. Dem Wortlaut der vorgenannten Vorschrift lässt sich entnehmen, dass diese auch präventiv tätig werden kann.

Die Schutztheorie lässt sich mit dem Wortlaut von § 294 Abs. 1 VAG, der Systematik des VAG und der Gesetzeshistorie begründen.[752] Auch die Solva-II-RL kann als Argument angeführt werden, wonach gemäß

---

[749] *Louven*, in: Looschelders/Michael, Düsseldorfer Vorträge zum Versicherungsrecht 2022, 35, 55 bezeichnet die auf Nachhaltigkeit ausgerichtete Vergütungspolitik im Zusammenspiel mit der Nachhaltigkeitsberichterstattung als eine der „wirkmächtigsten Treiber der Transformation".

[750] S. auch *Fritz*, WM 2025, 1213, 1222, Rn. 34, wonach sich Nachhaltigkeitsrisiken „ohne weiteres" in das aufsichtsrechtliche Konzept einfügen; hierzu knapp im Bereich des Bankenaufsichtsrechts *Böffel/Schürger*, in: Böffel/Schürger, Digitalisation, Sustainability, and the BMU and CMU, 229, 245; generell zum Finanzaufsichtsrecht mit Blick auf Klimarisiken *Kaufhold*, in: Burgi/Habersack, Unternehmens ÖffR-HdB, § 14 Rn. 15.

[751] Zu diesem und weiteren Aspekten *Böffel*, ZVersWiss 107 (2018), 333, 345.

[752] Ausführlich dazu *Böffel*, ZVersWiss 107 (2018), 333, 349 f.

Erwägungsgrund 16 S. 3 zur Solva-II-RL der Schutz der Versicherten und der Begünstigten ein „vorrangiges Ziel" darstellen.[753] Allerdings spricht gegen diese Theorie, dass die Interessen der Versicherungsunternehmen und die Stabilität des Versicherungswesens nicht hinreichend berücksichtigt werden.[754] Weiter kann die Theorie die Vorschriften zur Solvabilitätskontrolle gemäß §§ 74 ff. VAG, § 294 Abs. 4 VAG, die Vorschriften zur Inhaberkontrolle nach § 16 ff. VAG sowie die Geldwäschevorschriften zur Terrorismusprävention gemäß § 52 ff. VAG nicht begründen, da diese in keinem unmittelbaren Zusammenhang zum Schutz der Versicherungsnehmer stehen.[755] Diese Theorie erweist sich damit als lückenhaft.[756]

Die Strukturtheorie kann dahingehend überzeugen, dass das Versicherungswesen aufgrund der oben beschriebenen Eigenheiten einer besonderen Aufsicht bedarf.[757] Allerdings ist diese Theorie der Kritik ausgesetzt, da sich keine Stütze im Gesetz für sie finden lässt.[758] Gegen diese Theorie spricht entscheidend, dass sie die Interessen der Versicherungsnehmer im Konfliktfall hinter dem Funktionieren der Versicherungswirtschaft zurücktreten lässt und sich so in Widerspruch zu dem Hauptziel gemäß § 294 Abs. 1 VAG setzt.[759] Diese kann mit Blick auf die geltende Rechtslage nicht überzeugen.

Der Funktionsschutztheorie ist entgegenzuhalten, dass sie den Gesetzeszweck anhand von wirtschaftswissenschaftlichen Erkenntnissen bzw. vom jeweiligen Stand der Wirtschaftswissenschaften bestimmen will und damit dogmatische Rechtsbegriffe von den vorgenannten Faktoren abhängig sind.[760] Dies widerspricht kategorial der Auslegung von Gesetzen. Ebenso gerät diese

---

[753] Hierauf verweist auch *Böffel*, ZVersWiss 107 (2018), 333, 350.

[754] *Böffel*, ZVersWiss 107 (2018), 333, 350.

[755] *Böffel*, ZVersWiss 107 (2018), 333, 350.

[756] *Böffel*, ZVersWiss 107 (2018), 333, 350 spricht von einem „Reichweitenproblem".

[757] Ähnlich auch *Böffel*, ZVersWiss 107 (2018), 333, 345.

[758] *Wessels*, Gedanken zu einer Reform des Versicherungsaufsichtsrechts, S. 53.

[759] *Böffel*, ZVersWiss 107 (2018), 333, 346 m.w.N.; so auch schon zum VAG a.F. *Angerer*, Grundlinien der Versicherungsaufsicht, S. 13 m.w.N.

[760] *Gröschner*, Das Überwachungsrechtsverhältnis, S. 53; *Böffel*, ZVersWiss 107 (2018), 333, 346 spricht von einem Definitionsdeterminismus fern jeglicher Normen nach wirtschaftlichen Maßstäben.

Theorie in Konflikt mit dem Demokratieprinzip[761], wenn der Gesetzeszweck durch die Wirtschaft und nicht durch das Recht bestimmt wird[762].

Die Institutionsschutztheorie kann zunächst in Bezug auf den Schutz des Funktionierens des Versicherungswesens überzeugen; zum einen haben bereits die Gesetzesmaterialien zum VAG von 1901 diesen Aspekt im Blick[763] und zum anderen ist die Stabilität der Finanzsysteme als (Neben-)Ziel unter dem Solvabilität-II-System verankert[764]. Allerdings kann die Theorie insoweit nicht überzeugen, als sie zwar die Interessen der Versicherungsnehmer berücksichtigt, aber nur nachrangig gegenüber dem Institutionsschutz.[765] Dies steht im Widerspruch zu § 294 Abs. 1 VAG als Hauptziel der Versicherungsaufsicht.[766]

Der Sozialstaatlichen Theorie kann nicht gefolgt werden, da sie den sozialstaatlichen Aspekt der Privatversicherung überzeichnet[767], die Trennung zwischen Privat- und Sozialversicherung verwischt[768] und in verfassungsrechtlich bedenklicher Weise zu lenkungspolitischen Maßnahmen führen könnte[769].

Die Mehrzwecktheorie ist im Ergebnis so allgemein gehalten, dass sie in Bezug auf den konkreten Gesetzeszweck nicht weiterhelfen kann,[770] und daher abzulehnen ist.

Zu folgen ist der Modifizierten Kombinationstheorie, wonach die primären Ziele des Gesetzes im Schutz der Versicherungsnehmer und der Erhaltung der Funktionsfähigkeit des Versicherungswesens bestehen. Hierzu soll diese weiter argumentativ untermauert werden.[771]

---

761 In diese Richtung *Böffel*, ZVersWiss 107 (2018), 333, 346.

762 *Gröschner*, Das Überwachungsrechtsverhältnis, S. 55: „Verdrängung des Rechts durch die Wirtschaft".

763 Diese ist abgedruckt in *Langheid/Goergen*, in: Langheid/Wandt, MüKo VVG, Bd. 3, Kap. 25 Rn. 18: „Maßgebend ist […] einerseits die Rücksicht auf die große wirtschaftliche, soziale und ethische Bedeutung des Versicherungswesens, […]".

764 *Wandt/Sehrbrock*, FS Schneider, 2011, 1395, 1399.

765 *Böffel*, ZVersWiss 107 (2018), 333, 352.

766 *Wandt*, VersR, Rn. 71; ebenso *Wandt/Sehrbrock*, FS Schneider, 2011, 1395, 1404.

767 *Michaels*, Staatsaufsicht, S. 51 ff.

768 *Michaels*, Staatsaufsicht, S. 53.

769 *Bähr*, Das Generalklausel- und Aufsichtssystem des VAG im Strukturwandel, S. 84.

770 *Michaels*, Staatsaufsicht, S. 50 spricht von einer fehlenden einheitlichen Gesamtkonzeption.

771 S. zur Begründung der Theorie schon Böffel, ZVersWiss 107 (2018), 333, 354.

Das Hauptziel des Versicherungsaufsichtsrechts ist gemäß § 294 Abs. 1 VAG der Schutz der Versicherungsnehmer und der Begünstigten von Versicherungsleistungen. Diese Vorschrift dient der Umsetzung von Art. 27 Solva-II-RL und sie entspricht den Vorgaben der Richtlinie. Der Wortlaut der Vorschrift spricht dafür, dass neben dem Hauptziel weitere (Neben-)Ziele existieren.[772] Dazu lässt sich anführen, dass anderenfalls in der Richtlinie lediglich der Begriff „Ziel" verwendet werden könnte. Wenn – wie hier – jedoch der Begriff „Hauptziel" benutzt wird, lässt sich daraus schließen, dass es daneben noch weitere Ziele gibt, welche hierarchisch darunter angesiedelt sind.[773]

Die wachsende Anzahl an Vorschriften zur Solvabilitäts- und Inhaberkontrolle sowie Geschäftsorganisation bringt deutlich zum Ausdruck, dass neben dem Schutz der Versicherungsnehmer auch die Erhaltung der Funktionsfähigkeit des Versicherungswesens ein Gesetzesziel darstellt.[774] Zudem dient die Erhaltung der Funktionsfähigkeit des Versicherungswesens dem Schutz der Versicherungsnehmer.[775] Dafür spricht schließlich, dass der Schutz von Kollektivgütern durch den europäischen Normgeber respektive deutschen Gesetzgeber anerkannt ist, da es sich bei der Stabilität der Finanzsysteme (Art. 28 Solva-II-RL, § 294 Abs. 2 S. 3 VAG) um ein Nebenziel der Versicherungsaufsicht handelt.[776] Es ist allerdings zu betonen, dass die Erhaltung der Funktionsfähigkeit des Versicherungswesens ein nachrangiges Ziel gegenüber dem Schutz der Versicherungsnehmer darstellt.[777]

---

[772] So auch *Bähr*, in: Kaulbach/Bähr/Pohlmann, VAG, § 294 Rn. 13; *Gal*, in: Bruck/Möller, VVG, Bd. 1, Einf. D Rn. 56.

[773] Zum Verhältnis von Haupt- und Nebenzielen ausführlich *Wandt/Sehrbrock*, FS Schneider, 2011, 1395, 1402 f.

[774] *Dreher*, in: Dreher, VAG, Einl. Rn. 8; zum alten Recht schon *Dreher/Häußler*, ZGR 2011, 471, 484 m.w.N.; *Winter*, Versicherungsaufsichtsrecht, S. 82.

[775] *Winter*, Versicherungsaufsichtsrecht, S. 84.

[776] Vgl. auch *Wandt/Sehrbrock*, FS Schneider, 2011, 1395, 1404; daneben stellt auch die Vermeidung prozyklischer Effekte ein Nebenziel dar (§ 294 Abs. 2 S. 4 VAG); *Wandt/Sehrbrock*, FS Schneider, 2011, 1395, 1400; ebenso *Dreher*, in: Dreher, VAG, Einl. Rn. 10 f.; anders dagegen VAG-RegE v. 22.10.2014, BT-Drs. 18/2956, 289.

[777] *Böffel*, ZVersWiss 107 (2018), 333, 356 spricht im Hinblick auf die beiden Ziele von „prioritären Zwecken" und erkennt ebenso den Vorrang des Schutzes der Versicherungsnehmer an; nunmehr klar als „Hauptziele" einordnend *Böffel*, VersR 2023, 691, 693.

d) Fazit

Mit Blick auf die Untersuchung lässt sich konstatieren, dass die Verfolgung von Nachhaltigkeit sowie allgemeinpolitischen Anliegen keine Ziele der Versicherungsaufsicht darstellen – und solche Ziele auch nicht im Aufsichtsrecht implementiert werden dürfen, da diese weder mit den historischen Entwicklungen der Versicherungsaufsicht noch mit den übrigen bestehenden Aufsichtszielen zu vereinbaren sind.

Indes steht die Implementierung von Nachhaltigkeitsrisiken in der Solva-II-VO mit der Zielrichtung der Versicherungsaufsicht – der Abwehr sektorspezifischer Gefahren – in Einklang.[778]

Nach der hier vertretenen kombinierten Schutz- und Institutionsschutztheorie bestehen die Ziele der Versicherungsaufsicht im Schutz der Versicherungsnehmer und in der Aufrechterhaltung der Funktionsfähigkeit des Versicherungswesens als Ganzes.

3. Missstandsaufsicht

Für die hier zu untersuchende Missstandsaufsicht soll zwischen der des VAG (§ 298 Abs. 1 S. 1 VAG) und der des FinDAG (§ 4 Abs. 1a S. 2 FinDAG) unterschieden werden.[779] Es handelt sich um Ermächtigungsgrundlagen, die nachrangig gegenüber spezielleren Tatbeständen anzuwenden sind.[780]

Die Generalklausel des VAG wird in einem ersten Schritt im Hinblick auf die tatbestandlichen Voraussetzungen näher beleuchtet. In einem nächsten Schritt wird der Frage nachgegangen, ob die an die Versicherungsunternehmen adressierten, nachhaltigkeitsbezogenen Vorschriften[781] zum Kreis der zu überwachenden Normen gehören.

---

[778] Es besteht weitgehend Einigkeit darüber, dass die Ziele der Versicherungsaufsicht der Abwehr sektorspezifischer Gefahren dienen; vgl. dazu Teil 3.I.2.a).

[779] Eine weitere Missstandsvorschrift findet sich etwa in § 6 Abs. 2 KWG (Gesetz über das Kreditwesen in der Fassung der Bekanntmachung v. 9.9.1998, BGBl. 1998 I S. 2776); hierzu *Schäfer*, in: Fischer/Schulte-Mattler, KWG CRR, Bd. 1, § 6 KWG Rn. 32 ff.; zu weiteren Vorschriften dieser Art s. *Ohler*, in: Ehlers/Fehling/Pünder, Bes. VerwR, Bd. 1, § 32 Rn. 20.

[780] *Schröder*, FS v. Fürstenwerth, 2020, 349, 354 zur Systematik der Ermächtigungsgrundlagen im VAG; zur Systematik im FinDAG *Redenz*, in: Dreher, VAG, § 4 FinDAG Rn. 12.

[781] Hierzu schon Teil 2.II.1.a)-f).

Die Generalklausel des FinDAG wird anschließend in Bezug auf die gleichen beiden Gesichtspunkte untersucht.

Fragen zur Verfassungsmäßigkeit der Vorschriften werden unberücksichtigt gelassen.[782] Ebenso bleiben Darstellungen zu den Rechtsfolgen außen vor.[783]

a) Gegenüberstellung der beiden Generalklauseln

Es handelt sich bei der Missstandsaufsicht um eine „besondere Form der vorbeugenden Gefahrenabwehr" im Bereich des Finanzdienstleistungswesens.[784] § 4 Abs. 1a S. 2 FinDAG ist zu § 298 Abs. 1 S. 1 VAG strukturell weitgehend kongruent.[785] Unterschiede bestehen allerdings im Hinblick auf die Tatbestandsmerkmale und den Anwendungsbereich.[786]

§ 4 Abs. 1a S. 2 FinDAG ermächtigt ausschließlich die BaFin, wohingegen neben der BaFin auch die Landesaufsichtsbehörden von § 298 Abs. 1 S. 1 VAG Gebrauch machen können.[787] Die Adressaten der Generalklausel des VAG sind die Erst- und Rückversicherungsunternehmen sowie deren Geschäftsleiter und Aufsichtsorgane; die Generalklausel des FinDAG adressiert dagegen alle beaufsichtigten Unternehmen.[788] Bei dem zu schützenden Personenkreis nach dem VAG handelt es sich um die Versicherungsnehmer bzw. die Begünstigten von Versicherungsleistungen.[789] Das FinDAG schützt hingegen Verbraucher[790]. Es kann zu Überschneidungen der Anwendungsbereiche kommen, wenn ein Versicherungsnehmer gleichzeitig auch Verbraucher ist[791].

---

782 Zu § 298 Abs. 1 S. 1 VAG: s. nur *Dreher*, in: Dreher, VAG, § 298 Rn. 55, 62 m.w.N.; zu § 4 Abs. 1a S. 2 FinDAG: Krit., aber i.E. offenlassend *Buck-Heeb*, BKR 2021, 141, 146; für die Verfassungsmäßigkeit *Klöhn/Adam*, WM 2022, 1149, 1150 f.; i.E. verfassungswidrig einstufend *Möllers*, DÖV 2022, 314, 325.

783 Zu den Rechtsfolgen von § 298 Abs. 1 S. 1 VAG etwa *Dreher*, in: Dreher, VAG, § 298 Rn. 81 ff.; zu denen von § 4 Abs. 1a S. 2 FinDAG ausführlich *Klöppel*, Die Aufsicht über Verbraucherfinanzmärkte, S. 225 ff.

784 *Poelzig*, BKR 2021, 589, 591.

785 *Redenz*, in: Dreher, VAG, § 4 FinDAG Rn. 22.

786 *Redenz*, in: Dreher, VAG, § 4 FinDAG Rn. 22.

787 *Redenz*, in: Dreher, VAG, § 4 FinDAG Rn. 22.

788 *Redenz*, in: Dreher, VAG, § 4 FinDAG Rn. 22.

789 *Redenz*, in: Dreher, VAG, § 4 FinDAG Rn. 22.

790 *Redenz*, in: Dreher, VAG, § 4 FinDAG Rn. 22.

791 *Redenz*, in: Dreher, VAG, § 4 FinDAG Rn. 23.

b) Generalklausel des VAG

Gemäß § 298 Abs. 1 S. 1 VAG kann die Aufsichtsbehörde gegenüber Erstversicherungsunternehmen und anderen dort genannten Personen alle Maßnahmen ergreifen, die geeignet und erforderlich sind, um Missstände zu vermeiden oder zu beseitigen. S. 2 definiert einen Missstand als jedes Verhalten eines Versicherungsunternehmens, das den Aufsichtszielen des § 294 Abs. 2 VAG widerspricht. Missstände sind auch Schwächen oder Mängel, die die Aufsichtsbehörde im Rahmen des aufsichtlichen Überprüfungsverfahrens festgestellt hat (S. 3).

aa) Missstand im Sinne des Tatbestandes

Die Definitionen zum Missstand in den S. 2, 3 sind sehr weit gefasst und enthalten ihrem Wortlaut nach weder eine tatbestandliche Einschränkung im Sinne eines abschließend aufgezählten Verstoß-Kataloges noch eine reine Aufsicht über Verstöße gegen Rechtsnormen.[792]

Der Gesetzgeber verweist bewusst in S. 2 fälschlicherweise im Hinblick auf die Aufsichtsziele auf den gesamten Abs. 2 von § 294 VAG, obwohl das Hauptziel der Versicherungsaufsicht im dortigen Abs. 1 statuiert ist und die Nebenziele lediglich in Abs. 2 S. 3, 4 niedergelegt sind.[793] Hiermit will der Gesetzgeber unter Verweisung auf § 294 Abs. 2 S. 2 Hs. 2 VAG erreichen, dass die eigentlich im Solvabilität-II-System nicht mehr vorgesehene allgemeine Missstandsaufsicht erhalten bleibt.[794] Der Gesetzgeber selbst erkennt an, dass § 298 Abs. 1 VAG dem bisherigen § 81 Abs. 2 S. 1, 2 VAG a.F. entspricht.[795]

Hier sind Bedenken mit Blick auf die Vereinbarkeit mit der zugrunde liegenden Solva-II-RL angebracht.

Nach der Gesetzesbegründung wird mit § 298 Abs. 1 VAG „in erster Linie" Art. 34 Abs. 1, 2 Solva-II-RL in nationales Recht transformiert.[796] Art. 34

---

[792] *Dreher*, in: Dreher, VAG, § 298 Rn. 27.

[793] *Dreher*, in: Dreher, VAG, § 298 Rn. 76.

[794] *Dreher*, in: Dreher, VAG, § 298 Rn. 76; *Schäfers*, in: Erdmann/Diehl/Schradin, BeckOK VAG, § 294 Rn. 1b.

[795] VAG-RegE v. 22.10.2014, BT-Drs. 18/2956, 290; krit. *Dreher*, in: Dreher, VAG, § 298 Rn. 62, wonach es bei der Vorschrift um einen „Klon, der obrigkeitsstaatlichen, noch aus der Kaiserzeit stammenden und zuletzt in § 81 VAG a.F. geregelten allgemeinen Missstand" handelt.

[796] VAG-RegE v. 22.10.2014, BT-Drs. 18/2956, 290.

Abs. 1 Solva-II-RL sieht vor, dass die Mitgliedstaaten sicherstellen, dass die Aufsichtsbehörden befugt sind, präventive und korrigierende Maßnahmen zu ergreifen, um sicherzustellen, dass die Versicherungs- und Rückversicherungsunternehmen die Rechts- und Verwaltungsvorschriften einhalten, die sie in jedem Mitgliedstaat zu erfüllen haben.

Art. 34 Abs. 1 Solva-II-RL regelt die Aufsichtsbefugnisse im Sinne einer Legalitätsaufsicht und die Umsetzung durch den deutschen Gesetzgeber stimmt hiermit nicht überein.[797] Der Unterschied zwischen einer Legalitätsaufsicht und einer allgemeinen Missstandsaufsicht besteht nämlich im Wesentlichen darin, dass Letztere nicht allein auf die Kontrolle von Rechtsverstößen beschränkt ist, sondern auch eine Kontrolle von Verstößen gegen von der Aufsichtsbehörde selbst erschaffenen Aufsichtsgrundsätzen ermöglicht.[798]

Es ist nachfolgend zu untersuchen, auf welche Weise die Diskrepanz zwischen den Vorgaben in der Solva-II-RL und der Regelung im VAG beseitigt werden kann.

(1) Ausreichende Wahrung der Belange der Versicherten

Der Wortlaut von § 294 Abs. 2 S. 2 Hs. 2 VAG entspricht § 81 Abs. 1 S. 2 VAG a.F.[799] Diese Vorschrift hatte eine sehr umfassende Funktion im Rahmen der bisherigen Missstandsaufsicht.[800]

Die Vorschrift ist aus diesem Grund sowohl in der Rechtsprechung als auch in der Literatur kritisiert worden.[801] Die Schaffung einer „offenen Generalklausel" durch die Inkorporation von § 294 Abs. 2 S. 2 Hs. 2 VAG in die Generalklausel des § 298 Abs. 1 VAG sei mit der Legalitätsaufsicht, welche in der Solva-II-RL angelegt ist, unvereinbar, da die BaFin den Maßstab in

---

797 *Dreher*, in: Dreher, VAG, § 298 Rn. 6.

798 *Dreher*, in: Dreher, VAG, § 298 Rn. 28 f.; Beispiele für solche Aufsichtsgrundsätze finden sich bei *Dreher*, in: Dreher, VAG, § 298 Rn. 30 ff.

799 *Dreher*, in: Dreher, VAG, § 294 Rn. 35.

800 *Dreher*, in: Dreher, VAG, § 294 Rn. 35; s. dazu auch schon Teil 3.I.1.a) und b).

801 VGH Kassel, Urt. v. 30.4.2020, 6 A 2158/18, VersR 2020, 819, 824 ff.; *Bähr*, in: Kaulbach/Bähr/Pohlmann, VAG, § 298 Rn. 22; *Bähr/Gölden*, in: Looschelders/Michael, Düsseldorfer Vorträge zum Versicherungsrecht 2022, 1, 11; *Böffel*, Versicherungskonzernrecht, S. 45 f.; *Böffel*, VersR 2023, 691, 698; *Diehl*, in: Höra/Schubach, MAH VersR, § 38 Rn. 106; *Dreher*, in: Dreher, VAG, § 294 Rn. 35; *Dreher*, VersR 2019, 1, 11; *Dreher/Lange*, VersR 2011, 825, 831 f.; *Heukamp/Schwintowski*, VersR 2020, 1345, 1349 ff.; *Schäfers*, in: Erdmann/Diehl/Schradin, BeckOK VAG, § 298 Rn. 7.

Bezug auf die Festlegung, wann die Belange der Versicherten nicht mehr ausreichend gewahrt sind, selbst festlegen könne.[802] Diese Norm sei in dieser Form europarechtswidrig und daher unanwendbar.[803] Es bedürfe einer europarechtskonformen Auslegung der geltenden Vorschrift im Sinne einer Legalitätsaufsicht, um den Vorgaben der Solva-II-RL zu genügen.[804]

Das BVerwG hat sich dieser Auffassung nicht angeschlossen. Nach einer neueren Entscheidung hat diese Tatbestandsalternative „bei zutreffender Auslegung" „ungeschriebene[r] Rechtspflichten zum Gegenstand."[805]

Zur Begründung verweist das Gericht auf den Wortlaut und die Systematik von § 294 Abs. 2 S. 2 VAG im Zusammenhang mit der weiteren Tatbestandsalternative, nämlich die Einhaltung der Gesetze, die für den Betrieb des Versicherungsgeschäfts gelten, und nennt diese beiden Alternativen „gleichrangige und gleichartige Aufsichtsziele."[806] Als weiteres systematisches Argument wird eine Zusammenschau mit § 294 Abs. 2 S. 1 und Abs. 3 VAG angeführt, wonach auch diese Vorschriften lediglich eine Rechtsaufsicht zum Gegenstand hätten.[807] Weiter verweist das BVerwG darauf, dass eine solche Auslegung mit der Definition zum Missstandsbegriff in Einklang stehe.[808] Schließlich argumentiert das BVerwG mit „historische[n] und teleologische[n] Gesichtspunkte[n]", die das vorgenannte Ergebnis stützen würden.[809] Hierzu erwähnt das Gericht, dass die Neufassung des VAG auf der Solva-II-RL beruhe,

---

[802] Vgl. *Dreher*, in: Dreher, VAG, § 294 Rn. 36; dieser Auffassung folgend VGH Kassel, Urt. v. 30.4.2020, 6 A 2158/18, VersR 2020, 819, 825.

[803] VGH Kassel, Urt. v. 30.4.2020, 6 A 2158/18, VersR 2020, 819, 828; *Dreher*, in: Dreher, VAG, § 298 Rn. 777; *Schäfers*, in: Erdmann/Diehl/Schradin, BeckOK VAG, § 294 Rn. 1c.

[804] *Dreher*, in: Dreher, VAG, § 298 Rn. 77; ein solches Ergebnis lässt sich mittels einer einschränkenden Auslegung des Begriffs „Missstand" oder einer telelogischen Reduktion des § 294 Abs. 2 S. 2 VAG auf den Hs. 1 erreichen; dazu *Heukamp/Schwintowski*, VersR 2020, 1345, 1351 m.w.N.; zu Letzterem tendiert VGH Kassel, Urt. v. 30.4.2020, 6 A 2158/18, VersR 2020, 819, 828; gegen die Möglichkeit einer europarechtskonformen Auslegung aufgrund des entgegenstehenden Willens des Gesetzgebers *Schäfers*, in: Erdmann/Diehl/Schradin, BeckOK VAG, § 294 Rn. 1c.

[805] BVerwG, Urt. v. 21.4.2021, 8 C 18/20, BVerwGE 172, 209, 214, Rn. 19, 21.

[806] BVerwG, Urt. v. 21.4.2021, 8 C 18/20, BVerwGE 172, 209, 214 f., Rn. 22.

[807] BVerwG, Urt. v. 21.4.2021, 8 C 18/20, BVerwGE 172, 209, 214 f., Rn. 22.

[808] BVerwG, Urt. v. 21.4.2021, 8 C 18/20, BVerwGE 172, 209, 215, Rn. 23 unter Verweis auf *Grote*.

[809] BVerwG, Urt. v. 21.4.2021, 8 C 18/20, BVerwGE 172, 209, 216, Rn. 25.

nennt Art. 27 Solva-II-RL und verweist auf einige Erwägungsgründe zur Solva-II-RL.[810]

Im Hinblick auf das Europarecht konstatiert das BVerwG, die vorgenommene Auslegung stehe mit diesem im Einklang.[811]

(2) Stellungnahme

Für die Untersuchung ist zunächst festzuhalten, dass Einigkeit darüber besteht, dass die ausreichende Wahrung der Belange der Versicherten als Aufsichtsziel nicht über eine reine Legalitätsaufsicht hinausgeht – auch wenn die methodische Begründung unterschiedlich ausfällt.

Das Ergebnis der Entscheidung des BVerwG ist insgesamt zu begrüßen, allerdings vermag die Begründung nicht zu überzeugen.

Kritisch im Hinblick auf die Begründung ist zu konstatieren, dass das BVerwG im Ausgangspunkt fälschlicherweise von einer Rechtspflicht der Versicherungsunternehmen zur Wahrung der Belange der Versicherten ausgeht[812], obwohl sich die Aufsichtsziele an die Aufsichtsbehörde richten[813]. Hierauf aufbauend trennt das BVerwG entgegen der Systematik des Gesetzes nicht konsequent zwischen den an die Versicherungsunternehmen gerichteten Verpflichtungen einerseits und den Befugnissen der BaFin andererseits.[814]

Zweifelhaft ist zudem die Annahme des BVerwG, der Gesetzgeber könne der BaFin als Aufgabe die ausreichende Wahrung der Belange der Versicherten zuweisen[815], obwohl die Solva-II-RL dieses Ziel nicht vorsieht und der Richtlinie eine vollharmonisierende Wirkung zukommt. Eine Abweichung der nationalen Regelung von der Richtlinie in Bezug auf die Aufsichtsziele ist nämlich nicht zulässig.[816]

Mit Blick auf die Begründung wäre der Weg der Literatur methodisch überzeugender gewesen: Aus der inhaltlichen Abweichung zwischen der

---

[810] BVerwG, Urt. v. 21.4.2021, 8 C 18/20, BVerwGE 172, 209, 216, Rn. 26.
[811] BVerwG, Urt. v. 21.4.2021, 8 C 18/20, BVerwGE 172, 209, 219, Rn. 34.
[812] BVerwG, Urt. v. 21.4.2021, 8 C 18/20, BVerwGE 172, 209, 214, Rn. 21.
[813] So bereits *Pohlmann*, VersR 2020, 401, 404 in der Besprechung zum Berufungsurteil des VGH Kassel; ebenso *Bürkle*, VersR 2021, 1218, 1219; *Schäfers*, in: Erdmann/Diehl/Schradin, BeckOK VAG, § 294 Rn. 1a.
[814] *Bürkle*, VersR 2021, 1218, 1219.
[815] BVerwG, Urt. v. 21.4.2021, 8 C 18/20, BVerwGE 172, 209, 219, Rn. 33.
[816] *Dreher*, in: Dreher, VAG, § 294 Rn. 31.

Solva-II-RL und der umgesetzten nationalen Regelung, dem VAG, folgt aufgrund des vollharmonisierenden Charakters der Richtlinie, dass diese Umsetzung unzulässig ist und europarechtskonform dahingehend ausgelegt werden muss, dass die Tatbestandsmerkmale abschließend im Sinne einer Legalitätsaufsicht zu verstehen sind.[817]

(3) Einhaltung der Gesetze, die für den Betrieb eines Versicherungsbetriebs gelten

Die Verweisung in § 298 Abs. 1 S. 2 VAG auf § 294 Abs. 2 VAG führt dazu, dass auch die Vorgaben in Hs. 1 Teil der Missstandsaufsicht sind. Hier ist zu prüfen, ob diese Regelung mit den Vorgaben der Solva-II-RL und der Legalitätsaufsicht insgesamt vereinbar ist.

Die Vorgabe des § 294 Abs. 2 S. 2 Hs. 1 VAG, wonach die BaFin die Einhaltung der Gesetze, die für den Betrieb des Versicherungsgeschäfts gelten, zu achten hat, ist mit dem Ziel der Solva-II-RL und dem Hauptziel in § 294 Abs. 1 VAG im Einklang, da jedes rechtswidrige Verhalten in diesem Zusammenhang eine Gefährdung von Interessen der Versicherungsnehmer begründet.[818] Die Einhaltung aller rechtlichen Pflichten, die durch die Solva-II-RL vorgegeben werden, wird neben dieser Norm auch von weiteren Vorschriften vorausgesetzt.[819]

Eine solche Regelung hat vor diesem Hintergrund lediglich deklaratorischen Charakter, ist mithin überflüssig.[820] Die Vorschrift entspricht im Ergebnis den Vorgaben der Solva-II-RL und fügt sich in die Legalitätsaufsicht ein, sodass es hier keiner Korrektur bedarf.

(4) Schwächen oder Mängel

In Bezug auf die Schwächen und Mängel in § 298 Abs. 1 S. 3 VAG geht es – ebenso wie bei den Missständen im Sinne von S. 2 – um Verstöße gegen rechtliche Vorgaben, da diese Vorschrift Teil der Legalitätsaufsicht ist.[821] Die

---

[817] Ebenso *Brand*, in: Brand/Baroch Castellvi, HK-VAG, § 298 Rn. 35; *Dreher*, in: Dreher, VAG, § 298 Rn. 77.

[818] *Dreher*, in: Dreher, VAG, § 294 Rn. 34.

[819] *Dreher*, in: Dreher, VAG, § 294 Rn. 34 unter Verweis auf bspw. § 23 Abs. 1 S. 2 Hs. 1 VAG.

[820] *Dreher*, in: Dreher, VAG, § 294 Rn. 34.

[821] *Dreher*, in: Dreher, VAG, § 298 Rn. 79.

BaFin kann den Tatbestand nicht durch eigene Vorgaben ausgestalten.[822] Im Ergebnis ist auch dieser Tatbestand nach den Vorgaben der Solva-II-RL dahingehend richtlinienkonform auszulegen, dass Schwächen und Mängel nur solche Verhaltensweisen sind, die eine Rechtsverletzung darstellen.[823]

(5) Fazit

Aus Sicht der Praxis ist erfreulich, dass die Entscheidung des BVerwG Klarheit im Hinblick auf die Vereinbarkeit des § 298 Abs. 1 VAG mit dem Verfassungs- und Europarecht gebracht hat.[824] Methodisch zu überzeugen vermag indes die von der Literatur vorgeschlagene richtlinienkonforme Auslegung der Tatbestände der vorgenannten Norm. Der Tatbestand des § 298 Abs. 1 VAG ist demnach nur dann erfüllt, wenn ein Verhalten einen Verstoß gegen eine Rechtsvorschrift begründet oder in präventiven Fällen einen solchen Verstoß begründen würde.[825] Es handelt sich bei der Aufsicht über Versicherungsunternehmen nämlich um eine reine Legalitätsaufsicht.

bb) Begriff der Rechts- und Verwaltungsvorschrift

Der Begriff der Rechts- und Verwaltungsvorschrift im Sinne von Art. 34 Abs. 1 Solva-II-RL ist aufgrund seiner europarechtlichen Herkunft autonom auszulegen.[826] Rechtsvorschriften in diesem Sinne sind alle von staatlichen Stellen oder mit hoheitlicher Autorität erlassene Regeln, welche abstrakt-genereller Natur sind.[827] Verwaltungsvorschriften sind abstrakt-generelle Anweisungen einer vorgesetzten Behörde an eine nachgeordnete Behörde.[828]

---

822 *Dreher*, in: Dreher, VAG, § 298 Rn. 79.

823 *Dreher*, in: Dreher, VAG, § 298 Rn. 80.

824 *Keller*, jurisPR-BVerwG 26/2021 Anm. 1.

825 *Dreher*, in: Dreher, VAG, § 298 Rn. 59; *Schäfers*, in: Erdmann/Diehl/Schradin, BeckOK VAG, § 298 Rn. 7; a.A. dagegen *Gal*, in: Bruck/Möller, VVG, Bd. 1, Einf. D Rn. 205, wonach die BaFin auch zum Eingriff berechtigt ist, wenn kein Gesetzesverstoß gegeben ist; ebenso *Schüffner/Franck*, in: Sodan, KrankenVersR-HdB, § 47 Rn. 63.

826 *Dreher*, in: Dreher, VAG, § 298 Rn. 65.

827 *Korte*, in: Calliess/Ruffert, EUV AEUV, Art. 114 AEUV Rn. 35.

828 *Dreher*, in: Dreher, VAG, § 298 Rn. 67.

Verwaltungsvorschriften dieser Art existieren im versicherungsaufsichtsrechtlichen Kontext nicht; die BaFin ist weder vorgesetzte noch nachgeordnete Behörde, die Autorin oder Adressatin solcher Vorschriften sein könnte.[829]

cc) Umfang der zu überwachenden Rechtsvorschriften

Der europäische Normgeber hat bewusst darauf verzichtet, eine umfassende Aufsicht über die Einhaltung sämtlicher Normen, die an Versicherungsunternehmen adressiert sind, zu schaffen.[830] Es bedarf hinsichtlich der zu überwachenden Vorschriften einer Einschränkung, die sich anhand eines „sachlichen Kriteriums" vollzieht.[831]

Die Grenzen des Umfangs der zu überwachenden Vorschriften sind anhand der Ziele des VAG zu bestimmen; es sind also nur solche Vorschriften im Rahmen der Missstandsaufsicht zu kontrollieren, die diese Ziele durchsetzen sollen.[832]

Der Schutz der Versicherungsnehmer und der Begünstigten von Versicherungsleistungen ist das Hauptziel im Sinne des § 294 Abs. 1 VAG und die Nebenziele sind in § 294 Abs. 2 S. 3, 4 VAG geregelt.[833]

Anhand der objektiven Auslegung der zu untersuchenden Vorschriften ist zu ermitteln, ob diese den vorgenannten Zielen dienen.[834]

Es ist selbstverständlich, dass die Einhaltung der Vorschriften des VAG im Zentrum der Aufsicht steht,[835] da diese den vorgenannten Zielen dienen.

Bei Vorschriften außerhalb des VAG ist anhand wertender Kriterien – Interesse von Versicherungsnehmern oder Dritten und dem ordnungsgemäßen Funktionieren eines Versicherungsunternehmens – zu bestimmen, ob diese der Aufsicht durch die BaFin unterliegen.[836] Maßgeblich kommt es darauf

---

829 *Dreher*, in: Dreher, VAG, § 298 Rn. 67.

830 *Dreher*, in: Dreher, VAG, § 298 Rn. 70; ähnlich auch *Pohlmann/Vossen/Everding/Scheiper*, ZVersWiss 111 (2022), 135, 164.

831 *Dreher*, in: Dreher, VAG, § 298 Rn. 70.

832 *Dreher/Ballmaier*, in: Dreher/Wandt, Solvency II in der Rechtsanwendung 2012, 73, 108; ähnlich auch *Schäfers*, in: Erdmann/Diehl/Schradin, BeckOK VAG, § 294 Rn. 7.

833 Zu den Haupt- und Nebenzielen der Versicherungsaufsicht nach der hier vertretenen Auffassung Teil 3.I.2.c).

834 Vgl. *Dreher*, in: Dreher, VAG, § 298 Rn. 70.

835 *Dreher*, in: Dreher, VAG, § 298 Rn. 69.

836 *Dreher*, in: Dreher, VAG, § 298 Rn. 73.

an, ob die zu untersuchenden Vorschriften mittelbar auch dem Schutz der Interessen der Versicherungsnehmer dienen.[837] In Betracht kommen insbesondere zivilrechtliche Vorschriften.[838]

Der BaFin kommt im Rahmen ihrer Aufsicht allerdings keine „lückenlose Rechtskontrolle" zu.[839] Nicht erfasst von der Legalitätsaufsicht sind etwa Vorschriften, die der Aufsicht durch andere Behörden unterliegen.[840]

Diese Einschränkung lässt sich vor dem Hintergrund einer genauen kompetenziellen Abgrenzung von Zuständigkeiten zwischen verschiedenen Behörden erklären. Vorschriften des europäischen und deutschen Kartellrechts etwa werden von den jeweiligen Kartellbehörden kontrolliert.[841]

dd) Nachhaltigkeitsvorschriften unter dem Blickwinkel der Missstandsaufsicht des VAG

(1) Vorschriften nach dem VAG

Nach den vorherigen Erläuterungen sind neben den Regelungen des VAG selbst auch in Bezug genommene europäische Verordnungen und auf Grundlage des VAG erlassene Rechtsverordnungen von der Missstandsaufsicht umfasst.[842]

Dies bedeutet im Ergebnis, die Vorschriften der Solva-II-VO, die Nachhaltigkeitsrisiken zum Gegenstand haben, welche die Vorschriften der §§ 23 ff. VAG konkretisieren, können bzw. müssen durch die BaFin kontrolliert werden. Gleiches gilt für die Vorgaben nach § 48a VAG und § 124 VAG.

---

837 *Gal*, in: Bruck/Möller, VVG, Bd. 1, Einf. D Rn. 201.

838 *Gal*, in: Bruck/Möller, VVG, Bd. 1, Einf. D Rn. 194; *Dreher*, in: Dreher, VAG, § 298 Rn. 70: Die Legalitätsaufsicht ist gegenständlich nicht auf das Versicherungsaufsichtsrecht beschränkt; a.A. *Bähr*, in: Kaulbach/Bähr/Pohlmann, VAG, § 298 Rn. 11, wonach ein Verstoß gegen aufsichtsrechtliche Vorschriften vorliegen muss.

839 *Gal*, in: Bruck/Möller, VVG, Bd. 1, Einf. D Rn. 201; so auch *Dreher*, in: Dreher, VAG, § 298 Rn. 70.

840 *Dreher*, in: Dreher, VAG, § 298 Rn. 74 unter Verweis auf die Gesetzesbegründung zu § 81 VAG a.F.

841 *Dreher*, in: Dreher, VAG, § 298 Rn. 74.

842 Vgl. zur Missstandsaufsicht nach dem VAG *Redenz*, in: Dreher, VAG, § 4 FinDAG Rn. 21.

(2) Vorschriften nach dem VVG

Versicherungsunternehmen, die als Versicherungsvermittler tätig sind, haben die Vorschriften nach dem VVG zu beachten.[843] Diese Vorschriften unterliegen der Legalitätsaufsicht der BaFin.[844] Dies führt mithin dazu, dass die nachhaltigkeitsbezogenen Vorgaben, welche in das VVG durch eine delegierte Verordnung Eingang gefunden haben, im Rahmen der Missstandsaufsicht zu kontrollieren sind.

(3) Vorschriften nach der PEPP-VO

Die BaFin ist gemäß § 295 Abs. 1 Nr. 7 VAG zustände Aufsichtsbehörde für die Überwachung der Einhaltung der Normen der PEPP-VO. Die Zuweisung einer solchen Zuständigkeit führt dazu, dass die allgemeinen Aufsichtsbefugnisse der BaFin zur Anwendung kommen und Verstöße gegen diese zu kontrollierenden Normen einen Missstand im Sinne des § 298 VAG begründen können.[845] Dies betrifft insbesondere die dort enthaltenen Vorschriften mit Nachhaltigkeitsbezug. Die Vorschriften der PEPP-VO sind damit im Rahmen der Missstandsaufsicht zu überwachen.

(4) Vorschriften nach dem HGB

§§ 289b f. HGB erlegen den betroffenen Versicherungsunternehmen Offenlegungspflichten auf, nach denen diese über ihr Verhalten in Bezug auf Arbeitnehmer-, Umwelt- oder Sozialbelage usw. berichten müssen.[846] Diese Vorschriften sollen die Unternehmen dazu veranlassen, mehr in diesen Bereichen zu tun.[847] § 289f HGB zielt auf die Stärkung weiblicher Präsenz in unternehmerischen Führungspositionen ab.[848] Die Vorschriften dienen

---

[843] Zu den Pflichten der Versicherungsvermittler nach dem VVG Teil 2.II.3.a).

[844] *Dreher*, in: Dreher, VAG, § 298 Rn. 73; *Gal*, in: Bruck/Möller, VVG, Bd. 1, Einf. D Rn. 197; *Rüsing*, VersR 2023, 345, 350 m.w.N.; so auch *Baroch Castellvi*, in: Bürkle, Compliance, § 10 Rn. 15 in Bezug auf Informationspflichten nach dem VVG; ebenso *Armbrüster*, in: Langheid/Wandt, MüKo VVG, Bd. 1, § 7 Rn. 148 m.w.N.; *Rudy*, in: Prölss/Martin, VVG, § 7 Rn. 38.

[845] Vgl. *Steuer*, BKR 2022, 296, 299 mit Blick auf die Zuständigkeit für die Überwachung der Vorschriften der Offenlegungs-/Taxonomie-VO; dazu auch unten Teil 3.I.3.b)dd)(7).

[846] S. dazu ausführlich Teil 2.II.1.c).

[847] Zum *Nudging* im Rahmen der Berichterstattungspflicht schon Teil 3.II.6.a)cc)(1).

[848] S. schon Teil 2.II.1.c).

mithin nicht dem Schutz der Versicherungsnehmer oder einem anderen Ziel der Versicherungsaufsicht und ein Verstoß dagegen kann somit keinen Missstand im Sinne des VAG begründen.

(5) Vorschriften nach dem AktG

§§ 76 Abs. 3a S. 1, 111 Abs. 5 S. 1 AktG dienen dazu, soziale Nachhaltigkeitsvorgaben für die betroffenen Unternehmen zu statuieren. § 87 Abs. 1 S. 2 AktG hat nach der hier vertretenen Auffassung den Zweck, den langfristigen Erfolg eines Unternehmens im Rahmen der Vorstandsvergütung berücksichtigen zu können. Die §§ 134b f. AktG verfolgen das Ziel, durch Transparenz die *Corporate Governance* eines Unternehmens zu verbessern.[849] Die Vorschriften zielen insgesamt nicht auf den Schutz der Versicherungsnehmer ab.

Bestimmte Verstöße gegen §§ 134b f. AktG sind als Ordnungswidrigkeiten normiert (§ 405 Abs. 2a Nr. 8, 9 AktG) und diese werden durch das BfJ als zuständige Behörde verfolgt (§ 405 Abs. 5 Nr. 2 AktG)[850], nicht durch die BaFin (§ 405 Abs. 5 Nr. 1 AktG)[851]. Auch die fehlende Aufsichtskompetenz der BaFin für Verstöße gegen §§ 134b f. AktG spricht gegen die Kontrolle der Vorschriften im Rahmen der Missstandsaufsicht.

Es liegt daher insgesamt kein Missstand im Sinne des VAG vor, wenn gegen die vorgenannten Vorschriften des AktG verstoßen wird.[852]

(6) Vorschriften nach dem LkSG

Die Vorschriften des LkSG verfolgen das Ziel, bestimmte Menschenrechte und die Umwelt zu schützen.[853] Diesem Ziel wohnt der Gedanke des Schutzes der Versicherungsnehmer nicht inne. Gegen eine Berücksichtigung der Vorschriften im Rahmen der Missstandsaufsicht spricht auch, dass das BAFA gemäß § 19 Abs. 1 LkSG – und nicht die BaFin – zuständige Behörde für die

---

[849] S. dazu Teil 2.II.1.d).

[850] *Bürkle*, VersR 2021, 1, 10; dies erkennt auch *Baums*, ZHR 183 (2019), 605, 615 an.

[851] Die Zuständigkeit der BaFin ist auf wenige Fälle beschränkt; in allen anderen ist das BfJ zuständig; *Krause*, in: Leitner/Rosenau, NK-WSS, § 405 AktG Rn. 86; *Müller-Michaels*, in: Hölters/Weber, AktG, § 405 Rn. 87.

[852] A.A. *Baums*, ZHR 183 (2019), 605, 612 f. im Hinblick auf die §§ 134b f. AktG.

[853] S. oben Teil 2.II.1.e).

Kontrolle der Einhaltung der Vorschrift dieses Gesetzes ist.[854] Im Rahmen der Missstandsaufsicht des VAG sind diese Normen mithin nicht zu kontrollieren.

(7) Vorschriften nach der Offenlegungs-/Taxonomie-VO

Die Aufnahme der Offenlegungs-/Taxonomie-VO in das „Aufsichtsprogramm" der BaFin gemäß § 295 Abs. 1 Nr. 5, 6 VAG hat zur Folge, dass die beiden Verordnungen im Rahmen der Missstandsaufsicht zu überwachen sind.[855] Mithin können Verstöße gegen die Offenlegungs-/Taxonomie-VO einen Missstand im Sinne des VAG begründen.[856]

(8) Nachhaltigkeitsvorgaben der BaFin

Keine Rechtsvorschriften sind Verlautbarungen der BaFin.[857] Dies bedeutet, ein Verstoß gegen das Merkblatt zum Umgang mit Nachhaltigkeitsrisiken legimitiert nicht zu einer Maßnahme gemäß § 298 Abs. 1 S. 1 VAG.

c) Generalklausel des FinDAG

Gemäß § 4 Abs. 1a S. 2 FinDAG kann die BaFin unbeschadet weiterer Befugnisse nach anderen Gesetzen gegenüber den Instituten und anderen Unternehmen, die nach dem KWG, dem ZAG[858], dem VAG, dem WpHG[859],

---

[854] Ausführlich zur Zuständigkeit und den Befugnissen der BAFA *Ruttloff/Hahn*, in: Wagner/Ruttloff/Wagner, LkSG, Rn. 1386 ff.; knapp dazu *Burgi*, ZHR 186 (2022), 779, 782.

[855] *Steuer*, BKR 2022, 296, 299; sich anschließend *Badenhoop/Stolte*, BKR 2025, 532, 533 f.; nach *Dreher*, in: Dreher, VAG, § 295 Rn. 18 kann die Generalklausel im Rahmen der Zuständigkeit nach § 295 VAG angewendet werden; *Schäfers*, in: Erdmann/Diehl/Schradin, BeckOK VAG, § 295 Rn. 5 verweist generell auf die Anwendbarkeit der „Befugnisse nach dem VAG".

[856] Ebenso *Präve*, FS v. Fürstenwerth, 2020, 243, 250 mit Blick auf die Offenlegungs-VO; nach *Wandt/Lüders*, VersR 2023, 809, 824 greifen bei Verstößen „die allgemeinen Eingriffsbefugnisse" des Aufsichtsrechts.

[857] *Brand*, in: Brand/Baroch Castellvi, HK-VAG, § 294 Rn. 30; *Bürkle*, FS Lorenz, 2014, 101, 105 m.w.N.; *Dreher*, in: Dreher, VAG, § 298 Rn. 75; *Goretzky/Müller*, VersR 2023, 17, 25.

[858] Gesetz über die Beaufsichtigung von Zahlungsdiensten v. 17.7.2017, BGBl. 2017 I S. 2446.

[859] Gesetz über den Wertpapierhandel in der Fassung der Bekanntmachung v. 9.9.1998, BGBl. 1998 I S. 2708.

dem KAGB[860] sowie nach anderen Gesetzen beaufsichtigt werden, alle Anordnungen treffen, die geeignet und erforderlich sind, um verbraucherschutzrelevante Missstände zu verhindern oder zu beseitigen, wenn eine generelle Klärung im Interesse des Verbraucherschutzes geboten erscheint.[861]

aa) Missstand im Sinne des Tatbestandes

Die Vorschrift setzt einen „verbraucherschutzrelevanten Missstand" voraus.[862] Ein solcher Missstand ist ein erheblicher, dauerhafter und wiederholter Verstoß gegen ein Verbraucherschutzgesetz, der nach seiner Art oder seinem Umfang die Interessen nicht nur einzelner Verbraucherinnen oder Verbraucher gefährden kann oder beeinträchtigt (§ 4 Abs. 1a S. 3 FinDAG).

(1) Verbraucherschutzgesetz

Zunächst ist der Begriff des Verbraucherschutzgesetzes als zentrales Tatbestandsmerkmal zu klären.

Mit Gesetz im Sinne von § 4 Abs. 1a S. 3 FinDAG sind Rechtsnormen nach Art. 2 EGBGB[863] gemeint,[864] dies können somit auch einzelne Vorschriften innerhalb eines Gesetzes sein[865]. Allerdings wird nicht definiert, was ein solches *Verbraucherschutz*gesetz ist.[866]

Nach der Gesetzesbegründung ist eine Vorschrift als Verbraucherschutzgesetz zu qualifizieren, wenn diese Norm dem Verbraucherschutz „dient".[867]

---

860 Kapitalanlagegesetzbuch v. 4.7.2013, BGBl. 2013 I S. 1981.

861 Zur Streitstand, ob es sich bei der Vorschrift um eine Ermächtigungsgrundlage handelt, s. *Klöhn/Adam*, WM 2022, 1149; bejahend bspw. VG Frankfurt a.M., Urt. v. 23.10.2024, 7 K 548/22.F, BeckRS 2024, 28861, Rn. 32; VG Frankfurt a.M., Urt. v. 24.6.2021, 7 K 2237/20.F, BKR 2021, 583, 585, Rn. 20; *Frisch*, FS Bamberger, 2017, 71, 72; *Rott*, WM 2019, 1189 m.w.N.; anders wohl *Laars*, Nomos-BR FinDAG, § 4 Rn. 4: Mehr „politische Botschaft" als „belastbare Rechtsnorm".

862 *Klöhn/Adam*, WM 2022, 1149, 1151; die Darstellung des Tatbestandes der Vorschrift orientiert sich an *Klöhn/Adam*, WM 2022, 1149, 1151 ff.

863 Einführungsgesetz zum Bürgerlichen Gesetzbuche in der Fassung der Bekanntmachung v. 21.9.1994, BGBl. 1994 I S. 2494.

864 *Schäfers*, in: Kaulbach/Bähr/Pohlmann, VAG, § 4 FinDAG Rn. 12.

865 *Brömmelmeyer*, VersR 2019, 909, 911.

866 *Brömmelmeyer*, VersR 2019, 909, 911; ebenso *Möllers*, DÖV 2022, 314, 318.

867 KleinanlegerschutzG-RegE v. 11.2.2015, BT-Drs. 18/3994, 37; krit. hierzu *Gurlit*, in: Grüneberg/Habersack/Mülbert/Wittig, Bankrechtstag 2015, 3, 14.

Dies ist dann der Fall, wenn der Verbraucherschutz das Ziel der Vorschrift darstellt.[868] Eine solche Norm kann auch anderen Zielen dienen, aber der Verbraucherschutz darf nicht nur untergeordnete Bedeutung haben oder ein Nebeneffekt sein.[869] Nicht ausreichend ist, wenn der Verbraucherschutz nur „Rechtsreflex" ist oder die Interessen der Verbraucher erst über mehrere „Kausalitätsstufen" berührt werden.[870] Der Verbraucherschutz muss prägend für die Vorschrift sein.[871] In Betracht kommen sowohl öffentlich-rechtliche als auch zivilrechtliche Rechtsvorschriften.[872]

Als „Anhaltspunkt" zur Bestimmung eines Gesetzes als Verbraucherschutzgesetz kann § 2 Abs. 2 UKlaG[873] dienen.[874] Allerdings kann die in der Vorschrift genannte Aufzählung nicht als abschließend verstanden werden, da die §§ 305 ff. BGB[875] dort nicht aufgeführt sind und diese Normen verbraucherschützende Vorschriften darstellen.[876]

Wenn die Anwendbarkeit einer Vorschrift an den Begriff „Verbraucher" geknüpft ist, kann dies ein Indiz für eine verbraucherschützende Norm darstellen, ebenso wie eine auf einer europäischen Richtlinie beruhenden Vorschrift, wenn diese Richtlinie ihrerseits dem Verbraucherschutz dient.[877]

---

868 KleinanlegerschutzG-RegE v. 11.2.2015, BT-Drs. 18/3994, 37.

869 KleinanlegerschutzG-RegE v. 11.2.2015, BT-Drs. 18/3994, 37.

870 *Redenz*, in: Dreher, VAG, § 4 FinDAG Rn. 15.

871 *Klöhn/Adam*, WM 2022, 1149, 1151.

872 KleinanlegerschutzG-RegE v. 11.2.2015, BT-Drs. 18/3994, 37; nach *Möllers*, DÖV 2022, 314, 319 handelt es sich hierbei im „Regelfall" um privatrechtliche Vorschriften.

873 Gesetz über Unterlassungsklagen bei Verbraucherrechts- und anderen Verstößen v. 27.8.2002, BGBl. 2002 I S. 3422.

874 *Redenz*, in: Dreher, VAG, § 4 FinDAG Rn. 15; *Schäfers*, in: Kaulbach/Bähr/Pohlmann, VAG, § 4 FinDAG Rn. 12: „richtungsweisend"; auch der KleinanlegerschutzG-RegE v. 11.2.2015, BT-Drs. 18/3994, 37 verweist auf § 2 UKlaG.

875 Bürgerliches Gesetzbuch in der Fassung der Bekanntmachung v. 2.1.2002, BGBl. 2002 I S. 42.

876 *Jordans/Kirchner*, WM 2021, 864, 866; zustimmend *Klöhn/Adam*, WM 2022, 1149, 1151.

877 *Brömmelmeyer*, VersR 2019, 909, 911; ebenso *Jordans/Kirchner*, WM 2021, 864, 866.

(2) Auslegung der zu untersuchenden Norm anhand des Schutzzwecks

Ob eine Vorschrift dem Verbraucherschutz dient, ist anhand des Gesetzeszwecks[878], genauer anhand der jeweiligen Norm[879], zu ermitteln.

Im Rahmen dieser Auslegung ist zunächst zwischen markt- oder allgemeinschützenden und individualschützenden Normen zu unterscheiden.[880] Erstere kommen als Verbraucherschutznormen nicht in Betracht.[881] Markt- oder allgemeinschützende Normen sind solche, die ausschließlich dem Schutz von Allgemeininteressen, bspw. dem Schutz der Finanzstabilität, dienen.[882]

Bei den individualschützenden Normen ist die Unterscheidung zu treffen, ob die zu untersuchende Norm ausschließlich Verbraucher, Einleger bzw. Anleger oder auch beide Personengruppen schützt.[883] In Fällen, in denen Vorschriften sowohl dem Verbraucher- als auch dem Einleger- bzw. Anlegerschutz dienen, muss dem Verbraucherschutz eine eigenständige Bedeutung zukommen, um von einer verbraucherschützenden Vorschrift zu sprechen.[884] Nur wenn die zu untersuchende Vorschrift (auch) Verbraucher schützt, kann diese im Rahmen von § 4 Abs. 1a S. 2 FinDAG überwacht werden.

(3) Qualifizierter Verstoß

Der Wortlaut des Gesetzes fordert zudem einen qualifizierten Verstoß gegen eine verbraucherschützende Norm, sodass nicht jeder einfache Verstoß ausreichend ist.[885] Der Gesetzgeber nennt zum Vorliegen eines Missstandes beispielhaft die Nichtbeachtung einer einschlägigen Entscheidung des BGH zur Anwendung einer zivilrechtlichen Norm mit verbraucherschützender Wirkung oder systematische bzw. gewichtige Verstöße gegen

---

[878] *Brömmelmeyer*, VersR 2019, 909, 911.
[879] *Klöhn/Adam*, WM 2022, 1097, 1101.
[880] *Klöhn/Adam*, WM 2022, 1097, 1101.
[881] *Klöhn/Adam*, WM 2022, 1097, 1102.
[882] *Klöhn/Adam*, WM 2022, 1097, 1102.
[883] Ausführlich zu den verschiedenen geschützten Gruppen *Klöhn/Adam*, WM 2022, 1097, 1102 f.
[884] *Klöhn/Adam*, WM 2022, 1097, 1103; ähnlich auch *Gurlit*, in: Grüneberg/Habersack/Mülbert/Wittig, Bankrechtstag 2015, 3, 15.
[885] *Klöhn/Adam*, WM 2022, 1149, 1151.

verbraucherschützende Vorschriften und die Erwartung, dass hierzu in absehbarer Zeit kein höchstrichterliches Urteil ergeht.[886]

(4) Zusammenhang mit der aufsichtlichen Tätigkeit

Der Gesetzgeber betont, dass die BaFin den Schutz der kollektiven Verbraucherinteressen nur im Rahmen „ihres gesetzlichen Auftrages" wahrnimmt und eine Ausweitung ihrer aufsichtlichen Tätigkeiten damit nicht verbunden ist.[887] Dies bedeutet, die BaFin darf nur solche Verstöße gegen verbraucherschützende Vorschriften ahnden, die sie im Zusammenhang mit ihrer aufsichtlichen Tätigkeit nach dem jeweiligen Fachgesetz, etwa dem VAG, feststellt.[888] Eine allgemeine Verfolgung von Verstößen gegen Verbraucherschutzvorschriften ist nicht zulässig.[889]

(5) Gefährdung kollektiver Verbraucherinteressen

Der Tatbestand setzt ferner die Gefährdung oder Beeinträchtigung kollektiver Verbraucherinteressen voraus. Dies meint, die BaFin wird nicht zum Schutz der Interessen einzelner Verbraucher tätig, sondern nur dann, wenn diese in ihrer „Gesamtheit" betroffen sind.[890] Hierunter kann bspw. ein Sachverhalt zu verstehen sein, der über das Interesse des Verbrauchers im Einzelfall hinaus Bedeutung hat.[891] Die BaFin kann auch einschreiten, wenn die Interessen eines „Teilkollektivs", also „einer" Gesamtheit, betroffen sind.[892] Dies bedeutet, dass die BaFin nur tätig werden darf, wenn eine Vielzahl gleichgelagerter Fälle vorliegt, nicht aber in einem konkreten Einzelfall.[893] Nicht erfasst ist somit die Verletzung individueller Rechte einzelner Verbraucher.[894]

---

[886] KleinanlegerschutzG-RegE v. 11.2.2015, BT-Drs. 18/3994, 36; krit. zu diesen Kriterien *Buck-Heeb*, BKR 2021, 141, 146 f.; ausführlich dazu *Klöppel*, Die Aufsicht über Verbraucherfinanzmärkte, S. 214 ff.

[887] KleinanlegerschutzG-RegE v. 11.2.2015, BT-Drs. 18/3994, 36; ebenso *Gurlit*, in: Grüneberg/Habersack/Mülbert/Wittig, Bankrechtstag 2015, 3, 13.

[888] *Döhmel*, in: Assmann/Schneider/Mülbert, WertpapierhandelsR, Bd. II, Einl. vor § 6 WpHG Rn. 34; *Klöhn/Adam*, WM 2022, 1149, 1153.

[889] *Klöhn/Adam*, WM 2022, 1149, 1153.

[890] KleinanlegerschutzG-RegE v. 11.2.2015, BT-Drs. 18/3994, 37.

[891] *Redenz*, in: Dreher, VAG, § 4 FinDAG Rn. 13.

[892] *Brömmelmeyer*, VersR 2019, 909, 911.

[893] *Brömmelmeyer*, VersR 2019, 909, 910.

[894] Vgl. KleinanlegerschutzG-RegE v. 11.2.2015, BT-Drs. 18/3994, 37.

bb) Generelle Klärung durch die BaFin erscheint geboten

Schließlich setzt der Tatbestand neben einem Missstand voraus, dass eine generelle Klärung durch die BaFin geboten erscheint.[895] Diese tatbestandliche Einschränkung bringt zum Ausdruck, dass die Geltendmachung von „Belangen des Verbraucherschutzes“ über den ordentlichen Rechtsweg grundsätzlich Vorrang genießt und ein behördliches Eingreifen nur dann zulässig ist, wenn diesen auf diesem Weg nicht „in hinreichender Weise Genüge getan werden kann“.[896] Die tatbestandliche Voraussetzung ist dann nicht erfüllt, wenn die Klärung einer maßgeblichen Rechtsfrage im Rahmen eines Verfahrens vor den ordentlichen Gerichten (BGH oder OLG) bevorsteht.[897] Die Voraussetzung ist dagegen erfüllt, wenn Verfahren im ordentlichen Rechtsweg keine Klärung der Rechtsfragen bringen, etwa weil sich die Parteien vor dem BGH oder einem OLG vergleichen, und die berechtigte Erwartung der BaFin besteht, dass diese auch künftig nicht geklärt werden.[898]

cc) Nachhaltigkeitsvorschriften unter dem Blickwinkel der Missstandsaufsicht des FinDAG

Ein Verstoß gegen eine nachhaltigkeitsbezogene Vorschrift kann nur dann einen Missstand im Sinne des FinDAG begründen, wenn dieser eine verbraucherschützende Eigenschaft zukommt.

Die Bestimmung des Schutzzwecks einer Norm ist v.a. bei der Auslegung von Aufsichtsrecht erforderlich.[899] Die oben erläuterte Kategorisierung[900] in Bezug auf den zu schützenden Personenkreis im Rahmen der individualschützenden Vorschriften ist dahingehend zu modifizieren, dass zwischen verbraucherschützenden, versicherungsnehmerschützenden und solchen

---

[895] Zur eigenständigen Bedeutung als Tatbestandsmerkmal s. *Klöhn/Adam*, WM 2022, 1149, 1153 f.; krit. zu diesem Merkmal *Gurlit*, in: Grüneberg/Habersack/Mülbert/Wittig, Bankrechtstag 2015, 3, 18 f.

[896] VG Frankfurt a.M., Urt. v. 24.6.2021, 7 K 2237/20.F, BKR 2021, 583, 585, Rn. 25; ähnlich auch *Klöhn/Adam*, WM 2022, 1149, 1154.

[897] VG Frankfurt a.M., Urt. v. 24.6.2021, 7 K 2237/20.F, BKR 2021, 583, 585 f., Rn. 26; zustimmend *Buck-Heeb*, VersR 2021, 1151, 1152; krit. hingegen *Hippeli*, jurisPR-Compl 5/2021 Anm. 5.

[898] *Klöhn/Adam*, WM 2022, 1149, 1154.

[899] Vgl. *Klöhn/Adam*, WM 2022, 1097, 1101.

[900] S. dazu Teil 3.I.3.c)aa)(2).

Vorschriften, die den Schutz von beiden Personengruppen zum Gegenstand haben, zu differenzieren ist.

(1) Vorschriften nach dem VAG

Die Vorschriften der §§ 23 ff. VAG dienen dem kollektiven Funktionsschutz.[901] Dies bedeutet, das Ziel der Vorschriften ist die „Erhaltung eines funktions- und wettbewerbsfähigen Versicherungswesens", diese sollen also die „Systemstabilität des Versicherungswesens" gewährleisten.[902]

Die Versicherungsunternehmen sollen ihre Geschäftsorganisation entsprechend den Vorgaben des VAG gestalten, damit Insolvenzen vermieden werden und das Versicherungswesen als Ganzes durch die daraus resultierenden Folgen nicht in seiner Stabilität beeinträchtigt wird. Die Vorschriften dienen auch dem kollektiven Schutz der Versicherungsnehmer[903], was meint, dass nur die Gesamtheit der Versicherungsnehmer und nicht der einzelne Versicherungsnehmer geschützt ist[904].

Die Vorschriften haben aber generell den Schutz von Verbrauchern nicht zum Gegenstand.[905]

Dies gilt auch für die Vorschrift des § 124 Abs. 1 S. 1 VAG. Nach dem Grundsatz der unternehmerischen Vorsicht sind gemäß § 124 Abs. 1 S. 2 Nr. 3 Hs. 2 VAG die dort genannten Vermögenswerte im Interesse aller Versicherungsnehmer und Anspruchsberechtigten unter Berücksichtigung der Anlagepolitik anzulegen.

Nach § 124 Abs. 1 S. 2 Nr. 4 VAG muss im Fall eines Interessenkonflikts sichergestellt werden, dass die Anlage im Interesse der Versicherungsnehmer und Anspruchsberechtigten erfolgt.

---

901 Vgl. *Dreher*, in: Dreher, VAG, Einl. Rn. 8; s. dazu auch schon Teil 3.I.2.c).

902 *Dreher/Häußler*, ZGR 2011, 471, 484.

903 *Dreher/Häußler*, ZGR 2011, 471, 484 zu § 64a Abs. 1 S. 1 VAG a.F.; diese Vorschrift entspricht § 23 Abs. 1 S. 1 VAG.

904 Vgl. VG Frankfurt a.M., Urt. v. 28.3.2011, 9 K 566/10, NJW 2011, 2747 zur alten Rechtslage; allerdings hat sich durch die Einführung des Solvabilität-II-Systems im Hinblick hierauf keine Änderung ergeben; dazu *Bürkle*, WM 2012, 878, 879; *Wandt/Sehrbrock*, ZVersWiss 100 (2011), 193, 195 f.

905 Nach *Dreher*, in: Dreher, VAG, Einl. Rn. 23 ist der Verbraucherschutz kein originäres Anliegen des Versicherungsaufsichtsrechts.

Auch an diesen Vorschriften zeigt sich, dass das VAG den Schutz der Versicherungsnehmer und der Anspruchsberechtigten zum Gegenstand hat. Der Schutz von Verbrauchern ist dagegen nicht vom Gesetz intendiert.

Gegen eine solche Einordnung spricht auch, dass die Vorschriften nicht in § 2 Abs. 2 UKlaG zu finden sind. Ebenfalls hierfür streitet der Gesetzeszweck des VAG, der den Schutz der Versicherungsnehmer als Hauptziel vorgibt.[906]

Anderes gilt dagegen für § 23 Abs. 1a-d VAG und § 48a VAG, welche die Vorgaben der IDD in nationales Recht transformieren. Nach dem Willen des europäischen Normgebers dient die IDD dem Verbraucherschutz[907] und ebenso die Richtlinie konkretisierende Del. VO 2017/2358[908]. Auch der nationale Gesetzgeber bringt zum Ausdruck, dass die vorgenannten in nationales Recht umgesetzten Vorschriften verbraucherschützenden Charakter haben.[909]

Zusammenfassend lässt sich feststellen, dass die anfangs untersuchten Vorschriften des VAG keine verbraucherschützende Eigenschaft aufweisen[910] und damit auch nicht im Rahmen von § 4 Abs. 1a S. 2 FinDAG zu kontrollieren sind.

Dagegen wohnt sowohl § 23 Abs. 1a-d VAG als auch § 48a VAG eine verbraucherschützende Eigenschaft inne und somit können Verstöße gegen die beiden Vorschriften einen Missstand im Sinne des § 4 Abs. 1a S. 2 FinDAG begründen.

(2) Vorschriften nach dem VVG

Im Bereich des Versicherungsvertragsrechts können insbesondere Verstöße gegen Integritäts-, Professionalitäts- und Loyalitätspflichten (vgl. § 1a Abs. 1 S. 1 VVG) sowie Informations-, Beratungs-, Berichts- und Belehrungspflichten (vgl. §§ 6–7 VVG; §§ 7b–8 VVG und §§ 154 f. VVG) aufgrund ihres verbraucherschützenden Zwecks für die Missstandsaufsicht von Relevanz

---

[906] S. zur hiesigen vertretenen Auffassung Teil 3.I.2.c).

[907] ErwG 15, 21 zur IDD.

[908] ErwG 1 zur Del. VO 2017/2358; ebenso *Goretzky/Müller*, VersR 2023, 17, 22.

[909] IDD-RegE v. 22.3.2017, BT-Drs. 18/11627, 41, 47; so auch *Bartel/Pfütze/Proschko*, VersR 2024, 129, 131.

[910] *Bürkle*, VersR 2011, 1469, 1473 generell im Hinblick auf die Solva-II-RL; ebenso *Dreher*, VersR 2013, 401, 406, wobei dieser auf „mittelbare Verbraucherschutzeffekte“ einzelner Regelungen verweist.

sein.[911] Dieser Zweck lässt sich vor dem Hintergrund erklären, dass es sich bei Versicherungsnehmern oftmals um Verbraucher handelt.[912]

Verstöße gegen die vorgenannten Pflichten, die einen Nachhaltigkeitsbezug aufweisen und an Versicherungsvermittler adressiert sind[913], können somit den Missstandstatbestand erfüllen.

(3) Vorschriften nach der PEPP-VO

Die Vorschriften der PEPP-VO dienen dem Schutz der Verbraucher.[914] Verstöße gegen die Normen der PEPP-VO, insbesondere diejenigen mit nachhaltigkeitsbezogenem Inhalt, begründen damit einen Missstand im Sinne des FinDAG und können entsprechend geahndet werden.

(4) Vorschriften nach dem HGB

Die nachhaltigkeitsbezogenen Vorgaben in §§ 289b f. HGB dienen dazu, die Transparenz der betroffenen Unternehmen im Zusammenhang mit nachhaltigkeitsrelevanten Themen wie bspw. Arbeitnehmer-, Umwelt- oder Sozialbelange zu erhöhen[915], und sollen zudem einen *Nudging*-Effekt haben[916]. § 289f HGB intendiert die Erhöhung der weiblichen Präsenz in den Führungspositionen von Unternehmen.[917] Die Regelungen haben mithin nicht den Zweck, Verbraucher zu schützen und sind somit nicht im Rahmen des FinDAG zu kontrollieren.

---

911 *Brömmelmeyer*, VersR 2019, 909, 910; *Baroch Castellvi*, in: Bürkle, Compliance, § 10 Rn. 15 in Bezug auf Informationspflichten; für den Schutz der Verbraucher als Gesetzeszweck der §§ 6, 7 VVG s. *Redenz*, in: Dreher, VAG, § 4 FinDAG Rn. 23; grundsätzlich mit Blick auf das VVG *Wandt*, FS v. Fürstenwerth, 2020, 393, 401.

912 *Redenz*, in: Dreher, VAG, § 4 FinDAG Rn. 23, wonach eine „große Schnittmenge" bei Versicherungsnehmern und Verbrauchern besteht; vgl. auch *Präve*, VersR 2022, 337, 340.

913 S. dazu Teil 2.II.3.a).

914 ErwG 31, 71, 72, 74, 81, 89 zur PEPP-VO; zu weiteren Zielen der Verordnung s. *Rennig*, in: Seibt/Buck-Heeb/Harnos, BeckOK WpHR, § 32a WpHG Rn. 5.

915 S. dazu ausführlich Teil 2.II.1.c).

916 Zum *Nudging* im Rahmen der Berichterstattungspflicht schon Teil 3.II.6.a)cc)(1).

917 S. bereits Teil 2.II.1.c).

(5) Vorschriften nach dem AktG

§§ 76 Abs. 3a S. 1, 111 Abs. 5 S. 1 AktG sollen soziale Nachhaltigkeitsaspekte der betroffenen Unternehmen verbessern. Im Rahmen von § 87 Abs. 1 S. 2 AktG soll nach hiesiger Auffassung der langfristige Unternehmenserfolg in der Vergütung berücksichtigt werden. Die §§ 134b f. AktG haben zum Ziel, die *Corporate Governance* eines Unternehmens mit Hilfe von Transparenz zu verbessern.[918] Die Vorschriften zielen insgesamt nicht auf den Verbraucherschutz ab und stellen damit keine verbraucherschützende Vorschrift im Sinne des FinDAG dar.

(6) Vorschriften nach dem LkSG

Die Vorschriften des LkSG dienen dem Schutz der Menschenrechte und der Umwelt.[919] Diesen wohnt somit der Gedanke des Verbraucherschutzes nicht inne. Im Rahmen der Generalklausel des FinDAG sind diese Normen daher nicht zu überwachen.

(7) Vorschriften nach der Offenlegungs-/Taxonomie-VO

Der europäische Normgeber bringt zum Ausdruck, dass er im Rahmen der Taxonomie-VO sowohl Anleger- als auch Verbraucherinteressen schützen will.[920] Dies bedeutet, die Offenlegungspflichten nach der Taxonomie-VO haben auch einen verbraucherschützenden Hintergrund und damit kann auf Verstöße gegen diese Pflichten mit der Anwendung der Generalklausel reagiert werden.

Nach den Erwägungsgründen zur Offenlegungs-VO dient diese dem Schutz der Interessen der Endanleger.[921] Der Begriff des Endanlegers umfasst sowohl professionelle als auch Kleinanleger.[922] Allerdings ist der Begriff des Kleinanlegers nicht mit dem des Verbrauchers gleichzusetzen.[923] Auch wird

---

918 S. dazu Teil 2.II.1.d).

919 S. oben Teil 2.II.1.e).

920 S. ErwG 13 zur Taxonomie-VO.

921 S. nur ErwG 9, 10, 19, 23 zur Offenlegungs-VO; ebenso *Zetzsche/Nast*, in: Assmann/Wallach/Zetzsche, KAGB, Art. 1 Offenlegungs-VO Rn. 14; zum Zweck auch schon Teil 2.II.1.f)aa).

922 Vgl. Art. 2 Nr. 18, 19 Offenlegungs-VO.

923 *Kalss*, in: Wendt/Wendt, NK-PRIIP-VO, Art. 4 Rn. 13 m.w.N.

der spezifische Schutz von Verbraucherinteressen weder in der Verordnung selbst noch in den Erwägungsgründen genannt.

Die Offenlegungs-VO greift zwar die Elemente des Schutzes[924] und des Informationsdefizits[925] auf, welche auch dem Verbraucherschutz innewohnen[926], aber gleichwohl gelten diese Überlegungen auch für den Schutz der Kleinanleger[927]. Der Normgeber bringt somit keineswegs indirekt zum Ausdruck, dass diese Verordnung auch dem Schutz der Verbraucher dient. Anderenfalls hätte er – wie im Rahmen der Taxonomie-VO – den Schutz von Verbraucherinteressen explizit in den Erwägungsgründen genannt.

Die Offenlegungs-VO ist damit nicht als verbraucherschützende Vorschrift im Sinne des FinDAG anzusehen.

Im Ergebnis lässt sich festhalten, dass zwar die Vorschriften der Taxonomie-VO verbraucherschützend sind, nicht dagegen die der Offenlegungs-VO.

(8) Nachhaltigkeitsvorgaben der BaFin

Von der BaFin selbst aufgestellte Aufsichtsanforderungen – wie das Merkblatt zum Umgang mit Nachhaltigkeitsrisiken – sind keine Gesetze im Sinne der Vorschrift und ein Verstoß dagegen kann daher den Missstandstatbestand nicht erfüllen.[928]

d) Fazit

In Bezug auf die Missstandsaufsicht nach dem VAG lässt sich festhalten, dass es sich hierbei um eine Legalitätsaufsicht handelt. Der Umfang der durch

---

924 ErwG 35 zur Offenlegungs-VO.

925 ErwG 5, 9, 19, 23, 35 zur Offenlegungs-VO.

926 EuGH, Urt. v. 5.12.2013, *Walter Vapenik/Josef Thurner*, Rs. C-508/12, ECLI:EU:C:2013:790 = NJW 2014, 841 f., Rn. 26 m.w.N.; vgl. auch EuGH, Urt. v. 27.3.2019, *Slewo/Ledowski*, Rs. C-681/17, ECLI:EU:C:2019:255 = NJW 2019, 1507, 1508, Rn. 32.

927 ErwG 2, 4, 11, 30 zur PRIIP-VO (Verordnung (EU) Nr. 1286/2014 des Europäischen Parlaments und des Rates v. 26.11.2014 über Basisinformationsblätter für verpackte Anlageprodukte für Kleinanleger und Versicherungsprodukte (PRIIP), ABl. 2014 L 352, S. 1); zum „Informationsgefälle" zwischen Anlegern und kapitalsuchenden Unternehmen s. z.B. *Caspari*, NZG 2005, 98.

928 Vgl. VGH Kassel, Urt. v. 30.4.2020, 6 A 2158/18, VersR 2020, 819, 829; ebenso *Bürkle*, VersR 2020, 861, 866 m.w.N.; *Frisch*, FS Bamberger, 2017, 71, 78 mit Blick auf Verlautbarungen zum WpHG.

die BaFin zu überwachenden Vorschriften ist anhand der Ziele des VAG zu bestimmen. Hinsichtlich der Überwachung der nachhaltigkeitsbezogenen Vorschriften hat sich gezeigt, dass zum einen Regelungen aus dem VAG bzw. VVG und damit zusammenhängende Vorschriften zu kontrollieren sind. Zum anderen können bzw. müssen Vorschriften der PEPP-VO sowie der Offenlegungs-/Taxonomie-VO durch die BaFin überprüft werden. Im Übrigen ist diese nicht befugt, nachhaltigkeitsbezogene Vorschriften im Rahmen von § 298 Abs. 1 S. 1 VAG zu überwachen.

Im Hinblick auf die Missstandsaufsicht nach dem FinDAG ist zu konstatieren, dass die Vorschriften des VAG, die auf der IDD beruhen, verbraucherschützend sind, und damit durch die BaFin kontrolliert werden können bzw. müssen. Des Weiteren sind die Vorschriften des VVG und damit zusammenhängende Regelungen zu überwachen. Gleiches gilt für die Normen der PEPP-VO. Schließlich können bzw. müssen auch die Vorschriften der Taxonomie-VO überwacht werden, da diese einen verbraucherschützenden Charakter aufweisen. Die übrigen nachhaltigkeitsbezogenen Vorschriften unterliegen der Missstandsaufsicht nach dem FinDAG nicht.

II. Vereinbarkeit der nachhaltigkeitsbezogenen Regulierung mit dem Primärrecht?

Nachfolgend werden die geltende Nachhaltigkeitsregulierung in der Solva-II-VO sowie das der Offenlegungs-/Taxonomie-VO zugrunde liegende *Nudging*-Konzept auf die Vereinbarkeit mit dem europäischen Primärrecht untersucht.

Hierzu wird dargelegt, dass das europäische Primärrecht den Beurteilungsmaßstab bildet (1.), und dass die EMRK[929] bei der Auslegung des europäischen Rechts herangezogen werden kann (2.).

Die Darstellung der aus dem nationalen Verfassungsrecht bekannten Institute[930] – Vorbehalt des Gesetzes (3.), Bestimmtheitsgebot (4.) und Verhältnismäßigkeitsgrundsatz (5.) – und des Grundrechtsschutzes (6.) werden

---

[929] Konvention zum Schutz der Menschenrechte und Grundfreiheiten, Neufassung der Konvention v. 4.11.1950 zum Schutz der Menschenrechte und Grundfreiheiten v. 22.10.2010, BGBl. 2010 II S. 1198.

[930] S. dazu etwa *Wolff*, in: Stern/Sodan/Möstl, StaatsR, Bd. I, § 15 Rn. 122 ff., 155 ff., 189 ff.

zeigen, dass das Schutzniveau auf deutscher und europäischer Ebene vergleichbar ist.

1. Europäischer Rechtsschutz

Es gilt der Grundsatz, dass deutsche Gesetze – somit auch das VAG als zentrales Gesetz zur Versicherungsaufsicht in Deutschland – an den Grundrechten des GG zu messen sind.[931] Es ist allerdings weiter zu konstatieren, dass das geltende VAG auf europäischen Richtlinien basiert.[932] Es handelt sich nach h.M. bei der europäischen Regulierung unter dem Solvabilität-II-System um grundsätzlich vollharmonisiertes Recht.[933]

Eine Vollharmonisierung zielt auf die Rechtsvereinheitlichung in den Mitgliedsstaaten ab und führt dazu, dass die Mitgliedsstaaten bei der Umsetzung einer Richtlinie in nationales Recht nicht von den umzusetzenden Vorgaben abweichen dürfen.[934] Der Unterschied zwischen einer Verordnung gemäß Art. 288 Abs. 2 AEUV und der Umsetzung einer vollharmonisierten Richtlinie besteht (lediglich) darin, dass die Richtlinie im Gegensatz zur Verordnung noch in nationales Recht umgesetzt werden muss.[935]

Die Determinierung ist indes sowohl bei der Verordnung als auch bei der vollharmonisierten Richtlinie identisch. In der Rechtsprechung des BVerfG ist anerkannt, dass unionsrechtlich vollständig determinierte Vorschriften

---

[931] Vgl. Art. 1 Abs. 3 GG; dazu auch *Höfling*, in: Sachs, GG, Art. 1 Rn. 95 f. m.w.N.

[932] Zur Entwicklung des VAG unter europäischem Einfluss s. Teil 3.I.1.b) und c).

[933] VGH Kassel, Urt. v. 30.4.2020, 6 A 2158/18, VersR 2020, 819, 825; *Behrendt Jonsson*, in: Diehl, VersicherungsunternehmensR-HdB, § 2 Rn. 12; *Böffel*, Versicherungskonzernrecht, S. 253; *Böffel*, VersR 2023, 691, 700; *Bürkle*, VersR 2020, 861, 863 m.w.N.; *Dreher*, in: Dreher, VAG, Einl. Rn. 87 m.w.N.; *Dreher*, VersR 2019, 1, 5 f.; *Looschelders/Michael*, in: Ruffert, EnzEuR, Bd. 5, § 11 Rn. 68; *Schäfers*, in: Erdmann/Diehl/Schradin, BeckOK VAG, § 294 Rn. 1b; *Wypych/Sahle*, VersR 2024, 72, 79; umfassend *Dreher/Lange*, VersR 2011, 825, 827 ff.; einschränkend *Schröder*, in: Looschelders/Pohlmann, VVG, Teil 2 C. Rn. 24 Fn. 43.

[934] *Dreher/Lange*, VersR 2011, 825, 826 zur Umsetzung der Solva-II-RL in nationales Recht; generell zur Wirkung von vollharmonisierenden Richtlinien EuGH, Urt. v. 23.4.2009, *VTB-VAB NV/ Total Belgium NV und Galatea BVBA/ Sanoma Magazines Belgium NV*, Rs. C-261/07 und C-299/07, ECLI:EU:C:2007:484 = EuZW 2009, 370, 372, Rn. 52; *Köndgen/ Mörsdorf*, in: Riesenhuber, EurMethodenlehre-HdB, § 6 Rn. 60.

[935] Vgl. *Dreher/Lange*, VersR 2011, 825, 826.

nicht mehr an deutschen Grundrechten zu messen sind.[936] Dies ergibt sich aus dem Anwendungsvorrang des Unionsrechts.[937] Dieser gilt auch gegenüber den Grundrechten des GG.[938] Solche vollständig determinierten Vorschriften können sowohl Verordnungen nach Art. 288 Abs. 2 AEUV als auch Richtlinien nach Art. 288 Abs. 3 AEUV sein.[939] Im Ergebnis lässt sich mithin festhalten, dass die Grundrechte des GG nicht Maßstab des VAG sind.[940]

Der Grundrechtsschutz erfolgt hier also nicht durch nationale, sondern durch europäische Grundrechte[941], die in der GRC verbürgt sind.

Die GRC gilt gemäß Art. 51 Abs. 1 S. 1 Alt. 2 GRC für die Mitgliedsstaaten bei der Durchführung des Unionsrechts. Dies bedeutet insbesondere, dass diese bei der administrativen Vollziehung von europäischen Verordnungen und bei der legislativen Umsetzung von Richtlinien an die GRC gebunden sind.[942] Gleiches gilt, wenn bestehende nationale Vorgaben aufgrund von Richtlinien geändert oder ergänzt werden.[943]

Konkret folgt hieraus, dass die BaFin die GRC bei der Anwendung des VAG zu beachten hat.[944] Für die vorliegende Untersuchung bedeutet dies zudem, dass das VAG an der GRC zu messen ist. Gleiches gilt für

936 BVerfG, Beschl. v. 6.11.2019, 1 BvR 16/13 (*Recht auf Vergessen I*), BVerfGE 152, 152, 169, Rn. 42; BVerfG, Beschl. v. 11.3.2008, 1 BvR 256/08 (*Vorratsdatenspeicherung*), BVerfGE 121, 1, 15.

937 Grdl. EuGH, Urt. v. 15.7.1964, *Costa/E.N.E.L.*, Rs. 6/64, ECLI:EU:C:1964:66 = BeckRS 1964, 105086, Rn. 44 ff.; BVerfG, Beschl. v. 9.6.1971, 2 BvR 225/69 (*Milchpulver*), BVerfGE 31, 145, 174 f.; die dogmatische Herleitung ist zwischen BVerfG und EuGH umstritten; s. dazu *Voßkuhle*, in: Huber/Voßkuhle, GG, Bd. 3, Art. 93 Rn. 82a ff.

938 *Britz*, NJW 2021, 1489, 1490, Rn. 4.

939 BVerfG, Beschl. v. 27.4.2021, 2 BvR 206/14 (*Ökotox*), NVwZ 2021, 1211, 1213, Rn. 43; BVerG, Beschl. v. 13.3.2007, 1 BvF 1/05 (*Treibhausgas-Emissionshandel*), BVerfGE 118, 79, 95.

940 Zur grundrechtlichen Relevanz des VAG a.F. anhand der Grundrechte des GG s. *Ernst*, Rechtsstaatlichkeit im Versicherungsaufsichtsrecht, S. 59 ff.

941 Wenn im Nachfolgenden von Grundrechten die Rede ist, sind stets die Grundrechte im Sinne der Charta der Grundrechte der Europäischen Union gemeint, soweit dies nicht anders deutlich gemacht wird.

942 *Kingreen*, in: Calliess/Ruffert, EUV AEUV, Art. 51 GRC Rn. 8.

943 *Pache*, in: Pechstein/Nowak/Häde, FrankfurterKomm EUV/GRC/AEUV, Bd. 1, Art. 51 GRC Rn. 20.

944 *Dreher*, in: Dreher, VAG, Einl. Rn. 139.

europäische Verordnungen[945] wie z.B. die Solva-II-VO oder die Offenlegungs-/ Taxonomie-VO.

2. EMRK

Die EMRK wirkt sich sowohl auf das nationale Verfassungsrecht als auch die GRC aus[946], daher ist sie bei der Ausleuchtung der grundlegenden Rahmenbedingungen in den Blick zu nehmen. Die EU selbst ist zwar der Konvention bisher nicht beigetreten; es besteht lediglich gemäß Art. 6 Abs. 2 S. 1 EUV[947] eine Ermächtigung zum Beitritt.[948]

Allerdings bildet die EMRK die „wichtigste" Rechtserkenntnisquelle des Unionsrechts.[949] Dies wird auch anhand von Art. 6 Abs. 3 EUV deutlich.

Gleichfalls hebt auch die GRC die Bedeutung der EMRK als Rechtserkenntnisquelle hervor und weist diese als Mindestschutzniveau aus, welches nicht unterschritten werden darf (Art. 52 Abs. 3 S. 1 GRC).[950]

Der EuGH berücksichtigt bei der Auslegung des Unionsrechts neben der EMRK auch die Rechtsprechung des EGMR.[951]

Die Bundesrepublik Deutschland ist der EMRK beigetreten und daher auch zur Einhaltung der Konventionsrechte verpflichtet[952]. Zwar hat die EMRK in Deutschland nur die Stellung eines einfachen Bundesgesetzes (Art. 59 Abs. 2 S. 1 GG)[953], dennoch zieht auch das BVerfG in ständiger Rechtsprechung aufgrund der Völkerrechtsfreundlichkeit der Verfassung die EMRK und die Rechtsprechung des EGMR als „Auslegungshilfe" bei der Interpretation der Vorschriften des GG heran – die Möglichkeit der völkerrechtsfreundlichen Auslegung endet allerdings, sofern diese nach den anerkannten Methoden

---

945 *Kingreen*, in: Calliess/Ruffert, EUV AEUV, Art. 51 GRC Rn. 8.

946 *Grabenwarter/Pabel*, EMRK, § 4 Rn. 1.

947 Vertrag über die Europäische Union v. 13.12.2007, ABl. 2007 C 306, S. 1.

948 *Hatje*, in: Schwarze/Becker/Hatje/Schoo, EU-Kommentar, Art. 6 EUV Rn. 11.

949 *Kingreen*, in: Calliess/Ruffert, EUV AEUV, Art. 6 EUV Rn. 7.

950 *Jarass*, GRC, Art. 52 Rn. 64.

951 Sehr deutlich EuGH, Urt. v. 2.2.2021, *DB/ Consob u.a.*, Rs. C-481/19, ECLI:EU:C:2021:84 = NZG 2021, 295, 296 f., Rn. 37; EuGH, Urt. v. 30.6.2016, *Delta Air Lines/ Daniel Dam*, Rs. C-305/15, ECLI:EU:C:2016:499 = BeckRS 2016, 81416, Rn. 41 m.w.N.; EuGH, Urt. v. 22.10.2002, *Roquette Frères*, Rs. C-94/00, ECLI:EU:C:2002:603 = EuR 2003, 244, 248, Rn. 29.

952 *Kingreen*, in: Calliess/Ruffert, EUV AEUV, Art. 6 EUV Rn. 22.

953 *Grabenwarter/Pabel*, EMRK, § 3 Rn. 8 m.w.N.

der Gesetzesauslegung und Verfassungsinterpretation nicht mehr vertretbar ist[954]. Dem nachfolgend soll bei der Auslegung des Unionsrechts auch die EMRK und die Rechtsprechung des EGMR in den Blick genommen werden.

3. Vorbehalt des Gesetzes

Es heißt in Art. 52 Abs. 1 S. 1 Alt. 1 GRC ausdrücklich, dass jede Einschränkung der Ausübung der in der Charta anerkannten Rechte und Freiheiten gesetzlich vorgesehen sein muss. Das Gesetz formuliert an dieser Stelle einen „Vorbehalt des Gesetzes“[955], welcher auch als allgemeiner Rechtsgrundsatz des Unionsrechts[956] anerkannt ist.[957]

Dieser Grundsatz besagt, dass staatliche bzw. unionale, für den Einzelnen belastende Maßnahmen einer gesetzlichen Grundlage bedürfen.[958] Es muss sich dabei nicht unbedingt um ein formelles Parlamentsgesetz handeln, sondern abgeleitetes Recht kann genügen, wenn es auf ein Parlamentsgesetz rückführbar ist.[959] Ebenfalls ist in der Rechtsprechung des EGMR anerkannt, dass ein staatlicher Eingriff in den Schutzbereich eines von der GRC geschützten Rechts eine gesetzliche Grundlage zur Voraussetzung hat.[960]

---

[954] BVerfG, Beschl. v. 29.1.2019, 2 BvC 62/14 (*Wahlrechtsausschluss betreuter Personen*), BVerfGE 151, 1, 27 f., Rn. 62 ff.; BVerfG, Urt. v. 4.5.2011, 2 BvR 2365/09 u.a. (*EGMR Sicherungsverwahrung*), BVerfGE 128, 326, 367 ff.; BVerfG, Beschl. v. 14.10.2004, 2 BvR 1481/04 (*EGMR-Entscheidungen*), BVerfGE 111, 307, 328 f.; s. dazu auch *Polzin*, ZaöRV 2023, 741 ff.

[955] *Pache*, in: Pechstein/Nowak/Häde, FrankfurterKomm EUV/GRC/AEUV, Bd. 1, Art. 52 GRC Rn. 18.

[956] EuGH, Urt. v. 17.10.1989, *Dow Chemical Ibérica u.a./ Kommission*, Verb. Rs. 97–99/87, ECLI:EU:C:1989:380 = BeckRS 2004, 73983, Rn. 16; EuGH, Urt. v. 21.9.1989, *Hoechst/ Kommission*, Verb. Rs. 46/87 und 227/88, ECLI:EU:C:1989:337 = NJW 1989, 3080, 3081, Rn. 19.

[957] Zum Verhältnis von unionsrechtlichem Grundsatz und GRC s. *Beckenberger*, EuR 2023, 252, 254 f.

[958] *Pache*, in: Pechstein/Nowak/Häde, FrankfurterKomm EUV/GRC/AEUV, Bd. 1, Art. 52 GRC Rn. 18.

[959] *Szczekalla*, in: Heselhaus/Nowak, EU-Grundrechte-HdB, § 10 Rn. 31.

[960] EGMR, Urt. v. 9.10.2014, 37873/04 (*Konovalova/ Russland*), NJW-RR 2015, 1432, 1433, Rn. 42; ebenso *Stelkens*, in: Stelkens/Bonk/Sachs, VwVfG, Europäisches Verwaltungsrecht, Europäisierung des Verwaltungsrechts und Internationales Verwaltungsrecht Rn. 15a.

Im Bereich des Versicherungsaufsichtsrechts „determinieren" die Grundrechte die Reichweite vom Vorbehalt des Gesetzes und die Anwendung bzw. Auslegung von Generalklauseln.[961] Dies bedeutet konkret: Je stärker die grundrechtliche Relevanz eines Eingriffs ist, desto eher ist eine spezielle Eingriffsbefugnis bzw. sind spezialgesetzlich normierte Pflichten für Versicherungsunternehmen zu fordern.[962]

4. Bestimmtheitsgebot

Das Bestimmtheitsgebot ist als solches nicht in der GRC kodifiziert. Es lässt sich aber aus Art. 49 Abs. 1 S. 1 GRC herleiten; es ist als „klassisches rechtsstaatliches Kontrollinstrument" zuvörderst im Zusammenhang mit den Anforderungen an Sanktionsnormen zu sehen.[963] Darüber hinaus ist das Bestimmtheitsgebot als allgemeiner Grundsatz des Unionsrechts anerkannt.[964]

Verallgemeinernd lässt sich formulieren, dass Vorschriften bestimmbar sein müssen, um dem Bestimmtheitsgebot zu genügen.[965] Das Bestimmtheitsgebot dient dem Schutz vor willkürlichen staatlichen Eingriffen.[966]

Inhaltlich setzt das Bestimmtheitsgebot voraus, dass sowohl der Tatbestand als auch die Rechtsfolge einer (Sanktions-)Norm für den Adressaten erkennbar und vorhersehbar sind.[967] Dies schließt allerdings nicht aus, dass

---

[961] *Michael*, in: Ehlers/Fehling/Pünder, Bes. VerwR, Bd. 1, § 33 Rn. 13; s. im Allgemeinen auch *Ernst*, Rechtsstaatlichkeit im Versicherungsaufsichtsrecht, S. 68 ff.

[962] Vgl. *Michael*, in: Ehlers/Fehling/Pünder, Bes. VerwR, Bd. 1, § 33 Rn. 13.

[963] Vgl. *Schröder*, in: Pechstein/Nowak/Häde, FrankfurterKomm EUV/GRC/AEUV, Bd. 1, Art. 49 GRC Rn. 10; der EuGH leitet das Bestimmtheitsgebot aus dem Grundsatz der Rechtssicherheit ab; vgl. z.B. EuGH, Urt. v. 11.6.2009, *Nijemeisland*, Rs. C-170/08, ECLI:EU:C:2009:369 = BeckRS 2009, 70630, Rn. 44.

[964] EuGH, Urt. v. 28.6.2005, *Dansk Rørindustri u.a.*, Rs. C-189/02 P u.a., ECLI:EU:C:2005:408 = BeckRS 2005, 70478, Rn. 220; EuGH, Urt. v. 12.12.1996, *Torino*, Verb. Rs. C-74/95 und C-129/95, ECLI:EU:C:1996:491 = BeckRS 9998, 81450, Rn. 25.

[965] *Schröder*, in: Pechstein/Nowak/Häde, FrankfurterKomm EUV/GRC/AEUV, Bd. 1, Art. 49 GRC Rn. 10: „Gleichung Bestimmtheit ist Bestimmbarkeit"; dagegen einschränkend *Kubiciel/Großmann*, in: Meyer/Hölscheidt, NK-GRC, Art. 49 Rn. 23.

[966] EuGH, Urt. v. 17.12.2015, *WebMindLicenses*, Rs. C-419/14, ECLI:EU:C:2015:832 = BeckRS 2015, 82013, Rn. 81.

[967] *Jarass*, GRC, Einl. Rn. 46; *Voet van Vormizeele*, in: Schwarze/Becker/Hatje/Schoo, EU-Kommentar, Art. 49 GRC Rn. 7.

unbestimmte Rechtsbegriffe bzw. Generalklauseln verwendet werden.[968] Der Maßstab zur Bestimmung der Bestimmtheitsanforderungen richtet sich nach der Eigenheit des zu regelnden Sachverhalts und der Intensität der Grundrechtsbeeinträchtigung des Regelungsadressaten.[969]

Nach der Rechtsprechung des EuGH muss eine Regelung klar und deutlich sein, damit der Einzelne seine Rechte und Pflichten unzweideutig erkennen und daraus seine Vorkehrungen treffen kann.[970] Unzweideutigkeit meint im Umkehrschluss, dass der Einzelne seine Rechte und Pflichten eindeutig erkennen muss. Die Erkennbarkeit einer Norm setzt voraus, dass diese inhaltlich klar bestimmt und auch in sich widerspruchsfrei ist.[971] Einer widersprüchlichen Norm fehlt das Merkmal der Eindeutigkeit.

In einer früheren Entscheidung bemängelte der EuGH die „Klarheit" einer angegriffenen Norm mit der Begründung, dass die in Streit stehende Norm zuerst im Sinne des Klägers und später in konträrer Weise von der Behörde ausgelegt worden sei.[972]

Der EGMR hat in Bezug auf Art. 7 Abs. 1 EMRK geurteilt, dass die Rechtsprechung der Vertragsstaaten widerspruchsfrei sein muss.[973] Wenn dieser

---

968 *Schröder*, in: Pechstein/Nowak/Häde, FrankfurterKomm EUV/GRC/AEUV, Bd. 1, Art. 49 GRC Rn. 10; zur Zulässigkeit nach deutschem Verfassungsrecht s. BVerfG, Beschl. v. 11.3.2020, 2 BvL 5/17 (*Knorpelfleisch*), BVerfGE 153, 310, 341 f., Rn. 77.

969 Zu den Anforderungen an den Bestimmtheitsgrundsatz nach dem GG BVerfG, Urt. v. 22.10.2000, 1 BvR 2307/94 u.a. (*EALG*), BVerfGE 102, 254, 337 m.w.N.; ähnlich BVerwG, Urt. v. 3.7.2002, 6 CN 8/01, BVerwGE 116, 347, 350.

970 EuGH, Urt. v. 28.5.2020, *ISE*, Rs. C-796/18, ECLI:EU:C:2020:395 = BeckRS 2020, 10203, Rn. 70 m.w.N.; EuGH, Urt. v. 9.7.1981, *Gondrand u.a.*, Rs. 169/80, ECLI:EU:C:1981:171 = BeckRS 2004, 71922, Rn. 17.

971 Zum deutschen Recht *Sachs*, in: Sachs, GG, Art. 20 Rn. 125 m.w.N.; *Grzeszick*, in: Dürig/Herzog/Scholz, GG-Kommentar, Bd. III, Art. 20 VII. Rn. 56 m.w.N.; wobei jeweils auf das Prinzip der Rechtsklarheit abgestellt wird; zum Europarecht *Kabelbach*, in: Schulze/Janssen/Kadelbach, EuropaR-HdB, § 8 Rn. 45, der das Prinzip der Rechtsklarheit als Teilaspekt der Rechtssicherheit sieht; *Sydow/Wittreck*, VerfassungsR I, Kap. 6 Rn. 19 erkennen die „Maxime" der Rechtsklarheit wohl als gemeinsames deutsches und europäisches Prinzip an, wobei allerdings nur auf die Rspr. des BVerfG verwiesen wird.

972 EuGH, Urt. v. 9.7.1981, *Gondrand u.a.*, Rs. 169/80, ECLI:EU:C:1981:171 = BeckRS 2004, 71922, Rn. 18.

973 *Kadelbach*, in: Dörr/Grote/Marauhn, EMRK/GG, Bd. I, Kap. 15 Rn. 25 mit Verweis auf die Rspr. des EGMR; ebenso *Grabenwarter/Pabel*, EMRK, § 24 Rn. 156; *Hammer-Strnad*,

Grundsatz für die Rechtsprechung gilt, muss dieser erst recht[974] für Normen gelten.

5. Verhältnismäßigkeit

Der Grundsatz der Verhältnismäßigkeit ist in Art. 52 Abs. 1 S. 2 GRC kodifiziert. Zudem ist dieser in Art. 5 Abs. 1 S. 2 Alt. 2, Abs. 4 EUV normiert.[975] Die Verhältnismäßigkeit gehört nach der Rechtsprechung des EuGH zu den allgemeinen Grundsätzen des Unionsrechts und besagt, dass belastende Maßnahmen nur rechtmäßig sind, wenn sie zur Erreichung der zulässigerweise verfolgten Ziele geeignet, erforderlich und angemessen sind.[976]

Der Verhältnismäßigkeitsgrundsatz fungiert als Maßstab für die Beurteilung der Rechtmäßigkeit eines Grundrechtseingriffs[977]. Der Grundsatz der Verhältnismäßigkeit dient dazu, die konkurrierenden Rechtsgüter in einem Abwägungsprozess auszugleichen.[978]

6. Grundrechte

Es wird nachfolgend die Vereinbarkeit der nachhaltigkeitsbezogenen Vorschriften der Solva-II-VO und des *Nudging*-Konzepts mit den Grundrechten der Regelungsadressaten untersucht. Hierbei werden zunächst die einschlägigen Grundrechte herausgearbeitet. Anschließend wird aufgezeigt, inwiefern die nachhaltigkeitsbezogenen Vorschriften und die *Nudging*-Maßnahmen Grundrechtseingriffe darstellen. Abschließend wird geprüft, ob die vorgefundenen Eingriffe gerechtfertigt sind.

Das Bestimmtheitsgebot als allgemeiner Rechtsgrundsatz des Europäischen Gemeinschaftsrecht, S. 141, wobei das dort aufgeführte Urteil des EGMR die Verletzung von Art. 7 Abs. 1 EMRK verneint.

974 Nach *Puppe*, Kleine Schule des juristischen Denkens, S. 221 kann das Erst-recht-Argument auch für die Erweiterung eines Rechtssatzes der Rechtsprechung oder Dogmatik genutzt werden.

975 S. übersichtlich dazu *Wandt/Sehrbrock*, VersR 2012, 802, 804 f.

976 EuGH, Urt. v. 11.7.1989, *Schräder*, Rs. 265/87, ECLI:EU:C:1989:303 = BeckRS 2004, 72769, Rn. 21; ähnlich EuGH, Urt. v. 30.6.2016, *Lidl*, Rs. C-134/15, ECLI:EU:C:2016:498 = BeckRS 2016, 81408, Rn. 33 m.w.N.

977 *Pache*, in: Pechstein/Nowak/Häde, FrankfurterKomm EUV/GRC/AEUV, Bd. 1, Art. 52 GRC Rn. 24.

978 Vgl. *Kingreen*, in: Calliess/Ruffert, EUV AEUV, Art. 52 GRC Rn. 65.

a) Betroffene Grundrechte

Der sachliche und der persönliche Schutzbereich des jeweiligen Grundrechts werden gemeinsam dargestellt. Teilweise werden auch Ausführungen zum Eingriff erfolgen, um zu erklären, warum ein Grundrecht für die hiesige Untersuchung nicht relevant ist.

aa) Grundrechte der Versicherungsunternehmen

(1) Unternehmerische Freiheit

Das zentrale Grundrecht zum Schutz der Versicherungsunternehmen stellt die unternehmerische Freiheit gemäß Art. 16 GRC dar.[979] Es umfasst die Freiheit, eine Wirtschafts- oder Geschäftstätigkeit auszuüben, die Vertragsfreiheit und den freien Wettbewerb.[980] Alle Aspekte der Durchführung einer wirtschaftlichen Betätigung fallen in den Schutzbereich des Grundrechts.[981]

Ebenso gehört der Schutz von Geschäfts-, Berufs- und/oder Betriebsgeheimnissen vor Offenlegungspflichten zum Schutzbereich von Art. 16 GRC.[982] Zudem ist die Organisationsfreiheit eines Unternehmens geschützt, wozu gehört, dass ein Unternehmen im Rahmen der eigenen Verantwortung frei über wirtschaftliche, technische und finanzielle Ressourcen verfügen kann.[983]

---

979 *Wollenschläger*, EuZW 2015, 285 bezeichnet das Grundrecht als einen „Pfeiler der unionalen Wirtschaftsverfassung".

980 EuGH, Urt. v. 22.1.2013, *Sky Österreich*, Rs. C-283/11, ECLI:EU:C:2013:28 = ZUM 2013, 202, 205, Rn. 42 m.w.N.

981 *Jarass*, GRC, Art. 16 Rn. 10 m.w.N.; für einen weit verstandenen Schutzbereich auch *Frenz*, GewArch 2009, 427, 429.

982 *Nowak*, in: Heselhaus/Nowak, EU-Grundrechte-HdB, § 35 Rn. 37 m.w.N., wobei auch darauf verwiesen wird, dass der EuGH sich in jüngerer Rspr. zur Begründung nicht auf Art. 16 GRC festgelegt habe; jedenfalls ist der Schutz von Geschäftsgeheimnissen als allgemeiner Grundsatz in der Rspr. des EuGH anerkannt, s. EuGH, Urt. v. 29.3.2012, *Interseroh/ SAM*, Rs. C-1/11, ECLI:EU:C:2012:194 = NVwZ 2012, 615, 616 f., Rn. 43 m.w.N.; EuGH, Urt. v. 14.2.2008, *Verec SA/ Belgien*, Rs. C-450/06, ECLI:EU:C:2008:91 = NVwZ 2008, 651, 653, Rn. 49 m.w.N.; zum Schutz vor Informationspflichten durch Art. 16 GRC s. *Präve*, VersR 2023, 1075, 1077.

983 EuGH, Urt. v. 27.4.2013, *UPC Telekabel Wien*, Rs. C-314/12, ECLI:EU:C:2014:192 = BeckRS 2014, 80615, Rn. 49; *Schmid/Späth*, NZKart 2022, 568, 572: „Autonomie im Wettbewerb"; speziell für das Versicherungsaufsichtsrecht *Dreher*, in: Dreher, VAG, Einl. Rn. 140.

In diesen Schutzbereich fallen auch die eigenverantwortliche Gestaltung und Organisation von Geschäftsmodellen sowie der Betriebsabläufe.[984]

Juristische Personen des Privatrechts sind vom persönlichen Schutzbereich des Grundrechts erfasst.[985] Im Ergebnis lässt sich festhalten, dass sich die Versicherungsunternehmen auf Art. 16 GRC berufen können, um sich vor Offenlegungs-, Informations- und Organisationspflichten zu schützen.

(2) Eigentumsfreiheit

Daneben ist auch die Eigentumsfreiheit gemäß Art. 17 Abs. 1 GRC ein zentrales Grundrecht für den Schutz vor staatlichen Eingriffen in unternehmerische Positionen. Nach der Rechtsprechung des EuGH fallen unter den Eigentumsbegriff „vermögenswerte Rechte, aus denen sich im Hinblick auf die Rechtsordnung eine gesicherte Rechtsposition ergibt, die eine selbständige Ausübung dieser Rechte durch und zu Gunsten ihres Inhabers ermöglicht"[986].

Art. 17 Abs. 1 GRC ist einschlägig, wenn es um substanzbezogene Pflichten geht; dagegen ist der Schutzbereich von Art. 16 GRC oder Art. 15 Abs. 1 GRC eröffnet, wenn es um handlungsbezogene Pflichten geht.[987]

Der EuGH hat sich in der Vergangenheit nicht festgelegt, ob die Pflicht zur Veröffentlichung von Geschäftsdaten dem Schutzbereich des Art. 17 Abs. 1 GRC unterfällt.[988] Ebenso im Bereich des Futtermittelrechts hat der EuGH offengelassen, ob eine aus einer europäischen Richtlinie entstammende und den Tierfutterherstellern auferlegte Pflicht, die genaue Zusammensetzung des Tierfutters den Kunden auf Anfrage mitteilen zu müssen, in den Schutzbereich der Eigentumsfreiheit fällt.[989] In der Literatur wird in Bezug auf

---

[984] *Gundel*, ZHR 180 (2016), 323, 350.

[985] *Blanke*, in: Stern/Sachs, GRC, Art. 16 Rn. 11.

[986] EuGH, Urt. v. 22.1.2013, *Sky Österreich*, Rs. C-283/11, ECLI:EU:C:2013:28 = ZUM 2013, 202, 204 f., Rn. 34; ähnlich EuGH, Urt. v. 21.5.2019, *Kommission/ Ungarn*, Rs. C-235/17, ECLI:EU:C:2019:432 = BeckRS 2019, 9091, Rn. 69.

[987] *Jarass*, NVwZ 2006, 1089, 1090 m.w.N.; ähnlich auch *Wollenschläger*, in: Peers/Hervey/ Kenner/Ward, Fundamental Rights, Art. 17 Abs. 1 Rn. 2 m.w.N.; zur Abgrenzung zwischen Art. 16 GRC und Art. 15 Abs. 1 GRC s. Teil 3.II.6.a)aa)(4).

[988] EuGH, Urt. v. 29.3.2012, *Interseroh/ SAM*, Rs. C-1/11, ECLI:EU:C:2012:194 = NVwZ 2012, 615, 616 f., Rn. 43 f.

[989] EuGH, Urt. v. 6.12.2005, *ABNA u.a.*, Rs. C-453/03 u.a., ECLI:EU:C:2005:741 = BeckRS 2005, 70934, Rn. 88.

eine solche Pflicht vertreten, dass sich die Hersteller des Tierfutters auf die Eigentumsfreiheit berufen können.[990]

Die Überlegung, den Schutzbereich von Art. 17 Abs. 1 GRC im Hinblick auf die vorgenannte Offenlegungspflicht zu eröffnen, lässt sich nicht auf den hiesigen versicherungsaufsichtsrechtlichen Kontext übertragen.

Die Mitteilung der Angaben zum Inhalt des Tierfutters kann nämlich maßgeblich dazu beitragen, dass Konkurrenten aufgrund dieser Angaben ein ähnliches Futter herstellen können; die staatlich verordnete Offenlegungspflicht knüpft also an den Inhalt des Produktes an. Hier kommt auch der obige Gedanke an den Substanzbezug zum Tragen.

Zudem ist das Futter von erheblicher marktwirtschaftlicher Bedeutung für die Unternehmen und die Entwicklung beruht maßgeblich auf Eigenleistung[991].

Dies lässt sich nicht auf Offenlegungs- und Informationspflichten für Versicherungsunternehmen übertragen, da die zu veröffentlichende Information, z.B. im Hinblick auf geschäftliche Tätigkeiten, selbst keine Eigenleistung ist und auch keine Gefahr besteht, dass Konkurrenten sich diese Informationen zum Nachteil des informationspflichtigen Versicherungsunternehmens zunutze machen. Es fehlt in diesem Zusammenhang zudem der Substanzbezug.

Im Ergebnis lässt sich festhalten, dass sich Versicherungsunternehmen in Bezug auf Offenlegungs- und Informationspflichten nicht auf Art. 17 Abs. 1 GRC berufen können.

Gleiches gilt für Organisationspflichten, da es auch hier an einem Substanzbezug fehlt.[992]

(3) Recht am eingerichteten und ausgeübten Gewerbebetrieb

Die Frage, ob ein selbstständiges Recht am eingerichteten und ausgeübten Gewerbebetrieb existiert oder ob dieses Recht lediglich einen Unterfall des

---

990 *Heselhaus*, in: Heselhaus/Nowak, EU-Grundrechte-HdB, § 36 Rn. 49.

991 Zum zentralen Aspekt des Leistungsgedankens *Sonnevend*, in: Grabenwarter, EnzEuR, Bd. 2, § 15 Rn. 40 m.w.N.

992 Art. 12 Abs. 1 GG schützt im nationalen Kontext vor (Unternehmens-)Organisationspflichten; dazu *Rudkowski*, RdA 2020, 232, 238 im Zusammenhang mit der Lieferkettenregulierung; *Fluck*, NVwZ 2021, 1568 verweist dagegen pauschal auf Art. 2, 12, 14 GG.

Eigentumsrechts aus Art. 17 Abs. 1 GRC darstellt, ist bisher nicht abschließend geklärt.[993]

Der EuGH hat sich zu der Frage des Rechts am eingerichteten und ausgeübten Gewerbebetrieb bisher nicht eindeutig positioniert.[994] In der Rechtsprechung des EGMR ist anerkannt, dass der Kundenstamm und das *Goodwill* eines Unternehmens von Art. 1 Zusatzprotokoll zur EMRK vom 20. März 1952[995] geschützt sind[996], woraus in der Literatur abgeleitet wird, dass das Recht am eingerichteten und ausgeübten Gewerbebetrieb durch die EMRK und das vorgenannte Zusatzprotokoll geschützt ist[997].

In der neueren Rechtsprechung des BVerfG wurde die Frage bislang offengelassen, ob Art. 14 Abs. 1 S. 1 GG das Recht am eingerichteten und ausgeübten Gewerbebetrieb schützt.[998] Wenn man unter Berücksichtigung der ergangenen Rechtsprechung des EuGH und unter Hinzuziehung der EMRK und der Rechtsprechung des EGMR[999] annehmen wollte, dass das Recht am eingerichteten und ausgeübten Gewerbebetrieb unter Art. 17 Abs. 1 GRC fällt oder als selbstständiges Recht geschützt ist, so reicht dieser Schutz

---

993 *Heselhaus*, in: Heselhaus/Nowak, EU-Grundrechte-HdB, § 36 Rn. 42; ebenso *Papier/Shirvani*, in: Dürig/Herzog/Scholz, GG-Kommentar, Bd. II, Art. 14 Rn. 100 m.w.N.

994 Vgl. EuGH, Urt. v. 6.12.1984, *Biovilac*, Rs. 59/83, ECLI:EU:C:1984:380 = BeckRS 2004, 73381, Rn. 22; ebenso die Einschätzung von *Schwarze/Voet van Vormizeele*, in: Schwarze/Becker/Hatje/Schoo, EU-Kommentar, Art. 17 GRC Rn. 3; zweifelnd, ob der EuGH dieses Recht unter den Eigentumsschutz fasst, *Sonnevend*, in: Grabenwarter, EnzEuR, Bd. 2, § 15 Rn. 55 m.w.N.

995 Zusatzprotokoll zur Konvention zum Schutz der Menschenrechte und Grundfreiheiten v. 20.3.1952, BGBl. 1956 II S. 1879.

996 EGMR, Urt. v. 16.10.2018, 21.623/13 (*Könyv-Tár Kft u.a./ Ungarn*), NLMR 2018, 465, 466, Rn. 31; EGMR, Entsch. v. 25.5.1999, 37592/97 (*Olbertz/ Bundesrepublik Deutschland*), NJW 2001, 1558 f. m.w.N.

997 *Heselhaus*, in: Heselhaus/Nowak, EU-Grundrechte-HdB, § 36 Rn. 42; wohl auch *Cremer*, in: Dörr/Grote/Marauhn, EMRK/GG, Bd. II, Kap. 22 Rn. 71; *Kaiser*, in: Karpenstein/Mayer, EMRK, EMRKZusProt I Art. 1 Rn. 23 nimmt darüberhinausgehend an, dass der Schutzbereich im Rahmen der EMRK weiter als beim Recht am eingerichteten und ausgeübten Gewerbebetrieb nach dem GG reicht.

998 BVerfG, Urt. v. 6.12.2016, 1 BvR 2821/11 u.a. (*Atomausstieg*), BVerfGE 143, 246, 331 f., Rn. 240 m.w.N.; BVerfG, Beschl. v. 22.5.1979, 1 BvR 9/75 (*Schloßberg*), BVerfGE 51, 193, 221 f.; anders noch, nämlich bejahend, BVerfG, Urt. v. 30.4.1952, 1 BvR 14/52 u.a. (*Bezirksschornsteinfeger*), BVerfGE 1, 264, 277 f.

999 Vgl. zum Einfluss der EMRK und der Rechtsprechung des EGMR bereits Teil 3.II.2.

jedoch nicht weiter als der Eigentumsschutz, da der EuGH in der Rs. *Biovilac* die Eigentumsfreiheit und das Recht am eingerichteten und ausgeübten Gewerbebetrieb gemeinsam geprüft hat[1000].

Ein Eingriff in das Recht am eingerichteten und ausgeübten Gewerbebetrieb setzt danach voraus, dass dieser substanzbezogen erfolgt; dies bedeutet, dass Produktionsstätten oder -anlagen betroffen sein müssen.[1001] Für die Untersuchung hat dies zur Folge, dass dieses Grundrecht nicht einschlägig ist, da es bei Offenlegungs-, Informations- und Organisationspflichten an einem substanzbezogenen Eingriff fehlt.

(4) Berufsfreiheit

Der Schutzbereich von Art. 15 Abs. 1 GRC umfasst die Wahl des Berufs bzw. der Arbeit und ebenso die Ausübung derselben.[1002] Beruf meint jede für eine gewisse Dauer geleistete entgeltliche Tätigkeit.[1003]

Bisher liegen keine Urteile des EuGH zu Offenlegungs-, Informations- und Organisationspflichten im Bereich des Versicherungsaufsichtsrechts vor, daher muss hier auf vergleichbare Sachverhaltskonstellationen zurückgegriffen werden.

Der EuGH hat den Schutzbereich der Berufsfreiheit im Hinblick auf eine auferlegte Etikettierungspflicht im lebensmittelrechtlichen Kontext als nicht eröffnet erachtet, sondern nur den Schutzbereich des Art. 16 GRC.[1004] Hier stellt sich zunächst die Frage, wie Art. 15 Abs. 1 GRC von Art. 16 GRC abzugrenzen ist[1005] und in welchem Verhältnis die beiden Vorschriften zueinanderstehen.

[1000] Vgl. EuGH, Urt. v. 6.12.1984, *Biovilac*, Rs. 59/83, ECLI:EU:C:1984:380 = BeckRS 2004, 73381, Rn. 22; ebenso *Heselhaus*, in: Heselhaus/Nowak, EU-Grundrechte-HdB, § 36 Rn. 42.

[1001] *Heselhaus*, in: Heselhaus/Nowak, EU-Grundrechte-HdB, § 36 Rn. 42 m.w.N.; *Wollenschläger*, in: v. d. Groeben/Schwarze/Hatje, Europäisches Unionsrecht, Bd. 1, Art. 17 GRC Rn. 16 m.w.N.

[1002] *Jarass*, GRC, Art. 15 Rn. 8 m.w.N.

[1003] *Schubert*, in: Franzen/Gallner/Oetker, EuArbRK, Art. 15 GRC Rn. 14 m.w.N.

[1004] EuGH, Urt. v. 30.6.2016, *Lidl*, Rs. C-134/15, ECLI:EU:C:2016:498 = BeckRS 2016, 81408, Rn. 26.

[1005] Zu den verschiedenen in der Literatur vertretenen Abgrenzungsmodellen *Nowak*, in: Heselhaus/Nowak, EU-Grundrechte-HdB, § 34 Rn. 28 ff.

In den Schlussanträgen in der Rs. *Lidl* betont der GA, bei Art. 15 Abs. 1 GRC stünden die Wahlfreiheit und die Eigenständigkeit der Person im Mittelpunkt, die eng mit den Persönlichkeitsrechten und ihrer Entfaltung verbunden seien.[1006] Dagegen stehe Art. 16 GRC der unternehmerischen Tätigkeit und der Eigentumsfreiheit näher.[1007] Im Kern schützt Art. 15 Abs. 1 GRC den Zugang einer natürlichen Person zu Arbeit und der Berufswahl, wohingegen Art. 16 GRC juristische Personen vor Eingriffen in die Art und Weise, wie ein bestehendes Unternehmen betrieben wird, schützt.[1008]

Hier ist im Hinblick auf die zu untersuchenden Offenlegungs-, Informations- und Organisationspflichten zu konstatieren, dass diese den Schutzbereich der unternehmerischen Tätigkeit betreffen, dagegen aber keinen Bezug zu einem „unternehmerischen Persönlichkeitsrecht"[1009] aufweisen. Ebenso stellen diese Pflichten Anforderungen an die Art und Weise, wie ein Unternehmen zu betreiben ist, nämlich welche Informationen zu publizieren sind bzw. welche inhaltlichen Organisationsvorgaben gelten. Es ist damit festzustellen, dass der Schutzbereich des Art. 15 Abs. 1 GRC nicht eröffnet ist und das Grundrecht damit keine Anwendung findet.

Es wird zudem richtigerweise in der überwiegenden Literatur die Auffassung vertreten, dass Art. 16 GRC die speziellere Regelung gegenüber Art. 15 Abs. 1 GRC darstellt und die Berufsfreiheit daher hinter die Unternehmensfreiheit zurücktritt.[1010] Im hiesigen Kontext können sich die Versicherungsunternehmen auf Art. 16 GRC stützen,[1011] sodass Art. 15 Abs. 1 GRC hinter dieses Grundrecht zurücktritt.

1006 GA *Bobek*, Schlussantrag Rs. C-134/15 v. 16.3.2016, ECLI:EU:C:2016:169 = BeckRS 2016, 80481, Rn. 26.

1007 GA *Bobek*, Schlussantrag Rs. C-134/15 v. 16.3.2016, ECLI:EU:C:2016:169 = BeckRS 2016, 80481, Rn. 26; ebenso betont *Grabenwarter*, in: Grabenwarter, EnzEuR, Bd. 2, § 14 Rn. 25 den primären Schutz der selbstständigen Wirtschaftstätigkeit durch Art. 16 GRC.

1008 GA *Bobek*, Schlussantrag Rs. C-134/15 v. 16.3.2016, ECLI:EU:C:2016:169 = BeckRS 2016, 80481, Rn. 27 m.w.N. zur Rspr. des EuGH.

1009 Dagegen wird das „unternehmerische Persönlichkeitsrecht" als Ausprägung des unternehmerischen Selbstbestimmungsrechts (Art. 2 Abs. 1 GG) weitergefasst; s. bspw. KG, Urt. v. 30.9.2005, 9 U 21/04, BeckRS 2005, 12210.

1010 *Nowak*, in: Heselhaus/Nowak, EU-Grundrechte-HdB, § 34 Rn. 31 m.w.N. auch zur Gegenauffassung.

1011 Dazu schon Teil 3.II.6.a)aa)(1).

(5) Achtung des Privatlebens

Der Schutzbereich von Art. 7 Var. 1 GRC ist weit gefasst.[1012] Nach der Rechtsprechung des EuGH, welche Bezug auf Art. 8 Abs. 1 EMRK und die Rechtsprechung des EGMR nimmt, sind berufliche und geschäftliche Tätigkeiten natürlicher und juristischer Personen vom Schutzbereich des Grundrechts erfasst.[1013]

Der Schutz von Geschäftsgeheimnissen und Geschäftsdaten wurde vor Inkrafttreten der GRC über Art. 8 Abs. 1 EMRK geschützt, welcher dem heutigen Art. 7 GRC entspricht.[1014] Dies bedeutet, dass Art. 7 Var. 1 GRC den Schutz von Geschäftsgeheimnissen und Daten mit geschäftlichem Bezug gewährleistet. Zu klären ist allerdings, wie sich Art. 7 GRC zu Art. 16 GRC verhält.

Eine Abgrenzung dieser Norm im Verhältnis zu Art. 16 GRC erfolgt anhand des Schwerpunktes[1015] und eine Idealkonkurrenz ist nicht anzunehmen[1016].

In diesem Kontext liegt der Schwerpunkt des Schutzes auf Informationen, die im Zusammenhang mit der Geschäftstätigkeit eines Unternehmens stehen. Hier liegt der Bezug auf die unternehmerische Tätigkeit somit näher als der Schutz des Privatlebens.

Auch in der Literatur wird angedeutet, dass der Schutz von Geschäftsgeheimnissen und -daten heute durch Art. 16 GRC gewährleistet wird[1017], sodass ein Rückgriff auf Art. 7 Var. 1 GRC nicht in Betracht kommt. Im Ergebnis lässt sich festhalten, dass die Offenlegungs- und Informationspflichten nicht an Art. 7 Var. 1 GRC zu messen sind.

1012 *Jarass*, GRC, Art. 7 Rn. 13.

1013 EuGH, Urt. v. 14.2.2008, *Verec SA/Belgien*, Rs. C-450/06, ECLI:EU:C:2008:91 = NVwZ 2008, 651, 653, Rn. 48; zustimmend z.B. *Jarass*, GRC, Art. 7 Rn. 17 m.w.N.

1014 Vgl. *Gundel*, ZHR 180 (2016), 323, 354 m.N. zur Rspr. des EuGH.

1015 *Jarass*, GRC, Art. 7 Rn. 9.

1016 *Nowak*, in: Pechstein/Nowak/Häde, FrankfurterKomm EUV/GRC/AEUV, Bd. 1, Art. 7 GRC Rn. 27: Bei geschäftlichen Aspekten tritt Art. 7 GRC „im Regelfall" hinter Art. 16 GRC zurück.

1017 *Gundel*, ZHR 180 (2016), 323, 354 m.w.N.; s. auch Teil 3.II.6.a)aa)(1).

(6) Schutz personenbezogener Daten

Art. 8 Abs. 1 GRC kann als „Datenschutz-Grundrecht“[1018] bezeichnet werden. Der persönliche Schutzbereich ist nach der Rechtsprechung des EuGH auf natürliche Personen beschränkt.[1019] Demnach können sich Versicherungsunternehmen nicht auf den Schutz von Art. 8 Abs. 1 GRC berufen.

(7) Vereinigungsfreiheit

Der Schutzbereich der Vereinigungsfreiheit gemäß Art. 12 Abs. 1 Alt. 2 GRC umfasst die Freiheit, sich ungeachtet der Rechtsform als eine Personenmehrheit zu einem gemeinsamen Zweck freiwillig zusammenzuschließen, wenn dieser Zusammenschluss eine gewisse zeitliche und organisatorische Stabilität aufweist.[1020] Die Vereinigungsfreiheit ist als „Doppelgrundrecht“ ausgestaltet; es schützt nicht nur die Freiheit des Einzelnen, eine Vereinigung zu gründen, einer solchen beizutreten oder sich in ihr zu betätigen, sondern schützt auch die kollektive Vereinigungsfreiheit, also die Freiheit der Vereinigung zu entstehen bzw. zu bestehen.[1021]

Der persönliche Schutzbereich des Grundrechts umfasst sowohl natürliche als auch juristische Personen und Personenvereinigungen des Privatrechts.[1022] Die zu untersuchenden Offenlegungs-, Informations- und Organisationspflichten beeinträchtigen weder das Entstehen noch das Bestehen des Versicherungsunternehmens, mithin ist die Vereinigungsfreiheit nicht tangiert.[1023]

1018 *Gundel*, ZHR 180 (2016), 323, 353.

1019 EuGH, Urt. v. 17.12.2015, *WebMindLicenses*, Rs. C-419/14, ECLI:EU:C:2015:832 = BeckRS 2015, 82013, Rn. 79; EuGH, Urt. v. 9.11.2010, *Schecke und Eifert*, Rs. C-92/09 u.a., ECLI:EU:C:2010:662 = BeckRS 2010, 91284, Rn. 52; *Wollenschläger*, AöR 135 (2010), 363, 382; krit. etwa *Breuer*, in: Heselhaus/Nowak, EU-Grundrechte-HdB, § 25 Rn. 25; *Gundel*, ZHR 180 (2016), 323, 354 m.w.N.; nach *Gersdorf*, in: Gersdorf/Paal, BeckOK InfoMedienR, Art. 8 GRC Rn. 9 umfasst der persönliche Schutzbereich dagegen auch juristische Personen.

1020 *Bernsdorff*, in: Meyer/Hölscheidt, NK-GRC, Art. 12 Rn. 13 m.w.N.

1021 Vgl. *Bernsdorff*, in: Meyer/Hölscheidt, NK-GRC, Art. 12 Rn. 13.

1022 *Mann/Szczekalla*, in: Heselhaus/Nowak, EU-Grundrechte-HdB, § 32 Rn. 19 f. m.N. zur Rspr. des EuGH.

1023 Zu möglichen Eingriffen in Art. 12 Abs. 1 Alt. 2 GRC s. *Jarass*, GRC, Art. 12 Rn. 20a.

(8) Allgemeine Handlungsfreiheit

Die allgemeine Handlungsfreiheit wird weder in der GRC noch in der EMRK ausdrücklich genannt.[1024] Ebenso wenig wird sie im EUV oder AEUV erwähnt.[1025]

In der Rechtsprechung des EuGH ist die allgemeine Handlungsfreiheit singulär erwähnt worden.[1026] Nachfolgend hat der EuGH als allgemeinen Grundsatz des Unionsrechts vorgegeben, dass alle unionalen Eingriffe einer gesetzlichen Grundlage bedürfen und aus den gesetzlichen Gründen gerechtfertigt sein müssen, wobei dies mit den Rechtsordnungen der Mitgliedstaaten begründet wird, welche in unterschiedlicher Ausgestaltung Maßnahmen gegen willkürliche und unverhältnismäßige Eingriffe vorsehen.[1027]

Die überwiegende Literatur erkennt die allgemeine Handlungsfreiheit ebenso als allgemeinen Grundsatz des Unionsrechts an.[1028] Auch erkennt die überwiegende Meinung[1029], der hier gefolgt wird, die allgemeine Handlungsfreiheit als Grundrecht an. Diese Auffassung lässt sich damit begründen, dass ein lückenloser Grundrechtsschutz ohne die Anerkennung einer allgemeinen Handlungsfreiheit als Grundrecht anderenfalls nur über eine „methodisch und dogmatisch unbefriedigende" weite Auslegung der übrigen Grundrechte zu erreichen wäre.[1030]

1024 *Kirchhof*, in: Stern/Sodan/Möstl, StaatsR, Bd. IV, § 109 Rn. 95.

1025 *Haratsch*, in: Heselhaus/Nowak, EU-Grundrechte-HdB, § 22 Rn. 2.

1026 EuGH, Urt. v. 21.5.1987, *Rau*, Rs. 133/85 u.a., ECLI:EU:C:1987:244 = BeckRS 2004, 71549, Rn. 15.

1027 EuGH, Urt. v. 17.10.1989, *Dow Chemical Ibérica u.a./ Kommission*, Verb. Rs. 97–99/87, ECLI:EU:C:1989:380 = BeckRS 2004, 73983, Rn. 16; EuGH, Urt. v. 21.9.1989, *Hoechst/ Kommission*, Rs. 46/87 u.a., ECLI:EU:C:1989:337 = BeckRS 2004, 73156, Rn. 19.

1028 *Borowsky*, in: Meyer/Hölscheidt, NK-GRC, Art. 1 Rn. 35; *Hatje*, in: Schwarze/Becker/ Hatje/Schoo, EU-Kommentar, Art. 6 EUV Rn. 33; m.N. zu krit. Literaturstimmen bei *Mayer*, in: Grabitz/Hilf/Nettesheim, Das Recht der EU, Bd. I, Nach Art. 6 EUV Rn. 122.

1029 *Gärditz*, in: Grabenwarter, EnzEuR, Bd. 2, § 6 Rn. 46 m.w.N.; *Haratsch*, in: Heselhaus/ Nowak, EU-Grundrechte-HdB, § 22 Rn. 8; ebenso *v. Bogdandy*, JZ 2001, 157, 168; krit. allerdings *Driftmann*, Der ernährungspolitische Nudge, S. 199 ff.; zu Problemen bei Fehlen eines „Auffanggrundrechts" im Rahmen des europäischen Grundrechtsschutzes s. *Schmitz*, JZ 2001, 833, 837 f.

1030 *Schmitz*, JZ 2002, 833, 838; *Haratsch*, in: Heselhaus/Nowak, EU-Grundrechte-HdB, § 22 Rn. 34 konstatiert Schutzlücken im europäischen Rechtsschutzsystem ohne die Anerkennung einer allgemeinen Handlungsfreiheit; s. auch Teil 3.II.6.a)cc)(8).

Die allgemeine Handlungsfreiheit ist als Auffanggrundrecht konzipiert[1031] und tritt daher aufgrund der Anwendbarkeit von Art. 16 GRC zurück.

(9) Fazit

Es lässt sich im Ergebnis festhalten, dass sich Versicherungsunternehmen auf den Schutz der unternehmerischen Freiheit gemäß Art. 16 GRC berufen können. Bei den übrigen geprüften Grundrechten ist entweder der Schutzbereich nicht eröffnet, es fehlt an einem Eingriff oder sie treten aus Konkurrenzgründen hinter Art. 16 GRC zurück.

bb) Grundrechte der Anteilseigner/Eigentümer der Versicherungsunternehmen

(1) Unternehmerische Freiheit

Unter einer unternehmerischen Tätigkeit im Sinne des Art. 16 GRC wird das Anbieten von Gütern und Dienstleistungen auf einem Markt verstanden.[1032] Die Anteilseigner/Eigentümer erwerben Anteile an bzw. Aktien von einem Versicherungsunternehmen, allerdings bieten sie selbst keine Versicherungsdienstleistungen an; damit üben sie keine unternehmerische Tätigkeit aus. Die Anteilseigner/Eigentümer können sich daher nicht auf Art. 16 GRC berufen.

(2) Eigentumsfreiheit

In den sachlichen Schutzbereich des Art. 17 Abs. 1 GRC fallen das Anteilseigentum sowie Aktien.[1033] Auch können sich sowohl natürliche als auch juristische Personen auf die Eigentumsfreiheit berufen.[1034]

Hier ist allerdings genauer zu prüfen, ob eine staatliche Offenlegungs-, Informations- und Organisationspflicht einen Eingriff in den Schutzbereich darstellt.

1031 *Haratsch*, in: Heselhaus/Nowak, EU-Grundrechte-HdB, § 22 Rn. 27 m.w.N.

1032 Vgl. *Jarass*, GRC, Art. 16 Rn. 8 m.w.N.

1033 *Kühling*, in: Pechstein/Nowak/Häde, FrankfurterKomm EUV/GRC/AEUV, Bd. 1, Art. 17 GRC Rn. 15; i.E. auch *Mohr*, ZHR 178 (2014), 326, 353.

1034 *Heselhaus*, in: Heselhaus/Nowak, EU-Grundrechte-HdB, § 36 Rn. 52 m.w.N.

Bei Eingriffen in Art. 17 Abs. 1 GRC ist zwischen Entziehung und Beschränkung des Eigentums zu differenzieren.[1035] Vorliegend ist ausschließlich eine Beschränkung des Eigentums in Betracht zu ziehen. Dies setzt voraus, dass die mittelbare Wirkung der staatlichen Maßnahme – hier die Offenlegungs-, Informations- und Organisationspflicht – unmittelbare Auswirkungen, nämlich Beschränkungen, auf die Nutzungs-, Verfügungs- und Verwertungsmöglichkeit hat.[1036] Eine solche unmittelbare Auswirkung ist hier nicht ersichtlich, da die Nutzungs-, Verfügungs- und Verwertungsmöglichkeit des Anteilseigentums bzw. der Aktie durch die vorgenannten Pflichten des Versicherungsunternehmens nicht betroffen ist. Eine rein faktische Betroffenheit der Anteilseigner/Eigentümer ist gerade nicht ausreichend.[1037] Im Ergebnis liegt kein Eingriff in den Schutzbereich des Art. 17 Abs. 1 GRC der Anteilseigner/Eigentümer vor.

(3) Recht am eingerichteten und ausgeübten Gewerbebetrieb

Der Schutz der Anteilseigner/Eigentümer aus Art. 17 Abs. 1 GRC umfasst nicht nur die Inhaberschaft am Gesellschaftsanteil, sondern schützt mittelbar auch die (Mit-)Herrschaft über das gesellschaftlich verfasste Unternehmen und dessen Vermögensgüter.[1038] Hieraus lässt sich folgern, dass sich die Anteilseigner/Eigentümer auch auf den Schutz des eingerichteten und ausgeübten Gewerbebetriebs berufen können. Allerdings ist auch hier zu konstatieren, dass es in Bezug auf die zu untersuchenden Eingriffe an einem Substanzbezug fehlt.[1039] Im Ergebnis lässt sich daher festhalten, dass ein Eingriff in den Schutzbereich des eingerichteten und ausgeübten Gewerbebetriebs nicht vorliegt und die Anteilseigner/Eigentümer sich nicht auf dieses Grundrecht stützen können.

[1035] *Jarass*, GRC, Art. 17 Rn. 17, 19.

[1036] Vgl. *Calliess*, in: Calliess/Ruffert, EUV AEUV, Art. 17 GRC Rn. 14, wobei dieser darauf verweist, dass nach strengerer Auffassung sogar eine Existenzgefährdung vorliegen müsse; zum Eingriffsbegriff allgemein Teil 3.II.6.b).

[1037] Anders bei faktischen Eingriffen durch Realakte; dazu *Heselhaus*, in: Heselhaus/Nowak, EU-Grundrechte-HdB, § 36 Rn. 59.

[1038] *Mohr*, ZHR 178 (2014), 326, 353 m.w.N.

[1039] Hierzu bereits Teil 3.II.6.a)aa)(2).

(4) Berufsfreiheit

Der Schutzbereich der Berufsfreiheit gemäß Art. 15 Abs. 1 GRC könnte eröffnet sein. Hier fehlt es hinsichtlich der Anteilseigner/Eigentümer allerdings bereits an einer dauerhaften Tätigkeit[1040]; es findet lediglich ein einmaliger Erwerbsvorgang von Anteilen bzw. Aktien statt. Der sachliche Schutzbereich des Art. 15 Abs. 1 GRC ist somit nicht eröffnet.

(5) Vereinigungsfreiheit

Anteilseigner/Eigentümer können sich auf den Schutz der Vereinigungsfreiheit aus Art. 12 Abs. 1 Alt. 2 GRC berufen, da sowohl der sachliche als auch der persönliche Schutzbereich eröffnet sind. Allerdings fehlt es an einem Eingriff in den sachlichen Schutzbereich, da die zu untersuchenden Offenlegungs-, Informations- und Organisationspflichten diesen nicht berühren. Im Ergebnis sind die vormals genannten Pflichten nicht an Art. 12 Abs. 1 Alt. 2 GRC zu messen.

(6) Allgemeine Handlungsfreiheit

Es stellt sich die Frage, ob sich die Anteilseigner/Eigentümer subsidiär auf die allgemeine Handlungsfreiheit berufen können. Sowohl der sachliche als auch der persönliche Schutzbereich der Eigentumsfreiheit gemäß Art. 17 Abs. 1 GRC sind für die Anteilseigner/Eigentümer eröffnet[1041] und damit scheidet eine nachrangige Anwendung der allgemeinen Handlungsfreiheit aus[1042].

(7) Fazit

Es lässt sich im Ergebnis festhalten, dass im Hinblick auf staatliche Offenlegungs-, Informations- und Organisationspflichten die Schutzbereiche der Grundrechte der Anteilseigner/Eigentümer nicht eröffnet sind bzw. dass diese Pflichten keinen Eingriff in die jeweiligen Schutzbereiche darstellen.

[1040] Vgl. *Ruffert*, in: Ehlers/Germelmann, GuG, § 6.1 Rn. 11, wonach ein „einmaliges oder kurzfristiges Tätigwerden" nicht ausreicht; nach *Frenz*, GewArch 2008, 465 ist eine „tatsächliche und echte Tätigkeit" erforderlich.

[1041] S. schon Teil 3.II.6.a)bb)(2).

[1042] Vgl. *Haratsch*, in: Heselhaus/Nowak, EU-Grundrechte-HdB, § 22 Rn. 27.

cc) Grundrechte der Versicherungsnehmer

Es sind schließlich die Grundrechte der Versicherungsnehmer zu untersuchen. Es sollen hierbei solche Versicherungsnehmer in den Blick genommen werden, die ein Versicherungsanlageprodukt zu Investitionszwecken erwerben.[1043] Dies hat den Hintergrund, dass die von den Versicherungsunternehmen offenzulegenden Informationen die Investitionsentscheidung der potenziellen Versicherungsnehmer beeinflussen sollen. Hierbei handelt es sich um das sog. *Nudging*.

Es ist in Bezug auf einen Eingriff danach zu differenzieren, ob es um die Einflussnahme auf die Autonomie bzw. Selbstbestimmung oder um Offenlegungs-, Informations- und Organisationspflichten geht.

Zunächst werden die Grundrechte zum Schutz von Ersterem geprüft und anschließend wird Art. 17 Abs. 1 GRC im Hinblick auf Letztere untersucht.

(1) Exkurs: *Nudging*

Der Begriff *Nudging* lässt sich auf Deutsch mit „sanfter Stupser“ übersetzen.[1044] Der US-amerikanische Ökonom *Thaler* und der Jurist *Sunstein* entwickelten das dazugehörige Konzept.[1045] In ihren Worten sind unter *Nudging* „alle Maßnahmen zu verstehen, mit denen Entscheidungsarchitekten das Verhalten von Menschen in vorhersehbarer Weise verändern können, ohne irgendwelche Optionen auszuschließen oder wirtschaftliche Anreize stark zu verändern.“[1046]

Nudging zielt also darauf ab, das Verhalten von Menschen in eine bestimmte Richtung zu beeinflussen bzw. zu steuern, ohne auf Ge- und

---

[1043] Man denke bspw. an eine fondsgebundene Lebensversicherung; dazu etwa *Armbrüster*, in: Langheid/Wandt, MüKo VVG, Bd. 1, § 7b Rn. 4 f.

[1044] *Purnhagen/Reisch*, ZEuP 2016, 629, 636.

[1045] *Thaler/Sunstein*, Nudge, 2008; krit. zum Konzept *Eidenmüller*, JZ 2011, 814, 819 ff.; *Kirchhof*, ZRP 2015, 136; *Weber/Schäfer*, Der Staat 56 (2017), 561, 587 ff.; *Wolff*, RW 2015, 194, 210 ff.; weniger krit. dagegen *Smeddinck*, ZRP 2014, 245, 246; gegen die vorgebrachte Kritik *Krimphove*, RT 48 (2017), 299, 308 ff.

[1046] *Thaler/Sunstein*, Nudge, S. 15; es existieren weitere Definitionen zum Begriff; dazu *Driftmann*, Der ernährungspolitische Nudge, S. 129 ff.; teilweise ist von „Anreizen“ die Rede, wenn es um staatliche Verhaltensbeeinflussung durch einen Rechtsakt geht; dazu *Wolff*, Anreize im Recht, S. 7 ff.; im Gegensatz dazu werden *Nudging*-Maßnahmen als Realakte eingeordnet; *Wolff*, Anreize im Recht, S. 21 f.; diese Differenzierung soll hier allerdings nicht vorgenommen werden.

Verbote zurückzugreifen.[1047] Das Konzept ist vom *libertären Paternalismus* geprägt.[1048]

Dieser Ansatz macht sich den verhaltenswissenschaftlichen Befund zunutze, wonach menschliches Verhalten zu einem großen Teil nicht rational erfolgt.[1049] Diese Erkenntnis soll dergestalt genutzt werden, die Entscheidungsarchitektur so auszuformen, dass die von dem Menschen getroffene Entscheidung zu dessen Wohl ausfällt.[1050] Insbesondere im Rahmen von intuitiven bzw. spontanen Entscheidungen lässt sich durch die Kontrolle von bestimmten Umständen Einfluss auf die zu treffende Entscheidung nehmen.[1051]

Nudging wird mittlerweile in vielen verschiedenen Rechtsbereichen diskutiert, dazu zählt etwa das Gesundheitsrecht[1052], das Lebensmittelrecht[1053], das Infektionsschutzrecht[1054], das Transplantationsrecht[1055], das Straßenverkehrsrecht[1056] sowie das Arbeitsrecht[1057].

Im Bereich der Finanzmarktregulierung[1058] versucht der Staat, die Verhaltensbeeinflussung bzw. -steuerung mit Hilfe von Offenlegungspflichten zu erreichen. Die Verhaltensbeeinflussung betreffend den *Nudging*-Adressaten erfolgt hier mittelbar, indem er private Dritte verpflichtet, Informationen

---

1047 *Hufen*, FS Schmidt-Preuß, 2018, 99, 100; *Hufen*, JuS 2020, 193, 197.

1048 *Thaler/Sunstein*, Nudge, S. 14 ff.; *Weber/Schäfer*, Der Staat 56 (2017), 561, 575 f. sprechen vom *liberalen Paternalismus*.

1049 *Thaler/Sunstein*, Nudge, S. 17 f.; *Weber/Schäfer*, Der Staat 56 (2017), 561, 568 ff. zu den Anomalien, die gegen das Konzept des *homo oeconomicus* sprechen; zu dem zugrunde gelegten Menschenbild s. *Smeddinck*, DV 44 (2011), 375, 377.

1050 *Thaler/Sunstein*, Nudge, S. 15.

1051 *O'Hara*, AöR 145 (2020), 133, 140.

1052 *Beul*, KritV 2019, 39, 45 ff.; *Huster/Reimann*, VSSAR 2020, 267, 289 ff.; *Lorenz*, GuP 2023, 132, 147 ff.

1053 *Holle*, ZLR 2016, 596, 614; *Hufen*, FS Schmidt-Preuß, 2018, 99, 108; *Schultes*, LMuR 2022, 279 ff.

1054 *Boehme-Neßler*, NVwZ 2021, 1241, 1244; *Kruse/Maturana*, NVwZ 2021, 1669 ff.

1055 *Flick*, MedR 2023, 287 ff.; *Honer*, DÖV 2019, 940 ff.; *McColgan*, JZ 2018, 1138, 1141 f.

1056 *Smeddinck/Bornemann*, DÖV 2018, 513, 514 ff.

1057 *Hensiek*, ARP 2022, 166 ff.; *Rudkowski*, NZA 2021, 315, 316.

1058 *Ipsen/Röh*, ZIP 2020, 2001, 2003 und *Röh/Scherber*, RdF 2020, 250, 251 zur Offenlegungs-/Taxonomie-VO; *Grigoleit*, in: Grigoleit, AktG, § 76 Rn. 22 zur Berichterstattungspflicht als *Nudging*-Konzept; zu Letzterem auch schon *Seibt*, DB 2016, 2707, 2708; *Waschbusch/Kiszka/Runco*, BKR 2021, 609, 614 im Bereich des Bankenrechts.

offenzulegen, die auf das Verhalten der *Nudging*-Adressaten Einfluss nehmen sollen.[1059] Mit *Nudging*-Adressaten sind für die hiesige Untersuchung die potenziellen Versicherungsnehmer gemeint, die Investitionen tätigen wollen. Die privaten Dritten sind die Versicherungsunternehmen, die zur Offenlegung von Informationen verpflichtet werden.

(2) Würde des Menschen

Bei den hier zu untersuchenden Formen des *Nudging*[1060] geht es um eine geistige Einflussnahme in einer konkreten Situation, wobei die Entscheidungsfreiheit erhalten bleibt. Zudem erfolgt die Informationsmitteilung an die Versicherungsnehmer auf direktem, also wahrnehmbarem Wege. Hier ist fraglich, ob eine solche Einflussnahme den Schutzbereich der Menschenwürde tangiert.

Die Würde des Menschen ist als allgemeiner Rechtsgrundsatz in der Rechtsprechung des EuGH anerkannt[1061] und sie ist zudem der GRC als Art. 1 vorangestellt. Die Ausgestaltung dieses Artikels geht maßgeblich auf den ehemaligen Präsidenten des BVerfG und deutschen Bundespräsidenten *Roman Herzog* zurück.[1062] Art. 1 GRC und Art. 1 Abs. 1 GG weisen eine „nahezu wortgleiche" Formulierung auf.[1063]

Es ist nicht möglich, eine genaue Definition des Menschenwürdebegriffs zu geben.[1064] Die Bestimmung des Inhalts der Menschenwürde kann allerdings mit Hilfe von Fallgruppen erfolgen.[1065] Als eine solche Fallgruppe

---

1059 Daneben gibt es auch Formen des *Nudging*, bei denen der Staat unmittelbar auf den Adressaten einwirkt; s. dazu *Gerg*, Nudging, S. 57.

1060 Dazu unten Teil 3.II.6.c)aa).

1061 EuGH, Urt. v. 14.10.2004, *Omega*, Rs. C-36/02, ECLI:EU:C:2004:614 = BeckRS 2004, 78088, Rn. 34; EuGH, Urt. v. 9.10.2001, *Königreich der Niederlande/ Europäisches Parlament und Rat der EU*, Rs. C-377/98, ECLI:EU:C:2001:523 = EuZW 2001, 691, 695, Rn. 70.

1062 *Frenz*, EuR-HdB, Bd. 4/I, Rn. 924.

1063 *Wapler*, in: Brosius-Gersdorf, Dreier GG, Bd. I, Art. 1 Abs. 1 Rn. 34; *Poscher*, in: Herdegen/Masing/Poscher/Gärditz, VerfassungsR-HdB, § 17 Rn. 53 verweist darauf, dass Art. 1 Abs. 1 S. 1 GG bei Art. 1 GRC Pate gestanden habe; nach *Rixen*, in: Heselhaus/ Nowak, EU-Grundrechte-HdB, § 13 Rn. 5 diente Art. 1 Abs. 1 S. 1 GG als Vorbild.

1064 *Calliess*, in: Calliess/Ruffert, EUV AEUV, Art. 1 GRC Rn. 19 m.w.N.; ebenso *Borowsky*, in: Meyer/Hölscheidt, NK-GRC, Art. 1 Rn. 39 m.w.N.

1065 *Borowsky*, in: Meyer/Hölscheidt, NK-GRC, Art. 1 Rn. 50.

kann der Schutz der „mentalen Selbstbestimmung“ genannt werden.[1066] Die Autonomie des Menschen lässt sich als „Herzstück“ der Menschenwürde bezeichnen.[1067]

In der EMRK ist die Würde des Menschen nicht ausdrücklich erwähnt. Es ist allerdings anerkannt, dass die Autonomie des Menschen und sein Selbstbestimmungsrecht zentrale über Art. 8 Abs. 1 EMRK geschützte Rechtsgüter sind.[1068] Auch diese Vorschrift ist bei der Auslegung von Art. 1 GRC zu berücksichtigen.

Vor dem Hintergrund der Entstehungsgeschichte der Vorschrift und von Art. 52 Abs. 4 GRC kann zudem auf die Rechtsprechung des BVerfG zu Art. 1 Abs. 1 S. 1 GG Rückgriff genommen werden.[1069] Gleichermaßen können auch Literaturstimmen zu Art. 1 Abs. 1 S. 1 GG berücksichtigt werden, um den Schutzbereich des Art. 1 GRC zu bestimmen.

Das BVerfG definiert den Schutzbereich der Menschenwürde negativ anhand der Objektformel.[1070] Danach widerspricht es der Würde des Menschen, den Menschen zum bloßen Objekt im Staat zu machen.[1071] Dies ist im Hinblick auf die positive Bestimmung des Schutzbereichs wenig hilfreich. Das BVerfG betont allerdings an anderer Stelle – im *Volkszählungsurteil* – im Zusammenhang mit der Würde des Menschen dessen freie Selbstbestimmung.[1072] Auch

---

[1066] *Borowsky*, in: Meyer/Hölscheidt, NK-GRC, Art. 1 Rn. 52; nach *Richter*, in: Jandt/Steidle, Datenschutz-HdB, III. Rn. 95 ist die „Willensfreiheit“ vom Schutzbereich des Art. 1 GRC umfasst.

[1067] *Frenz*, in: Pechstein/Nowak/Häde, FrankfurterKomm EUV/GRC/AEUV, Bd. 1, Art. 1 GRC Rn. 36 mit Verweis auf *Stern* zu Art. 1 Abs. 1 S. 1 GG; *Denga*, ZfDR 2022, 229, 236 leitet aus der Menschenwürde eine Schutzpflicht des Staates zur Gewährleistung der Autonomie ab.

[1068] *Nettesheim*, in: Meyer-Ladewig/Nettesheim/v. Raumer, HK-EMRK, Art. 8 Rn. 7.

[1069] *Borowsky*, in: Meyer/Hölscheidt, NK-GRC, Art. 1 Rn. 27 m.w.N. auch zu krit. Literaturstimmen; ebenso *Augsberg*, in: v. d. Groeben/Schwarze/Hatje, Europäisches Unionsrecht, Bd. 1, Art. 1 GRC Rn. 4.

[1070] Vgl. BVerfG, Urt. v. 15.2.2006, 1 BvR 357/05 (*Luftsicherheitsgesetz I*), BVerfGE 115, 118, 153 m.w.N. zur vorangegangenen Rspr.; BVerG, Urt. v. 21.6.1977, 1 BvL 14/76 (*Lebenslange Freiheitsstrafe*), BVerfGE 45, 187, 228; prägend *Dürig*, AöR 81 (1956), 117, 127.

[1071] Exemplarisch BVerfG, Beschl. v. 16.7.1969, 1 BvL 19/63 (*Mikrozensus*), BVerfGE 27, 1, 6.

[1072] BVerfG, Urt. v. 15.12.1983, 1 BvR 209 u.a. (*Volkszählung*), BVerfGE 65, 1, 41, wobei die beanstandeten Vorschriften im konkreten Fall anhand von Art. 2 Abs. 1 i.V.m. Art. 1 Abs. 1 GG geprüft werden; s. auch BVerfG, Urt. v. 26.2.2020, 2 BvR 2347/15 (*Suizidhilfe*), BVerfGE 153, 182, 261, Rn. 207.

in der Literatur ist anerkannt, dass die individuelle Autonomie und Selbstbestimmung durch Art. 1 Abs. 1 GG geschützt sind.[1073]

Die Verletzung der Menschenwürde kann indes nur bei Fallgestaltungen angenommen werden, bei denen es um „schwerwiegende“ Beeinträchtigungen geht.[1074] Eine Verletzung von Art. 1 GRC liegt etwa bei „anhaltende[n] Maßnahmen mentaler Manipulation“ vor.[1075] Ebenso verletzt nicht jede innere Beeinflussung durch den Staat Art. 1 Abs. 1 S. 1 GG.[1076] Eine Verletzung ist bspw. gegeben, wenn die geistige Freiheit des Menschen durch eine geistige Vereinnahmung seitens des Staates für seine Ziele vollständig aufgehoben ist.[1077] Alternativ kommt eine Verletzung der Menschenwürde in Betracht, wenn eine geistige Beeinflussung vorliegt und diese durch den Adressaten nicht wahrgenommen werden kann, dieser der Beeinflussung also schutzlos ausgeliefert ist.[1078] Die beiden vorgenannten Aspekte lassen sich vor dem Erfordernis der Erheblichkeit auch auf Art. 1 GRC übertragen.

Hier liegt bereits aufgrund der fehlenden Aufhebung der Entscheidungsfreiheit keine schwerwiegende Beeinträchtigung vor. Es fehlt wegen der offenen Informationsmitteilung an einer nicht wahrnehmbaren Einflussnahme. Es ist insgesamt zu konstatieren, dass der Schutzbereich der Menschenwürde der Versicherungsnehmer hier nicht tangiert ist.

(3) Geistige Unversehrtheit

Neben der körperlichen Unversehrtheit schützt Art. 3 Abs. 1 GRC auch die geistige Unversehrtheit (Alt. 2). Die geistige Beeinflussung der Versicherungsnehmer durch den Staat könnte eine Verletzung der vorgenannten Unversehrtheit darstellen. Allerdings ist die Vorschrift dahingehend zu verstehen, dass eine Beeinträchtigung der geistigen Unversehrtheit nur vorliegt, wenn dies durch Stalking, Mobbing, psychische Folter oder Zersetzung

---

[1073] Vgl. *Wapler*, in: Brosius-Gersdorf, Dreier GG, Bd. I, Art. 1 Abs. 1 Rn. 104; *Hufen*, JuS 2010, 1, 3 f.; grdl. *Dürig*, AöR 81 (1956), 117, 125.

[1074] *Rixen*, in: Heselhaus/Nowak, EU-Grundrechte-HdB, § 13 Rn. 12; *Gerg*, Nudging, S. 90 f. zu Art. 1 Abs. 1 S. 1 GG.

[1075] *Rixen*, in: Heselhaus/Nowak, EU-Grundrechte-HdB, § 13 Rn. 15.

[1076] *Gerg*, Nudging, S. 91 f.

[1077] *Gerg*, Nudging, S. 91.

[1078] Vgl. *Kirchhof*, ZRP 2015, 136, 137.

erfolgt.[1079] Dies meint im Ergebnis eine Form geistiger Zwangsausübung. Eine solche Zwangsausübung fehlt beim *Nudging*.[1080] Im Ergebnis ist der Schutzbereich von Art. 3 Abs. 1 Alt. 2 GRC nicht eröffnet.

(4) Achtung des Privatlebens

Die Achtung des Privatlebens ist durch Art. 7 Var. 1 GRC geschützt. Eine allgemeingültige Definition zur Bestimmung des Schutzbereichs lässt sich nicht aufstellen; vielmehr ist der Schutzbereich anhand von Fallgruppen unter Berücksichtigung der EMRK und der Rechtsprechung des EGMR zu bestimmen.[1081]

Die freie Gestaltung der Lebensführung ist als eine solche Fallgruppe anerkannt und hierunter ist auch das Recht zu fassen, das eigene Leben nach individuellen Vorstellungen ohne staatliche Einflussnahme auf diesen Entscheidungsprozess einzurichten und zu führen.[1082] Allerdings beschränkt sich dieses Recht auf wesentliche Ausdrucksmöglichkeiten der eigenen Persönlichkeit, wie z.B. die Wahl der Kleidung oder der Frisur.[1083] Ebenso sind etwa die Wahl des Ernährungsstils[1084] und die Entscheidung zu rauchen[1085] erfasst.

Die vorliegend zu untersuchende staatliche Einflussnahme betrifft Investitionsentscheidungen, also Bereiche, die die eigene Persönlichkeit weniger stark betreffen. Der Schutzbereich des Art. 7 Var. 1 GRC ist mithin nicht tangiert.

(5) Gedankenfreiheit

Art. 10 Abs. 1 S. 1 Var. 1 GRC schützt die Gedankenfreiheit. Dieses Grundrecht schützt das *forum internum* – die innere Freiheit – vor staatlicher Indoktrinierung.[1086] Indoktrination meint eine „(massive) psychologische Mittel

---

[1079] *Voet van Vormizeele*, in: Schwarze/Becker/Hatje/Schoo, EU-Kommentar, Art. 3 GRC Rn. 3 m.w.N.

[1080] Zu den hier relevanten Formen s. Teil 3.II.6.c)aa).

[1081] Vgl. *Marauhn/Böhringer*, in: Heselhaus/Nowak, EU-Grundrechte-HdB, § 23 Rn. 18.

[1082] *Grabenwarter/Pabel*, EMRK, § 22 Rn. 13.

[1083] *Grabenwarter/Pabel*, EMRK, § 22 Rn. 13 m.w.N.

[1084] *Driftmann*, Der ernährungspolitische Nudge, S. 205.

[1085] *Böker*, Nudge im Spiegel des allgemeinen Persönlichkeitsrechts, S. 123 f.

[1086] *Thiele*, in: Pechstein/Nowak/Häde, FrankfurterKomm EUV/GRC/AEUV, Bd. 1, Art. 10 GRC Rn. 11; ähnlich auch *Waldhoff*, in: Calliess/Ruffert, EUV AEUV, Art. 10 GRC Rn. 10 m.w.N.

nutzende Beeinflussung von Einzelnen oder ganzen Gruppen der Gesellschaft im Hinblick auf die Bildung einer bestimmten Meinung oder Einstellung."[1087]

Beispielhaft wird neben der Indoktrination auch die „Gehirnwäsche" angeführt.[1088] Der Schutzbereich ist somit erst bei intensiv wirkenden und erheblichen staatlichen Maßnahmen eröffnet. Bei den hier zu untersuchenden *Nudging*-Maßnahmen geht es um staatliche Einflussnahme mittels Informationen, die eine solche Erheblichkeit nicht aufweisen und somit ist der Schutzbereich von Art. 10 Abs. 1 S. 1 Var. 1 GRC nicht betroffen.[1089]

(6) Meinungsfreiheit

Der Schutz der Meinungsfreiheit ist gemäß Art. 11 Abs. 1 S. 1 GRC gewährleistet. Der Begriff der Meinung umfasst persönliche Stellungnahmen, Werturteile, ebenso wie Tatsachenbehauptungen.[1090] Geschützt werden sowohl das Bilden als auch das Haben einer Meinung.[1091] Zudem wird auch das Nicht-Haben einer Meinung geschützt.[1092] Dies bedeutet, dass dem Einzelnen von staatlicher Seite keine Meinung oktroyiert werden darf.[1093] Auch wird der Einzelne vor einer staatlichen Informationspolitik geschützt, die einseitig ist.[1094] An das Haben oder Nicht-Haben dürfen staatlicherseits keine rechtlichen Nachteile geknüpft werden.[1095]

Die hier zu untersuchenden staatlich angeordneten Offenlegungs- und Informationspflichten sollen es dem Einzelnen ermöglichen, sich eine Meinung anhand von bereitgestellten Informationen bilden zu können.[1096] Sie sanktionieren ebenso wenig eine bestimmte Meinung. Die Informationspolitik des Staates ist auch nicht einseitig, sondern soll gerade ein umfassendes

---

1087 Duden, Wörterbuch, Stichwort: Indoktrination.

1088 *Augsberg*, in: v. d. Groeben/Schwarze/Hatje, Europäisches Unionsrecht, Bd. 1, Art. 10 GRC Rn. 13.

1089 Dazu ausführlich Teil 3.II.6.c)aa).

1090 *Calliess*, in: Calliess/Ruffert, EUV AEUV, Art. 11 GRC Rn. 5 m.w.N.

1091 *Frenz*, EuR-HdB, Bd. 4/I, Rn. 2131 m.w.N.

1092 *Jarass*, GRC, Art. 11 Rn. 14.

1093 *Frenz*, EuR-HdB, Bd. 4/I, Rn. 2132.

1094 So mit Blick auf Art. 10 Abs. 1 S. 2 EMRK *Marauhn/Jaś-Nowopolska*, in: Ehlers/Germelmann, GuG, § 5.1 Rn. 4 m.w.N.

1095 *Frenz*, EuR-HdB, Bd. 4/I, Rn. 2134; *Jarass*, GRC, Art. 11 Rn. 14.

1096 Vgl. zu diesem Aspekt *Frenz*, EuR-HdB, Bd. 4/I, Rn. 2144.

Gesamtbild ermöglichen. Der Schutzbereich des Art. 11 Abs. 1 S. 1 GRC ist somit nicht eröffnet.

(7) Informationsfreiheit

Art. 11 Abs. 1 S. 2 GRC schützt die Informationsfreiheit. Mit Informationen sind v.a. Tatsachen gemeint.[1097] Diese Freiheit schützt das (passive) Empfangen von Informationen sowie die (aktive) Weitergabe von Informationen.[1098] Die staatlichen *Nudging*-Maßnahmen beeinflussen den Einzelnen in seiner Informationsfreiheit nicht – im Gegenteil erhält der Einzelne Informationen von den Versicherungsunternehmen aufgrund der staatlich angeordneten Offenlegungs- und Informationspflichten.

Allerdings umfasst der Schutzbereich der Informationsfreiheit auch eine negative Komponente, nämlich den Schutz gegen „unentrinnbar aufgedrängte Informationen".[1099] Um den Schutzbereich allerdings nicht „ausufern" zu lassen, ist im Hinblick auf die Informationen eine gewisse Erheblichkeitsschwelle zu fordern.[1100] Das einmalige Empfangen von sachlichen Informationen stellt eine äußerst geringe Erheblichkeit dar, sodass bereits der Schutzbereich nicht eröffnet ist.[1101] Im Ergebnis ist somit der Schutzbereich des Art. 11 Abs. 1 S. 2 GRC nicht eröffnet.

(8) Allgemeine Handlungsfreiheit

Die allgemeine Handlungsfreiheit ist von der h.M. als Grundrecht anerkannt.[1102] Der sachliche Schutzbereich ist umfassend zu verstehen; sämtliches menschliche Tun oder Unterlassen wird erfasst, soweit es nicht durch ein

---

1097 *Frenz*, EuR-HdB, Bd. 4/I, Rn. 2114.

1098 *Jarass*, GRC, Art. 11 Rn. 15 m.w.N.

1099 *v. Coelln*, in: Stern/Sachs, GRC, Art. 11 Rn. 24 mit Verweis auf *Pieroth/Schlink/Kingreen/Poscher* zu Art. 5 Abs. 1 S. 1 Hs. 2 GG; ebenso *Jarass*, GRC, Art. 11 Rn. 15; *Kühling*, in: Heselhaus/Nowak, EU-Grundrechte-HdB, § 27 Rn. 23 m.w.N.

1100 Zu Art. 5 Abs. 1 S. 1 Hs. 2 GG s. *Grabenwarter*, in: Dürig/Herzog/Scholz, GG-Kommentar, Bd. I, Art. 5 Abs. 1, 2 Rn. 1019 m.w.N.; für *Bethge*, in: Sachs, GG, Art. 5 Rn. 57a ist dieses Problem auf Eingriffsebene zu lösen.

1101 Nach Auffassung von *Bethge*, in: Sachs, GG, Art. 5 Rn. 57a wäre jedenfalls ein Eingriff zu verneinen, da die Mitteilung von sachlichen Informationen nicht über eine bloße „Belästigung" hinausgeht.

1102 S. schon Teil 3.II.6.a)aa)(8).

spezielleres Freiheitsrecht geschützt ist.[1103] In der Diktion des EuGH schützt dieses Grundrecht die „Sphäre der privaten Betätigung".[1104]

Zur genaueren Bestimmung des Inhalts kann Anleihe an Art. 2 Abs. 1 GG genommen werden. Diese Vorschrift wird als allgemeine Handlungsfreiheit in einem umfassenden Sinne verstanden.[1105] Darunter fällt auch die individuelle Autonomie des Einzelnen, also die Selbststimmung frei von staatlicher Fremdbestimmung.[1106] Dies bedeutet, dass jedes Tun oder Unterlassen nach dem eigenen Willen ohne staatlichen Zwang geschützt ist.[1107] Diese allgemeine Handlungsfreiheit beinhaltet die Entschließungsfreiheit, unabhängig davon worauf sich ein solcher Entschluss bezieht.[1108] Eine dergestalt verstandene Freiheit beinhaltet auch die „Vorbedingungen der Freiheitsausübung",[1109] muss sich also auch auf die gezielte Ausgestaltung des Entscheidungsrahmens beziehen. Ein solch umfassend verstandener Schutz schützt mithin die innere Autonomie und greift daher bei *Nudging*-Maßnahmen.[1110]

Die Würde des Menschen gemäß Art. 1 GRC schützt ebenfalls die Autonomie und Selbstbestimmung, allerdings ist dieser Schutzbereich vor dem

---

1103 *Haratsch*, in: Heselhaus/Nowak, EU-Grundrechte-HdB, § 22 Rn. 12; zum Gewährleistungsgehalt auch schon Teil 3.II.6.a)aa)(8); überzeugend gegen einen „Banalitäts- oder Trivialitätsvorbehalt" *Rengeling/Szczekalla*, EU-Grundrechte, Rn. 641.

1104 EuGH, Urt. v. 21.9.1989, *Hoechst/ Kommission*, Rs. 46/87 u.a., ECLI:EU:C:1989:337 = BeckRS 2004, 73156, Rn. 19.

1105 Grdl. BVerfG, Urt. v. 16.1.1957, 1 BvR 253/56 (*Elfes*), BVerfGE 6, 32, 36; in diesem Sinne auch BVerfG, Beschl. v. 17.6.2004, 2 BvR 383/03 (*Rechenschaftsbericht*), BVerfGE 111, 54, 81.

1106 *Rixen*, in: Sachs, GG, Art. 2 Rn. 45.

1107 Vgl. *Di Fabio*, in: Dürig/Herzog/Scholz, GG-Kommentar, Bd. I, Art. 2 Abs. 1 Rn. 12.

1108 *Rixen*, in: Sachs, GG, Art. 2 Rn. 52.

1109 *Böker*, Nudge im Spiegel des allgemeinen Persönlichkeitsrechts, S. 107.

1110 Ausführlich *Gerg*, Nudging, S. 94 ff.; auch *Purnhagen/Reisch*, ZEuP 2016, 629, 646 erachten Art. 2 Abs. 1 GG bei *Nudging*-Maßnahmen in Bezug auf den *Nudging*-Adressaten als einschlägig; ebenso *Wolf*, in: Conrad/Grünewald/Kalscheuer/Milker, Öffentlich-rechtliches ÄußerungsR-HdB, § 4 Rn. 33; *Böker*, Nudge im Spiegel des allgemeinen Persönlichkeitsrechts, S. 108 sieht dagegen Art. 2 Abs. 1 i.V.m. Art. 1 Abs. 1 GG als betroffen an; differenzierend mit Blick auf langfristige Einstellungen/ Überzeugungen und Entschließungen in der konkreten Situation *Baer*, Staatliche Steuerung durch Nudging im Lichte der Grundrechte, S. 177 ff.

besonderen Stellenwert des Grundrechts enger zu ziehen.[1111] Dies bedeutet, dass eine weniger schwere Beeinträchtigung der Autonomie anhand der allgemeinen Handlungsfreiheit zu messen ist. Dieses Ergebnis lässt sich einerseits mit dem Schutzgehalt des Grundrechts begründen, andererseits auch mit seiner Funktion; nämlich lückenlosen Grundrechtsschutz auf europäischer Ebene zu gewährleisten[1112]. Die Versicherungsnehmer können sich zum Schutz vor staatlicher Einflussnahme damit auf die allgemeine Handlungsfreiheit berufen.[1113]

(9) Eigentumsfreiheit

Die Eigentumsfreiheit gemäß Art. 17 Abs. 1 GRC umfasst sämtliche schuldrechtliche Forderungen[1114], also auch Ansprüche des Versicherungsnehmers gegen ein Versicherungsunternehmen aus einem Versicherungsvertrag. Es ist allerdings auch hier darauf hinzuweisen, dass Offenlegungs-, Informations- und Organisationspflichten, welche die Versicherungsunternehmen betreffen, keinen Eingriff in die Eigentumsfreiheit der Versicherungsnehmer darstellen. Es fehlt an einer nachteiligen Verkürzung des Schutzbereichs.[1115] Vielmehr können diese Vorschriften dazu dienen, die Forderungen der Versicherungsnehmer gegenüber den Versicherungsunternehmen mittelbar zu schützen. Im Ergebnis ist das Eigentumsrecht der Versicherungsnehmer nicht berührt.

(10) Fazit

Zunächst mag es im Ergebnis nicht verwundern, dass die vorstehenden Grundrechte der Versicherungsnehmer keinen Schutz vor Offenlegungs-, Informations- und Organisationspflichten bieten, da diese Pflichten jedenfalls

---

[1111] Vgl. *Borowsky*, in: Meyer/Hölscheidt, NK-GRC, Art. 1 Rn. 38; dazu auch schon Teil 3.II.6.a)cc)(2).

[1112] Vgl. *Gärditz*, in: Grabenwarter, EnzEuR, Bd. 2, § 6 Rn. 44.

[1113] Nach *van Aaken*, in: Alemanno/Sibony, Nudge and the Law, 83, 104 sind *Nudging*-Maßnahmen jedenfalls an den Voraussetzungen, die der EuGH in der Rs. *Hoechst/Kommission* aufgestellt hat, zu prüfen; dazu schon oben Teil 3.II.6.a)cc)(8); die Autorin lässt allerdings offen, ob sie eine allgemeine Handlungsfreiheit im Rahmen der GRC anerkennt.

[1114] *Frenz*, EuR-HdB, Bd. 4/II, Rn. 3243 m.w.N.

[1115] Allgemein zum Grundrechtseingriff gleich Teil 3.II.6.b).

mittelbar auch dem Schutz der Versicherungsnehmer dienen.[1116] Wichtiger hingegen ist die Erkenntnis, dass der Schutz der Autonomie bzw. Selbstbestimmung der Versicherungsnehmer durch die von der h.M. als europäisches Grundrecht anerkannte allgemeine Handlungsfreiheit gewährleistet ist. Dies ist vor dem Hintergrund bedeutsam, dass im Bereich der Finanzmarktregulierung Versicherungsunternehmen aufgrund von staatlich auferlegten Offenlegungspflichten Informationen zu veröffentlichen haben, die Investitionen anstrebende Versicherungsnehmer zu einer bestimmten Entscheidung lenken sollen.

b) Grundrechtseingriff

Die Voraussetzungen eines Eingriffs sind in Art. 52 Abs. 1 S. 1 GRC normiert. Das Gesetz verwendet den Begriff „Einschränkung". Hierunter sind nicht nur direkte bzw. unmittelbare Grundrechtseingriffe zu verstehen, sondern auch indirekte, mittelbare bzw. faktische Grundrechtseingriffe.[1117] Dies entspricht der Dichotomie zwischen klassischem und modernem bzw. erweitertem Eingriffsbegriff in der deutschen Grundrechtsdogmatik.[1118] Der klassische Grundrechtseingriff ist durch die Merkmale Imperativität, Rechtsförmlichkeit, Finalität, Vorhersehbarkeit und Unmittelbarkeit gekennzeichnet.[1119] Der erweiterte Grundrechtseingriff umfasst sämtliche staatliche Beeinträchtigungen und findet Anwendung, wenn eine Voraussetzung des klassischen Grundrechtseingriffs nicht erfüllt ist.[1120]

Gesetzlich angeordnete Offenlegungs-, Informations- und Organisationspflichten sind als klassische Eingriffe gegenüber dem unmittelbaren Adressaten zu qualifizieren.[1121] Dies betrifft insbesondere an die

---

1116 Zur Schutzfunktion des Versicherungsaufsichtsrechts s. *Dreher*, in: Dreher, VAG, Einl. Rn. 23.

1117 *Frenz*, EuR-HdB, Bd. 4/I, Rn. 594; für ein weites Verständnis auch *Schubert*, in: Franzen/Gallner/Oetker, EuArbRK, Art. 52 GRC Rn. 36 m.w.N.; zur Begründung eines umfassend verstandenen Eingriffsbegriffs auf Unionsebene *Szczekalla*, in: Heselhaus/Nowak, EU-Grundrechte-HdB, § 10 Rn. 25 ff.

1118 Bspw. *Bethge*, in: Schmidt-Bleibtreu/Klein/Bethge, BVerfGG, Bd. II, § 90 Rn. 356a f.; s. auch BVerfG, Beschl. v. 26.6.2002, 1 BvR 670/91 (*Osho*), BVerfGE 105, 279, 300 f.

1119 *Isensee*, in: Isensee/Kirchhof, StaatsR-HdB, Bd. IX, § 191 Rn. 111.

1120 Vgl. *Isensee*, in: Isensee/Kirchhof, StaatsR-HdB, Bd. IX, § 191 Rn. 112 f.

1121 Die Voraussetzungen, unter denen ein Eingriff in den Schutzbereich rechtmäßig ist, sind in Art. 52 Abs. 1 S. 2 GRC normiert.

Versicherungsunternehmen adressierte nachhaltigkeitsbezogene Vorgaben der Solva-II-VO[1122], wonach diese bspw. im Bereich des Risikomanagements Nachhaltigkeitsrisiken zu berücksichtigen haben.[1123]

c) *Nudging* als Grundrechtseingriff?

Es wird sogleich untersucht, inwiefern es sich bei den für die Untersuchung relevanten informationellen Formen des *Nudging* um einen Grundrechtseingriff handelt. Hierzu wird zunächst eine Kategorisierung der Formen vorgenommen, um die hieran anschließende Prüfung der Einordnung als Grundrechtseingriff zu vereinfachen.

aa) Formen des Nudging

Die informationellen Formen des *Nudging* werden verkürzt dargestellt.[1124] Dabei werden diese nach reflexiven und perzeptiven Einwirkungen kategorisiert.[1125] Das reflexive Einwirken wirkt auf den Verstand und das Verstehen.[1126] Das perzeptive Einwirken zielt dagegen auf eine unbewusste Lenkung durch manipulative und suggestive Komponenten ab.[1127]

(1) Reflexives Einwirken

Es geht bei der Informationstätigkeit darum, den *Nudging*-Adressaten mit sachlichen Informationen zu versorgen.[1128] Dieser soll aufgrund der Informationen eine eigene informierte und selbstverantwortliche Entscheidung

---

1122 Zur unternehmerischen Freiheit der Versicherungsunternehmen s. Teil 3.II.6.a)aa)(1); zum Grundrechtseingriff s. Teil 3.II.6.b).

1123 Hierzu bereits Teil 2.II.1.a)dd).

1124 Für eine feingliedrige Typologie sei auf *Gerg*, Nudging, S. 57 ff. verwiesen.

1125 *Gerg*, Nudging, S. 58 f. und S. 71 f.; *Böker*, Nudge im Spiegel des allgemeinen Persönlichkeitsrechts, S. 49 ff. differenziert zwischen Informationsbereitstellung und Standardregeln; *Holle*, ZLR 2016, 596, 614 ff. unterscheidet dagegen zwischen informativem, edukativem, befähigendem und manipulativem *Nudging*; *Latzel*, Verhaltenssteuerung, Recht und Privatautonomie, S. 82 f. unterteilt zwischen formellen und materiellen Formen des *Nudging*; wieder anders *Wolff*, RW 2015, 194, 200 ff.; die Kategorisierung ist uneinheitlich.

1126 *Gerg*, Nudging, S. 58.

1127 *Gerg*, Nudging, S. 71.

1128 *Gerg*, Nudging, S. 59.

treffen.[1129] Im Rahmen der Informationstätigkeit lässt sich zwischen neutraler und wertender Informationstätigkeit unterscheiden.[1130] Bei Ersterer werden lediglich Tatsachen weitergegeben, die nicht über Elemente hinausgehen, die zur Informationsvermittlung nötig sind; bei Letzterer kann der *Nudging*-Adressat direkt oder anhand des Kontextes erkennen, welches Verhalten erwünscht ist.[1131] Es handelt sich dabei bspw. um Empfehlungen oder Warnungen.[1132]

Eine weitere Form des *Nudging* stellt die Vereinfachung von Informationen dar.[1133] Die Informationsvereinfachung soll die Komplexität reduzieren[1134] und dadurch die Informationsverarbeitung simplifizieren[1135]. Es ist ein Hilfsmittel, um die Effektivität der Informationstätigkeit zu unterstützen.[1136] Beispielhaft hierfür kann eine Nährwert-Ampel auf Lebensmitteln angeführt werden.[1137]

(2) Perzeptives Einwirken

Eine Informationstätigkeit kann auch geprägt sein durch Desinformationen und Irreführung,[1138] indem etwa falsche Informationen an den Empfänger adressiert werden, ebenso wie durch die gezielte Veröffentlichung von nur einem bestimmten Teil der Informationen.[1139] Eine Irreführung kann z.B. erzeugt werden, indem Informationen auf einer Etikettierung den Eindruck vermitteln, dass ein bestimmtes Produkt eine zugewiesene Eigenschaft hat, obwohl es diese gar nicht hat.[1140]

1129 Vgl. *Gerg*, Nudging, S. 59.
1130 *Gerg*, Nudging, S. 61 ff.
1131 *Gerg*, Nudging, S. 62 f.
1132 *Gerg*, Nudging, S. 63 ff.
1133 *Gerg*, Nudging, S. 65 f.
1134 *Gerg*, Nudging, S. 65.
1135 Vgl. *Holle*, ZLR 2016, 596, 615.
1136 *Gerg*, Nudging, S. 65.
1137 *Holle*, ZLR 2016, 596, 615.
1138 *Gerg*, Nudging, S. 80 m.w.N.
1139 *Gerg*, Nudging, S. 80 mit Verweis auf *Bar-Gill*.
1140 EuGH, Urt. v. 4.6.2015, *BVV/ Teekanne*, Rs. C-195/14, ECLI:EU:C:2015:361 = EuZW 2015, 562, 563, Rn. 41; der EuGH ging aufgrund des Gesamteindrucks der Teeverpackung von einer Irreführung aus, obwohl die korrekte Zutatenliste auf ebendieser Verpackung abgedruckt war.

bb) Grundrechtseingriff

Es ist bei der Untersuchung der Grundrechtseingriffe zwischen dem *Nudging*-Adressaten und einem privaten Dritten, der aufgrund einer gesetzlichen Anordnung zu einer *Nudging*-Maßnahme verpflichtet wird, zu differenzieren.[1141]

(1) Grundrechtseingriff zulasten der *Nudging*-Adressaten

Die innere Autonomie der Versicherungsnehmer ist durch die allgemeine Handlungsfreiheit nach der GRC geschützt.[1142] Hierdurch sind diese vor unmittelbaren und mittelbaren staatlichen Einflussnahmen geschützt.[1143]

Die *Nudging*-Maßnahme stellt keinen Eingriff im klassischen Sinne dar; es fehlt bereits am Merkmal der Imperativität.[1144] Die Frage, ob eine *Nudging*-Maßnahme einen Eingriff nach dem modernen Grundrechtseingriff darstellt, lässt sich nur einzeln anhand einer Analyse der vorangestellten *Nudging*-Formen beantworten. Nachfolgend soll eine Bewertung erfolgen, ob die jeweilige Form des *Nudging* als Grundrechtseingriff zu werten ist.

Staatliche Maßnahmen, die die Autonomie bzw. Selbstbestimmung des *Nudging*-Adressaten erhöhen – etwa durch die Zurverfügungstellung von Informationen –, sind nicht als Eingriff zu werten.[1145] Hierbei kommt es darauf an, dass sachlich korrekte Informationen vermittelt werden.[1146] Die Zurverfügungstellung von Informationen beinhaltet zwangsläufig eine

---

1141 *Gerg*, Nudging, S. 88; *Holle*, ZLR 2016, 596, 603 ff.; *Purnhagen/Reisch*, ZEuP 2016, 629, 646.

1142 Dazu Teil 3.II.6.a)cc)(8).

1143 Zum Begriff des Grundrechtseingriffs schon Teil 3.II.6.b).

1144 Vgl. *Wolff*, RW 2015, 194, 213; i.E. auch *Wolf*, in: Conrad/Grünewald/Kalscheuer/Milker, Öffentlich-rechtliches ÄußerungsR-HdB, § 4 Rn. 35.

1145 *Gerg*, Nudging, S. 100; dieser argumentiert, dass die sachliche Information für den Informationsempfänger ausschließlich Leistungscharakter habe; ebenso *Wolff*, RW 2015, 194, 216, die in der Informationstätigkeit eine „Freiheitserweiterung" sieht; ebenso *Wolf*, in: Conrad/Grünewald/Kalscheuer/Milker, Öffentlich-rechtliches ÄußerungsR-HdB, § 4 Rn. 36; sehr weitgehend *Krimphove*, Rechtsethologie, S. 149, der in der Erhöhung von Information und Transparenz schon keine Verhaltenssteuerung erblickt.

1146 *Wolff*, RW 2015, 194, 216; so auch *Smeddinck/Bornemann*, DÖV 2018, 513, 519 m.w.N.

Selektion, wobei dem Gesetzgeber eine Auswahlprärogative in Bezug auf die Informationen zuzugestehen ist.[1147]

Die Schwelle zum Grundrechtseingriff ist allerdings da erreicht, wo die Informationsübermittlung in einer Art erfolgt, die nicht mehr als sachlich anzusehen ist.[1148] *Wolff* fragt im Ergebnis daher danach, ob staatlicherseits eine Abschreckungswirkung erzielt werden soll oder ob es lediglich um die Hervorhebung von Informationen geht.[1149]

Die Schwelle zum grundrechtlich relevanten Eingriff ist zudem dann überschritten, wenn ein *Nudging*-Adressat mit Desinformationen manipuliert wird.[1150]

(2) Grundrechtseingriff zulasten privater Dritter

Der Staat kann sich eines privaten Dritten bedienen, um mittelbar auf den *Nudging*-Adressaten einzuwirken, indem der private Dritte durch eine staatliche Anordnung verpflichtet wird, Informationen zu veröffentlichen.[1151] Hierin liegt ein klassischer Eingriff.[1152] Ein solcher Eingriff bedarf nach dem Vorbehalt des Gesetzes einer gesetzlichen Ermächtigungsgrundlage und diese muss wiederum verhältnismäßig sein. Für die vorliegende Untersuchung bedeutet dies, dass die an die Versicherungsunternehmen adressierten Offenlegungs- und Informationspflichten der Offenlegungs-/Taxonomie-VO als Eingriff zu werten sind.

d) Rechtfertigung des Grundrechtseingriffs

Nachfolgend wird zum einen untersucht, ob der Grundrechtseingriff in die unternehmerische Freiheit (Art. 16 GRC) der Versicherungsunternehmen durch die nachhaltigkeitsbezogenen Vorgaben der Solva-II-VO gerechtfertigt

---

1147 Vgl. *Wolff*, RW 2015, 194, 217.

1148 *Wolff*, RW 2015, 194, 217 nennt beispielhaft Raucherlungen auf Zigarettenschachteln, Unfalltote auf Bierflaschen und Fettleibige auf Schokolade; i.E. ähnlich *Gerg*, Nudging, S. 101 m.w.N.; *Wolf*, in: Conrad/Grünewald/Kalscheuer/Milker, Öffentlich-rechtliches ÄußerungsR-HdB, § 4 Rn. 37.

1149 *Wolff*, RW 2015, 194, 218.

1150 So i.E. *Gerg*, Nudging, S. 106; dort mit weiteren Beispielen zu grundrechtsrelevantem Informationshandeln.

1151 Vgl. *Gerg*, Nudging, S. 97; so auch *Wolff*, RW 2015, 194, 203 f.

1152 Ausführlich dazu schon Teil 3.II.6.b).

ist. Zum anderen wird geprüft, ob das der Offenlegungs-/Taxonomie-VO zugrunde liegende *Nudging*-Konzept in seiner gegenwärtigen Form mit den Grundrechten der GRC vereinbar ist, und welche Grenzen die GRC mit Blick auf eine mögliche weitere Ausgestaltung setzt.

aa) Nachhaltigkeitsbezogene Vorschriften der Solva-II-VO

Die nachhaltigkeitsbezogenen Vorschriften der Solva-II-VO müssen den Grundsatz der Verhältnismäßigkeit wahren und der Begriff des Nachhaltigkeitsrisikos muss dem primärrechtlichen Bestimmtheitsgebot genügen.

(1) Verhältnismäßigkeit

Der Verhältnismäßigkeitsgrundsatz ist in Art. 52 Abs. 1 S. 2 GRC niedergelegt.[1153] Dieser ist gewahrt, wenn die Maßnahmen ein legitimes Ziel verfolgen und zudem im Hinblick auf die Erreichung dieses Ziels geeignet, erforderlich und angemessen sind.[1154]

(a) Verfolgung eines legitimen Ziels

Eine Maßnahme dient gemäß Art. 52 Abs. 1 S. 2 Alt. 2 GRC einem legitimen Ziel, wenn diese den Schutz der Rechte oder Freiheiten anderer bezweckt.[1155] Hierzu gehören insbesondere die Grundrechte Dritter, wodurch „ein Grundrecht zur Schranke des anderen Grundrechts" werden kann.[1156] Hierbei gilt zu beachten, dass es keine Rangfolge bei den in der GRC normierten Grundrechten gibt.[1157]

Die Implementierung von Vorgaben zur Berücksichtigung von Nachhaltigkeitsrisiken in der Solva-II-VO durch die Del. VO 2021/1256 soll das Governance-System und die Beurteilung des Gesamtsolvabilitätsbedarfs der Versicherungsunternehmen verbessern.[1158] Die Änderung der delegierten Verordnung verfolgt somit das Ziel, dass die Versicherungsunternehmen ihre

---

[1153] Dazu ausführlich Teil 3.II.5.

[1154] *Pache*, in: Pechstein/Nowak/Häde, FrankfurterKomm EUV/GRC/AEUV, Bd. 1, Art. 52 GRC Rn. 24.

[1155] *Pache*, in: Pechstein/Nowak/Häde, FrankfurterKomm EUV/GRC/AEUV, Bd. 1, Art. 52 GRC Rn. 25.

[1156] *Jarass*, GRC, Art. 52 Rn. 32.

[1157] *Lenaerts*, EuR 2012, 3, 10.

[1158] ErwG 3 zur Del. VO 2021/1256.

Pflichten gegenüber den Versicherungsnehmern erfüllen.[1159] Damit dienen die Vorgaben schlussendlich dem Schutz der Versicherungsnehmer.

Die nachhaltigkeitsbezogenen Vorgaben der Solva-II-VO dienen dem Schutz des Eigentumsrechts der Versicherungsnehmer nach Art. 17 Abs. 1 GRC[1160] und verfolgen damit ein legitimes Ziel.

(b) Geeignetheit

Im Rahmen der Geeignetheit einer Maßnahme prüft der EuGH lediglich, ob diese „zur Verwirklichung des verfolgten Ziels offensichtlich ungeeignet" ist[1161], gesteht dem Normgeber somit einen weiten Handlungsspielraum zu[1162].

Die Implementierung von nachhaltigkeitsbezogenen Regelungen in der Solva-II-VO führt dazu, dass die Versicherungsunternehmen im Rahmen ihrer Geschäftsorganisation und -tätigkeit Nachhaltigkeitsrisiken berücksichtigen müssen. Das Governance-System und die Solvabilitätsvorgaben dienen dem Schutz der Versicherungsnehmer, sodass eine Erweiterung der diesbezüglichen Vorgaben im Hinblick auf Nachhaltigkeitsrisiken eine geeignete Maßnahme darstellt, um den Schutz der Versicherungsnehmer zu verbessern. Zudem bedeutet die Ausweitung des Pflichtenkataloges der Versicherungsunternehmen weitergehende Aufsichtsmöglichkeiten durch die BaFin. Konkret kann sie aufsichtsrechtlich einschreiten, wenn ein Versicherungsunternehmen Nachhaltigkeitsrisiken an den durch die delegierte Verordnung vorgesehenen Stellen unberücksichtigt lässt. Mit der Erweiterung des Aufsichtsumfangs geht ein besserer Schutz der Versicherungsnehmer einher. Damit sind die nachhaltigkeitsbezogenen Vorgaben der Solva-II-VO insgesamt geeignet, dem Schutz der Versicherungsnehmer zu dienen.

1159 ErwG 3 zur Del. VO 2021/1256.

1160 S. dazu schon Teil 3.II.6.a)cc)(9).

1161 EuGH, Urt. v. 5.10.1994, *Deutschland/ Rat*, Rs. C-280/93, ECLI:EU:C:1994:367 = NJW 1995, 945, 949, Rn. 94; *Kingreen*, in: Calliess/Ruffert, EUV AEUV, Art. 52 GRC Rn. 68 m.w.N. zur Rspr. des EuGH.

1162 *Pache*, in: Pechstein/Nowak/Häde, FrankfurterKomm EUV/GRC/AEUV, Bd. 1, Art. 52 GRC Rn. 26.

(c) Erforderlichkeit

Eine Maßnahme ist erforderlich, wenn es kein milderes gleichgeeignetes Mittel gibt, um das verfolgte Ziel zu erreichen.[1163]

Als milderes Mittel kommen in Abstimmung mit den Branchenverbänden zu veröffentlichende Empfehlungen – sog. *soft law* – statt in der Solva-II-VO verbindlich festgelegter Vorgaben in Betracht. Empfehlungen adressieren im Gegensatz zu einer delegierten Verordnung keine Pflichten an die Versicherungsunternehmen, sodass diese keinen Grundrechtseingriff darstellen. Damit handelt es sich bei Empfehlungen um ein milderes Mittel. Allerdings sind diese nicht gleichgeeignet, da die Versicherungsunternehmen zum einen nicht verpflichtet sind, den Empfehlungen zu folgen, und zum anderen hat die BaFin keine Möglichkeit, die Einhaltung zu kontrollieren bzw. bei einem Verstoß einschreitend tätig zu werden.

Außerdem könnten weniger umfangreiche Pflichten als ein milderes Mittel in Betracht zu ziehen sein. Es wäre bspw. daran zu denken, nachhaltigkeitsbezogene Vorgaben in weniger Bereichen zu implementieren, um die Belastung der Versicherungsunternehmen zu verringern. Die Maßnahme stellte zwar ein milderes Mittel dar, ist aber nicht gleichgeeignet, da Nachhaltigkeitsrisiken auf das gesamte Governance-System und die Solvabilität von Versicherungsunternehmen Auswirkungen haben, und ein reduzierter Pflichtenumfang auch mit einem geringeren Schutz der Versicherungsnehmer einherginge.

Es sind daher im Ergebnis keine milderen, gleichgeeigneten Mittel ersichtlich.

(d) Angemessenheit

Eine Maßnahme ist angemessen, wenn die Abwägung zwischen den Interessen der Allgemeinheit und denen des Einzelnen zugunsten der Allgemeinheit ausfällt.[1164] Die durch eine solche Maßnahme verursachten „Unannehmlichkeiten" dürfen nicht außer Verhältnis zu dem verfolgten Ziel stehen.[1165]

[1163] EuGH, Urt. v. 22.11.2022, *WM u.a./ Luxembourg Business Registers*, Rs. C-37/20 und C-601/20, ECLI:EU:C:2022:912 = NJW 2023, 199, 202, Rn. 64; *Jarass*, GRC, Art. 52 Rn. 39 m.w.N. zur Rspr. des EuGH.

[1164] Vgl. *Pache*, in: Pechstein/Nowak/Häde, FrankfurterKomm EUV/GRC/AEUV, Bd. 1, Art. 2 GRC Rn. 28.

[1165] EuGH, Urt. v. 22.11.2022, *WM u.a./ Luxembourg Business Registers*, Rs. C-37/20 und C-601/20, ECLI:EU:C:2022:912 = NJW 2023, 199, 202, Rn. 64; ähnlich EuGH, Urt. v. 3.7.2003, *Lennox*, Rs. C-220/01, ECLI:EU:C:2003:390 = BeckRS 2004, 75188, Rn. 76.

Das Ziel der Implementierung von nachhaltigkeitsbezogenen Vorgaben ist die Verbesserung des Schutzes der Versicherungsnehmer, und damit ein Schutz des Eigentumsrechts gemäß Art. 17 Abs. 1 GRC. Demgegenüber steht eine Beeinträchtigung der durch Art. 16 GRC garantierten unternehmerischen Freiheit der Versicherungsunternehmen durch die an sie adressierten Pflichten.

Nachhaltigkeitsrisiken können in unterschiedlichster Weise negative Auswirkungen auf die Geschäftstätigkeit und die finanzielle Leistungsfähigkeit der Versicherungsunternehmen haben, die gleichzeitig mit Gefahren für die Versicherungsnehmer verbunden sein können. Insbesondere können sich diese Risiken negativ auf die Erfüllbarkeit der Verträge zwischen Versicherungsunternehmen und Versicherungsnehmern auswirken. Daher spricht die besondere Relevanz von Nachhaltigkeitsrisiken für den Versicherungssektor für die Angemessenheit der Regelungen.

Auch die besondere Schutzpflicht des europäischen Normgebers[1166] gegenüber dem grundrechtlich geschützten Eigentumsrecht der Versicherungsnehmer streitet für die Angemessenheit der hier zu untersuchenden nachhaltigkeitsbezogenen Vorschriften der Solva-II-VO.

Die Angemessenheit der implementierten nachhaltigkeitsbezogenen Regelungen wird dadurch unterstrichen, dass diese mit dem Hauptziel der Solva-II-RL bzw. des VAG – dem Schutz der Versicherungsnehmer – in Einklang stehen.[1167] Die Regelungen fügen sich somit in das Gesamtsystem der Versicherungsaufsicht ein.

Anders wäre dies, wenn der europäische Normgeber nachhaltigkeitsbezogene Regelungen implementieren würde, die etwa der Förderung von Nachhaltigkeit dienen.[1168] Eine solche Änderung der delegierten Verordnung wäre nicht angemessen, da solche Vorgaben nicht dem Schutz der Versicherungsnehmer dienen würden.

1166 Zur Schutzpflichtdimension der Grundrechte etwa *Suerbaum*, EuR 2003, 390 ff.; *Frenz*, EuR-HdB, Bd. 4/I, Rn. 433 ff.; *Calliess*, in: Calliess/Ruffert, EUV AEUV, Art. 1 GRC Rn. 5 m.w.N.; s. auch Teil 3.I.2.b)cc).

1167 S. dazu schon Teil 3.I.2.b)cc).

1168 S. ausführlich Teil 3.I.2.b)bb).

Außerdem streitet die historische Entwicklung des Versicherungsaufsichtsrechts für eine Berücksichtigung von Nachhaltigkeitsrisiken im Governance-System und in der Solvabilität.[1169]

Es lässt sich festhalten, dass die nachhaltigkeitsbezogenen Vorgaben der Solva-II-VO insgesamt angemessen sind.

(2) Bestimmtheitsgebot

Der Begriff des Nachhaltigkeitsrisikos muss dem primärrechtlichen Bestimmtheitsgebot[1170] genügen. Die Prüfung ist besonders virulent, da diesem Begriff und den in der Solva-II-VO genannten Bereichen kein natürlich feststehender Inhalt zugewiesen ist, sondern dieser stark ausfüllungsbedürftig ist.

Art. 1 Nr. 55c Solva-II-VO sieht vor, dass das besagte Risiko in den Bereichen Umwelt, Soziales und Unternehmensführung durch die Versicherungsunternehmen untersucht werden muss. Allerdings sind diese Bereiche weder in der Verordnung selbst näher erläutert, noch lassen sich anhand der Erwägungsgründe[1171] Rückschlüsse auf den Inhalt der Vorschrift ziehen. Zwar verweist Erwägungsgrund 3 zur Solva-II-VO zum Verständnis des Begriffs auf den Begriff des Nachhaltigkeitsrisikos im Sinne der Offenlegungs-VO, aber auch anhand von Art. 2 Nr. 22 Offenlegungs-VO und den dazugehörigen Erwägungsgründen lässt sich nicht erschließen, welchen genauen Inhalt die drei in der Vorschrift genannten Bereiche haben.

Die Del. VO 2022/1288 Anhang I, die auf Grundlage der Offenlegungs-VO erlassen wurde[1172], enthält zwar eine Auflistung mit Indikatoren zu den Bereichen Umwelt und Soziales. Diese beziehen sich allerdings darauf, welche negativen Auswirkungen Investitionen auf Nachhaltigkeitsfaktoren haben können,[1173] nehmen also „Externalitäten" in den Blick, wohingegen Nachhaltigkeitsrisiken

---

[1169] Hierzu bereits Teil 3.I.1.d).

[1170] Hierzu oben Teil 3.II.4.

[1171] Nach stRspr. des EuGH, Urt. v. 11.11.2021, *Regione Veneto/ Plan Eco Srl*, Rs. C-315/20, ECLI:EU:C:2021:912 = NVwZ 2022, 396, 397, Rn. 28 m.w.N. können Erwägungsgründe als Auslegungshilfe herangezogen werden; *Köndgen/Mörsdorf*, in: Riesenhuber, EurMethodenlehre-HdB, § 6 Rn. 78; s. zur Gewichtung der Erwägungsgründe im Rahmen der Auslegung ausführlich *Gumpp*, ZfPW 2022, 446 ff.

[1172] S. dazu schon knapp Teil 2.II.1.f)aa).

[1173] Überschrift der „Tabelle 1: Erklärung zu den wichtigsten nachhaltigen Auswirkungen von Investitionsentscheidungen auf Nachhaltigkeitsfaktoren" im Anhang I der Del. VO 2022/1288.

„internalisierte Faktor[en]" zum Gegenstand haben[1174]. Aufgrund der eingenommenen Perspektive können die dort genannten Faktoren nicht dazu dienen, die in der Solva-II-VO genannten Risikobereiche zu definieren. Diese können nur als Anhaltspunkt für die Unternehmen fungieren.

In der Literatur werden lediglich beispielhaft Flutkatastrophen im Bereich Umwelt, Reputationsverluste aufgrund systematischer Diskriminierung von Bevölkerungsgruppen im Bereich Soziales und Bußgelder bzw. Strafen für Korruption im Bereich Governance genannt.[1175] Dies mag als Hilfestellung dienen, bedeutet jedoch keineswegs, dass die Norm damit den Anforderungen des Bestimmtheitsgebots genügt.

Man könnte in Betracht ziehen, den Bereich Umwelt mit Hilfe der Taxonomie-VO zu konkretisieren. In Art. 9 Taxonomie-VO sind Umweltziele festgelegt und Art. 10 ff. Taxonomie-VO umschreibt Tätigkeiten, die einen Beitrag zur Erreichung eines dieser Ziele leisten – diese Tätigkeiten werden anhand von delegierten Verordnungen näher ausgestaltet.[1176]

Es ist allerdings darauf hinzuweisen, dass (Umwelt-)Ziele keine Risikobereiche definieren.[1177] Die Nichteinhaltung bzw. -erreichung eines Ziels wäre ansonsten gleichbedeutend mit der Verwirklichung eines Risikos. Bereits der natürliche Sprachgebrauch[1178] legt einen unterschiedlichen Gehalt der Begrifflichkeiten nahe. Auch die Auflistung von positiven Tätigkeitsfeldern kann schwerlich dazu verwendet werden, um (negative) Risikobereiche zu bestimmen.

Die Versicherungsunternehmen können die in der Taxonomie-VO genannten Umweltziele lediglich als Anhaltspunkte nutzen, um die Bereiche auszumachen, in denen Nachhaltigkeitsrisiken im Sinne der Solva-II-VO zu

---

1174 S. zur Abgrenzung zwischen Nachhaltigkeitsfaktoren und -risiken *Zetzsche/Nast*, in: Assmann/Wallach/Zetzsche, KAGB, Art. 2 Offenlegungs-VO Rn. 32.

1175 *Zetzsche/Nast*, in: Assmann/Wallach/Zetzsche, KAGB, Art. 2 Offenlegungs-VO Rn. 31; mit weiteren Beispielen zu Risiken in den genannten Bereichen im Allgemeinen *Heithecker*, in: Heithecker, Nachhaltige Finanzwirtschaft, Rn. 191.

1176 Dazu schon Teil 2.II.1.f)bb)(1).

1177 *Kumpan/Misterek*, ZBB 2023, 1, 16; zu diesem Problem im Rahmen des Merkblatts der BaFin schon Teil 2.II.1.a)ii)(3).

1178 Zur Bedeutung des „gewöhnlichen Sprachgebrauch[s]" im Rahmen der Auslegung des europäischen Rechts EuGH, Urt. v. 9.2.2023, *X-FAB Dresden GmbH & Co. KG/ FC*, Rs. C-453/21, ECLI:EU:C:2023:79 = NJW 2023, 1045 f., Rn. 19 ff.; EuGH, Urt. v. 1.10.2020, *Entoma*, Rs. C-526/19, ECLI:EU:C:2020:769 = BeckRS 2020, 24729, Rn. 29 m.w.N.

evaluieren sind. Die Taxonomie-VO verweist ausdrücklich darauf, dass der Begriff der „nachhaltigen Investition" im Sinne der Offenlegungs-VO anhand der Taxonomie-VO zu bestimmen ist, und die Solva-II-VO wiederum verweist auf die Offenlegungs-VO.[1179] Diese Verknüpfung legt nahe, zur Annäherung an den Begriff Nachhaltigkeitsrisiko auch auf die Taxonomie-VO zurückzugreifen.

Ungleich schwieriger ist es, die Bereiche Soziales und Unternehmensführung inhaltlich zu bestimmen. Hierzu gibt es bislang keine rechtsverbindliche Regelung, welche die beiden Bereiche definiert.[1180]

Man könnte hinsichtlich des Bereichs Soziales überlegen, ob man diesen anhand von Art. 18 Abs. 1 Taxonomie-VO bestimmt. Dort sind eine Reihe von völkerrechtlichen Abkommen, Leitsätzen und Prinzipien festgelegt,[1181] die einen Mindestschutz für Menschen- und Arbeitsrechte garantieren sollen[1182]. Das wäre ein Ansatz, um den Bereich Soziales zu bestimmen, solange auf europäischer Ebene keine Sozialtaxonomie als Anknüpfungspunkt vorhanden ist.

Die Bandbreite des einzuhaltenden Mindestschutzes im Sinne der Taxonomie-VO umfasst bspw. Gebiete wie Arbeitsschutz (ILO-Übereinkommen Nr. 155[1183]), Abschaffung der Kinderarbeit (ILO-Übereinkommen Nr. 182[1184]), aber auch Menschenrechte[1185] (bspw. Abschnitt IV. der OECD-Leitsätze für multinationale Unternehmen; Prinzipien 11 ff. der Leitprinzipien der

---

[1179] Dazu ausführlich Teil 2.II.1.f).

[1180] *De Smet*, in: Böffel/Schürger, Digitalisation, Sustainability, and the BMU and CMU, 273, 282 f.; im Hinblick auf eine Sozialtaxonomie existiert bislang lediglich ein *Final Report* der PSF; dazu Teil 2.II.1.g)dd).

[1181] Dazu schon Teil 2.I.3.b).

[1182] ErwG 35 zur Taxonomie-VO.

[1183] ILO, Übereinkommen über Arbeitsschutz und Arbeitsumwelt v. 1981 (Nr. 155) (abrufbar unter: https://www.ilo.org/wcmsp5/groups/public/---ed_norm/---normes/documents/normativeinstrument/wcms_c155_de.htm; letzter Zugriff: 20.9.2025).

[1184] ILO, Übereinkommen über das Verbot und unverzügliche Maßnahmen zur Beseitigung der schlimmsten Formen der Kinderarbeit v. 1999 (Nr. 182) (abrufbar unter: https://www.ilo.org/wcmsp5/groups/public/---ed_norm/---normes/documents/normativeinstrument/wcms_c182_de.htm; letzter Zugriff: 20.9.2025).

[1185] *Bomsdorf/Blatecki-Burgert*, ZRP 2020, 42, 43 zum uneinheitlichen Menschenrechtsbegriff; krit. auch *Keilmann/Schmidt*, WM 2021, 717, 720; der zitierte Aufsatz bezieht sich zwar auf das LkSG, allerdings gleichen sich die menschenrechtlichen Risiken im Sinne des LkSG und die Mindestschutzvorschriften nach der Taxonomie-VO; vgl. auch Teil 2.II.1.e).

Vereinten Nationen für Wirtschaft und Menschenrechte[1186]). Zudem zählen hierzu Verbraucherschutzinteressen (Abschnitt VIII. der OECD-Leitsätze für multinationale Unternehmen), Wissenschaft und Technologie (Abschnitt IX. der OECD-Leitsätze für multinationale Unternehmen) sowie Wettbewerb (Abschnitt X. der OECD-Leitsätze für multinationale Unternehmen). Erfasst sind aber auch die Bekämpfung von Bestechung, Bestechungsgeldforderung und Schmiergelderpressung (Abschnitt VII. der OECD-Leitsätze für multinationale Unternehmen) und Besteuerung (Abschnitt XI. der OECD-Leitsätze für multinationale Unternehmen). Die beiden letztgenannten Gebiete deuten darauf hin, dass vom Bereich des Mindestschutzes im Sinne der Taxonomie-VO nicht nur Sozialstandards, sondern auch der Bereich Unternehmensführung umfasst sein soll.

Die Liste ließe sich noch in stattlichem Umfang verlängern und zeigt jedoch bereits jetzt, dass sich die von den Unternehmen zu analysierenden Bereiche nicht rechtssicher festmachen lassen. Im Ergebnis umfasst die Komposition von Regelungen in Art. 18 Abs. 1 Taxonomie-VO eine fast grenzenlose Zusammenschau von „gesellschaftspolitische[n] Wunschvorstellungen".[1187] Überdies ist die Bestimmung des Bereichs anhand der vorstehenden Abkommen, Leitsätze und Prinzipien generell problematisch, da sich diese partiell eindeutig nicht an Unternehmen richten[1188].

Es lässt sich festhalten, dass der Bereich Soziales keineswegs sicher anhand der Taxonomie-VO bestimmt werden kann.

Man könnte weiter überlegen, den Bereich Soziales anhand von Art. 29b Abs. 2 UAbs. 2 lit. b Ziff. i)-iii) CSRD zu bestimmen. Die Vorschrift enthält eine Auflistung von diversen Sozial- und Menschenrechtsfaktoren, etwa Gleichbehandlung und Chancengleichheiten, Arbeitsbedingungen, Vereinigungsfreiheit sowie Vereinbarkeit von Beruf und Privatleben. Daneben verweist die Norm auf die Achtung der Menschenrechte und zahlreiche internationale Übereinkommen und Konventionen.

1186 Krit. aufgrund der fehlenden Definition der dort niedergelegten Menschenrechte *Spießhofer*, Unternehmerische Verantwortung, S. 112 m.w.N.

1187 *Emde*, in: Nietsch, CSR Compliance, § 20 Rn. 27; krit. auch *Hirschmann*, ESG 2023, 42, 46; *Kumpan*, ZHR 187 (2023), 278, 299.

1188 Dies gilt z.B. für die ILO-Übereinkommen, da es sich hierbei nach h.M. um völkerrechtliche Verträge handelt; *Stolzenberg*, ILO und EU, S. 68 m.w.N.; *Zimmer*, in: Schlachter/Heuschmid/Ulber, ArbeitsvölkerR, § 5 Rn. 18 m.w.N.

Ein grundsätzlich guter Ansatz des Normgebers ist es, in den Ziff. i) und ii) abschließende Gebiete zu nennen, um die Sozial- und Menschenrechtsfaktoren zu bestimmen. Problematisch ist allerdings, dass in Ziff. iii) auf eine Vielzahl von Übereinkommen und Konventionen verwiesen wird. Die Zahl der dort genannten Übereinkommen und Konventionen übersteigt die in Art. 18 Abs. 1 Taxonomie-VO aufgelisteten völkerrechtlichen Verträge und vergrößert damit das oben beschriebene Problem der Unbestimmtheit einmal mehr.

Es ist daher auch hier zu konstatieren, dass sich der Bereich Soziales mangels klaren Inhalts der CSRD keineswegs abschließend definieren lässt und damit als Mittel zur Konkretisierung der Solva-II-VO ungeeignet ist.

Es sind darüber hinaus grundsätzliche Zweifel angebracht, ob der Bereich Soziales im Sinne der Solva-II-VO mit Hilfe von Sozial- und Menschenrechtsfaktoren gemäß der CSRD bestimmt werden kann, da sich diese beiden Faktoren nicht trennscharf abgrenzen lassen und hier lediglich die Bestimmung des Bereichs Soziales vorgenommen werden soll.

In Bezug auf die Bestimmung des Bereichs Unternehmensführung existieren bisher kaum gesetzliche Regelungen zur Konkretisierung.[1189] Eine Ausnahme hierzu bildet Art. 2 Nr. 17 Offenlegungs-VO, der zur Definition „nachhaltige Investition" in Bezug auf das Merkmal „Verfahrenswesen einer guten Unternehmensführung" beispielhaft (Wortlaut „insbesondere") solide Managementstrukturen, die Beziehungen zu den Arbeitnehmern, die Vergütung von Mitarbeitern und die Einhaltung von Steuervorschriften nennt. Die genannten Beispiele beziehen sich nur auf bestimmte einzuhaltende „Standards",[1190] nennen also keine Risiken. Die dort enthaltene Aufzählung kann daher allenfalls als Anhaltspunkt dienen. Es lässt sich hieraus indes mitnichten erkennen, welche konkreten, abschließend definierten Bereiche zur Unternehmensführung im Sinne der Solva-II-VO gehören.

Im Ergebnis können die Versicherungsunternehmen mithin nicht anhand der gesetzlichen Vorgaben bzw. durch Auslegung ermitteln, welche konkreten

---

1189 *Nietsch*, KlimaRZ 2022, 22, 24; *Heithecker*, in: Heithecker, Nachhaltige Finanzwirtschaft, Rn. 301 vertritt die Auffassung, dass Risiken betreffend die Unternehmensführung keine eigenständigen Risikoursachen seien, da sie oftmals in sozialem oder ökologischem Fehlverhalten begründet seien.

1190 *Zetzsche/Nast*, in: Assmann/Wallach/Zetzsche, KAGB, Art. 2 Offenlegungs-VO Rn. 24.

Pflichten ihnen durch Art. 1 Nr. 55c Solva-II-VO auferlegt werden. Damit verstößt die aktuelle Fassung von Art. 1 Nr. 55c Solva-II-VO gegen das Gebot der Normenbestimmtheit.

Aufgrund des festgestellten Verstoßes gegen das Bestimmtheitsgebot ist der europäische Normgeber dazu verpflichtet, die Anforderungen, die an die Versicherungsunternehmen gestellt werden, soweit zu konkretisieren, dass diese erkennen können, was aufgrund der jeweiligen Vorschrift von ihnen verlangt wird.[1191] Der Normgeber muss die Bereiche Umwelt, Soziales und Unternehmensführung konkretisieren.[1192]

Nachfolgend sollen zwei Wege aufzeigt werden, wie der europäische Normgeber dem Bestimmtheitsgebot Rechnung tragen kann.

Er könnte zum einen eine abschließende Auflistung von Bereichen in die Vorschrift der Solva-II-VO aufnehmen, um die Norm zu konkretisieren. Eine Änderung der Solva-II-VO könnte sich an der durch die DV-VO 2022/2453[1193] geänderten DV-VO 2021/637[1194] orientieren, welche die Offenlegungspflichten in der CRR-VO bis zum 31. Dezember 2024 konkretisierte.[1195] Die DV-VO 2021/637 diente dazu, den Begriff der ESG-Risiken einheitlich zu bestimmen.[1196]

1191 Zur Konkretisierungspflicht des deutschen Gesetzgebers in Bezug auf Menschenrechte *Spießhofer*, NJW 2014, 2473, 2475.

1192 *Lüdeking/Samari*, ZfPW 2022, 425, 432: Man kann einem Begriff seine Vagheit nehmen, indem man ihm Grenzen setzt.

1193 Durchführungsverordnung (EU) 2022/2453 der Kommission v. 30.11.2022 zur Änderung der in der Durchführungsverordnung (EU) 2021/637 festgelegten technischen Durchführungsstandards im Hinblick auf die Offenlegung der Umwelt-, Sozial- und Unternehmensführungsrisiken, ABl. 2022 L 324, S. 1.

1194 Durchführungsverordnung (EU) 2021/637 der Kommission v. 15.3.2021 zur Festlegung technischer Durchführungsstandards für die Offenlegung der in Teil 8 Titel II und III der Verordnung (EU) Nr. 575/2013 des Europäischen Parlaments und des Rates genannten Informationen durch die Institute und zur Aufhebung der Durchführungsverordnung (EU) Nr. 1423/2013 der Kommission, der Delegierten Verordnung (EU) 2015/1555 der Kommission, der Durchführungsverordnung (EU) 2016/200 der Kommission und der Delegierten Verordnung (EU) 2017/2295 der Kommission, ABl. 2021 L 136, S. 1.

1195 Zur nachhaltigkeitsbezogenen Offenlegungspflicht nach der CRR-VO gleich Teil 3.III.1.

1196 *Sacarcelik*, in: Nietsch, CSR Compliance, § 19 Rn. 12; vgl. auch *Dehio/Emmerich/Hafner*, DB 2023 Beil. 3, 55, 56.

Die DV-VO 2021/637 Anhang XL definiert in Nr. 2 lit. b, e und f im Einzelnen die Begriffe, die in Art. 1 Nr. 55c Solva-II-VO genannt werden. Zudem enthalten die Tabellen 1–3 der DV-VO 2021/637 Anhang XL eine konkrete Beschreibung von nachhaltigkeitsbezogenen Risiken und Bereichen, in denen diese auftreten können. Insgesamt weist die DV-VO einen hohen Grad an Detailliertheit auf.[1197]

Dies würde dem Bestimmtheitsgebot Rechnung tragen und wäre damit der Rechtssicherheit zuträglich. Der Normgeber sollte allerdings davon absehen, pauschal auf völkerrechtliche Verträge zu verweisen, da diese inhaltlich sehr unbestimmt sind, was wiederum zu Rechtsunsicherheit führt. Als gutes Gesetzgebungsbeispiel kann etwa die CSRD heranzogen werden, die in Art. 29b Abs. 2 UAbs. 2 lit. b Ziff. i) und ii) abschließende Gebiete nennt, um Sozial- und Menschenrechtsfaktoren zu bestimmen.

Der Normgeber könnte zum anderen in Betracht ziehen, den Begriff Nachhaltigkeitsrisiko in der Solva-II-VO unter Verweis auf die Taxonomie-VO und eine etwaig entstehende Sozialtaxonomie in den Erwägungsgründen zu definieren. Dort könnte klargestellt werden, dass diese europäischen Verordnungen zur Auslegung des Begriffs herangezogen werden sollen.

Grundsätzlich problematisch an diesem Ansatz ist allerdings, dass es sowohl bei der Taxonomie-VO als auch der Sozialtaxonomie um die Erreichung von Zielen geht, also gerade nicht um die Bestimmung von Risikofeldern. Zudem existiert eine Sozialtaxonomie bislang noch nicht. Schließlich besteht das Problem, dass durch die Verweisung auf die beiden europäischen Verordnungen der Bereich Governance inhaltlich noch nicht bestimmt wäre. Hier müsste der Normgeber zwingend Konkretisierungen vornehmen.

Im Ergebnis ist die letztgenannte Alternative dem europäischen Normgeber nicht anzuraten und daher sollte dieser die Bereiche zur Untersuchung von Nachhaltigkeitsrisiken selbstständig in der Solva-II-VO definieren.

1197 So schon *Winter/Hafner*, DB 2022 Beil. 2, 59, 61 zum Entwurf der EBA; ähnlich auch *Böffel/Schürger*, in: Böffel/Schürger, Digitalisation, Sustainability, and the BMU and CMU, 229, 244.

bb) Nudging-Konzept

Die Vorschriften der Offenlegungs-/Taxonomie-VO unterliegen dem *Nudging*-Konzept.[1198]

Nachfolgend soll zum einen die Frage beantwortet werden, ob das gegenwärtige Konzept den Anforderungen der GRC – insbesondere mit Blick auf den Grundsatz der Verhältnismäßigkeit – genügt.[1199] Zum anderen ist auszuleuchten, welche Grenzen dieser Grundsatz im Hinblick auf eine mögliche weitergehende Ausgestaltung setzt.

Die Erarbeitung von allgemeinen Leitplanken ist v.a. dann von Bedeutung, wenn der Normgeber beschließt, die Vorgaben zu verschärfen, um eine höhere Effektivität zu erreichen. Anhand der noch aufzuzeigenden Grenzen kann der Normgeber nämlich erkennen, welcher gesetzgeberische Spielraum ihm bleibt und welche sonstigen Anforderungen er zu beachten hat. Soweit ersichtlich, ist im Bereich der Finanzmarktregulierung bisher keine wissenschaftliche Arbeit erschienen, die dieses Thema zum Gegenstand hat.[1200]

Der Begriff *Nudging* wurde oben ausführlich behandelt und dazu die primärrechtliche Relevanz des Themas ausgeleuchtet.[1201] Die an die Versicherungsunternehmen gerichteten Offenlegungs- und Informationspflichten stellen einen Eingriff in den Schutzbereich von Art. 16 GRC dar.[1202] Die *Nudging*-Maßnahmen können u.U. in den Schutzbereich der allgemeinen Handlungsfreiheit der Versicherungsnehmer eingreifen.[1203] Beide Rechte der GRC unterliegen den gleichen Rechtfertigungsanforderungen,[1204] sodass die Prüfung hier gemeinsam erfolgt. Es wird auf Besonderheiten hingewiesen, soweit diese relevant sind.

1198 Zum Konzept schon Teil 3.II.6.a)cc)(1); dies gilt auch für die nachhaltigkeitsbezogenen Vorschriften der Versicherungsvermittler; hierzu bereits Teil 2.II.3.a).

1199 S. dazu schon Teil 3.II.5.

1200 Zur Verhältnismäßigkeit von ernährungspolitischen *Nudging*-Maßnahmen *Driftmann*, Der ernährungspolitische Nudge, S. 206 ff.

1201 S. dazu schon Teil 3.II.6.a)cc)(1) und Teil 3.II.6.c).

1202 So als Resultat Teil 3.I.6.e).

1203 So i.E. schon Teil 3.II.6.c)bb)(1).

1204 Zu Rechtfertigungsprüfung von Art. 16 GRC s. bspw. *Jarass*, GRC, Art. 16 Rn. 20 ff.; in Bezug auf die allgemeine Handlungsfreiheit *Haratsch*, in: Heselhaus/Nowak, EU-Grundrechte-HdB, § 22 Rn. 21 ff.

Die Prüfung ist anhand der nachstehenden Punkte gegliedert[1205]: Liegt eine gesetzliche Grundlage vor (1), ist der Wesensgehalt der Grundrechte geachtet (2) und der Grundsatz der Verhältnismäßigkeit gewahrt worden (3).

(1) Gesetzliche Grundlage

Aus Art. 52 Abs. 1 S. 1 Alt. 1 GRC ergibt sich, dass die Einschränkung eines in der GRC verankerten Rechts einer gesetzlichen Grundlage bedarf.[1206] Die Offenlegungs- und Informationspflichten, welche an die Versicherungsunternehmen adressiert sind, haben in der Offenlegungs-/Taxonomie-VO eine Rechtsgrundlage.[1207] Ebenso können diese Vorschriften als Grundlage für die Einflussnahme auf die Versicherungsnehmer dienen.[1208]

(2) Achtung des Wesensgehalts eines Grundrechts

Die Achtung des Wesensgehalts eines Grundrechts ist in Art. 52 Abs. 1 S. 1 Alt. 2 GRC normiert. Die Verletzung des Wesensgehalts liegt nach der Rechtsprechung des EuGH vor, wenn ein Recht als solches in Frage gestellt wird.[1209] Die Einschränkung eines Grundrechts darf nicht zur Folge haben, dass dieses seiner Substanz beraubt wird.[1210] Es geht damit im Wesentlichen darum, einen „festen Kernbereich" zu schützen.[1211]

Die hier zu untersuchenden Offenlegungs- bzw. Informationspflichten schränken die durch Art. 16 GRC geschützte unternehmerische Freiheit nicht in ihrem Kernbereich ein. Es geht nicht darum, die Versicherungsunternehmen in ihrer Tätigkeit einzuschränken, sondern dass diese Informationen zu ihren Tätigkeiten offenlegen.

1205 Wie hier *Pache*, in: Pechstein/Nowak/Häde, FrankfurterKomm EUV/GRC/AEUV, Bd. 1, Art. 52 GRC Rn. 24; teilweise wird die Verfolgung eines dem Gemeinwohl dienenden Ziels als separater Punkt geprüft, wodurch sich eine vierstufige Prüfung ergibt, die aber inhaltlich keine Unterschiede zur hiesigen Prüfung aufweist; so z.B. *Cornils*, in: Grabenwarter, EnzEuR, Bd. 2, § 7 Rn. 91.

1206 Hierzu schon Teil 3.II.3.

1207 Dazu im Einzelnen Teil 2.II.1.f).

1208 Zur Frage eines Grundrechtseingriffs Teil 3.II.6.c)bb)(1).

1209 EuGH, Urt. v. 20.3.2018, *Menci*, Rs. C-524/15, ECLI:EU:C:2018:197 = BeckRS 2018, 6055, Rn. 43; EuGH, Urt. v. 27.9.2017, *Puškár*, Rs. C-73/16, ECLI:EU:C:2017:725 = BeckRS 2017, 126269, Rn. 64.

1210 *Lenaerts*, EuR 2012, 3, 9.

1211 *Jarass*, GRC, Art. 52 Rn. 28.

Ebenso wenig ist die durch die allgemeine Handlungsfreiheit geschützte innere Autonomie der Versicherungsnehmer entkernt, wenn diese durch bereitgestellte Informationen zu einer Investition in nachhaltige Unternehmen bzw. Produkte „angestupst" werden.

Die Achtung des Wesensgehalts der einschlägigen Grundrechte ist vorliegend nicht verletzt. Anders wäre dies zu beurteilen, wenn Versicherungsunternehmen nur noch nachhaltigen Tätigkeiten nachgehen dürften bzw. Versicherungsnehmer Kapital nur noch in nachhaltige Unternehmen bzw. Produkte investieren dürften.

(3) Verhältnismäßigkeit

(a) Verfolgung eines legitimen Ziels

Eine Maßnahme verfolgt ein legitimes Ziel im Sinne von Art. 52 Abs. 1 S. 2 Alt. 1 GRC, wenn diese eine von der EU anerkannte und dem Gemeinwohl dienende Zielsetzung verfolgt.[1212] Hierzu zählen die in Art. 3 EUV genannten Ziele, aber auch andere durch das Primärrecht geschützte Interessen.[1213] Insgesamt verfolgt der EuGH bei der Auslegung der Vorschrift einen eher weiten Ansatz.[1214]

Die Taxonomie-VO zielt darauf ab, private Investitionen in nachhaltige Tätigkeiten zu lenken.[1215] Die Lenkung stellt ein eigenes Ziel der Verordnung dar. Dieses Ziel ist primärrechtlich weder verankert noch sonst anerkannt. Vielmehr ist *Nudging* für sich genommen kein legitimes Ziel, auch wenn es gute Absichten verfolgt.[1216] Mithin scheidet die Lenkung als legitimes Ziel im Sinne der GRC aus.

1212 *Pache*, in: Pechstein/Nowak/Häde, FrankfurterKomm EUV/GRC/AEUV, Bd. 1, Art. 52 GRC Rn. 25.

1213 *Schwerdtfeger*, in: Meyer/Hölscheidt, NK-GRC, Art. 52 Rn. 35.

1214 *Lenaerts*, EuR 2012, 3, 10.

1215 ErwG 11 zur Taxonomie-VO.

1216 *Driftmann*, Der ernährungspolitische Nudge, S. 208 f.; *Gerg*, Nudging, S. 138 f. m.w.N.; *Wolf*, in: Conrad/Grünewald/Kalscheuer/Milker, Öffentlich-rechtliches ÄußerungsR-HdB, § 4 Rn. 40; *Wolff*, RW 2015, 194, 218 f.

Art. 3 Abs. 3 UAbs. 1 S. 1 EUV nennt die Errichtung eines Binnenmarktes als Ziel.[1217] Auf dieses Ziel verweisen die Erwägungsgründe zur Taxonomie-[1218] als auch zur Offenlegungs-VO[1219].

Art. 3 Abs. 3 UAbs. 1 S. 2 EUV nennt u.a. die nachhaltige Entwicklung Europas auf der Grundlage eines ausgewogenen Wirtschaftswachstums und Umweltschutz als Ziele.[1220] Sowohl die Taxonomie-[1221] als auch die Offenlegungs-VO[1222] greifen diese Ziele in ihren Erwägungsgründen auf und dienen damit von der EU anerkannten Zielen.

(b) Geeignetheit

Die Geeignetheit einer Maßnahme ist im Hinblick auf jedes der verfolgten Ziele zu prüfen.[1223]

Der Erlass von einheitlichen Vorschriften fördert das Ziel der Errichtung eines Binnenmarktes, da uneinheitliche Vorschriften in den einzelnen Mitgliedstaaten für das länderübergreifende Tätigwerden von Unternehmen hinderlich sein können. Die Offenlegungs-/Taxonomie-VO vereinheitlichen in der gesamten EU die Anforderungen, nach denen der Begriff der ökologischen Nachhaltigkeit bestimmt wird und verpflichten die Unternehmen zudem in gleichem Maße zur Offenlegung von bestimmten Informationen in diesem Zusammenhang.

Die Erreichung der Ziele – Förderung von nachhaltigem Wachstum und Umweltschutz – kann dadurch begünstigt werden, dass sich Versicherungsnehmer aufgrund eines einheitlichen Maßstabs und damit verbundener Offenlegungspflichten ein besseres Bild davon machen können, welche Unternehmen nachhaltig wirtschaften und ihre Investitionen

---

[1217] Hierzu im Einzelnen *Müller-Graff*, in: Pechstein/Nowak/Häde, FrankfurterKomm EUV/GRC/AEUV, Bd. 1, Art. 3 EUV Rn. 33 ff.

[1218] ErwG 12, 13, 14 zur Taxonomie-VO.

[1219] ErwG 9 zur Offenlegungs-VO.

[1220] Ebenso greift der EuGH, Urt. v. 17.3.2021, *One Voice*, Rs. C-900/19, ECLI:EU:C:2021:211 = BeckRS 2021, 4433, Rn. 60, 65 diese Ziele in seiner Rspr. auf.

[1221] ErwG 1, 4, 7, 9 zur Taxonomie-VO.

[1222] ErwG 8 zur Offenlegungs-VO.

[1223] Vgl. EuGH, Urt. v. 17.10.2013, *Schwarz*, Rs. C-291/12, ECLI:EU:C:2013:670 = BeckRS 2013, 81987, Rn. 40 ff.; EuGH, Urt. v. 29.2.1996, *Frankreich und Irland/ Kommission*, Verb. Rs. C-296/93 und C-307/93, ECLI:EU:C:1996:65 = BeckRS 2004, 76102, Rn. 36 ff.

entsprechend in diese Unternehmen lenken können. Die Lenkungswirkung von *Nudging*-Maßnahmen ist aufgrund von verhaltensökonomischen Untersuchungen hinreichend belegt.[1224] Die Erreichung dieser Ziele mittels der Offenlegungs-/Taxonomie-VO ist nicht offensichtlich ausgeschlossen und daher sind die Maßnahmen als geeignet anzusehen.

(c) Erforderlichkeit

Die Lenkung der Investitionen in nachhaltige Unternehmen bzw. Produkte soll dadurch erreicht werden, dass sich Versicherungsnehmer aufgrund von den Versicherungsunternehmen veröffentlichten Informationen zu einer bestimmten Investitionsentscheidung entschließen. Allerdings kann die Entscheidung der Versicherungsnehmer weiterhin frei getroffen werden.

Als alternatives Mittel könnte der europäische Normgeber aufgrund von Ordnungsrecht, bspw. durch ein gesetzliches Gebot, handeln. Es wäre in Betracht zu ziehen, dass dieser kraft einer Verordnung vorgibt, dass Versicherungsnehmer und auch andere Investoren, in Unternehmen bzw. Produkte investieren müssen, die als nachhaltig im Sinne der Taxonomie-VO gelten. Eine solche Entscheidung würde allerdings einen wesentlich intensiveren Eingriff in die allgemeine Handlungsfreiheit der Versicherungsnehmer bedeuten als eine Einflussnahme mit Hilfe von Informationen.[1225] Die Freiheit, sich aussuchen zu können, in welche Unternehmen bzw. Produkte die Investition fließt, wäre aufgehoben. Diese Regelung wäre zwar effektiver, da feststünde, dass die Investition in ein Unternehmen bzw. ein Produkt erfolgen würde, welches nach der Taxonomie-VO als nachhaltig gilt. Gleichwohl wäre das gewählte Mittel nicht milder, sondern stellte einen erheblich schwereren Eingriff dar.[1226]

Zudem würde eine solche Regelung einen erheblichen Eingriff in die unternehmerische Freiheit (Art. 16 GRC) der Unternehmen bedeuten, deren Geschäftsmodell nicht nachhaltig im Sinne der Taxonomie-VO ist. Ihnen

---

1224 *Gerg*, Nudging, S. 142 f. m.w.N.; krit. im Hinblick auf die Langzeitwirkung *Driftmann*, Der ernährungspolitische Nudge, S. 211.

1225 Informationsinstrumente sind generell als mildere Maßnahmen gegenüber ordnungsrechtlichen Mitteln anzusehen; dazu *van Aaken*, in: Kemmerer/Möllers/Steinbeis/Wagner, Choice Architecture in Democracies, 161, 192; anders dagegen bei Informationen mit manipulativem Charakter; s. *Gerg*, Nudging, S. 146 f.

1226 So auch *Möllers*, ZHR 185 (2021), 881, 895.

wäre es verwehrt, Investitionen zu akquirieren, wenn sie ihr Geschäftsmodell nicht derart umgestalten, dass es den Vorgaben der Taxonomie-VO entspricht. Diese wären gezwungen, ihr Geschäftsmodell anzupassen. Eine solche Pflicht würde dem Prinzip der offenen und freien Marktwirtschaft (Art. 119 Abs. 1, 120 AEUV), welches in der EU gilt,[1227] diametral entgegenstehen.

Darüber hinaus sind monetäre Anreize als milderes Mittel in den Blick zu nehmen. Hier lässt sich zwischen positiven (Subventionen, steuerliche Vergünstigungen) sowie negativen (Steuern und andere Abgaben) Anreizen differenzieren.[1228] Die Einflussnahme auf die Entscheidungsfreiheit durch monetäre Anreize wiegt generell schwerer als eine mittels Informationen.[1229] Dies ist darauf zurückzuführen, dass sowohl positive als auch negative finanzielle Anreize einen stärkeren Einfluss auf die Entscheidungsfindung eines Menschen haben.[1230] Insbesondere die Erhebung von Steuern hat eine starke Eingriffswirkung und ist daher keine mildere Maßnahme.[1231]

Weiter ist zu überlegen, ob staatliche Appelle als milderes Mittel herangezogen werden können.[1232] Dies würde bedeuten, dass eine staatliche Stelle aufgrund einer Gesetzesgrundlage an Versicherungsnehmer appellieren darf, ihr Kapital in nachhaltige Unternehmen bzw. Produkte zu investieren. Diese Maßnahme wäre jedoch zum einen mit Blick auf die Lenkungswirkung weniger effektiv, also weniger geeignet, als wenn die nachhaltigkeitsbezogenen Informationen durch das Unternehmen selbst bereitgestellt werden. Zum anderen müssten die betroffenen Unternehmen den staatlichen Stellen die zu veröffentlichenden Informationen zur Verfügung stellen, aus denen sich ergibt, wie nachhaltig diese wirtschaften. Unter dem Gesichtspunkt der Belastung wäre ein solches Vorgehen für die betroffenen Versicherungsunternehmen nicht milder.

1227 Dazu ausführlich *Hatje*, in: v. Bogdandy/Bast, EurVerfassungsR, 801, 809 ff.

1228 S. dazu bspw. *Kronenberger*, Nudging als Steuerungsinstrument des Rechts, S. 105 f.

1229 *Kolbe*, Freiheitsschutz vor staatlicher Gesundheitssteuerung, S. 359.

1230 *Kronenberger*, Nudging als Steuerungsinstrument des Rechts, S. 106 spricht von einem höheren „Steuerungsdruck" von finanziellen Instrumenten gegenüber informationellen.

1231 Vgl. dazu *Schweizer*, in: Mathis/Tor, Nudging – Possibilities, Limitations and Applications in European Law und Economics, 93, 107.

1232 Nach *Gerg*, Nudging, S. 150 stellt ein moralischer Appell einen intensiveren Eingriff dar als eine sachliche Information.

Um die vorgenannte Maßnahme weiter abzumildern, könnte man schließlich in Betracht ziehen, die Informationen durch staatliche Stellen zu publizieren. Die gesetzliche Pflicht bestünde dann darin, dass ein Versicherungsunternehmen einer staatlichen Stelle die in der Verordnung vorgesehenen Informationen zur Verfügung stellt. Diese Stelle wiederum würde dann die Informationen veröffentlichen. Die Versicherungsunternehmen wären dahingehend entlastet, dass sie die gesammelten Informationen dann nicht mehr auf ihre Kosten veröffentlichen müssten. Eine solche Informationspolitik wäre allerdings weniger effektiv, da die Informationen nicht zum Zeitpunkt der konkreten Investitionsentscheidung zur Verfügung gestellt werden würden, also einen weniger starken Lenkungseffekt erzielen würden. Es fehlt mithin an der gleichen Geeignetheit der Maßnahme.

Andere Mittel sind nicht ersichtlich und damit ist die Maßnahme als erforderlich anzusehen.

(d) Angemessenheit

Zur Beurteilung der Angemessenheit einer *Nudging*-Maßnahme können einerseits das Gemeinwohlinteresse und andererseits die Umstände im Zusammenhang mit der Einwirkung auf den Adressaten, etwa die grundrechtliche Relevanz des Verhaltens und die Intensität der Maßnahme, berücksichtigt werden.[1233]

Die Ziele Umweltschutz und Transformation zu einer nachhaltigen Wirtschaft stellen wichtige Allgemeinwohlbelange dar. Diese Ziele sind unmittelbar primärrechtlich verankert. Gleiches gilt für die Autonomie der Versicherungsnehmer und die unternehmerische Freiheit der Versicherungsunternehmen, welche durch die GRC geschützt sind.

Die Bedeutung des angestrebten Ziels und die geringfügigen Beeinträchtigungen sprechen für die Angemessenheit der Maßnahme. Die Beeinträchtigung der Versicherungsnehmer im Zusammenhang mit den hier zu untersuchenden Maßnahmen ist minimal.[1234] Auch die Offenlegungs- und Informationspflichten der Versicherungsunternehmen stellen einen Eingriff mit

---

1233 Dazu und zu weiteren zu beachtenden Faktoren *Gerg*, Nudging, S. 150 ff.

1234 Zum Argument der geringen Beeinträchtigung der Freiheitssphäre der Betroffenen s. *Eifert*, Verfassungsblog v. 8.1.2015 (abrufbar unter: https://verfassungsblog.de/nudging-matter-politics-2/; letzter Zugriff: 20.9.2025).

geringer Intensität dar. Grundsätzlich ist das hier untersuchte *Nudging*-Konzept in seiner geltenden Form angemessen und damit verhältnismäßig.

Es sind im Folgenden jedoch einige Grenzen einzuziehen, bei deren Überschreitung eine *Nudging*-Maßnahme nicht mehr als angemessen anzusehen wäre. Zudem bedarf es gewisser Ausgestaltungsvorbehalte, um die Angemessenheit des Konzepts zu gewährleisten.

Aus grundrechtlicher Perspektive lässt sich zunächst sagen, dass die Autonomie der Versicherungsnehmer gewahrt bleiben muss. Dies ist dadurch zu gewährleisten, dass der Normgeber, vermittelt durch die Versicherungsunternehmen, nur durch inhaltlich richtige und sachliche Informationen Einfluss auf die Entscheidungsfindung nehmen darf.[1235] Die Einflussnahme darf gleichwohl durch aufbereitete Informationen erfolgen.[1236] Es ist dagegen nicht gestattet, Versicherungsnehmer auf emotionaler Ebene zu beeinflussen.[1237] Eine solche Einflussnahme würde nämlich zum einen durch den Versicherungsnehmer weniger gut wahrgenommen werden können[1238] und zum anderen wäre auch hier viel weniger genau evaluierbar, wie diese wirkt[1239].

Damit eng verbunden ist die Anforderung, dass die staatliche Einflussnahme keine manipulative Wirkung entfalten darf.[1240]

Eine Maßnahme muss, um angemessen zu sein, offenlegen, dass sie eine lenkende Wirkung zum Ziel hat.[1241] Die Wirkung einer solchen Maßnahme

---

1235 Für das Informationshandeln vonseiten des Staates gilt das Gebot der Sachlichkeit; dazu BVerfG, Urt. v. 26.6.2002, 1 BvR 558/91 und 1 BvR 1428/91 (*Glykol*), BVerfGE 105, 252, 272 f.; s. auch *Hillgruber*, in: Kahl/Ludwigs, VerwaltungsR-HdB, Bd. V, § 151 Rn. 86 f.

1236 *Beul*, KritV 2019, 39, 54.

1237 Zum Ausnutzen des „Bauchgefühls“ *Beul*, KritV 2019, 39, 53 f.

1238 Generell krit. zu Maßnahmen, die subtil wirken und daher nicht bemerkt werden, *Schnellenbach*, WD 2014, 778, 779; ebenso *Kirchhof*, ZRP 2015, 136, 137 m.w.N.

1239 Zu den Problemen, die mit der Evaluation von *Nudging*-Maßnahmen verbunden sind, *Seckelmann/Lamping*, DÖV 2016, 189, 198.

1240 *Van Aaken*, in: Kemmerer/Möllers/Steinbeis/Wagner, Choice Architecture in Democracies, 161, 175; etwa Manipulation mittels unwahrer Informationen; konkretes Beispiel bei *Seckelmann/Lamping*, DÖV 2016, 189, 192.

1241 *Beul*, KritV 2019, 39, 55; *Hensiek*, ARP 2022, 166, 169; *Wolf*, in: Conrad/Grünewald/Kalscheuer/Milker, Öffentlich-rechtliches ÄußerungsR-HdB, § 4 Rn. 45; nach der Rechtsprechung des BVerfG, Beschl. v. 7.4.1964, 1 BvL 12/63 (*Mitfahrzentrale*), BVerfGE 17, 306, 318 verstößt ein Gesetz gegen das Rechtsstaatsprinzip, wenn die

entfällt auch nicht dadurch, dass vorher oder nachher über den angestrebten Effekt aufgeklärt wird.[1242] Die Offenlegung dient der Transparenz.[1243] Ein solcher Hinweis kann entweder im Rahmen der offenzulegenden Informationen mitgeteilt[1244] oder in den Gesetzesmaterialien, die zu den Offenlegungspflichten gehören,[1245] dargelegt werden.

Aus den Erwägungsgründen zur Taxonomie-VO ergibt sich, dass diese auf eine Lenkung von Kapital in nachhaltige Investitionen abzielt.[1246] In den Erwägungsgründen zur Offenlegungs-VO ist dies nur angedeutet.[1247] An dieser Stelle sollte der Normgeber nachbessern und klarstellen, dass auch die Offenlegungs-VO die Lenkung von Kapitalströmen mittels Informationspflichten als Ziel verfolgt. Es ist als notwendig, aber auch ausreichend anzusehen, den Hinweis auf den *Nudging*-Effekt in den Gesetzesmaterialien zu geben, wenn dieser – wie hier – durch eine gesetzliche Regelung erfolgen soll. Eine Mitteilung in anderer Form wäre praktisch kaum umsetzbar.

Schließlich hat der Normgeber darauf zu achten, den durch die Regelung erzeugten sozialen Druck, Investitionen in nachhaltige Unternehmen bzw. Produkte zu tätigen, nicht überhandnehmen zu lassen. Eine Regelung, die so ausgestaltet wäre, dass ein „nicht mehr zu umgehender Gruppenzwang“ ausgelöst würde, hätte zur Folge, dass die Entscheidungsfreiheit aufgehoben wäre und damit wäre die Maßnahme insgesamt als unangemessen zu betrachten.[1248]

Das gegenwärtige *Nudging*-Konzept wahrt die vorgenannten Grenzen und ist damit insgesamt angemessen. Lediglich mit Blick auf die Intention der Offenlegungs-VO sollte der Normgeber klarstellend nachsteuern.

Gesetzesgestaltung die wahren Absichten des Gesetzgebers verschleiert; zum „Grundsatz der Normenwahrheit“ s. auch *Meyer*, Der Staat 48 (2009), 278 ff.

1242 So das Resultat von *Loewenstein/Bryce/Hagmann/Rajpal*, Beh. Sci. Policy 1 (2015), 39 ff. bei der Untersuchung von Standardoptionen (*default options*).

1243 *Van Aaken*, in: Kemmerer/Möllers/Steinbeis/Wagner, Choice Architecture in Democracies, 161, 173 Fn. 40; ähnlich auch *Billen*, RuP 2015, 84.

1244 *Beul*, KritV 2019, 39, 55 schlägt ein Hinweisschild oder einen -brief vor.

1245 *Böker*, Nudge im Spiegel des allgemeinen Persönlichkeitsrechts, S. 112.

1246 ErwG 9 zur Taxonomie-VO.

1247 ErwG 2 zur Offenlegungs-VO.

1248 Zum Problem des Gruppenzwangs *Krimphove*, Rechtsethologie, S. 143.

e) Fazit

Es ist festzuhalten, dass die nachhaltigkeitsbezogenen Vorschriften der Solva-II-VO, die für die Versicherungsunternehmen einen Eingriff in Art. 16 GRC darstellen, verhältnismäßig sind. Allerdings genügt der Begriff des Nachhaltigkeitsrisikos gegenwärtig nicht dem Bestimmtheitsgebot und verstößt damit gegen europäisches Primärrecht. Hier muss der europäische Normgeber eine Konkretisierung des Begriffs herbeiführen.

Es hat sich zudem gezeigt, dass das der Offenlegungs-/Taxonomie-VO zugrunde liegende *Nudging*-Konzept dem Grundsatz der Verhältnismäßigkeit genügt. Damit diesem Grundsatz bei der weiteren Ausgestaltung hinreichend Rechnung getragen wird, sind gewisse Anforderungen einzuhalten. Dies betrifft zum einen die Wahrung der Autonomie des Einzelnen und zum anderen die Einhaltung des Gebots der Sachlichkeit und der Transparenz.

7. Fazit

Es lässt sich für diesen Teil der Untersuchung zunächst feststellen, dass sowohl die Offenlegungs-/Taxonomie-VO als auch die Regelungen zum Versicherungsaufsichtsrecht an der GRC zu messen sind. Es handelt sich bei europäischen Verordnungen bzw. vollharmonisierten europäischen Richtlinien um „unionsrechtlich vollständig vereinheitlichte Regelungen“[1249].

Es ist weiter hervorzuheben, dass der grundrechtliche Schutz auf europäischer Ebene dem Schutzniveau des GG entspricht.[1250] Hier ist insbesondere zu betonen, dass die zu untersuchenden Vorschriften dem Bestimmtheitsgebot und dem Grundsatz der Verhältnismäßigkeit entsprechen müssen.

Die Untersuchung hat zudem gezeigt, dass die an die Versicherungsunternehmen adressierten nachhaltigkeitsbezogenen Pflichten verhältnismäßig sind und daher mit Art. 16 GRC vereinbar sind. Allerdings verstößt der in

---

1249 BVerfG, Beschl. v. 1.12.2020, 2 BvR 1845/18 u.a. (*Rumänien II*), BVerfGE 156, 182, 197, Rn. 36; BVerfG, Beschl. v. 6.11.2019, 1 BvR 276/17 (*Recht auf Vergessen II*), BVerfGE 152, 216, 233, Rn. 42.

1250 Nach der Rspr. des BVerfG muss der europäische Grundrechtsschutz dem des GG „im Wesentlichen gleichzuachten“ sein, damit es europäische Regelungen nicht an den deutschen Grundrechten misst, s. BVerfG, Beschl. v. 22.10.1986, 2 BvR 197/83 (*Solange II*), BVerfGE 73, 339, 387; zu den Ausnahmen BVerfG, Beschl. v. 6.11.2019, 1 BvR 276/17 (*Recht auf Vergessen II*), BVerfGE 152, 216, 236, Rn. 49.

der Solva-II-VO verwendete Begriff des Nachhaltigkeitsrisikos gegen das Bestimmtheitsgebot und muss daher konkretisiert werden.

Das der Offenlegungs-/Taxonomie-VO zugrunde liegende *Nudging*-Konzept entspricht in seiner gegenwärtigen Ausformung dem Gebot der Verhältnismäßigkeit. Mit Blick auf die weitere Ausgestaltung muss der europäische Normgeber allerdings die Anforderungen an die Transparenz und die Sachlichkeit beachten.

III. Ausblick: Nachhaltigkeitsbezogene Regulierung aus dem Bankenaufsichtsrecht als Blaupause für das Versicherungsaufsichtsrecht?

Abschließend soll ein vergleichender Blick auf das Bankenaufsichtsrecht geworfen werden. Auch in diesem Bereich schreitet die Umsetzung von nachhaltigkeitsbezogener Regulierung voran.[1251] Solche Vorgaben wurden in der CRD[1252] sowie in der CRR-VO[1253] implementiert. Die nachhaltigkeitsbezogenen Vorschriften der CRR-VO dienen dazu, weitere Mittel für die Finanzierung des *Europäischen Grünen Deals* zu mobilisieren[1254].

1251 S. bereits den unverbindlichen Leitfaden der EZB zu Klima- und Umweltrisiken von 2020 (abrufbar unter: https://www.bankingsupervision.europa.eu/ecb/pub/pdf/ssm.202011finalguideonclimate-relatedandenvironmentalrisks%7E58213f6564.de.pdf; letzter Zugriff: 20.9.2025); dazu *Kropf*, WM 2022, 162, 168 ff; der EZB obliegt die direkte Aufsicht über bestimmte Kreditinstitute; s. dazu im Einzelnen SSM-VO (Verordnung (EU) Nr. 1024/2013 des Rates v. 15.10.2013 zur Übertragung besonderer Aufgaben im Zusammenhang mit der Aufsicht über Kreditinstitute auf die Europäische Zentralbank, ABl. 2013 L 287, S. 63); instruktiv hierzu *Berger*, WM 2015, 501 ff.; dazu auch *Kaufhold*, Systemaufsicht, S. 89 f.

1252 Richtlinie 2013/36/EU des Europäischen Parlaments und des Rates v. 26.6.2013 über den Zugang zur Tätigkeit von Kreditinstituten und die Beaufsichtigung von Kreditinstituten, zur Änderung der Richtlinie 2002/87/EG und zur Aufhebung der Richtlinien 2006/48/EG und 2006/49/EG, ABl. 2013 L 176, S. 338; s. zu den nachhaltigkeitsbezogenen Vorgaben *Winter/Kostić*, DB 2024 Beil. 2, 53 f.

1253 Zum Anwendungsbereich der Verordnung s. Art. 1 Abs. 1 CRR-VO; der deutsche Gesetzgeber hat von der in der Verordnung vorgesehenen Möglichkeit Gebrauch gemacht, den persönlichen Anwendungsbereich zu erweitern; vgl. § 1a Abs. 1 KWG; dazu *Bornemann*, in: Beck/Samm/Kokemoor, KWG mit CRR, CRR Einf. und Überblick Teil 1 Rn. 95.

1254 Vgl. *Pieper/Kaiser/Kamhawi*, ZfgK 2021, 672.

Dies soll zum Anlass genommen werden, zu prüfen, ob es zweckmäßig ist, die nachfolgenden bankenaufsichtsrechtlichen Regelungen als Blaupause zu nehmen und entsprechende Regelungen im Versicherungsaufsichtsrecht zu implementieren.

Der Vergleich zwischen Banken- und Versicherungsaufsichtsrecht liegt nahe, da beide Regelungskomplexe eine ähnliche Struktur aufweisen.[1255]

1. Implementierung einer weiteren Offenlegungspflicht?

Art. 449a Abs. 1 CRR-VO verpflichtet Institute zur Offenlegung von ESG-Risiken. Es handelt sich hierbei um die erstmalige Implementierung einer nachhaltigkeitsbezogenen Offenlegungspflicht im Rahmen der CRR-VO.[1256] Die offenzulegenden Informationen sind an die Allgemeinheit adressiert.[1257]

Die Regelung wurde bis zum 31. Dezember 2024 durch Art. 18a DV-VO 2021/637 und dazugehörige Anlagen konkretisiert.[1258] Die DV-VO 2021/637 wurde durch Art. 27 DV-VO 2024/3172[1259] weitgehend aufgehoben. Nähere Vorgaben zu den offenzulegenden ESG-Risiken sind nun in Art. 22 DV-VO 2024/3172 sowie der dazugehörigen Anlage I Abschnitt 21 enthalten. Nach den in der DV-VO 2024/3172 enthaltenen Erwägungsgründen sollen bei der Offenlegung der ESG-Risiken die in Art. 2 und 3 Taxonomie-VO festgelegten Kriterien, Klassifizierungen und Begriffsbestimmung berücksichtigt werden.[1260]

Eine solche allgemeine nachhaltigkeitsbezogene Offenlegungspflicht existiert indes nicht für Versicherungsunternehmen. Diese haben einen

---

[1255] *Böffel/Schürger*, in: Böffel/Schürger, Digitalisation, Sustainability, and the BMU and CMU, 229, 263 f. betonen aber zugleich, dass die jeweiligen Vorschriften an den entsprechenden Sektor angepasst seien; s. zum Versicherungsaufsichtsrecht schon Teil 3.I.1.c).

[1256] *Böffel/Schürger*, in: Böffel/Schürger, Digitalisation, Sustainability, and the BMU and CMU, 229, 243; *Hegeler*, in: Heithecker, Nachhaltige Finanzwirtschaft, Rn. 1974.

[1257] *Freis-Janik*, in: Kümpel/Mülbert/Früh/Seyfried, Bank-/KapMarktR, Rn. 2.290.

[1258] S. zum Entwurf der EBA *Kropf*, WM 2022, 162, 171; hierzu auch schon *Bueren*, WM 2020, 1659, 1661.

[1259] Durchführungsverordnung (EU) 2024/3172 der Kommission vom 29.11.2024 zur Festlegung technischer Durchführungsstandards für die Anwendung der Verordnung (EU) Nr. 575/2013 des Europäischen Parlaments und des Rates in Bezug auf die Offenlegung der in Teil 8 Titel II und III der besagten Verordnung genannten Informationen durch die Institute und zur Aufhebung der Durchführungsverordnung (EU) 2021/637 der Kommission, ABl. 2024 L 125, S. 1.

[1260] ErwG 7 zur DV-VO 2024/3172.

Solvabilitäts- und Finanzbericht (§ 40 Abs. 1 S. 1 VAG) zu veröffentlichen, der wesentliche Informationen zur Solvabilitäts- und Finanzlage enthalten muss (Abs. 2 S. 1 VAG). Nach § 40 Abs. 2 S. 3 Nr. 3 VAG muss der Bericht Angaben zum „Risikoprofil" enthalten;[1261] die Konkretisierung zur vorgenannten Vorschrift findet sich in Art. 295 Solva-II-VO.

Der Adressatenkreis des Berichts ist umstritten. Es wird einerseits vertreten, dass die allgemeine Öffentlichkeit adressiert sei[1262], andererseits wird vertreten, dass nur die Versicherungsnehmer und sonstige Begünstigte Adressaten seien[1263].

Aufgrund der Konkretisierung durch die Solva-II-VO lässt sich die Frage differenziert beantworten.[1264] Aus dem Wortlaut von Art. 292 Abs. 1 S. 1 Solva-II-VO ergibt sich, dass der Gesamtbericht eine Zusammenfassung zu enthalten hat und er für Versicherungsnehmer und Anspruchsberechtigte verständlich sein muss (S. 2). Hieraus wird gefolgert, dass die Zusammenfassung an die Versicherungsnehmer und der Gesamtbericht dagegen an diejenigen adressiert sei, die Interesse an der Entwicklung des Unternehmens haben.[1265]

Aufgrund des Wortlauts von Art. 292 Solva-II-VO ist der Auffassung zu folgen, dass sich die Zusammenfassung an die Versicherungsnehmer usw. richtet.

Allerdings ist im Hinblick auf den Gesamtbericht zu konstatieren, dass sich dieser an die Öffentlichkeit als Ganze richtet.[1266] Aus dem Umkehrschluss von Art. 292 Abs. 1 S. 2 Solva-II-VO ergibt sich nämlich, dass der Adressatenkreis der Regelung über die Versicherungsnehmer hinausreichen muss.

1261 Dazu *Glöckle*, in: Dreher, VAG, § 40 Rn. 81 ff.

1262 *Beckmann*, in: Dauses/Ludwigs, EU-WirtschaftsR-HdB, Bd. 1, § 22 Rn. 59; *Rudkowski*, Transparenzpflichten zur Kontrolle von Finanzdienstleistungsunternehmen, S. 169; *Schüffner/Franck*, in: Sodan, KrankenVersR-HdB, § 47 Rn. 182b; *Sehrbrock/Gal*, CFL 2012, 140, 147.

1263 *Dreher*, VersR 2013, 401, 406; *Dreher/Schaaf*, in: Dreher/Wandt, Solvency II in der Rechtsanwendung, 129, 137 f.; *Grote/Schaaf*, VersR 2012, 17, 23; *Glöckle*, in: Dreher, VAG, § 40 Rn. 6.

1264 So auch *Bürkle*, in: Kaulbach/Bähr/Pohlmann, VAG, § 40 Rn. 20.

1265 *Bürkle*, in: Kaulbach/Bähr/Pohlmann, VAG, § 40 Rn. 20; dieser spricht in Bezug auf Letztere von „*stakeholder*".

1266 ErwG 47 S. 1 zur Omnibus-II-RL.

Die Beschränkung auf *stakeholder* ergibt sich indes weder aus der Solva-II-RL noch aus der Solva-II-VO.[1267] Es kommt für die Adressatenstellung nicht darauf an, ob ein Interesse an dem besagten Bericht besteht, weil sich diese Frage erst stellt, wenn es darum geht, ob sich der Adressat mit dem veröffentlichten Bericht tatsächlich auseinandersetzen will.[1268]

2. Stellungnahme

Es soll im Folgenden diskutiert werden, ob die Pflicht zur Veröffentlichung eines Solvabilitäts- und Finanzberichtes und damit zusammenhängend die Konkretisierung in Art. 295 Solva-II-VO um den Begriff Nachhaltigkeitsrisiko erweitert werden sollte.[1269]

Dafür könnte sprechen, dass neben den Aufsichtsbehörden auch ein größerer Personenkreis, nämlich Versicherungsnehmer und die Öffentlichkeit, über die Nachhaltigkeitsrisiken der Versicherungsunternehmen informiert werden würde. Dies würde dem Ziel der Vorschrift, Transparenz zu gewährleisten, dienen.[1270]

Die besseren Gründe sprechen allerdings gegen die Erweiterung der Berichtspflicht nach § 40 VAG.

Versicherungsunternehmen sind, soweit die Voraussetzungen in § 341a Abs. 1a S. 1 HGB vorliegen, bereits aufgrund der handelsbilanzrechtlichen Vorschriften in §§ 289b f. HGB grundsätzlich zur Offenlegung von nachhaltigkeitsbezogenen Informationen verpflichtet[1271]; diese Regelungen werden durch die umzusetzende CSRD im Hinblick auf den persönlichen Anwendungsbereich und den Umfang der offenzulegenden Informationen noch einmal erweitert[1272]. Dies betrifft insbesondere auch

---

[1267] A.A. *Bürkle*, in: Kaulbach/Bähr/Pohlmann, VAG, § 40 Rn. 20 unter Verweis auf ErwG 47 S. 1 zur Omnibus-II-RL; zum Begriff s. etwa *Birk*, in: Fezer/Büscher/Obergfell, UWG, Bd. 1, CSR im Lauterkeitsrecht (S 17) Rn. 3.

[1268] In der Regel wird der Bericht allerdings lediglich von Experten wie Aufsichtsbehörden, Wirtschaftsprüfern und Ratingagenturen gelesen; auf den Kreis der Interessenten verweist *Bürkle*, in: Kaulbach/Bähr/Pohlmann, VAG, § 40 Rn. 19.

[1269] So der Vorschlag der EIOPA, Opinion on the 2020 Review of Solvency II v. 17.12.2020 (BoS-20/749), S. 42 (abrufbar unter: https://www.eiopa.europa.eu/system/files/2020-12/eiopa-bos-20-749-opinion-2020-review-solvency-ii.pdf; letzter Zugriff: 20.9.2025).

[1270] VAG-RegE v. 22.10.2014, BT-Drs. 18/2956, 249.

[1271] Dazu schon Teil 2.II.1.c).

[1272] S. hierzu Teil 2.II.1.g)bb).

Informationen zu Nachhaltigkeitsrisiken. Zudem wird mit dem Wegfall des *Comply-or-explain*-Mechanismus künftig keine Möglichkeit mehr bestehen, von der Berichtspflicht absehen zu können.

Der zu veröffentlichende Bericht ist an die Öffentlichkeit adressiert.[1273] Die interessierte Öffentlichkeit kann sich somit nachhaltigkeitsbezogene Informationen über Versicherungsunternehmen beschaffen, sodass ein weiteres Informationsbedürfnis vonseiten der Versicherungsnehmer zu verneinen ist. Bereits dieser Umstand spricht gegen die rechtliche Notwendigkeit, die Pflichten im Hinblick auf offenzulegende Nachhaltigkeitsinformationen im Aufsichtsrecht auszuweiten.

Die Aufsicht über die Versicherungsunternehmen wird durch die BaFin ausgeübt[1274] und ihr obliegt der Schutz der Versicherungsnehmer. Eine Berichtspflicht der Versicherungsunternehmen gegenüber der BaFin existiert bereits in § 43 Abs. 1 VAG.[1275] Der europäische Normgeber hat zudem die Berücksichtigung von Nachhaltigkeitsrisiken an zahlreichen Stellen in der Solva-II-VO verankert[1276], sodass diese von der BaFin kontrolliert werden können und damit kein Erfordernis besteht, die allgemeine Offenlegungspflicht gemäß § 40 VAG zu erweitern.

Die vorgenannten Vorschriften schützen die Versicherungsnehmer in hinreichendem Maß. Unter dem Gesichtspunkt des Schutzes der Versicherungsnehmer besteht also kein Erfordernis zur Erweiterung der Berichtspflicht.

Die Erweiterung der bestehenden Offenlegungspflicht wäre daher eine unnötige und damit unverhältnismäßige Mehrung von Pflichten der Versicherungsunternehmen, die in den Schutzbereich der unternehmerischen Freiheit gemäß Art. 16 GRC[1277] eingreift und sich vor dem Grundsatz der Verhältnismäßigkeit verbietet.

1273 *Bürkle*, in: Bürkle, Compliance, § 1 Rn. 98; *Bürkle*, VersR 2022, 401, 402; a.A. *Grunewald*, NJW 2021, 1777, 1780, Rn. 16, wonach der Bericht an den „Kapitalmarkt" adressiert sei; s. zu den Adressaten der CSRD Teil 2.II.1.g)bb).

1274 S. schon Teil 3.I.1.c).

1275 S. zu den offenzulegenden Informationen *Müller-Bungart/Fröhlingsdorf*, in: Diehl, VersicherungsunternehmensR-HdB, § 21 Rn. 6 ff.; im Bereich des Bankenaufsichtsrechts ist eine Erweiterung der Berichtspflicht um ESG-Risiken geplant; s. dazu *Kaufhold*, in: Burgi/Habersack, Unternehmens ÖffR-HdB, § 14 Rn. 89.

1276 Dazu Teil 2.II.1.a).

1277 Zum Schutzbereich s. schon Teil 3.II.6.a)aa)(1).

Zusammenfassend lässt sich festhalten, die Erweiterung der bestehenden Offenlegungspflicht in der Solva-II-RL bzw. der Solva-II-VO ist nicht sinnvoll und sollte daher unterbleiben.

3. Implementierung eines *green supporting factor*?

Art. 501a Abs. 1 CRR-VO statuiert geringere Eigenmittelanforderungen (Faktor 0,75) für Infrastrukturinvestitionen, sofern – neben anderen Kriterien – die finanzierten Vermögenswerte einen positiven Beitrag zu einem oder mehreren der in Art. 9 Taxonomie-VO festgelegten Umweltschutzziele leisten und die anderen in dem genannten Artikel festgelegten Ziele nicht erheblich beeinträchtigen oder diese keine der in dem Artikel festgelegten Umweltziele erheblich beeinträchtigen (lit. o).[1278] Die Privilegierung beschränkt sich damit auf solche Investitionen, die als nachhaltig eingestuft werden – man spricht hier von einem *green supporting factor*.[1279]

Die Solva-II-VO enthält Vorschriften für Privilegierungen von Investitionen in sog. qualifizierte Infrastrukturzweckgesellschaften (Art. 164a Solva-II-VO) und qualifizierte Infrastrukturunternehmen (Art. 164b Solva-II-VO),[1280] die bislang allerdings nicht auf „ESG-konforme[n]" Investitionen beschränkt sind.[1281]

4. Stellungnahme

Nachfolgend soll diskutiert werden, ob in Art. 164a f. Solva-II-VO ebenfalls ein *green supporting factor* implementiert werden sollte.

Die grundsätzliche Privilegierung von Infrastrukturinvestitionen ergibt sich aus dem besseren Risikoprofil.[1282] Nachhaltige Infrastrukturinvestitionen sind allerdings nicht automatisch mit geringeren Ausfallrisiken behaftet

---

[1278] S. hierzu auch ErwG 57 zur VO 2024/1623 (Verordnung (EU) 2024/1623 des Europäischen Parlaments und des Rates v. 31.5.2024 zur Änderung der Verordnung (EU) Nr. 575/2013 im Hinblick auf Vorschriften für das Kreditrisiko, das Risiko einer Anpassung der Kreditbewertung, das operationelle Risiko, das Marktrisiko und die Eigenmitteluntergrenze (Output-Floor), ABl. 2024 L 189, S. 1); allgemein zur Vorschrift *Glos/Hildner/Kühne/Schneider*, BKR 2025, 153, 154.

[1279] *Winter/Hafner*, DB 2022 Beil. 2, 59, 62; dazu auch *Oehmke/Opp*, Swedish House of Finance Research Paper No. 22–16, S. 9 ff. (abrufbar unter: https://papers.ssrn.com/sol3/papers.cfm?abstract_id=4040098; letzter Zugriff: 20.9.2025).

[1280] *Weiand/Winter/Rojahn*, ZfgK 2020, 285, 287; *Winter/Hafner*, DB 2022 Beil. 2, 59, 62; *Winter/van Meegen*, DB 2021 Beil. 2, 59, 62.

[1281] *Winter/Hafner*, DB 2022 Beil. 2, 59, 62.

[1282] *Broichhausen/Winter/van Meegen*, VW 11/2020, 96.

als andere Infrastrukturinvestitionen und daher ist eine aufsichtsrechtliche Privilegierung nicht zu rechtfertigen.[1283] Die Berücksichtigung eines Nachhaltigkeitsfaktors bei der Bewertung der Eigenmittelanforderungen führt dazu, dass die vorzuhaltenden „Kapitalpuffer" nicht ausschließlich anhand von Risiken berechnet werden.[1284] Die Berechnung des vorzuhaltenden Eigenkapitals in Bezug auf Kredite bzw. Investitionen sollte aber ausschließlich anhand der damit verbundenen Risiken erfolgen.[1285]

Der Zweck der Eigenmittelvorschriften im Versicherungsaufsichtsrecht besteht darin, genügend Haftungsmittel vorzuhalten, um die eingegangenen Verpflichtungen gegenüber den Versicherungsnehmern erfüllen zu können.[1286] Es handelt sich im Ergebnis um Schutzvorschriften zugunsten der Versicherungsnehmer.[1287] Vor dem Hintergrund, dass das Ausfallrisiko von Investitionen in nachhaltige Infrastrukturzweckgesellschaften und Infrastrukturunternehmen nicht geringer ist als bei anderen Investitionen, sollte auf eine Privilegierung verzichtet werden. Eine solche Privilegierung würde dem Hauptzweck der Versicherungsaufsicht, nämlich den Schutz der Versicherungsnehmer zu gewährleisten, entgegenstehen.[1288] Dagegen spricht schließlich die Schutzpflicht des Normgebers gegenüber den Versicherungsnehmern aus Art. 17 Abs. 1 GRC.[1289]

5. Fazit

Es hat sich mit Blick auf den Solvabilitäts- und Finanzbericht gezeigt, dass es nicht sinnvoll ist, diesen um eine nachhaltigkeitsbezogene Offenlegungspflicht aus dem Bereich des Bankenaufsichtsrechts zu erweitern.

1283 *Waschbusch/Kiszka/Runco*, BKR 2021, 609, 612; krit. auch schon *Bopp/Weber*, Sustainable Finance, S. 56; *Hufeld*, RdF 2019, 177; *Weiand/Winter/Rojahn*, ZfgK 2020, 285, 288; *Binder*, EBI Working Paper Series 2022 – No. 131, S. 10 verweist darauf, dass solche Investitionen sogar mit höheren Risiken verbunden sein können.

1284 *Kumpan/Misterek*, ZBB 2023, 1, 8; krit. auch zur Abwendung von der Risikoorientierung im Bankenaufsichtsrecht *Bueren*, ZGR 2019, 813, 872 f.; *Böffel/Schürger*, in: Böffel/Schürger, Digitalisation, Sustainability, and the BMU and CMU, 229, 235.

1285 Vgl. *Hufeld*, RdF 2019, 177; ebenso *Schaefer*, ESGZ 11–12/2023, 55 f.

1286 *Kölschbach/Hammers/Engeländer*, in: Dreher, VAG, § 89 Rn. 3.

1287 *Winter/van Meegen*, DB 2021 Beil. 2, 59, 62.

1288 Krit. zur Vereinbarkeit der Ziele des Bankenaufsichtsrechts mit Art. 501a Abs. 1 CRR-VO *Binder*, EBI Working Paper Series 2022 – No. 131, S. 11; *Neus*, ZBB 2023, 233, 241 spricht von möglichen Zielkonflikten.

1289 Hierzu schon Teil 3.I.2.b)bb).

Es lässt sich weiter festhalten, dass der Normgeber bei der Privilegierung von Infrastrukturinvestitionen darauf verzichten sollte, in den Art. 164a f. Solva-II-VO einen *green supporting factor* zu implementieren. Vor dem Hintergrund des Schutzes der Versicherungsnehmer als Hauptziel der Versicherungsaufsicht ist diese Privilegierung mangels geringerem Ausfallrisiko nicht zu rechtfertigen.

Es bleibt zu hoffen – wenn es auch nicht zu erwarten ist –, dass der europäische Normgeber für den Bereich der Versicherungsaufsicht von der Umsetzung solcher Regelungen Abstand nimmt.

Im Bereich des Bankenaufsichtsrechts verzichtet der europäische Normgeber auf Empfehlung der EBA[1290] zunächst allerdings auf die Umsetzung von weiteren *green/social supporting factors* und die Einführung eines *brown penalty factor*.[1291]

Hier lohnt es sich aus (versicherungs-)rechtswissenschaftlicher Perspektive, weiter einen Blick auf diesen Bereich zu haben, zu überlegen und kritisch zu begleiten, ob die dort implementierten Vorschriften auch im Bereich der Versicherungsaufsicht sinnvoll wären und entsprechende Vorschriften normiert werden sollten.

Dagegen sollte von einem generellen Regulierungsgleichlauf der beiden Sektoren aufgrund bestehender „konzeptioneller Unterschiede“ abgesehen werden[1292]; im Bereich der Versicherungsaufsicht gilt primär eine „personale Schutzausrichtung“ (Schutz der Versicherungsnehmer), während die Bankenaufsicht zuerst die Funktionsfähigkeit des Finanzsystems im Blick hat[1293].

1290 EBA, Report on the role of environmental and social risks in the prudential framework v. 12.10.2023 (EBA/REP/2023/34), S. 69 Rn. 122 (abrufbar unter: https://www.eba.europa.eu/sites/default/files/document_library/Publications/Reports/2023/1062711/Report%20on%20the%20role%20of%20environmental%20and%20social%20risks%20in%20the%20prudential%20framework.pdf; letzter Zugriff: 20.9.2025); s. zum Prüfauftrag knapp *De Smet*, in: Böffel/Schürger, Digitalisation, Sustainability, and the BMU and CMU, 273, 290.

1291 *Glos/Hildner/Kühne/Schneider*, BKR 2024, 127, 128.

1292 *Böffel*, BKR 2021, 549, 556.

1293 *Bürkle*, WM 2012, 878, 879; ähnlich *Dreher*, in: Dreher, VAG, Einl. Rn. 15 f.; zum Primat des Funktionsschutzes im Bankenaufsichtsrecht s. etwa *Binder*, ZEuP 2017, 569, 585; *Fischer/Boegl*, in: Ellenberger/Bunte, BankR-HdB, Bd. II, § 110 Rn. 40.

Zentrale Ergebnisse der Untersuchung

Zum Abschluss der Untersuchung werden die zentralen Ergebnisse aus Teil 2–3 in Thesenform präsentiert.

1. Der Begriff der Nachhaltigkeit existiert bereits seit Jahrhunderten und wird neuerdings auch im Rahmen der europäischen Regulierung verwendet; insbesondere im Zusammenhang mit der Offenlegungs-/Taxonomie-VO. Der dem Begriff zugewiesene Inhalt ist uneindeutig und führt dazu, dass der deutsche Gesetzgeber respektive der europäische Normgeber diesen für das jeweilige Gesetz bzw. die europäische Richtlinie/Verordnung genau definieren muss. Die Nachhaltigkeitsdefinition der Offenlegungs-/Taxonomie-VO ist unklar und bedarf daher der Überarbeitung.
2. Das Versicherungsaufsichtsrecht entwickelt sich in Richtung Nachhaltigkeit. Eine Vielzahl von nachhaltigkeitsbezogenen Vorschriften ist an Versicherungsunternehmen und EbAV adressiert. Insbesondere müssen Versicherungsunternehmen Nachhaltigkeitsrisiken in verschiedenen Bereichen innerhalb ihrer Unternehmensorganisation und im Zusammenhang mit ihren Geschäftstätigkeiten beachten. Daneben sind auch Versicherungsvermittler im versicherungsvertragsrechtlichen Bereich von nachhaltigkeitsbezogenen Vorschriften betroffen. Es steht zu erwarten, dass die Zahl der nachhaltigkeitsbezogenen Regelungen – insbesondere mit Blick auf Offenlegungspflichten – in Zukunft weiter steigen wird.
3. Der europäische Normgeber hat – trotz der Implementierung von nachhaltigkeitsbezogenen Vorgaben – Nachhaltigkeit nicht als formelles

Ziel der Versicherungsaufsicht statuiert. Der europäische Normgeber darf Nachhaltigkeit sowie andere allgemeinpolitische Anliegen, ebenso wie die Förderung von Nachhaltigkeit auch nicht als Aufsichtsziel in der Solva-II-RL implementieren. Sowohl die historische Entwicklung des Versicherungsaufsichtsrechts – als Abwehr von sektorspezifischen Gefahren – als auch die gegenwärtigen Aufsichtsziele – insbesondere der Schutz der Versicherungsnehmer – stehen der Einführung solcher Ziele entgegen. Die Umsetzung von Regelungen im Versicherungsaufsichtsrecht, die Nachhaltigkeitsrisiken zum Gegenstand haben, ist hingegen vereinbar mit der Historie und den Aufsichtszielen.

4. Das Hauptziel der Versicherungsaufsicht unter dem Solvabilität-II-System ist der Schutz der Versicherungsnehmer. Die Erhaltung der Funktionsfähigkeit des Versicherungswesens als Ganzes stellt ebenso ein Ziel der Versicherungsaufsicht dar, welches dem Hauptziel allerdings nachgeordnet ist.
5. Ein zentrales Instrument der BaFin zur Beaufsichtigung der Versicherungsunternehmen ist die Missstandsaufsicht. Seit der Einführung des Solvabilität-II-Systems handelt es sich hierbei um eine reine Legalitätsaufsicht. Verstöße gegen nachhaltigkeitsbezogene Normen können nur dann einen Missstand begründen, wenn der Zweck dieser Norm den Zielen der Versicherungsaufsicht dient. Hierzu zählen neben den Regelungen des VAG bzw. der Solva-II-VO etwa auch die Offenlegungs-/Taxonomie-VO.
6. Verstöße gegen Normen mit Nachhaltigkeitsbezug können den Missstandstatbestand nach dem FinDAG nur dann erfüllen, wenn diese dem Schutz kollektiver Verbraucherinteressen dienen. Dies betrifft insbesondere versicherungsvertragsrechtliche Regelungen.
7. Sowohl die nachhaltigkeitsbezogenen Vorgaben der Solva-II-VO als auch das der Offenlegungs-/Taxonomie-VO zugrunde liegende *Nudging*-Konzept sind am Maßstab des europäischen Primärrechts zu beurteilen. Es gelten insbesondere der Grundsatz der Verhältnismäßigkeit und das Bestimmtheitsgebot. Ebenso ist der Vorbehalt des Gesetzes zu beachten. Die Versicherungsunternehmen sind vor Offenlegungs-, Informations- und Organisationspflichten durch Art. 16 GRC geschützt. Der Schutz vor *Nudging*-Maßnahmen, denen (potenzielle) Versicherungsnehmer ausgesetzt sind, wird durch die allgemeine Handlungsfreiheit

gewährleistet. Das durch die GRC gewährleistete Schutzniveau entspricht dem des deutschen Verfassungsrechts.

8. Die nachhaltigkeitsbezogenen Vorschriften der Solva-II-VO genügen dem Grundsatz der Verhältnismäßigkeit. Der Begriff des Nachhaltigkeitsrisikos verstößt in der aktuellen Fassung allerdings gegen das Bestimmtheitsgebot. Hier muss der europäische Normgeber nachschärfen und dem Begriff Konturen verleihen. Als Vorbild für eine etwaige Regelung kann die DV-VO 2021/637 dienen.
9. Das der Offenlegungs-/Taxonomie-VO zugrunde liegende *Nudging*-Konzept ist ebenso verhältnismäßig. Es muss insbesondere gewährleistet werden, dass die Autonomie des Einzelnen erhalten bleibt. Zudem müssen die zu veröffentlichenden Informationen wahr und sachlich sein, um eine Manipulation zu vermeiden. Schließlich ist das Transparenzgebot mit Blick auf die Anwendung des *Nudging*-Konzepts zu achten.
10. Die gegenwärtigen nachhaltigkeitsbezogenen Regelungen aus dem Bankenaufsichtsrecht können nicht als Blaupause für das Versicherungsaufsichtsrecht dienen und sollten entsprechend auch nicht implementiert werden. Die Versicherungsrechtswissenschaft sollte die Entwicklungen im Bankenaufsichtsrecht allerdings weiterhin im Blick behalten und stets im Bewusstsein der unterschiedlichen Aufsichtsziele kritisch prüfen, ob dort umgesetzte Regelungen auch im Versicherungsaufsichtsrecht verankert werden sollten.

Literaturverzeichnis

Aachener Stiftung Kathy Beys: Lexikon der Nachhaltigkeit, 2015 (abrufbar unter: https://www.nachhaltigkeit.info/; letzter Zugriff: 20.9.2025).

Angerer, August: Grundlinien der Versicherungsaufsicht, 1985, Karlsruhe.

Annuß, Georg/Früh, Andreas/Hasse, Andreas (Hrsg.): Institutsvergütungsverordnung, Versicherungsvergütungsverordnung, Kommentar, 1. Aufl. 2016, München (zitiert: *Hasse*, in: Annuß/Früh/Hasse, InstitutsVergV VersVergV).

Appel, Markus/Meyn, Sebastian: Environmental - Social - Governance 2022: EU-Taxonomie: Wann sind Wirtschaftstätigkeiten “nachhaltig”?, DB 2022 (Beilage 02), S. 10 ff.

ARL - Akademie für Raumforschung und Landesplanung (Hrsg.): Handwörterbuch der Stadt- und Raumentwicklung, 2018, Hannover.

Armbrüster, Christian: Die jüngere Entwicklung des europäischen Privatversicherungsrechts bis Mitte 2023 – Teil 2, EuZW 2023, S. 877 ff.

Armbrüster, Christian: Digitalisierung und Nachhaltigkeit – rechtliche Herausforderungen für den Versicherungssektor, insbesondere beim Einsatz von Künstlicher Intelligenz, ZVersWiss 111 (2022), S. 19 ff.

Armbrüster, Christian: Die jüngere Entwicklung des europäischen Privatversicherungsrechts bis Mitte 2021 – Teil 1, EuZW 2021, S. 781 ff.

Armbrüster, Christian: Nachhaltigkeit/ESG im Versicherungssektor – rechtliche Vorgaben und praktische Herausforderungen, ZfV 2021, S. 715 ff.

Armbrüster, Christian: Neue Vorgaben zur Managervergütung im Versicherungssektor, VersR 2011, S. 1 ff.

Assmann, Heinz-Dieter/Schneider, Uwe H./Mülbert, Peter O. (Hrsg.): Wertpapierhandelsrecht, Kommentar, Band II, 8. Aufl. 2023, Köln (zitiert: *Döhmel*, in: Assmann/Schneider/Mülbert, WertpapierhandelsR, Bd. II).

Assmann, Heinz-Dieter/Wallach, Edgar/Zetzsche, Dirk (Hrsg.): Kapitalanlagegesetzbuch, Kommentar, 2. Aufl. 2023, Köln (zitiert: *Zetzsche/Nast*, in: Assmann/Wallach/Zetzsche, KAGB).

Bachmann, Gregor: Zielsetzung und Governance von Unternehmen im Lichte der Klimaverantwortung, ZHR 187 (2023), S. 166 ff.

Badenhoop, Nikolai/Stolte, Julian: Befugnisse der BaFin zur Verhinderung von Greenwashing, BKR 2025, S. 532 ff.

Baer, Franziskus: Staatliche Steuerung durch Nudging im Lichte der Grundrechte, 2023, Tübingen.

Bähr, Gunne W. (Hrsg.): Handbuch des Versicherungsaufsichtsrechts, 1. Aufl. 2011, München (zitiert: *Kaulbach*, in: Bähr, VAG-HdB).
Bähr, Gunne W.: Die Missstandsaufsicht nach § 81 VAG unter besonderer Berücksichtigung der Problematik der Inländerdiskriminierung, VersR 2001, S. 1185 ff.
Bähr, Gunne W.: Das Generalklausel- und Aufsichtssystem des VAG im Strukturwandel, Eine öffentlich-rechtliche Studie zur Standortbestimmung der deutschen Versicherungsaufsicht im europäischen Binnenmarkt, 2000, Karlsruhe.
Bähr, Gunne W./Gölden, Theresa: Die Missstandsaufsicht als Einfallstor für die Durchsetzung aufsichtspolitischer Ziele?, in: Looschelders, Dirk/Michael, Lothar (Hrsg.), Düsseldorfer Vorträge zum Versicherungsrecht 2022, Provisionsrichtwerte der BaFin, Sondervergütungs- und Provisionsabgabeverbote, ESG, (Cyber-)Kriegsrisiko, Bundesgerichtshof, 2023, Karlsruhe, S. 1 ff.
Balz, Burkhard: Der Versicherungssektor – Systemische Relevanz und Regulierung, in: Gesamtverband der Deutschen Versicherungswirtschaft e.V. (Hrsg.), Verlässlichkeit, Verantwortung, Vertrauen, Festschrift für Jörg Freiherr Frank von Fürstenwerth, 2020, Karlsruhe, S. 11 ff.
Barbey, Günther: Probleme einer strukturgerechten Rechtsprechung im Bereich der Versicherungsaufsicht, VersR 1985, S. 101 ff.
Bartel, Karen/Pfütze, Paul/Proschko, Verena: POG als neues aufsichtsrechtliches Zaubermittel, VersR 2024, S. 129 ff.
Bauer, Denise A./Schuster, Gunnar (Hrsg.): Nachhaltigkeit im Bankensektor, Konzepte, Rechtsfragen, Kulturwandel, 2016, Köln.
Bauerfeind, Tobias: Die Rundschreiben-Praxis der BaFin, – Ziel einheitlicher Verwaltungspraxis oder gesetzgeberische Usurpation –, DÖV 2020, S. 110 ff.
Baums, Theodor: Institutionelle Investoren im Aktienrecht, – Zur Umsetzung der ARUG II-Richtlinie –, ZHR 183 (2019), S. 605 ff.
Baumüller, Josef/Haring, Nikolai/Merl, Stefan: Erstanwendung der Berichtspflichten gem. Taxonomie-VO: Überblick und Handlungsempfehlungen, IRZ 2022, S. 77 ff.
Baumüller, Josef/Hrinkow, Matthias: „Taxo 4“ und die vorläufige Vollendung der „grünen EU-Nachhaltigkeitstaxonomie“: Eine Gesamtschau, IRZ 2023, S. 539 ff.
Baumüller, Josef/Scheid, Oliver/Needham, Sean: Die *Corporate Sustainability Reporting Directive* als Schlüsselelement von *Sustainable Finance*: Zusammenhänge und Entwicklungsperspektiven, IRZ 2021, S. 337 ff.

Beck, Heinz/Samm, Carl-Theodor/Kokemoor, Axel (Hrsg.): Kreditwesengesetz mit CRR, Werkstand: 243. Lieferung Juni 2025, Heidelberg (zitiert: *Bornemann*, in: Beck/Samm/Kokemoor, KWG mit CRR).

Beck, Lukas: Nachhaltigkeit im Wirtschaftsrecht, ZIP 2022, S. 1471 ff.

Beckenberger, Clemens: Abschied von den Grundrechten als allgemeine Rechtsgrundsätze? – Die Rechtsprechung des Gerichtshofs nach Inkrafttreten der GRC, EuR 2023, S. 252 ff.

Beckmann, Roland Michael/Matusche-Beckmann, Annemarie (Hrsg.): Versicherungsrechts-Handbuch, 4. Aufl. 2025, München (zitiert: *Bearbeiter*, in: Beckmann/Matusche-Beckmann, VersR-HdB).

Beenken, Matthias: Nachhaltigkeitsvertrieb verschlanken, r+s 2025, S. 249 ff.

Beenken, Matthias/Rudkowski, Lena: Vertrieb nachhaltiger Versicherungsprodukte, r+s 2023, S. 49 ff.

Berg, Daniel F./Kramme, Malte (Hrsg.): Lieferkettensorgfaltspflichtengesetz (LkSG), Kommentar, 2023, München (zitiert: *Charnitzky*, in: Berg/Kramme, LkSG).

Berger, Henning: Der einheitliche Aufsichtsmechanismus (SSM) - Bankenaufsicht im europäischen Verbund, WM 2015, S. 501 ff.

Bettermann, Maximilian/Hoes, Volker: Das Lieferkettensorgfaltspflichtengesetz – Besondere Pflichten für Kreditinstitute?, BKR 2022, S. 23 ff.

Bettermann, Maximilian/Hoes, Volker: Der Entwurf der Europäischen Corporate Sustainability Due Diligence Richtlinie – Vergleich zum deutschen Sorgfaltspflichtengesetz, WM 2022, S. 697 ff.

Betz, Christoph/Harsch, Alisa: Auf dem Weg zu einer EU-Sozialtaxonomie: Wie definiert man das „S“ in ESG?, KPMG Digital Hub v. 3.8.2022 (abrufbar unter: https://klardenker.kpmg.de/digital-hub/auf-dem-weg-zu-einer-eu-sozialtaxonomie-wie-definiert-man-das-s-in-esg/; letzter Zugriff: 20.9.2025).

Beul, Madeleine: Nudging: Das Konzept eines liberal paternalism, KritV 2019, S. 39 ff.

Billen, Gerd: Nudging: ein moderner Weg der politischen Steuerung?, Pro: Nudging durch Anreize ist sanfte Form politischer Steuerung, RuP 2015, S. 84.

Binder, Jens-Hinrich: Prudential requirements framework and sustainability, European Banking Institute Working Paper Series 2022 – No. 131, S. 1 ff. (abrufbar unter: https://papers.ssrn.com/sol3/papers.cfm?abstract_id=4276702; letzter Zugriff: 20.9.2025).

Binder, Jens-Hinrich: Vom offenen zum regulierten Markt: Finanzintermediation, EU-Wirtschaftsverfassung und der Individualschutz der Kapitalanbieter, ZEuP 2017, S. 569 ff.

Birkner, Stefan: Das Nachhaltigkeitsprinzip im Völkerrecht, NVwZ 2024, S. 1394 ff.

Böcking, Hans-Joachim/Althoff, Carolin: Corporate Social Responsibility als Instrument guter Corporate Governance, in: Grundmann, Stefan/ Merkt, Hanno/Mülbert, Peter O. (Hrsg.), Festschrift für Klaus J. Hopt zum 80. Geburtstag, 2020, Berlin, Boston, S. 83 ff.

Boehme-Neßler, Volker: Auf dem Weg zur Herdenimmunität?, Verfassungsrechtliche Spielräume und Grenzen einer Corona-Impfpflicht, NVwZ 2021, S. 1241 ff.

Böffel, Lukas: Digitalisierungs- und Nachhaltigkeitsregulierung als Aufgabe des Versicherungskonzernrechts, VersR 2023, S. 691 ff.

Böffel, Lukas: Versicherungskonzernrecht, Eine Untersuchung zur Koordination von Versicherungsgruppenaufsichts- und Aktienkonzernrecht, 2022, Tübingen.

Böffel, Lukas: Die Vergütungsanforderungen im Bankaufsichtsrecht, Ein Vergleich zum Versicherungsaufsichtsrecht, BKR 2021, S. 549 ff.

Böffel, Lukas: Solvency II und die Suche nach den Zwecken des VAG, Eine Zweckbestimmung unter historischen und aktuellen Gesichtspunkten, ZVersWiss 107 (2018), S. 333 ff.

Böffel, Lukas/Schürger, Jonas: Sustainability: A Current Driver in EU Banking and Insurance Regulation, in: Böffel, Lukas/Schürger, Jonas (Hrsg.), Digitalisation, Sustainability, and the Banking and Capital Markets Union, 2023, Cham, S. 229 ff. (zitiert: *Böffel/Schürger*, in: Böffel/Schürger, Digitalisation, Sustainability, and the BMU and CMU).

Bogdandy, Armin von: Grundrechtsgemeinschaft als Integrationsziel?, Grundrechte und das Wesen der Europäischen Union, JZ 2001, S. 157 ff.

Bogdandy, Armin von/Bast, Jürgen (Hrsg.): Europäisches Verfassungsrecht, Theoretische und dogmatische Grundzüge, 2. Aufl. 2009, Berlin, Heidelberg (zitiert: *Hatje*, in: v. Bogdandy/Bast, EurVerfassungsR).

Bogs, Harald: Die Sozialversicherung im Staat der Gegenwart, Öffentlich-rechtliche Untersuchungen über die Stellung der Sozialversicherung im Verbändestaat und im Versicherungswesen, 1973, Berlin.

Böker, Lukas: Nudge im Spiegel des allgemeinen Persönlichkeitsrechts, Eine grundrechtliche Untersuchung des Regelungskonzeptes Nudge aus der Verhaltensökonomik, 2021, Wiesbaden.

Bomsdorf, Tobias/Blatecki-Burgert, Berthold: Haftung deutscher Unternehmen für „Menschenrechtsverstöße“, ZRP 2020, S. 42 ff.

Boor, Felix/Nowrot, Karsten: Corporate Social Responsibility: Eine rechtspolitische und verfassungsrechtliche Betrachtung, in: Walden, Daniel/Depping, André (Hrsg.), CSR und Recht, Juristische Aspekte nachhaltiger Unternehmensführung erkennen und verstehen, 2015, Berlin, Heidelberg, S. 35 ff.

Bopp, Robert E./Weber, Max: Sustainable Finance, Auswirkungen des Klimawandels auf das Risikomanagement der Banken, 1. Aufl. 2020, Stuttgart, Freiburg.

Bopp, Robert E./Weber, Max: Sustainable Finance: Konzepte für eine nachhaltige Finanzwirtschaft, Aktueller Stand der Regulierung und Bedeutung für die Kreditwirtschaft, Wpg 2020, S. 899 ff.

Bosselmann, Klaus: The Principle of Sustainability, Transforming Law and Governance, 2. Aufl. 2017, London, New York.

Brand, Oliver/Baroch Castellvi, Manuel (Hrsg.): Versicherungsaufsichtsgesetz, VAG, VAG-InfoV, FinDAG, EIOPA-VO, Handkommentar, 2. Aufl. 2024, Baden-Baden (zitiert: *Bearbeiter*, in: Brand/Baroch Castellvi, HK-VAG).

Brellochs, Michael: Institutionelle Investoren (ETF-Fonds, Versicherungen, Pensionskassen) im Gesellschafts- und Kapitalmarktrecht, ZHR 185 (2021), S. 319 ff.

Britz, Gabriele: Klimaschutz in der Rechtsprechung des Bundesverfassungsgerichts, NVwZ 2022, S. 825 ff.

Britz, Gabriele: Kooperativer Grundrechtsschutz in der EU, Aktuelle Entwicklungen im Lichte neuerer Rechtsprechung des BVerfG, NJW 2021, S. 1489 ff.

Brock, Andrea: Geschäftsstrategie: Nachhaltigkeit, VW 5/2021, S. 52 f.

Broichhausen, Thomas N./Winter, Frederik/van Meegen, Alexander: Grüne Welle, Eine rechtliche Einordnung zum Megatrend Nachhaltigkeit in der Versicherungsbranche, VW 11/2020, S. 96 f.

Brömmelmeyer, Christoph: Nachhaltigkeit für Energieversorgungsunternehmen, – Wie wirkt sich die Nachhaltigkeits-Regulierung auf EU-Ebene auf die Energiewirtschaft aus?, EWeRK 2022, S. 76 ff.

Brömmelmeyer, Christoph: Effektiver Verbraucherschutz durch die BaFin, VersR 2019, S. 909 ff.

Brosius-Gersdorf, Frauke (Hrsg.): Dreier, Grundgesetz-Kommentar, Band I Präambel, Vorbemerkungen, Artikel 1–19, 4. Aufl. 2023, Tübingen (zitiert: *Wapler*, in: Brosius-Gersdorf, Dreier GG, Bd. I).

Bruck, Ernst/Möller, Hans (Begr.): Versicherungsvertragsgesetz, Großkommentar, Band 1 Einführung, §§ 1–18, 10. Aufl. 2021, Berlin, Boston (zitiert: *Gal*, in: Bruck/Möller, VVG, Bd. 1).

Brunnhübner, Andreas/Schaumberger, Marcus: Die Schnittstelle von Steuerrecht, Nachhaltigkeit und Tax CMS, DB 2025, S. 153 ff.

Buck-Heeb, Petra: Anmerkung zu VG Frankfurt a.M., Urt. v. 24.6.2021, 7 K 2237/20.F, VersR 2021, S. 1151 ff.

Buck-Heeb, Petra: Missstandsaufsicht durch die BaFin nach § 4 Abs. 1a FinDAG, BKR 2021, S. 141 ff.

Buck-Heeb, Petra: Internationale Regel- und Standardsetzung im Bereich Corporate Social Responsibility, in: Fleischer, Holger/Kalss, Susanne/ Vogt, Hans-Ueli (Hrsg.), Corporate Social Responsibility, 2018, Tübingen, S. 91 ff.

Bueren, Eckart: Die EU-Taxonomie nachhaltiger Anlagen – Teil I –, WM 2020, S. 1611 ff.

Bueren, Eckart: Die EU-Taxonomie nachhaltiger Anlagen – Teil II –, WM 2020, S. 1659 ff.

Bueren, Eckart: Sustainable Finance, ZGR 2019, S. 813 ff.

Bühler, Timo: Nachhaltige Unternehmensführung im Finanzaufsichtsrecht – Das Management von Nachhaltigkeitsrisiken aus Sicht der BaFin, ESG 2022, S. 98 ff.

Bullinger, Martin: Staatsaufsicht in der Wirtschaft, VVDStRL 22 (1965), S. 264 ff.

Burgi, Martin: Public Enforcement im Recht der nachhaltigen Unternehmensführung, Mechanismus, Kontext, Perspektiven, ZHR 186 (2022), S. 779 ff.

Burgi, Martin/Habersack, Mathias (Hrsg.): Öffentliches Recht des Unternehmens, Handbuch, 2023, München (zitiert: *Kaufhold*, in: Burgi/ Habersack, Unternehmens ÖffR-HdB).

Bürkle, Jürgen: Der europäische Nachhaltigkeitsbegriff: E, S und (nur) etwas G?, VersR 2023, S. 1019 f.

Bürkle, Jürgen: Die Nachhaltigkeitsberichterstattung im Versicherungssektor, VersR 2022, S. 401 ff.

Bürkle, Jürgen: Nachhaltigkeitsberichterstattung der Versicherungsunternehmen aus rechtlicher Sicht, in: Dreher, Meinrad/ Wandt, Manfred (Hrsg.), Nachhaltigkeit und Versicherungsaufsicht, Solvency II in der Rechtsanwendung 2021, 2022, Karlsruhe, S. 55 ff.

Bürkle, Jürgen: Anmerkung zu BVerwG, Urt. v. 21.4.2021, 8 C 18.20, VersR 2021, S. 1218 ff.

Bürkle, Jürgen: Die aktienrechtlichen Offenlegungspflichten für Lebensversicherungsunternehmen nach ARUG II, VersR 2021, S. 1 ff.
Bürkle, Jürgen (Hrsg.): Compliance in Versicherungsunternehmen, Rechtliche Anforderungen und praktische Umsetzung, Handbuch, 3. Aufl. 2020, München (zitiert: *Bearbeiter*, in: Bürkle, Compliance).
Bürkle, Jürgen: Die Nachhaltigkeitsregulierung im Versicherungssektor aus Sicht der Compliance-Funktion, VersR 2020, S. 1155 ff.
Bürkle, Jürgen: Die Rechts- und Verwaltungsgrundsätze der BaFin, in: Gesamtverband der Deutschen Versicherungswirtschaft e.V. (Hrsg.), Verlässlichkeit, Verantwortung, Vertrauen, Festschrift für Jörg Freiherr Frank von Fürstenwerth, 2020, Karlsruhe, S. 45 ff.
Bürkle, Jürgen: Unionsrechtlich vollharmonisierte Legalitätsaufsicht im Versicherungssektor, Zugleich Anmerkung zum Urteil des VGH Kassel v. 30.4.2020 - 6 A 2158/18, VersR 2020, 819, VersR 2020, S. 861 ff.
Bürkle, Jürgen: Die Neuregelung zur obligatorischen Offenlegung nichtfinanzieller Informationen im Versicherungssektor, VersR 2017, S. 717 ff.
Bürkle, Jürgen: Auswirkungen aufsichtsbehördlicher Anforderungen nach § 23 Abs. 1 S. 2 VAG 2016 auf die Compliance in Versicherungsunternehmen, VersR 2016, S. 2 ff.
Bürkle, Jürgen: Die Umsetzung der europäischen Compliance-Vorgaben im österreichischen und deutschen VAG 2016, ZVersWiss 105 (2016), S. 511 ff.
Bürkle, Jürgen: Die Vorgaben der Solvabilität-II-Verordnung für die Compliance-Funktion, in: Koch, Robert/Werber, Manfred/ Winter, Gerrit (Hrsg.), Der Forschung – der Lehre – der Bildung, 100 Jahre Hamburger Seminar für Versicherungswissenschaft und Versicherungswissenschaftlicher Verein in Hamburg e.V., 2016, Karlsruhe, S. 693 ff.
Bürkle, Jürgen: Auswirkungen von EIOPA-Leitlinien auf die Compliance in Versicherungsunternehmen, VersR 2014, S. 529 ff.
Bürkle, Jürgen: Zur Compliance-Verantwortung des Aufsichtsrats in Versicherungsunternehmen, in: Wandt, Manfred/Reiff, Peter/ Looschelders, Dirk/Bayer, Walter (Hrsg.), Festschrift für Egon Lorenz zum 80. Geburtstag, 2014, Karlsruhe, S. 101 ff.
Bürkle, Jürgen: Europarechtliche Vorgaben für die interne Governance im Versicherungssektor, WM 2012, S. 878 ff.
Bürkle, Jürgen: Die Zukunft der materiellen Versicherungsaufsicht in Deutschland, VersR 2011, S. 1469 ff.

Bürkle, Jürgen: Die aufsichtsbehördlichen Eingriffsbefugnisse nach Solvency II: – Legalitätskontrolle statt materieller Aufsicht –, in: Dreher, Meinrad/Wandt, Manfred (Hrsg.), Solvency II in der Rechtsanwendung, 2009, Karlsruhe, S. 191 ff.

Bürkle, Jürgen: Die rechtliche Auswirkung der MaRisk VA auf die Geschäftsorganisation von Versicherungsunternehmen, VersR 2009, S. 866 ff.

Busch, Danny: EU Sustainable Finance Disclosure Regulation, Cap. Mark. Law J. 2023, S. 1 ff.

Calliess, Christian/Dross, Miriam: Umwelt- und Klimaschutz als integraler Bestandteil der Wirtschaftspolitik, Überlegungen im Lichte von European Green Deal und Corona-Recovery Plan, ZUR 2020, S. 456 ff.

Calliess, Christian/Ruffert, Matthias (Hrsg.): EUV / AEUV, Das Verfassungsrecht der Europäischen Union mit Europäischer Grundrechtecharta, Kommentar, 6. Aufl. 2022, München (zitiert: *Bearbeiter*, in: Calliess/Ruffert, EUV AEUV).

Cambridge University Press & Assessment (Hrsg.): Cambridge Advanced Learner's Dictionary & Thesaurus (abrufbar unter: https://dictionary.cambridge.org/de/worterbuch/englisch/; letzter Zugriff: 20.9.2025; zitiert: Cambridge Dictionary).

Carlowitz, Hans Carl von: Sylvicultura oeconomica, Oder Haußwirtschaftliche Nachricht und Naturmäßige Anweisung Zur Wilden Baum-Zucht, 1713, Leipzig.

Caspari, Karl-Burkhard: Anlegerschutz in Deutschland im Lichte der Brüsseler Richtlinien, NZG 2005, S. 98 ff.

Chatzinerantzis, Alexandros/Rölike, Nicole: Environmental - Social - Governance 2022: ESG - der Stand der Dinge, DB 2022 (Beilage 02), S. 2 ff.

Chibanguza, Kuuya/Kuß, Christian/Steege, Hans (Hrsg.): Künstliche Intelligenz, Recht und Praxis automatisierter und autonomer Systeme, Handbuch, 1. Aufl. 2022, Baden-Baden (zitiert: *Waltersmann/Miehe/Sauer*, in: Chibanguza/Kuß/Steege, KI-HdB).

Clauß, Susanne: Nachhaltigkeit aus der Sicht der BaFin, in: Dreher, Meinrad/Wandt, Manfred (Hrsg.), Nachhaltigkeit und Versicherungsaufsicht, Solvency II in der Rechtsanwendung 2021, 2022, Karlsruhe, S. 1 ff.

Conrad, Christian/Grünewald, Stefanie/Kalscheuer, Fiete/Milker, Jens (Hrsg.): Handbuch Öffentlich-rechtliches Äußerungsrecht,

Grundprinzipien, Äußerungen von Hoheitsträgern, Rechtsschutz, 1. Aufl. 2022, München (zitiert: *Wolf*, in: Conrad/Grünewald/Kalscheuer/Milker, Öffentlich-rechtliches ÄußerungsR-HdB).

Dauses, Manfred A. (Begr.)/Ludwigs, Markus (Hrsg.): Handbuch des EU-Wirtschaftsrechts, Band 1, Werkstand: 62. Ergänzungslieferung Januar 2025, München (zitiert: *Beckmann*, in: Dauses/Ludwigs, EU-WirtschaftsR-HdB, Bd. 1).

Dehio, Andreas/Emmerich, Julian/Hafner, Kathrin: Rechtsentwicklungen 2023: Rechtsentwicklungen im Bankaufsichtsrecht 2023, DB 2023 (Beilage 03), S. 55 ff.

Denga, Michael: Digitale Manipulation und Privatautonomie, Provozierte Erklärungen im Privatrecht, ZfDR 2022, S. 229 ff.

Depping, André/Walden, Daniel (Hrsg.): LkSG, Gesetz über die unternehmerischen Sorgfaltspflichten zur Vermeidung von Menschenrechtsverletzungen in Lieferketten (Lieferkettensorgfaltspflichtengesetz – LkSG), Kommentar, 2022, München (zitiert: *Walden*, in: Depping/Walden, LkSG).

De Raet, Tobias/Dörfler, Roman: Besonderheiten bei der Festlegung der Vergütung von Vorstands- und Aufsichtsratsmitgliedern von Versicherungsunternehmen, CCZ 2017, S. 253 ff.

Derksen, Roland: Steuerung ökologisch nachhaltiger Investitionen durch Taxonomie, JZ 2022, S. 695 ff.

De Smet, Joeri: Sustainability and Systemic Risk in EU Banking Regulation, in: Böffel, Lukas/Schürger, Jonas (Hrsg.), Digitalisation, Sustainability, and the Banking and Capital Markets Union, 2023, Cham, S. 273 ff. (zitiert: *De Smet*, in: Böffel/Schürger, Digitalisation, Sustainability, and the BMU and CMU).

Deutsches Rechnungslegungs Standards Committee e.V.: Plattform für ein nachhaltiges Finanzwesen: Finaler Bericht über eine EU-Sozialtaxonomie Finanzwesen, BB 2022, S. 553.

Diehl, Frank S. (Hrsg.): Versicherungsunternehmensrecht, Handbuch, 2020, München (zitiert: *Bearbeiter*, in: Diehl, VersicherungsunternehmensR-HdB).

Dietz, Sara: Die Finanzmärkte in der Klimakrise: Zur Grünen Geldpolitik der EZB und den Maßnahmen für ein nachhaltiges Finanzsystem der Kommission, EuR 2022, S. 443 ff.

Döring, René/Mayer, Marius: Environmental - Social - Governance 2022: ESG-Vergütungskomponenten in Arbeitsverhältnissen, DB 2022 (Beilage 02), S. 31 f.

Döring, René/Rawe, Luca: Environmental - Social - Governance 2023: ESG in der betrieblichen Altersversorgung, DB 2023 (Beilage 02), S. 34 ff.

Dörr, Oliver/Grote, Rainer/Marauhn, Thilo (Hrsg.): EMRK/GG, Konkordanzkommentar zum europäischen und deutschen Grundrechtsschutz, Band I Kapitel 1–19, 3. Aufl. 2022, Tübingen (zitiert: *Kadelbach*, in: Dörr/Grote/Marauhn, EMRK/GG, Bd. I).

Dörr, Oliver/Grote, Rainer/Marauhn, Thilo (Hrsg.): EMRK/GG, Konkordanzkommentar zum europäischen und deutschen Grundrechtsschutz, Band II Kapitel 20–33, Register, 3. Aufl. 2022, Tübingen (zitiert: *Cremer*, in: Dörr/Grote/Marauhn, EMRK/GG, Bd. II).

Dörrwächter, Jan: Nachhaltigkeit und Gesellschaftsinteresse, Zu den Pflichten des Vorstands im Zusammenhang mit ESG, NZG 2022, S. 1083 ff.

Dreher, Meinrad: BaFin-Bürokratie, VersR 2025, S. 713 ff.

Dreher, Meinrad (Hrsg.): Versicherungsaufsichtsgesetz, mit Nebengesetzen, Kommentar, 14. Aufl. 2024, München (zitiert: *Bearbeiter*, in: Dreher, VAG).

Dreher, Meinrad: Solvency-II-Review - Versicherungsaufsichtsrecht für die Zukunft?, VersR 2023, S. 137 ff.

Dreher, Meinrad: Versicherungsaufsichtsrechtliche Regelungsdefizite, VersR 2019, S. 1 ff.

Dreher, Meinrad: Versicherungsaufsicht über IT und Governance, VersR 2019, S. 1177 ff.

Dreher, Meinrad: Begriff, Aufgaben und Rechtsnatur der versicherungsaufsichtsrechtlichen Compliance nach Solvency II, VersR 2013, S. 929 ff.

Dreher, Meinrad: Versicherungsaufsichtsrecht und Verbraucherschutz im Solvency-II- und EIOPA-System, VersR 2013, S. 401 ff.

Dreher, Meinrad: Die Veröffentlichungspflichten von Versicherungsunternehmen gegenüber der BaFin, Umfang und Grenzen der versicherungsaufsichtsrechtlichen Offenlegungspflichten, ZVersWiss 98 (2009), S. 187 ff.

Dreher, Meinrad: Richtlinienumsetzung durch Exekutive und Judikative? Der Fall des vergaberechtlichen Rechtsschutzes de lege ferenda, EuZW 1997, S. 522 ff.

Dreher, Meinrad/Ballmaier, Christoph: Das aufsichtliche Überprüfungsverfahren nach Art. 36 Solvency II-Richtlinie und § 289 VAG-RegE, in: Dreher, Meinrad/Wandt, Manfred (Hrsg.), Solvency II in der Rechtsanwendung 2012, 2012, Karlsruhe, S. 73 ff.

Dreher, Meinrad/Gerigk, Tobias: Das ausgewogene Verhältnis fester und variabler Vergütungsbestandteile nach Art. 275 Abs. 2 lit. a Solvabilität-II-VO, – Unter Einbeziehung der bank- und wertpapieraufsichtsrechtlichen Vergütungsvorgaben –, WM 2018, S. 1433 ff.

Dreher, Meinrad/Häußler, Hendrik: Die Aufsicht über Versicherungsunternehmen durch die BaFin und die Überwachungsaufgabe des Aufsichtsrats, ZGR 2011, S. 471 ff.

Dreher, Meinrad/Lange, Martin: Die Vollharmonisierung der Versicherungsaufsicht durch Solvency II, VersR 2011, S. 825 ff.

Dreher, Meinrad/Schaaf, Martin: Die Veröffentlichungspflichten von Versicherungsunternehmen gegenüber der Allgemeinheit nach Solvency II, – Der Bericht über Solvabilität und Finanzlage und die Publizität nach Handels- sowie Kapitalmarktrecht –, in: Dreher, Meinrad/Wandt, Manfred (Hrsg.), Solvency II in der Rechtsanwendung, 2009, Karlsruhe, S. 129 ff.

Drescher, Ingo/Fleischer, Holger/Schmidt, Karsten (Hrsg.): Münchener Kommentar zum Handelsgesetzbuch, Band 4 Drittes Buch. Handelsbücher, §§ 238–342r HGB, 5. Aufl. 2024, München (zitiert: *Kajüter*, in: Drescher/Fleischer/Schmidt, MüKo HGB, Bd. 4).

Driftmann, Friederike: Der ernährungspolitische Nudge, Eine unionsrechtliche Betrachtung staatlicher Konsumsteuerung durch gezielte Entscheidungsarchitekturen, 2021, Baden-Baden.

Dudenredaktion (Hrsg.): Duden – Deutsches Universalwörterbuch, 10. Aufl. 2023, Berlin (zitiert: Duden, Wörterbuch).

Duhm, Lisa/Götze, Susanne/Großekemper, Tobias/Weinzlerl, Alfred: Ein Land sieht grün, DER SPIEGEL 45/2022, S. 8 ff.

Dürig, Günter: Der Grundrechtssatz von der Menschenwürde, Entwurf eines praktikablen Wertsystems der Grundrechte aus Art. 1 Abs. I in Verbindung mit Art. 19 Abs. II des Grundgesetzes, AöR 81 (1956), S. 117 ff.

Dürig, Günter (Begr.)/Herzog, Roman/Scholz, Rupert (Hrsg.): Grundgesetz-Kommentar, Band I Texte, Art. 1–5, Werkstand: 106. Ergänzungslieferung Oktober 2024, München (zitiert: *Bearbeiter*, in: Dürig/Herzog/Scholz, GG-Kommentar, Bd. I).

Dürig, Günter (Begr.)/Herzog, Roman/Scholz, Rupert (Hrsg.): Grundgesetz-Kommentar, Band II Art. 6–16a, Werkstand: 106. Ergänzungslieferung Oktober 2024, München (zitiert: *Papier/Shirvani*, in: Dürig/Herzog/Scholz, GG-Kommentar, Bd. II).

Dürig, Günter (Begr.)/Herzog, Roman/Scholz, Rupert (Hrsg.): Grundgesetz-Kommentar, Band III Art. 17–28, Werkstand: 106. Ergänzungslieferung Oktober 2024, München (zitiert: *Bearbeiter*, in: Dürig/Herzog/Scholz, GG-Kommentar, Bd. III).

Eberius, Robert: Verrechtlichung der ESG Compliance: Pflichten für Fondsmanager und institutionelle Investoren, – Bestehende und zukünftige rechtliche Vorgaben zum Umgang mit Nachhaltigkeitskriterien und -risiken –, WM 2019, S. 2143 ff.

Ehlers, Dirk/Germelmann, Claas Friedrich (Hrsg.): Europäische Grundrechte und Grundfreiheiten, 5. Aufl. 2023, Berlin (zitiert: *Bearbeiter*, in: Ehlers/Germelmann, GuG).

Ehlers, Dirk/Fehling, Michael/Pünder, Hermann (Hrsg.): Besonderes Verwaltungsrecht, Band 1 Öffentliches Wirtschaftsrecht, 4. Aufl. 2019, Heidelberg (zitiert: *Bearbeiter*, in: Ehlers/Fehling/Pünder, Bes. VerwR, Bd. 1).

Eidenmüller, Horst: Liberaler Paternalismus, JZ 2011, S. 814 ff.

Eifert, Martin: Nudging as a matter of politics, Verfassungsblog v. 8.1.2015 (abrufbar unter: https://verfassungsblog.de/nudging-matter-politics-2/; letzter Zugriff: 20.9.2025).

Eilert, Hergen: Die Zwecke des VAG im Lichte der Urteile des BVerfG zur Lebensversicherung, VersR 2009, S. 709 ff.

Ekardt, Felix: Theorie der Nachhaltigkeit, Ethische, rechtliche, politische und transformative Zugänge - am Beispiel von Klimawandel, Ressourcenknappheit und Welthandel, 3. Aufl. 2021, Baden-Baden.

Ekardt, Felix: Umweltschutz und Zivilrecht: Nachhaltigkeit durch Kapitalgesellschaftsrecht?, ZUR 2016, S. 463 ff.

Ekardt, Felix: Nachhaltigkeit und Recht, Eine kurze Anmerkung zu Smeddinck, Tomerius/Magsig und anderen juristischen Ansätzen, ZfU 2009, S. 223 ff.

Ekkenga, Jens: Externe Nachhaltigkeitsberichterstattung nach der neuen CSRD, ZHR 187 (2023), S. 228 ff.

Ekkenga, Jens: Zur (Um-)Lenkung der Kapitalströme durch Investmentfonds zwecks Förderung „nachhaltiger" Investitionen, – ein Systemüberblick unter Berücksichtigung ausgewählter Problemschwerpunkte – Teil I –, WM 2022, S. 1765 ff.

Ekkenga, Jens: Investmentfonds als neue Kontrollagenten einer „nachhaltigen" Realwirtschaft: Sinnvolle Instrumentalisierung oder schrittweise Demontage der Kapitalmärkte in Europa?, WM 2020, S. 1664 ff.

Ekkenga, Jens/Posch, Peter: Die Klassifizierung umweltnützlicher „Wirtschaftstätigkeiten“ und ihrer Finanzierung nach dem neuen Unionsrecht und das Problem des Greenwashing, WM 2021, S. 205 ff.

Ekkenga, Jens/Schirrmacher, Carsten/Schneider, Björn: Offene Fragen zur rechtlichen Steuerung nachhaltigen Unternehmertums, NJW 2021, S. 1509 ff.

Eling, Martin: Grüner Wandel, Nachhaltigkeit aus der Perspektive der Versicherer, VW 11/2022, S. 74 ff.

Ellenberger, Jürgen/Bunte, Hermann-Josef (Hrsg.): Bankrechts-Handbuch, Band II, 6. Aufl. 2022, München (zitiert: *Fischer/Boegl*, in: Ellenberger/Bunte, BankR-HdB, Bd. II).

Erdmann, Kay Uwe/Kaulbach, Detlef (Hrsg.): Grundzüge des Versicherungsaufsichtsrechts, 2. Aufl. 2019, Karlsruhe.

Erdmann, Kay Uwe/Diehl, Frank S./Schradin, Heinrich R. (Hrsg.): Beck'scher Online-Kommentar VAG, 29. Edition Stand: 1.6.2025, München (zitiert: *Bearbeiter*, in: Erdmann/Diehl/Schradin, BeckOK VAG).

Ernst, Xenia: Rechtsstaatlichkeit im Versicherungsaufsichtsrecht, Eine Untersuchung des VAG in seiner 2012 gültigen Fassung, verbunden mit einem Blick auf die geplante 10. Novelle, 2013, Karlsruhe.

Falke, Josef: EU-Taxonomie – Greenwashing für Atom- und Gaskraftwerke?, ZUR 2022, S. 207 ff.

Fekonja, Benjamin: BaFin-Verlautbarungen, Möglichkeiten und Grenzen der rechtlichen Bindungswirkung, 2014, Baden-Baden.

Ferati, Burim/Meyer, Annabelle: (K)eine grüne Märchenwelt? Fraud im ESG-Kontext, CCZ 2022, S. 349 ff.

Fett, Torsten: Rechtsschutz gegen schlicht-hoheitliches Verwaltungshandeln am Beispiel der Bank- und Versicherungsaufsicht, WM 1999, S. 613 ff.

Fezer, Karl-Heinz/Büscher, Wolfgang/Obergfell, Eva Inés (Hrsg.): Lauterkeitsrecht, Kommentar zum Gesetz gegen den unlauteren Wettbewerb (UWG), Band 1 Internationales Lauterkeitsrecht, Lauterkeitsrechtliche Spezialthemen, Geschichte – Systematik – Grundlagen, §§ 1 bis 3 UWG, 3. Aufl. 2016, München (zitiert: *Birk*, in: Fezer/Büscher/Obergfell, UWG, Bd. 1).

Fischer, Reinfrid/Schulte-Mattler, Hermann (Hrsg.): Kreditwesengesetz, VO (EU) Nr. 575/2013 (CRR) und Ausführungsvorschriften, Kommentar, Band 1, 6. Aufl. 2023, München (zitiert: *Schäfer*, in: Fischer/Schulte-Mattler, KWG CRR, Bd. 1).

Fleischer, Holger: Grundstrukturen der lieferkettenrechtlichen Sorgfaltspflichten, CCZ 2022, S. 205 ff.

Fleischer, Holger: Selbstreflexion im Gesellschaftsrecht: „Hottest Game in Town“ oder „Death of Corporate Law“?, ZGR 2022, S. 466 ff.

Fleischer, Holger: Corporate Social Responsibility: Vermessung eines Forschungsfeldes aus rechtlicher Sicht, in: Fleischer, Holger/Kalss, Susanne/Vogt, Hans-Ueli (Hrsg.), Corporate Social Responsibility, 2018, Tübingen, S. 1 ff.

Fleischer, Holger/Mankowski, Peter (Hrsg.): LkSG, Gesetz über die unternehmerischen Sorgfaltspflichten zur Vermeidung von Menschenrechtsverletzungen in Lieferketten (Lieferkettensorgfaltspflichtengesetz), Kommentar, 2023, München (zitiert: *Kolb*, in: Fleischer/Mankowski, LkSG).

Flick, Johanna: Alle Jahre wieder – Erneuter Anlauf für die Einführung einer Widerspruchslösung im Transplantationsgesetz?, MedR 2023, S. 287 ff.

Flick, Peter/Meyding-Metzger, Angelika: Die „grüne“ Taxonomie-Verordnung – ein Überblick, Wpg 2020, S. 1404 ff.

Fluck, Jürgen: Anforderungen an die störfall-verhindernde Compliance-Organisation in Unternehmen, NVwZ 2021, S. 1568 ff.

Franzen, Martin/Gallner, Inken/Oetker, Hartmut (Hrsg.): Kommentar zum europäischen Arbeitsrecht, 5. Aufl. 2024, München (zitiert: *Bearbeiter*, in: Franzen/Gallner/Oetker, EuArbRK).

Frenz, Walter: Handbuch Europarecht, Band 4/I Europäische Grundrechte: Allgemeine Lehren, personenbezogene und kommunikative Grundrechte, Klimaschutzansprüche, 2. Aufl. 2024, Berlin, Heidelberg (zitiert: *Frenz*, EuR-Hdb, Bd. 4/I).

Frenz, Walter: Handbuch Europarecht, Band 4/II Europäische Grundrechte: Wirtschaftsgrundrechte, Gleichheits-, soziale und Bürgerrechte, 2. Aufl. 2024, Berlin, Heidelberg (zitiert: *Frenz*, EuR-Hdb, Bd. 4/II).

Frenz, Walter: Die Europäische Unternehmerfreiheit, GewArch 2009, S. 427 ff.

Frenz, Walter: Die europäische Berufsfreiheit, GewArch 2008, S. 465 ff.

Frisch, Stefan: Neuere Befugnisse der BaFin zum Schutz kollektiver Verbraucherinteressen, in: Brocker, Lars/Knops, Kai-Oliver/Roth, Herbert (Hrsg.), Recht und soziale Gerechtigkeit, Festschrift für Heinz Georg Bamberger zum 70. Geburtstag, 2017, München, S. 71 ff.

Fritz, Dennis: Finanzaufsichtsrechtliche Risikomanagementsysteme und Perspektivenheterogenität, WM 2025, S. 1213 ff.

Fromberger, Mathias: Die Bundesanstalt für Finanzdienstleistungsaufsicht – Struktur, Aufgaben, Reformbestrebungen, AL 2022, S. 17 ff.
Funke, Benedikt/Rohlfs, Torsten: Risikomanagement im Versicherungsunternehmen, Identifizierung, Bewertung und Steuerung, 3. Aufl. 2022, Karlsruhe.
Gärtner, Matthias: Zum Gebot der (Mindest-)Beteiligung von Frauen und Männern im Vorstand bei aufgeschobenem Amtsbeginn, AG 2023, S. 513 ff.
Gehne, Katja: Nachhaltige Entwicklung als Rechtsprinzip, Normativer Aussagegehalt, rechtstheoretische Einordnung, Funktionen im Recht, 2011, Tübingen.
Geier, Bernd/Hombach, Katharina: ESG: Regelwerke im Zusammenspiel, BKR 2021, S. 6 ff.
Geier, Bernd/Meringdal, Inga Elise/Stille, Simone: ESG-Compliance, Taxonomie – Offenlegung – Governance, 2023, München (zitiert: *Geier/Meringdal/Stille*, ESG-Compliance).
Gerg, Stephan: Nudging, Verfassungsrechtliche Maßstäbe für das hoheitliche Einwirken auf die innere Autonomie des Bürgers, 2019, Tübingen.
Gerigk, Tobias: Die Organvergütung von Versicherungsunternehmen nach Solvency II, 2022, Karlsruhe.
Gersdorf, Hubertus/Paal, Boris P. (Hrsg.): Beck'scher Online-Kommentar Informations- und Medienrecht, 48. Edition Stand: 15.5.2025, München (zitiert: *Gersdorf*, in: Gersdorf/Paal, BeckOK InfoMedienR).
Giesen, Christoph/Hage, Simon/Obermaier, Frederik/Traufetter, Gerald: Gefangen in Ürümqi, DER SPIEGEL 22/2022, S. 18 ff.
Glander, Herald/Lühmann, Daniel/Jesch, Thomas A.: Nachhaltigkeitsbezogene Offenlegungspflichten im Finanzdienstleistungssektor unter der Offenlegungsverordnung (Teil 1), BKR 2020, S. 485 ff.
Glander, Herald; Lühmann, Daniel; Jesch, Thomas A.: Nachhaltigkeitsbezogene Offenlegungspflichten im Finanzdienstleistungssektor unter der Offenlegungsverordnung (Teil 2), BKR 2020, S. 545 ff.
Glos, Alexander/Hildner, Alicia/Kühne, Carolin/Schneider, Eva: Ausblick auf das Finanzaufsichtsrecht 2025, BKR 2025, S. 153 ff.
Glos, Alexander/Hildner, Alicia/Kühne, Carolin/Schneider, Eva: Ausblick auf das Finanzaufsichtsrecht 2024, BKR 2024, S. 127 ff.

Goette, Wulf/Habersack, Mathias/Kalss, Susanne (Hrsg.): Münchener Kommentar zum Aktiengesetz, Band 2 §§ 76–117, MitbestG, DrittelbG, 6. Aufl. 2023, München (zitiert: *Spindler*, in: Goette/Habersack/Kalss, MüKo AktG, Bd. 2).

Goldmann, Julius/Purnhagen, Kai: EIOPA - Die neue europäische Versicherungsaufsicht, VersR 2012, S. 29 ff.

Göpfert, Burkard/Stöckert, Susanna: „ESG“ (Environmental Social Governance) – ein Thema für die betriebliche Mitbestimmung?, NZA 2022, S. 452 ff.

Goretzky, Kai-Michael/Müller, Moritz: Das aufsichtsrechtliche Pendel zwischen Gesetz und finanzpolitischen Vorgaben, VersR 2023, S. 17 ff.

Görres-Gesellschaft/Verlag Herder (Hrsg.): Staatslexikon, Recht, Wirtschaft, Gesellschaft, Sechster Band Volk – Zweites Vatikanisches Konzil, Abkürzungen, Register, 8. Aufl. 2021, Freiburg, Basel, Wien (zitiert: *Kempa*, in: Görres-Gesellschaft, Staatslexikon, Bd. 6).

Görres-Gesellschaft/Verlag Herder (Hrsg.): Staatslexikon, Recht, Wirtschaft, Gesellschaft, Erster Band ABC-Waffen – Ehrenamt, 8. Aufl. 2017, Freiburg, Basel, Wien (zitiert: *Radermacher*, in: Görres-Gesellschaft, Staatslexikon, Bd. 1).

Grabenwarter, Christoph (Hrsg.): Enzyklopädie Europarecht, Band 2 Europäischer Grundrechteschutz, 2. Aufl. 2022, Baden-Baden, Zürich, St. Gallen, Wien (zitiert: *Bearbeiter*, in: Grabenwarter, EnzEuR, Bd. 2).

Grabenwarter, Christoph/Pabel, Katharina: Europäische Menschenrechtskonvention, Ein Studienbuch, 7. Aufl. 2021, München, Basel, Wien (zitiert: *Grabenwarter/Pabel*, EMRK).

Grabitz, Eberhard (Begr.)/Hilf, Meinhard/Nettesheim, Martin (Hrsg.): Das Recht der Europäischen Union, Band I, Werkstand: 84. Ergänzungslieferung Januar 2025, München (zitiert: *Mayer*, in: Grabitz/Hilf/Nettesheim, Das Recht der EU, Bd. I).

Graewe, Daniel: Die EU-Sozialtaxonomie und ihre Auswirkungen auf ESG-Ratings von Unternehmen, BB 2023, S. 262 ff.

Grau, Timon/Klaaßen-Kaiser, Kristina/Wilk, Cornelius: Environmental - Social - Governance 2022: FüPoG II und #Stayonboard: Was bedeutet das in der Praxis?, DB 2022 (Beilage 02), S. 28 ff.

Grigoleit, Hans Christoph (Hrsg.): Aktiengesetz, Kommentar, 2. Aufl. 2020, München (zitiert: *Grigoleit*, in: Grigoleit, AktG).

Grober, Ulrich: Die Entdeckung der Nachhaltigkeit, Kulturgeschichte eines Begriffs, 2010, München.

Groeben, Hans von der/Schwarze, Jürgen/Hatje, Armin (Hrsg.): Europäisches Unionsrecht, Band 1 Art. 1 bis 55 EUV, Art. 1 bis 54 GRC, Art. 1 bis 66 AEUV, 7. Aufl. 2015, Baden-Baden (zitiert: *Bearbeiter*, in: v. d. Groeben/Schwarze/Hatje, Europäisches Unionsrecht, Bd. 1).

Gröschner, Rolf: Das Überwachungsrechtsverhältnis, Wirtschaftsüberwachung in gewerbepolizeirechtlicher Tradition und wirtschaftsverwaltungsrechtlichem Wandel, 1992, Tübingen.

Grote, Joachim/Schaaf, Martin: Zum Referentenentwurf der 10. VAG-Novelle zur Umsetzung der Solvency-II-Richtlinie in deutsches Recht - eine erste Analyse, VersR 2012, S. 17 ff.

Gründl, Helmut/Kraft, Mirko: Neue Spielregeln, Wie risikobasiert sind die Reformvorschläge zu Solvency II?, VW 3/2022, S. 76 ff.

Gründl, Helmut/Kraft, Mirko (Hrsg.): Solvency II – Eine Einführung, Grundlagen der neuen Versicherungsaufsicht, 3. Aufl. 2019, Karlsruhe (zitiert: *Pelzer*, in: Gründl/Kraft, Solvency II).

Grunewald, Barbara: Verkäuferhaftung für unrichtige CSR-Berichte des Herstellers, NJW 2021, S. 1777 ff.

Grützner, Thomas/Jakob, Alexander (Hrsg.): Compliance von A–Z, 2. Aufl. 2015, München.

Gumpp, Tobias: Stellenwert der Erwägungsgründe in der Methodenlehre des Unionsrechts, ZfPW 2022, S. 446 ff.

Gundel, Jörg: Der Schutz der unternehmerischen Freiheit durch die EU-Grundrechtecharta, ZHR 180 (2016), S. 323 ff.

Gurlit, Elke: Verbraucherschutz und Institutsaufsicht, in: Grüneberg, Christian/Habersack, Mathias/Mülbert, Peter O./Wittig, Arne (Hrsg.), Bankrechtstag 2015, 2016, Berlin, Boston, S. 3 ff.

Gurlit, Elke: Handlungsformen der Finanzaufsicht, ZHR 177 (2013), S. 862 ff.

Haaker, Andreas: Zur Logik des ESG-orientierten Investierens und Berichtens, IRZ 2024, S. 56 ff.

Habrich, Victor: Menschenrechts- und umweltbezogene Sorgfaltspflichten von Banken und institutionellen Investoren, ZVglRWiss 122 (2023), S. 219 ff.

Haenel, Albert: Deutsches Staatsrecht, Band 1 Die Grundlagen des deutschen Staates und die Reichsgewalt, 1892, Leipzig.

Hagel, Ulrich/Wiedmann, Michael: EU-Omnibus zur CSRD und CS3D und Koalitionsvertrag zum LkSG – Vereinfachung oder Erschwernis, CCZ 2025, S. 116 ff.

Halfmeier, Axel: Nachhaltiges Privatrecht, AcP 216 (2016), S. 717 ff.
Halm, Wolfgang E./Engelbrecht, Andreas/Krahe, Frank (Hrsg.): Handbuch des Fachanwalts, Versicherungsrecht, 6. Aufl. 2018, Köln (zitiert: *Waclawik*, in: Halm/Engelbrecht/Krahe, FA-VersR).
Hammer-Strnad, Eva: Das Bestimmtheitsgebot als allgemeiner Rechtsgrundsatz des Europäischen Gemeinschaftsrechts, 1999, Hamburg.
Hanke, Stefan: Der Vertrieb von ökologisch nachhaltigen Anlageprodukten - künftige rechtliche Anforderungen und Haftungsrisiken, ZIP 2022, S. 62 ff.
Harbarth, Stephan: Die Aktiengesellschaft im Wandel der Zeit zwischen Wirtschaftlichkeit und Gemeinwohl, ZGR 2022, S. 533 ff.
Harbarth, Stephan: Nachhaltigkeit im Rahmen unternehmerischer Entscheidungen, in: Paal, Boris P./Poelzig, Dörte/Fehrenbacher, Oliver (Hrsg.), Deutsches, europäisches und vergleichendes Wirtschaftsrecht, Festschrift für Werner F. Ebke zum 70. Geburtstag, 2021, München, S. 307 ff.
Harbarth, Stephan: Aktienrecht, Gemeinwohl und Vergütungsparameter, ZGR 2018, S. 379 ff.
Hardtke, Arnd/Prehn, Marco (Hrsg.): Perspektiven der Nachhaltigkeit, Vom Leitbild zur Erfolgsstrategie, 1. Aufl. 2001, Wiesbaden.
Hartke, Volker/Kuhn, Matthias/Wilhelm, Benjamin: Banksteuerung und Nachhaltigkeitsrisiken – Herausforderung für LSIs, ZfgK 2020, S. 120 ff.
Hasse, Andreas: Nachhaltigkeit und Governance der Versicherungsunternehmen aus rechtspraktischer Sicht, in: Dreher, Meinrad/Wandt, Manfred (Hrsg.), Nachhaltigkeit und Versicherungsaufsicht, Solvency II in der Rechtsanwendung 2021, 2022, Karlsruhe, S. 13 ff.
Hauff, Michael von: Nachhaltige Entwicklung, Grundlagen und Umsetzung, 3. Aufl. 2021, Berlin, Boston.
Hauff, Michael von/Kleine, Alexandro: Methodischer Ansatz zur Systematisierung von Handlungsfeldern und Indikatoren einer Nachhaltigkeitsstrategie, Das Integrierende Nachhaltigkeits-Dreieck, 2005, Kaiserslautern.
Heep-Altiner, Maria/Rohlfs, Torsten/Berg, Marcel/Schmidt, Jan-Philipp (Hrsg.): Klima- und Nachhaltigkeitsrisiken für die Versicherungswirtschaft, 2022, Wiesbaden.
Heimann, Till/Flöter, Isabell: Neue Herausforderungen für die Mitbestimmung durch ESG (Environmental Social Goverance), ESG 2022, S. 138 ff.

Heithecker, Dirk (Hrsg.): Handbuch Nachhaltige Finanzwirtschaft, 2021, Heidelberg (zitiert: *Bearbeiter*, in: Heithecker, Nachhaltige Finanzwirtschaft).
Hellgardt, Alexander/Jouannaud, Victor: Nachhaltigkeitsziele und Privatrecht, AcP 222 (2022), S. 164 ff.
Hennrichs, Joachim: Die Grundkonzeption der CSR-Berichterstattung und ausgewählte Problemfelder, ZGR 2018, S. 206 ff.
Hensiek, Joerg: Nudging: Was steckt hinter dem Konzept des „sanften Anstupsens"?, ARP 2022, S. 166 ff.
Herdegen, Matthias/Masing, Johannes/Poscher, Ralf/Gärditz, Klaus Ferdinand (Hrsg.): Handbuch des Verfassungsrechts, Darstellung in transnationaler Perspektive, 2021, München (zitiert: *Poscher*, in: Herdegen/Masing/Poscher/Gärditz, VerfassungsR-HdB).
Herlyn, Estelle: Die Agenda 2030 als systemische Herausforderung – Zielkonflikte und weitere Umsetzungsherausforderungen, in: Herlyn, Estelle/Lévy-Tödter, Magdalène (Hrsg.), Die Agenda 2030 als Magisches Vieleck der Nachhaltigkeit, Systemische Perspektiven, 2020, Wiesbaden, Heidelberg, S. 43 ff.
Herold, Christian/Grottel, Gregor/Klein, Lukas: Auswirkungen der Omnibus-Entwürfe auf die Nachhaltigkeitsberichterstattung, Übersicht und Einordnung zu den Anpassungen der *Corporate Sustainability Reporting Directive* (CSRD) und der EU-Taxonomie, IRZ 2025, S. 155 ff.
Heselhaus, F. Sebastian M./Nowak, Carsten (Hrsg.): Handbuch der Europäischen Grundrechte, 2. Aufl. 2020, München, Basel, Wien (zitiert: *Bearbeiter*, in: Heselhaus/Nowak, EU-Grundrechte-HdB).
Heubl, Ben/Izoard, Celia/Kunkel, Christina/Much, Mauritius: BMW und die Mär vom sauberen Kobalt, SZ v. 13.11.2023, S. 19.
Heukamp, Wessel/Schwintowski, David: Aufsicht über Nachrangdarlehen, Reichweite und Grenzen der Versicherungsaufsicht, VersR 2020, S. 1345 ff.
Heußner, Hermann K.: Die Verfassung der Volksrepublik China, Als Grundordnung eines marxistisch-leninistischen Rechtssystems keine Basis für Rechtssicherheit, NJOZ 2023, S. 960 ff.
Hinrichs, Lars/Scharwächter, Leonie/Ultsch, Elisa: BaFin FAQ IVV - Neue und alte Verlautbarungen der BaFin zur Umsetzung der IVV in die Vergütungssysteme von Instituten, WM 2025, S. 465 ff.
Hippeli, Michael: Einschränkende Auslegung von § 4 Abs. 1a FinDAG bei Untersagungsverfügung der BaFin, zugl. Anmerkung zu VG Frankfurt a.M., Urt. v. 24.6.2021, 7 K 2237/20.F, jurisPR-Compl 5/2021 Anm. 5.
Hirschmann, Stefan: Sozialer Mindestschutz gemäß EU-Taxonomie, ESG 2023, S. 42 ff.

Hirte, Heribert/Frohmann, Inga: „Law in the Making" – am Beispiel von Sustainable Finance, in: Bachmann, Gregor/Grundmann, Stefan/Mengel, Anja/Krolop, Kaspar (Hrsg.), Festschrift für Christiane Windbichler zum 70. Geburtstag am 8. Dezember 2020, 2020, Berlin, Boston, S. 1335 ff.

Hofbauer, Jane A.: Die Entwicklung des Sustainable Development Begriffs im Völkerrecht, NR 2021, S. 53 ff.

Hofbauer, Jane A.: Sustainable Development Goals – Ziele für nachhaltige Entwicklung, NR 2021, S. 114 ff.

Höfer, Reinhold/De Groot, Simone Evke/Küpper, Peter: Betriebsrentenrecht (BetrAVG), Band I Arbeitsrecht, Kommentar, 31. Aufl. Stand: Februar 2025, München (zitiert: *Höfer*, in: Höfer/De Groot/Küpper, BetrAVG, Bd. I).

Holle, Martin: Rechtliche Rahmenbedingungen für den Einsatz des Nudging als staatliches Steuerungsinstrument, ZLR 2016, S. 596 ff.

Hölters, Wolfgang (Begr.)/Weber, Markus (Hrsg.): Aktiengesetz, Kommentar, 5. Aufl. 2025, München (zitiert: *Bearbeiter*, in: Hölters/Weber, AktG).

Hombach, Katharina/Meringdal, Inga Elise/Nienaber, Matthias/Nienhaus, Martin: Verpflichtende Erstanwendung der EU-Taxonomie – Eine empirische Analyse aller betroffenen deutschen Nicht-Finanzunternehmen (Teil 1), IRZ 2023, S. 329 ff.

Hommelhoff, Peter: Nachhaltigkeit als unternehmerische Herausforderung, NZG 2023, S. 1631 ff.

Hommelhoff, Peter/Allgeier, Sina/Jelonek, Mariusz: Ausstrahlung der CSRD-Berichtsvorgaben auf die Unternehmensorganisation, zur Verantwortung der europäischen Gesetzgebungsinstitutionen, NZG 2023, S. 911 ff.

Honer, Mathias: Nudging: Keine Herausforderung für die Grundrechtsdogmatik, – Zugleich zur sogenannten doppelten Widerspruchslösung für die Organspende –, DÖV 2019, S. 940 ff.

Hopt, Klaus J.: Handelsgesetzbuch, mit GmbH & Co., Handelsklauseln, Bank- und Kapitalmarkrecht, Transportrecht (ohne Seerecht), Kommentar, 44. Aufl. 2025, München (zitiert: *Leyens*, in: Hopt, HGB).

Höra, Knut/Schubach, Arno (Hrsg.): Münchener AnwaltsHandbuch, Versicherungsrecht, 5. Aufl. 2022, München (zitiert: *Diehl*, in: Höra/Schubach, MAH VersR).

Huber, Peter M./Voßkuhle, Andreas (Hrsg.): Grundgesetz, Kommentar, Band 3 Art. 83–146, 8. Aufl. 2024, München (zitiert: *Voßkuhle*, in: Huber/Voßkuhle, GG, Bd. 3).

Hübner, Leonhard/Habrich, Victor/Weller, Marc-Philippe: Corporate Sustainability Due Diligence, Der EU-Richtlinienentwurf für eine Lieferkettenregulierung, NZG 2022, S. 644 ff.

Hübner, Leonhard/Lieberknecht, Markus: Mehr Pflichten für weniger Unternehmen? – Kerninhalte der EU-Lieferketten-RL und ihre Umsetzung im deutschen Recht, NJW 2024, S. 1841 ff.

Hufeld, Felix: Kein Bonus für grüne Investments, RdF 2019, S. 177.

Hufen, Friedhelm: Nudging, Rechtsformen, Möglichkeiten und Grenzen der sanften Beeinflussung des Menschen durch den Staat, JuS 2020, S. 193 ff.

Hufen, Friedhelm: Nudging – oder: Wohin und wie weit darf der Staat seine Bürger schubsen?, in: Ludwigs, Markus (Hrsg.), Regulierender Staat und konfliktschlichtendes Recht, Festschrift für Matthias Schmidt-Preuß zum 70. Geburtstag, 2018, Berlin, S. 99 ff.

Hufen, Friedhelm: Die Menschenwürde, Art. 1 I GG, JuS 2010, S. 1 ff.

Huster, Stefan/Reimann, Jennifer: Nudges für die Gesundheit: das Beispiel der Diabetesprävention, VSSAR 2020, S. 267 ff.

Ihlau, Susann/Zwenger, Katharina: Berücksichtigung von Nachhaltigkeitsaspekten bei Anlageentscheidungen und Unternehmensbewertungen, BB 2020, S. 2091 ff.

Ipsen, Hans Peter: Rechtsstaatliche Grenzen der Versicherungsaufsicht, DÖV 1975, S. 805 ff.

Ipsen, Nils/Röh, Lars: Mysterium Taxonomie, ZIP 2020, S. 2001 ff.

Isensee, Josef/Kirchhof, Paul (Hrsg.): Handbuch des Staatsrechts, Band IX Allgemeine Grundrechtslehren, 3. Aufl. 2011, Heidelberg (zitiert: *Isensee*, in: Isensee/Kirchhof, StaatsR-HdB, Bd. IX).

Jandt, Silke/Steidle, Roland (Hrsg.): Datenschutz und Internet, DS-GVO, BDSG, TDDDG, KI-VO, DMA, DSA, 2. Aufl. 2025, Baden-Baden (zitiert: *Richter*, in: Jandt/Steidle, Datenschutz-HdB).

Jarass, Hans D.: Charta der Grundrechte der Europäischen Union, Kommentar, 4. Aufl. 2021, München (zitiert: *Jarass*, GRC).

Jarass, Hans D.: Der grundrechtliche Eigentumsschutz im EU-Recht, NVwZ 2006, S. 1089 ff.

Jarass, Hans D./Pieroth, Bodo (Begr.): Grundgesetz für die Bundesrepublik Deutschland, Kommentar, 18. Aufl. 2024, München (zitiert: *Jarass*, in: Jarass/Pieroth, GG).

Jordans, Roman/Kirchner, Maik: Aufsichtsrechtliche Konsequenzen unwirksamer Zinsanpassungen, WM 2021, S. 864 ff.

Jung, Peter: Nichtfinanzielle Berichterstattung von Unternehmen, in: Paal, Boris P./Poelzig, Dörte/Fehrenbacher, Oliver (Hrsg.), Deutsches, europäisches und vergleichendes Wirtschaftsrecht, Festschrift für Werner F. Ebke zum 70. Geburtstag, 2021, München, S. 461 ff.

Jungmann, Carsten: Die Bedeutung von ESG-Kriterien bei der (Versagung der) Bestätigung von Insolvenz- und Restrukturierungsplänen, ZIP 2025, S. 614 ff.

Kahl, Wolfgang: Einleitung: Nachhaltigkeit durch Organisation und Verfahren, in: Kahl, Wolfgang (Hrsg.), Nachhaltigkeit durch Organisation und Verfahren, 2016, Tübingen, S. 1 ff.

Kahl, Wolfgang: Einleitung: Nachhaltigkeit als Verbundbegriff, in: Kahl, Wolfgang (Hrsg.), Nachhaltigkeit als Verbundbegriff, 2008, Tübingen, S. 1 ff.

Kahl, Wolfgang/Ludwigs, Markus (Hrsg.): Handbuch des Verwaltungsrechts, Band V Maßstäbe und Handlungsformen im deutschen Verwaltungsrecht, 1. Aufl. 2023, Heidelberg (zitiert: *Hillgruber*, in: Kahl/Ludwigs, VerwaltungsR-HdB, Bd. V).

Kammerer-Galahn, Gunbritt: Nachhaltigkeit im Versicherungsaufsichtsrecht – aktueller Stand der ESG-Regulierung, in: Looschelders, Dirk/Michael, Lothar (Hrsg.), Düsseldorfer Vorträge zum Versicherungsrecht 2021, Nachhaltigkeit, BaFin-Rundschreiben, AVB, Schlüsselklausel (VHB und AERB), Detektiveinsatz (privater VR), 2022, Karlsruhe, S. 1 ff.

Kappler, Lisa/Rampf, Linda/Dobers, Cleo: Europäisches Lieferkettengesetz – das harte Ringen um die konkrete Ausgestaltung, ESG 2022, S. 299 ff.

Karpenstein, Ulrich/Mayer, Franz C.: Konvention zum Schutz der Menschenrechte und Grundfreiheiten, Kommentar, 3. Aufl. 2022, München, Basel (zitiert: *Kaiser*, in: Karpenstein/Meyer, EMRK).

Kaufhold, Ann-Katrin: Die Sustainable Finance Regulierung als Demokratieproblem, Klimarisikovorsorge von Finanzinstituten als „wesentliche“ Entscheidung, in: Pechstein, Matthias/Weiß, Wolfgang/Ohler, Christoph/Herrmann, Christoph/Eisenmenger, Sven/Wiater, Patricia/Michl, Walther/Heidebach, Martin (Hrsg.), Zur Verwirklichung eines Vereinten Europas, Festschrift für Rudolf Streinz zum 70. Geburtstag, 2023, München, S. 177 ff.

Kaufhold, Ann-Katrin: Klimawissen im Finanzmarktrecht. Zu Transfer und Transformation von ökologischem und ökonomischem Wissen in der Sustainable Finance Regulierung, in: Augsberg, Ino/Schuppert, Gunnar Folke (Hrsg.), Wissen und Recht, 2022, Baden-Baden, S. 289 ff.

Kaufhold, Ann-Katrin: Instrumente und gerichtliche Kontrolle der Finanzaufsicht, DV 49 (2016), S. 339 ff.

Kaufhold, Ann-Katrin: Systemaufsicht, Anforderungen an die Ausgestaltung einer Aufsicht zur Abwehr systemischer Risiken entwickelt am Beispiel der Finanzaufsicht, 2016, Tübingen.

Kaulbach, Detlef/Bähr, Gunne W./Pohlmann, Petra: Versicherungsaufsichtsgesetz, mit Finanzdienstleistungsaufsichtsgesetz, Verordnung (EU) Nr. 1094/2010 (EIOPA-Verordnung) und Versicherungs-Vergütungsverordnung, Kommentar, 6. Aufl. 2019, München (zitiert: *Bearbeiter*, in: Kaulbach/Bähr/Pohlmann, VAG).

Keilmann, Annette/Schmidt, Falko: Der Entwurf des Sorgfaltspflichtengesetzes – Warum es richtig ist, auf eine zivilrechtliche Haftung zu verzichten, WM 2021, S. 717 ff.

Keller, Robert: Befugnisse der BaFin bei der Aufsicht über Erstversicherungsunternehmen, zugl. Anmerkung zu BVerwG, Urt. v. 21.4.2021, 8 C 18/20, jurisPR-BVerwG 26/2021 Anm. 1.

Kersten, Jens: Konviviale Nachhaltigkeit, Begriff – Konzept – Dogmatik, NVwZ 2024, S. 614 ff.

Kieninger, Eva-Maria: Der Brüsseler Omnibus fährt eine Schneise in die zivilrechtliche Haftung für Menschenrechtsverstöße, ZIP 2025, S. 684 ff.

Kirchhof, Gregor: Nudging – zu den rechtlichen Grenzen informalen Verwaltens, ZRP 2015, S. 136 f.

Klimscha, Florian/Lehner, Mathias: EU-Taxonomie, NR 2021, S. 302 ff.

Klippel, Diethelm/Otto, Martin: Nachhaltigkeit und Begriffsgeschichte, in: Kahl, Wolfgang (Hrsg.), Nachhaltigkeit als Verbundbegriff, 2008, Tübingen, S. 39 ff.

Kloepfer, Michael: Umweltrecht, 4. Aufl. 2016, München (zitiert: *Kloepfer*, UmweltR).

Klöhn, Lars: Informelle Bankregulierung durch die BaFin (Teil I), Dogmatische Einordnung und ökonomischer Hintergrund, Rechtswirkungen und Rechtsschutz, WM 2021, S. 1457 ff.

Klöhn, Lars/Adam, Jannik: Grenzen des Verbraucherschutzes durch die BaFin – eine Untersuchung zu § 4 Abs. 1a FinDAG – Teil I –, WM 2022, S. 1097 ff.

Klöhn, Lars/Adam, Jannik: Grenzen des Verbraucherschutzes durch die BaFin – eine Untersuchung zu § 4 Abs. 1a FinDAG – Teil II –, WM 2022, S. 1149 ff.

Klöhn, Lars/Jochmann, Jakob: Nachhaltigkeit im Kapitalmarktrecht, Eine Standortbestimmung nach dem EU-Aktionsplan: Finanzierung nachhaltigen Wachstums, KlimaRZ 2022, S. 12 ff.

Klöppel, Hans-Ulrich: Die Aufsicht über Verbraucherfinanzmärkte, Eine Analyse des Auftrags der BaFin zum Schutz kollektiver Verbraucherinteressen, 2022, Berlin.

Kment, Martin: Taxonomie in Europa: Sicherung ökologischer Nachhaltigkeit und Vermeidung signifikanter Umweltschäden, GewArch 2023, S. 178 ff.

Koch, Hans-Joachim/Mielke, Christin: Globalisierung des Umweltrechts, ZUR 2009, S. 403 ff.

Koch, Jens: Aktiengesetz, Kommentar, 19. Aufl. 2025, München (zitiert: *Koch*, AktG).

Koch, Jens: Der Kapitalanleger als Corporate Governance-Akteur im Rahmen der neuen §§ 134a ff. AktG, BKR 2020, S. 1 ff.

Koch, Peter: Geschichte der Versicherungswirtschaft in Deutschland, 2012, Karlsruhe.

Kockrow, Madeleine/Zypries, Brigitte: Unternehmerische und staatliche Nachhaltigkeit, Politische Handlungsfelder, ZRP 2021, S. 13 ff.

Kolbe, Frederike: Freiheitsschutz vor staatlicher Gesundheitssteuerung, Grundrechtliche Grenzen paternalistischen Staatshandelns, 2017, Baden-Baden.

Köndgen, Johannes: Sustainable Finance: Wirtschaftsethik – Ökonomie – Regulierung, in: Boele-Woelki, Katharina/Faust, Florian/Jacobs, Matthias/Kuntz, Thilo/Röthel, Anne/Thorn, Karsten/Weitemeyer, Birgit (Hrsg.), Festschrift für Karsten Schmidt zum 80. Geburtstag, Band I, 2019, München, S. 671 ff.

Kraft, Mirko: Nachhaltigkeitsrisiken in Versicherungsunternehmen. Regulatorische Entwicklungen, Szenarioanalyen und Stress-Tests, ZVersWiss 111 (2022), S. 89 ff.

Krakuhn, Joachim/Stiefel, Kristina/Gilles, Elena: Die nachhaltige Finanzwirtschaft: Ausgewählte Reportingpflichten auf der Internetseite von Kreditinstituten und Versicherungsunternehmen nach der Offenlegungsverordnung und dem finalen Entwurf des technischen Regulierungsstandards, IRZ 2021, S. 133 ff.

Krakuhn, Joachim/Stöwahse, Janka/Gilles, Elena/Cikanek, Sebastian Johannes: Erstanwendung der EU-Taxonomie in der Finanzbranche, Teil 1: Die Untersuchung der Kennzahlen von Versicherungen zeigt einen geringen Anteil taxonomiefähiger Vermögenswerte und unterschiedliche Auslegungen in der Berichterstattung, IRZ 2022, S. 267 ff.

Kraus, Heinz: Versicherungsaufsichtsrecht, Eine Studie zum deutschen und zum österreichischen Recht, 1971, Wien.

Krimphove, Dieter: Rechtsethologie, Die Ableitung des Rechts aus der Entwicklungsgeschichte des Menschen, 2021, Berlin.
Krimphove, Dieter: Das BaFin-Rundschreiben „Aufsichtsrechtliche Mindestanforderungen an die Geschäftsorganisation von Versicherungsunternehmen“ (MaGo), VersR 2017, S. 326 ff.
Krimphove, Dieter: Nudging als Mittel der ergänzenden Verhaltenssteuerung im Rechtssystem?, RT 48 (2017), S. 299 ff.
Kronenberger, Nadja Sylvia: Nudging als Steuerungsinstrument des Rechts, 2019, Saarbrücken.
Kropf, Christian: Die EU Corporate Sustainability Due Diligence Directive im Finanzsektor, Was lange währt, wird endlich gut?, BKR 2024, S. 545 ff.
Kropf, Christian: Aktuelle vertragsrechtliche und regulatorische Entwicklungen zu Grünen und Nachhaltigen Kreditfinanzierungen, WM 2022, S. 162 ff.
Kropf, Christian: Grüne und Nachhaltige Kreditfinanzierungen, – eine Übersicht zum Stand der vertragsrechtlichen und regulatorischen Entwicklungen –, WM 2020, S. 1102 ff.
Kruse, Johannes/Maturana, Simón: Nudging COVID-19: Die sanfte Alternative zum infektionsrechtlichen Zwang, NVwZ 2021, S. 1669 ff.
Kumpan, Christoph: Anforderungen an nachhaltige Finanzprodukte, ZHR 187 (2023), S. 278 ff.
Kumpan, Christoph/Misterek, Robin: Nachhaltigkeitsrisiken für Kreditinstitute, ZBB 2023, S. 1 ff.
Kümpel, Siegfried/Mülbert, Peter O./Früh, Andreas/Seyfried, Thorsten (Hrsg.): Bankrecht und Kapitalmarktrecht, Kommentar, 7. Aufl. 2025, Köln (zitiert: *Freis-Janik*, in: Kümpel/Mülbert/Früh/Seyfried, Bank-/KapMarktR).
Kunkel, Bastian: „Viele der neueren Bestimmungen und Vorschriften sind oft einfach komplett irrelevant für die praktische Beratung“, VW 5/2023, S. 8 f.
Kuntz, Thilo: ESG und Unternehmenssanierung in der Insolvenz, ZIP 2023, S. 1336 ff.
Laars, Reinhard: NomosBundesrecht, Erläuterungen, Finanzdienstleistungsaufsichtsgesetz, 4. Online-Aufl. 2017, Baden-Baden (zitiert: *Laars*, Nomos-BR FinDAG).
Lachmann, Maximilian/Hößl, Theresa: Environmental Social Governance - Ein arbeitsrechtliches Maßnahmenpaket, DB 2023, S. 1734 ff.
Lackner, Karl/Kühl, Kristian/Heger, Martin: Strafgesetzbuch, Kommentar, 30. Aufl. 2023, München (zitiert: *Heger*, in: Lackner/Kühl/Heger, StGB).

Lanfermann, Georg: Auswirkungen der EU-Taxonomie-Verordnung auf die Unternehmensberichterstattung, BB 2020, S. 1643 ff.
Lanfermann, Georg/Baumüller, Josef: Die Endfassung der Corporate Sustainability Reporting Directive (CSRD), – Darstellung und Würdigung der neuen Anforderungen an die Nachhaltigkeitsberichterstattung europäischer Unternehmen –, DB 2022, S. 2745 ff.
Lanfermann, Georg/Kutter, Denny/Liepe, Marco: Nachhaltigkeitsberichterstattung - Status quo und zukünftige Handlungsfelder, BB 2024, S. 878 ff.
Lange, Markus: Sustainable Finance: Nachhaltigkeit durch Regulierung? (Teil 1), Hintergründe und Entwicklungen, BKR 2020, S. 216 ff.
Lange, Markus: Sustainable Finance: Nachhaltigkeit durch Regulierung? (Teil 2), Themenfelder und Regelungsansätze, BKR 2020, S. 261 ff.
Langheid, Theo: Der europäische *Green Deal* – Sprache, Methode, Wirkung, in: Fortmann, Michael/Maier, Karl (Hrsg.), Versicherungsrecht, Vergangenheit und Zukunft, Festschrift für Peter Schimikowski zum 70. Geburtstag, 2023, München, S. 189 ff.
Langheid, Theo/Wandt, Manfred (Hrsg.): Münchener Kommentar zum Versicherungsvertragsgesetz, Band 1 §§ 1–99, VVG-InfoV, 3. Aufl. 2022, München (zitiert: *Armbrüster*, in: Langheid/Wandt, MüKo VVG, Bd. 1).
Langheid, Theo/Wandt, Manfred (Hrsg.): Münchener Kommentar zum Versicherungsvertragsgesetz, Band 3 Nebengesetze, Systematische Darstellungen I, 3. Aufl. 2024, München (zitiert: *Bearbeiter*, in: Langheid/Wandt, MüKo VVG, Bd. 3).
Latzel, Clemens: Verhaltenssteuerung, Recht und Privatautonomie, 2020, Berlin.
Lecina, Karolina: Synergien und Zielkonflikte in der Agenda 2030 im Konflikt des nachhaltigen Konsums – eine systemische Perspektive, in: Herlyn, Estelle/Lévy-Tödter, Magdalène (Hrsg.), Die Agenda 2030 als Magisches Vieleck der Nachhaltigkeit, Systemische Perspektiven, 2020, Wiesbaden, Heidelberg, S. 283 ff.
Lehecka, Georg: Regulatorische Perspektiven zur Berücksichtigung von Nachhaltigkeitsrisiken, NR 2021, S. 322 ff.
Leitner, Werner/Rosenau, Henning (Hrsg.): Wirtschafts- und Steuerstrafrecht, Kommentar, 2. Aufl. 2022, Baden-Baden (zitiert: *Krause*, in: Leitner/Rosenau, NK-WSS).
Lelley, Jan Tibor/Hahn, Cara: Betriebsverfassung Going Green, – Wird ESG zum Spielball der Mitbestimmung? –, DB 2024, S. 592 ff.

Lenaerts, Koen: Die EU-Grundrechtecharta: Anwendbarkeit und Auslegung, EuR 2021, S. 3 ff.
Liebscher, Marc: Katar – De-Risking für deutsche Unternehmen, BKR 2023, S. 786 f.
Lieder, Jan/Döhrn, Lennard: Auswirkungen der ESG-Richtlinien auf die Tätigkeit des Aufsichtsrats, AG 2023, S. 722 ff.
Loewenstein, George/Bryce, Cindy/Hagmann, David/Rajpal, Sachin: Warning: You are about to be nudged, Beh. Sci. Policy 1 (2015), S. 39 ff.
Looschelders, Dirk/Pohlmann, Petra (Hrsg.): Versicherungsvertragsgesetz mit Nebengesetzen und systematischen Erläuterungen, Kommentar, 4. Aufl. 2023, Köln (zitiert: *Schröder*, in: Looschelders/Pohlmann, VVG).
Lorenz, Luisa: Die „ePA für alle“ zwischen Gesundheits- und Datenschutz (Teil 1), – Das für die elektronische Patientenakte angekündigte opt-out-Modell auf dem verfassungs- und EU-datenschutzrechtlichen Prüfstand –, GuP 2023, S. 132 ff.
Lorenzen, Jacqueline: Nachhaltige Kernenergie? – Eine rechtliche Einordnung der Kommissionsinitiative zu „grünen“ Investitionen in Kernkraft, ESG 2022, S. 12 ff.
Lösler, Thomas: Die Mindestanforderungen an Compliance und die weiteren Verhaltens-, Organisations-, und Transparenzpflichten nach §§ 31 ff. WpHG (MaComp), WM 2010, S. 1917 ff.
Louven, Christoph: Nachhaltigkeitsberichterstattung von (Rück-) Versicherungsunternehmen, in: Looschelders, Dirk/Michael, Lothar (Hrsg.), Düsseldorfer Vorträge zum Versicherungsrecht 2022, Provisionsrichtwerte der BaFin, Sondervergütungs- und Provisionsabgabeverbote, ESG, (Cyber-)Kriegsrisiko, Bundesgerichtshof, 2023, Karlsruhe, S. 35 ff.
Louven, Christoph: ESG: Der Umgang mit Chancen und Risiken beim Unternehmenskauf, BB 2022, S. 2178 ff.
Lüdeking, Matthias/Samari, Sima: Subsumtion ohne Definition, ZfPW 2022, S. 425 ff.
Lüders, Gerrit/Wandt, Manfred: Zwischen nachhaltigkeitsbezogener Offenlegung und Produktkategorisierung im Finanzdienstleistungsbereich, Überlegungen zur Konsultation der EU-Offenlegung-VO (Sustainable Finance Disclosures Regulation, SFDR), VersR 2024, S. 757 ff.
Lutz-Bachmann, Sebastian/Vorbeck, Kristin/Wengenroth, Lenard: Menschenrechte und Umweltschutz in Lieferketten - der Regierungsentwurf eines Sorgfaltspflichtengesetzes, BB 2021, S. 906 ff.

Mahr, Werner: Einführung in die Versicherungswirtschaft, Allgemeine Versicherungslehre, 3. Aufl. 1970, Berlin.

Marauhn, Thilo: Die Erhaltung der biologischen Vielfalt und die nachhaltige Nutzung ihrer Bestandteile, Rechtsinstitute der Nachhaltigkeit auf der Grundlage des UN-Übereinkommens über die biologische Vielfalt, in: Lange, Klaus (Hrsg.), Nachhaltigkeit im Recht, Eine Annäherung, 1. Aufl. 2003, Baden-Baden, S. 87 ff.

Mathis, Klaus: Nachhaltige Entwicklung und Generationengerechtigkeit, Eine interdisziplinäre Studie aus rechtlicher, ökonomischer und philosophischer Sicht, 2017, Tübingen.

Matusche-Beckmann, Annemarie: Das Versicherungsvertriebsrecht nach Umsetzung der IDD-Richtlinie, ZVertriebsR 2018, S. 285 ff.

Maurer, Hartmut/Waldhoff, Christian: Allgemeines Verwaltungsrecht, 21. Aufl. 2024, München (zitiert: *Maurer/Waldhoff*, Allg. VerwR).

Mayer, Katja: Nachhaltigkeit: 125 Fragen und Antworten, Wegweiser für die Wirtschaft der Zukunft, 2. Aufl. 2020, Wiesbaden.

McColgan, Peter: Reformvorschläge zur Organspende – Die Widerspruchslösung auf dem Prüfstand, JZ 2018, S. 1138 ff.

Meadows, Donella/Meadows, Dennis L./Randers, Jorgen/Behrens, William W. III: Die Grenzen des Wachstums, Bericht des Club of Rome zur Lage der Menschheit, 1972, Stuttgart.

Merbeth, Wiebke/Schleipfer, Alexander/Wellerdt, Alexander: Omnibus-Legislativvorschlag der Kommission zur Deregulierung der Berichtspflichten, - Quo vadis? Die Deregulierung von Transitionsplänen ist noch unvollständig -, WM 2025, S. 957 ff.

Meyer, Jürgen/Hölscheidt, Sven (Hrsg.): Charta der Grundrechte der Europäischen Union, 6. Aufl. 2024, Baden-Baden, Bern, Wien (zitiert: *Bearbeiter*, in: Meyer/Hölscheidt, NK-GRC).

Meyer, Stephan: Die Verfassungswidrigkeit symbolischer und ungeeigneter Gesetze, Die Normenwahrheit – ein neuer Verfassungsrechtsbegriff und dessen Folgen für ein altes Problem, Der Staat 48 (2009), S. 278 ff.

Meyer-Ladewig, Jens/Nettesheim, Martin/Raumer, Stefan von (Hrsg.): Europäische Menschenrechtskonvention, Handkommentar, 5. Aufl. 2023, Baden-Baden, Wien, Basel (zitiert: *Nettesheim*, in: Meyer-Ladewig/Nettesheim/v. Raumer, HK-EMRK).

Michael, Lothar: Rechts- und Außenwirkungen sowie richterliche Kontrolle der MaRisk VA, VersR 2010, S. 141 ff.

Michaels, Bernd: Staatsaufsicht über Versicherungsunternehmen und Kreditinstitute, Vergleichende juristische Überlegungen, 1967, München (zitiert: *Michaels*, Staatsaufsicht).

Michelsen, Gerd/Adomßent, Maik: Nachhaltige Entwicklung: Hintergründe und Zusammenhänge, in: Heinrichs, Harald/Michelsen, Gerd (Hrsg.), Nachhaltigkeitswissenschaften, 2014, Berlin, Heidelberg, S. 3 ff.

Mittwoch, Anne-Christin: Der Brüsseler Omnibus rollt. Freie Fahrt für eine unbürokratische ESG-Transformation der Wirtschaft?, GPR 2025, S. 120 ff.

Mittwoch, Anne-Christin: Die Europäische Taxonomieverordnung als Motor für ein nachhaltiges Finanzsystem?, BKR 2024, S. 305 ff.

Mittwoch, Anne-Christin: Die Neugestaltung des Anwendungsbereichs des LkSG durch Umsetzung der CSDDD, NJW 2024, S. 2353 ff.

Mittwoch, Anne-Christin: Digitalisierung und Nachhaltigkeit – Praktische Konvergenzen zweier Leitdiskurse im Unternehmensrecht, JZ 2023, S. 376 ff.

Mittwoch, Anne-Christin: Nachhaltigkeit und Unternehmensrecht, 2022, Tübingen.

Mittwoch, Anne-Christin/Wetenkamp, Leah/Bleier, Annika: Unternehmerische Nachhaltigkeit und ESG, NJW 2022, S. 3601 ff.

Mohr, Jochen: Die Auswirkungen des arbeitsrechtlichen Verbots von Altersdiskriminierungen auf Gesellschaftsorgane, ZHR 178 (2014), S. 326 ff.

Möllers, Christoph: Zur Verfassungsmäßigkeit von § 4 Abs. 1a Finanzdienstleistungsaufsichtsgesetz, insbesondere zum Erlass von zivilrechtsakzessorischen Allgemeinverfügungen, DÖV 2022, S. 314 ff.

Möllers, Thomas M. J.: Green Deal: Greenwashing, Information Overload und der vergessene Good Corporate Citizen als Investor, ZHR 185 (2021), S. 881 ff.

Möslein, Florian/Mittwoch, Anne-Christin: Der Europäische Aktionsplan zur Finanzierung nachhaltigen Wachstums, WM 2019, S. 481 ff.

Müller, Helmut/Golz, Joachim-Friedrich/Washausen-Richter, Elke/Trommeshauser, Michael (Hrsg.): 100 Jahre materielle Versicherungsaufsicht in Deutschland, 1901 – 2001, Band I, 2011, Bonn (zitiert: *Bearbeiter*, in: Müller/Golz/Washausen-Richter/Trommeshauser, 100 Jahre materielle Versicherungsaufsicht, Bd. I).

Müller, Stefan/Otter, Nadine/Hartau, Jan: Carbon Accounting: Plädoyer für eine standardisierte THG-Buchhaltung und -Rechnung, BB 2021, S. 2411 ff.

Müller-Reichart, Matthias: Der steile Weg zur profitablen Nachhaltigkeit, VW 8/2022, S. 84 ff.

Nagel, Stefanie/Lorenz, Lennart/El-Qalqili, Joel: Nachhaltige Investitionen im System der Offenlegungs-VO und Taxonomie-VO, Zur aufsichtsrechtlichen Einordnung von Impact-Fonds, BKR 2022, S. 360 ff.

Needham, Sean/Schildhauer, Björn/Müller, Stefan: Nachhaltige Vorstandsvergütung?, – Empirische Erkenntnisse aus der temporalen Analyse der Relevanz von ESG-Leistungsindikatoren in den Vergütungssystemen der DAX30-Konzerne –, DK 2021, S. 155 ff.

Needham, Sean/Warnke, Lina/Müller, Stefan: Grünes Licht für die *Corporate Sustainability Reporting Directive* (CSRD): Ein Überblick über die finalisierten Regelungen zur Nachhaltigkeitsberichterstattung, IRZ 2023, S. 41 ff.

Nemat, André T./Panzer-Heemeier, Andrea/Meckenstock, Cordula: ESG 2.0 – Digitale Ethik als neue Dimension der Nachhaltigkeit, ESG 2022, S. 104 ff.

Nettesheim, Martin: CSRD und Nachhaltigkeitsberichtsstandards: Bewertung und Kritik der EFRAG-Entwürfe, ZfA 2023, S. 166 ff.

Neus, Werner: Ziele der Bankenregulierung – Ist mehr besser?, ZBB 2023, S. 233 ff.

Nietsch, Michael: Lieferkettensorgfalt aus Bankensicht, Auf dem Weg in die ultimative Gatekeeper-Verantwortung?, ZBB 2023, S. 264 ff.

Nietsch, Michael: Nachhaltigkeit als Aufgabe von Compliance? – Grundsatzüberlegungen zur organisatorischen Zuweisung im Unternehmen, CCZ 2023, S. 61 ff.

Nietsch, Michael: Internationale Nachhaltigkeits-Governance, KlimaRZ 2022, S. 22 ff.

Nietsch, Michael: Von der nichtfinanziellen Berichterstattung zur Nachhaltigkeitsberichterstattung - Eine Momentaufnahme zum Vorschlag der Corporate Sustainability Reporting Directive, ZIP 2022, S. 449 ff.

Nietsch, Michael (Hrsg.): Corporate Social Responsibility Compliance, Handbuch, 2021, München (zitiert: *Bearbeiter*, in: Nietsch, CSR Compliance).

Nietsch, Michael/Wiedmann, Michael: Adressatenkreis und sachlicher Anwendungsbereich des neuen Lieferkettensorgfaltspflichtengesetz, NJW 2022, S. 1 ff.

Nietsch, Michael/Wiedmann, Michael: Der Regierungsentwurf eines Gesetzes über die unternehmerischen Sorgfaltspflichten in der Lieferkette, CCZ 2021, S. 101 ff.

Oehmke, Martin/Opp, Marcus M.: Green Capital Requirements, Swedish House of Finance Research Paper No. 22–16, S. 1 ff. (abrufbar unter:

https://papers.ssrn.com/sol3/papers.cfm?abstract_id=4040098; letzter Zugriff: 20.9.2025).
O'Hara, Laurence: Grundrechtsschutz vor psychisch vermittelter Steuerung, Beschränkte Autonomie und verhaltenswissenschaftliche Annahmen in der Grundrechtsdogmatik, AöR 145 (2020), S. 133 ff.
Panzer-Heemeier, Andrea/Nemat, André T.: Digitale Ehtik – Eine neue Chance für ESG-Compliance, CCZ 2022, S. 223 ff.
Pechstein, Matthias/Nowak, Carsten/Häde, Ulrich (Hrsg.): Frankfurter Kommentar zu EUV, GRC und AEUV, Band 1 EUV und GRC, 2. Aufl. 2023, Tübingen (zitiert: *Bearbeiter*, in: Pechstein/Nowak/Häde, FrankfurterKomm EUV/GRC/AEUV, Bd. 1).
Peers, Steve/Hervey, Tamara/Kenner, Jeff/Ward, Angela (Hrsg.): The EU Charter of Fundamental Rights, A Commentary, 2. Aufl. 2021, München, Baden-Baden, Oxford (zitiert: *Wollenschläger*, in: Peers/Hervey/Kenner/Ward, Fundamental Rights).
Pickartz, Udo: ESG-Risiken und das Versicherungsrecht, Welche Risiken durch ESG und Klimawandel gibt es aus Sicht der Versicherer?, ESGZ 2/2022, S. 33 ff.
Pieper, Konstantin/Kaiser, Christian/Kambawi, Sarah Jane: Die Eigenmittelunterlegung von Infrastrukturinvestitionen nach Art. 501a CRR II, ZfgK 2021, S. 672 ff.
Pitschas, Rainer: Grenzen der Bindungswirkung von Verlautbarungen des Bundesamtes für das Kreditwesen, – Zur Auslegung des § 18 KWG –, WM 2000, S. 1221 ff.
Podszun, Rupprecht/Rohner, Tristan: Nachhaltigkeit im Recht, Transformation des Wirtschaftsrechts, NJW 2024, S. 3017 ff.
Poelzig, Dörte: Durchsetzung von Verbraucherrechten durch Zivilgerichte und die BaFin, Entwicklungen und Herausforderungen eines zivil- und aufsichtsrechtlichen Verbraucherschutzes, BKR 2021, S. 589 ff.
Pohl, Elke: Atomkraft - Ja, bitte, VW 12/2022, S. 76 ff.
Pohl, Elke: Lauter Bäume und noch mehr Wald, VW 1/2021, S. 56 ff.
Pohlmann, Petra: Perspektiven der Legalitätsaufsicht, Zugleich Besprechung des Urteils des VGH Kassel v. 30.4.2020 - 6 A 2158/18, VersR 2020, 819, VersR 2021, S. 401 ff.
Pohlmann, Petra/Vossen, Gottfried/Everding, Jan/Scheiper, Johanna: Künstliche Intelligenz, Bias und Versicherungen – Eine technische und rechtliche Analyse, ZVersWiss 111 (2022), S. 135 ff.
Polzin, Monika: Reichweite und Grenzen der völkerrechtskonformen Interpretation des Grundgesetzes, ZaöRV 2023, S. 741 ff.

Präve, Peter: Fortschritt oder Fehlentwicklung im europäischen Versicherungsrecht?, VersR 2023, S. 1075 ff.

Präve, Peter: Aufbruch in die Zwanzigerjahre und neue rechtliche Rahmenbedingungen für die Privatversicherung, VersR 2022, S. 337 ff.

Präve, Peter: Die Informationspflichten der Versicherer zur Nachhaltigkeit, in: Gesamtverband der Deutschen Versicherungswirtschaft e.V. (Hrsg.), Verlässlichkeit, Verantwortung, Vertrauen, Festschrift für Jörg Freiherr Frank von Fürstenwerth, 2020, Karlsruhe, S. 243 ff.

Prölss, Erich R. (Begr.)/Martin, Anton: Versicherungsvertragsgesetz, mit Nebengesetzen, europäischem Recht, Vertriebsrecht und Allgemeinen Versicherungsbedingungen, Kommentar, 32. Aufl. 2024, München (zitiert: *Rudy*, in: Prölss/Martin, VVG).

Pufé, Iris: Nachhaltigkeit, 3. Aufl. 2017, Konstanz, München.

Puppe, Ingeborg: Kleine Schule des juristischen Denkens, 5. Aufl. 2023, Göttingen.

Purnhagen, Kai/Reisch, Lucia: “Nudging Germany”? Herausforderungen für eine verhaltensbasierte Regulierung in Deutschland, ZEuP 2016, S. 629 ff.

Reich, Sandra: BaFin-Konsultation: Merkblatt zum Umgang mit Nachhaltigkeitsrisiken, AG 2019, R308 f.

Reiff, Peter: Das Versicherungsvertriebsrecht nach Inkrafttreten des Gesetzes zur Umsetzung der Versicherungsvertriebsrichtlinie, VersR 2018, S. 193 ff.

Reiner, Michael: Pensions- und Vorsorgekassen als Anbieter des paneuropäischen privaten Pensionsprodukts PEPP?, in: Köck, Stefan/ Niksova, Diana/Risak, Martin/Wolf, Christoph (Hrsg.), Liber Amicorum Wolfgang Mazal zum 60. Geburtstag, 2019, Wien, S. 123 ff.

Rengeling, Hans-Werner/Szczekalla, Peter: Grundrechte in der Europäischen Union, Charta der Grundrechte und Allgemeine Rechtsgrundsätze, 1. Aufl. 2004, Köln, Berlin, München (zitiert: *Rengeling/Szczekalla*, EU-Grundrechte).

Renner, Moritz: Menschenrechts- und umweltbezogene Unternehmensverantwortung zwischen Kapitalmarkt und Lieferkette, ZEuP 2022, S. 782 ff.

Reuter, Alexander: Pflichtenmehrung durch ESG - Die neuen Vorgaben der EU als multiple, verbundene und haftungsträchtige Eingriffe, ZIP 2023, S. 1572 ff.

Riesenhuber, Karl (Hrsg.): Europäische Methodenlehre, 4. Aufl. 2021, Berlin, Boston (zitiert: *Köndgen/Mörsdorf*, in: Riesenhuber, EurMethodenlehre-HdB).

Röh, Lars/Scherber, Nina: Nachhaltige Finanzinstrumente – ein neuer Produkttyp für den europäischen Finanzmarkt, RdF 2020, S. 250 ff.

Rohatschek, Roman/Schönhart, Claudia/Sigl, Ulf: Nachhaltigkeitsberichterstattung – *Roadmap* durch die Regularien für Nicht-Finanzunternehmen, Rechtsakte und deren Anwendungsbereiche, IRZ 2022, S. 183 ff.

Rothenburg, Vera/Moench, Laura: Führungspositionen-Richtlinie: Strengere Vorgaben für deutsche börsennotierte Unternehmen?, AG 2023, S. 217 ff.

Rott, Peter: Thesen zur Durchsetzung des Verbraucherschutzrechts durch die BaFin, WM 2019, S. 1189 ff.

Röttgen, Norbert/Kluge, Hans-Georg: Nachhaltigkeit bei Vorstandsvergütungen, NJW 2013, S. 900 ff.

Rudkowski, Lena: Abnehmender Organisationsgrad der Arbeitnehmer als Herausforderung für den Gesetzgeber – oder die Gewerkschaften?, NZA 2021, S. 315 ff.

Rudkowski, Lena: Arbeitsbedingungen in den globalen Lieferketten – Verantwortung deutscher Unternehmen de lege lata und de lege ferenda, RdA 2020, S. 232 ff.

Rudkowski, Lena: Transparenzpflichten zur Kontrolle von Finanzdienstleistungsunternehmen, Unter besonderer Berücksichtigung des Schutzes von Geschäftsgeheimnissen, 2016, Tübingen.

Rudkowski, Lena/Chrzan, Sandra/Pott, Christiane: Offenlegungspflichten gegenüber VN als Instrument der Förderung grüner Investitionen, VersR 2022, S. 601 ff.

Ruffert, Matthias (Hrsg.): Enzyklopädie Europarecht, Band 5 Europäisches Sektorales Wirtschaftsrecht, 2. Aufl. 2020, Baden-Baden, Zürich, St. Gallen, Wien (zitiert: *Looschelders/Michael*, in: Ruffert, EnzEuR, Bd. 5).

Ruland, Yorick/Bürger, Christian/Weber, Lars/Kroth, Lea: Environment, Social, Governance – ESG-bezogene Haftungsrisiken, Sustainable Finance, Greenwashing und Corporate Social Governance, Newsdienst Compliance 2022, 220027.

Rüsing, Christian: Handeln im bestmöglichen Interesse des VN - Zur Konkretisierung des § 1a Abs. 1 S. 1 VVG im Privat-, Aufsichts- und Strafrecht, VersR 2023, S. 345 ff.

Rüthers, Bernd/Fischer, Christian/Birk, Axel: Rechtstheorie, und Juristische Methodenlehre, 12. Aufl. 2022, München.

Ruttloff, Marc/Bingel, Adrian/Bühler, Timo: Rechtliche Fallstricke für Unternehmen im Zusammenhang mit Greenwashing – Teil I, BB 2023, S. 1155 ff.

Ruttloff, Marc/Burchert, Tobias: Die Omnibus-Initiative der EU-Kommission zur Vereinfachung von Nachhaltigkeitsvorgaben: Erleichterungen und Herausforderungen, BB 2025, S. 972 ff.

Ruttloff, Marc/Wagner, Eric/Hahn, Matthias: Spielräume bei der stufenweisen Umsetzung der EU-Lieferketten-RL, NJW 2024, S. 3401 ff.

Sachs, Michael (Begr.): Grundgesetz, Kommentar, 10. Aufl. 2024, München (zitiert: *Bearbeiter*, in: Sachs, GG).

Sasserath-Alberti, Natascha/Hartig, Helge: EIOPA-Verordnung: Rechtliche Herausforderungen für die Praxis, VersR 2012, S. 524 ff.

Sauga, Michael: Chlorhuhn mit Hörnern, DER SPIEGEL 48/2023, S. 72 f.

Schaefer, Rupert: Grüne Kredite sind nicht per se risikoärmer, Die Sustainable-Finance-Strategie der BaFin, ESGZ 11–12/2023, S. 55 f.

Schäfer, Henry: Fünf Jahre EU-Aktionsplan „Nachhaltige Finanzierung" – ein wirtschaftspolitisches Experiment läuft aus dem Ruder, ESGZ 1/2024, S. 46 ff.

Schaffner, Petra/Kürten, Carola: Nachhaltigkeit – Ein Thema von rasant wachsender Bedeutung, auch für den Profifußball, SpoPrax 2022, S. 433 ff.

Schellhas, Christoph/Rotärmel, Olga: Sein wie Greta, VW 7/2019, S. 84 ff.

Schirmer, Jan-Erik: Nachhaltigkeit in den Privatrechten Europas, ZEuP 2021, S. 35 ff.

Schlachter, Monika/Heuschmid, Johannes/Ulber, Daniel (Hrsg.): Arbeitsvölkerrecht, 2019, Tübingen (zitiert: *Zimmer*, in: Schlachter/Heuschmid/Ulber, ArbeitsvölkerR).

Schlegel, Lukas: „ESG", „nachhaltig" und Co., - Verschärfte Regelungen für die Verwendung von nachhaltigkeitsbezogenen Begriffen und Umweltschutzbegriffen im Finanzsektor -, WM 2025, S. 738 ff.

Schmid, Christian/Späth, Cajetan: Die weniger personalisierte Alternative nach Art. 5 Abs. 2 DMA – ein europäischer Sonderweg?, NZKart 2022, S. 568 ff.

Schmidt, Jessica: Die EU-Lieferketten-Richtlinie (CSDDD), Meilenstein oder bürokratische Hydra?, NZG 2024, S. 859 ff.

Schmidt, Jessica: „Patchwork-Kompromiss" zur EU-Lieferketten-RL (CSDDD), NZG 2024, S. 417.

Schmidt-Bleibtreu, Bruno/Klein, Franz/Bethge, Herbert: Bundesverfassungsgerichtsgesetz, Kommentar, Band II, Werkstand: 64. Ergänzungslieferung August 2024, München (zitiert: *Bethge*, in: Schmidt-Bleibtreu/Klein/Bethge, BVerfGG, Bd. II).

Schmidt-Preuß, Matthias: Der Wandel der Energiewirtschaft vor dem Hintergrund der europäischen Eigentumsordnung, EuR 2006, S. 463 ff.

Schmitz, Thomas: Die EU-Grundrechtecharta aus grundrechtsdogmatischer und grundrechtstheoretischer Sicht, JZ 2001, S. 833 ff.

Schnellenbach, Jan: Unvollständige Rationalität ist keine hinreichende Begründung für paternalistisches Eingreifen, WD 2014, S. 778 ff.

Schnitger, Arne/Kockrow, Madeleine: ESG & Tax – ein nicht abschließender Überblick zu den bestehenden Schnittstellen, BB 2024, S. 1111 ff.

Scholz, Rupert: Verfassungsrechtliche Strukturfragen der Versicherungsaufsicht, ZVersWiss 73 (1984), S. 1 ff.

Scholz, Rupert: Wirtschaftsaufsicht und subjektiver Konkurrentenschutz, Insbesondere dargestellt am Beispiel der Kartellaufsicht, 1971, Berlin.

Schön, Wolfgang: „Nachhaltigkeit“ in der Unternehmensberichterstattung, ZfPW 2022, S. 207 ff.

Schröder, Jan: Die Fortentwicklung aufsichtsrechtlicher Maßstäbe bei Transaktionen durch die Aufsichtsbehörde – Gestaltungsspielräume und Grenzen, in: Gesamtverband der Deutschen Versicherungswirtschaft e.V. (Hrsg.), Verlässlichkeit, Verantwortung, Vertrauen, Festschrift für Jörg Freiherr Frank von Fürstenwerth, 2020, Karlsruhe, S. 349 ff.

Schubert, René: Soziale Verantwortlichkeit und Nachhaltigkeit im Bankensektor, eine globale Betrachtung in Abhängigkeit von der Institutsgruppen-Zugehörigkeit und dem UN „Human Development Index“ (HDI), 2017, München.

Schulenburg, J.-Matthias Graf von der: Eine Notiz zum Thema „Nachhaltigkeit als Kernelement der Versicherungswirtschaft“, ZVersWiss 100 (2011), S. 611 ff.

Schultes, Patrick: Information und Kennzeichnung im europäischen Lebensmittelrecht, – Eine Kontextualisierung –, LMuR 2022, S. 279 ff.

Schulze, Reiner/Janssen, André/Kadelbach, Stefan (Hrsg.): Europarecht, Handbuch für die deutsche Rechtspraxis, 4. Aufl. 2020, Baden-Baden (zitiert: *Kadelbach*, in: Schulze/Janssen/Kadelbach, EuropaR-HdB).

Schwarze, Jürgen/Becker, Ulrich/Hatje, Armin/Schoo, Johann (Hrsg.): EU-Kommentar, 4. Aufl. 2019, Baden-Baden, Wien, Basel (zitiert: *Bearbeiter*, in: Schwarze/Becker/Hatje/Schoo, EU-Kommentar).

Schweizer, Mark: Nudging and the Principle of Proportionality, Obliged to Nudge?, in: Mathis, Klaus/Tor, Avishalom (Hrsg.), Nudging - Possibilities, Limitations and Applications in European Law and Economics, 2016, Basel, S. 93 ff.

Schwintowski, Hans-Peter: Nachhaltigkeitsbezogene Offenlegungspflichten für Versicherer und Vermittler, ZfV 2021, S. 419 ff.

Schwintowski, Hans-Peter: Prinzip der Nachhaltigkeit als Steuerungsprinzip im Energierecht, EWeRK 2020, S. 122 ff.

Seckelmann, Margrit/Lamping, Wolfram: Verhaltensökonomischer Experimentalismus im Politik-Labor, – Rechtliche Rahmenbedingungen und Folgerungen für die Evaluationsforschung –, DÖV 2016, S. 189 ff.

Sedlak, Benedikt: Bankenaufsicht über Geschäftsorganisation, 2014, Baden-Baden.

Ségur-Cabanac, Eva-Maria/Wippel, Robert: Transparenz als Schlüssel zu nachhaltigem Investieren, NR 2021, S. 314 ff.

Sehrbrock, David/Gal, Jens: Solvency II - Europäischer Rechtsrahmen einer neuen Versicherungsaufsicht, CFL 2012, S. 140 ff.

Seibt, Christoph H.: Pflichten der Geschäftsleitung zur Geopolitik, Strategieentwicklung, Risikomanagement, Geschäftsführungsmaßnahmen sowie Berichterstattung von China-Geschäftsrisiken, AG 2022, S. 833 ff.

Seibt, Christoph H.: CSR-Richtlinie-Umsetzungsgesetz: Berichterstattung über nichtfinanzielle Aspekte der Geschäftstätigkeit, – Neues Element des Corporate Reputation Management –, DB 2016, S. 2707 ff.

Seibt, Christoph H./Buck-Heeb, Petra/Harnos, Rafael (Hrsg.): Beck'scher Online-Kommentar Wertpapierhandelsrecht, 15. Edition Stand: 1.4.2025, München (zitiert: *Rennig*, in: Seibt/Buck-Heeb/Harnos, BeckOK WpHR).

Sieben, Peter: Was bedeutet Nachhaltigkeit als Rechtsbegriff?, NVwZ 2003, S. 1173 ff.

Sieg, Oliver/Haseloff, Lisa: Digitalisierung und Vorstandsverantwortung am Beispiel der VAIT, in: Gesamtverband der Deutschen Versicherungswirtschaft e.V. (Hrsg.), Verlässlichkeit, Verantwortung, Vertrauen, Festschrift für Jörg Freiherr Frank von Fürstenwerth, 2020, Karlsruhe, S. 359 ff.

Smeddinck, Ulrich: Der Nudge-Ansatz – eine Möglichkeit, wirksam zu regieren?, ZRP 2014, S. 245 f.

Smeddinck, Ulrich: Regulieren durch „Anstossen“, Nachhaltiger Konsum durch gemeinwohlverträgliche Gestaltung von Entscheidungssituationen?, DV 44 (2011), S. 375 ff.

Smeddinck, Ulrich/Bornemann, Basil: Verkehr, Mobilität, Nudging, – Zugleich zum Stand von Regulieren durch Anstoßen in Deutschland –, DÖV 2018, S. 513 ff.

Smoleńska, Agnieszka/van't Klooster, Jens: A Risky Bet: Climate Change and the EU's Microprudential Framework for Banks, J. Financ. Regul. 8 (2022), S. 51 ff.
Sodan, Helge (Hrsg.): Handbuch des Krankenversicherungsrechts, 3. Aufl. 2018, München (zitiert: *Schüffner/Franck*, in: Sodan, KrankenVersR-HdB).
Spießhofer, Birgit: Corporate Social Responsibility – „Indienstnahme" von Unternehmen für gesellschaftspolitische Aufgaben?, in: Gesellschaftsrechtliche Vereinigung (Hrsg.), Gesellschaftsrecht in der Diskussion 2016, 2017, Köln, S. 61 ff.
Spießhofer, Birgit: Unternehmerische Verantwortung, Zur Entstehung einer globalen Wirtschaftsordnung, 2017, Baden-Baden, München.
Spießhofer, Birgit: Wirtschaft und Menschenrechte – rechtliche Aspekte der Corporate Social Responsibility, NJW 2014, S. 2473 ff.
Spindler, Gerald: Der Vorschlag einer EU-Lieferketten-Richtlinie, ZIP 2022, S. 765 ff.
Spindler, Gerald: Die Einführung der Geschlechterquote auf Vorstandsebene – das FüPoG II, WM 2021, S. 817 ff.
Spindler, Gerald: Klimaschutz und Aktienrecht, Der Funktionswandel der Corporate Governance, NZG 2021, S. 993 f.
Starke, O.-Ernst: Die Entwicklungslinien der materiellen Staatsaufsicht in der ersten Hälfte des 20. Jahrhunderts, in: Rohrbeck, Walter (Hrsg.), 50 Jahre materielle Versicherungsaufsicht, Dritter Band Versicherungsaufsicht im In- und Ausland, Nachschlageregister über die Veröffentlichungen der Aufsichtsbehörde für das Versicherungswesen in den ersten 50 Jahren, 1955, Berlin, S. 11 ff.
Staudinger, Ansgar/Halm, Wolfgang E./Wendt, Domenik H. (Hrsg.): Versicherungsrecht, VVG, EGVVG, EuGVVO, PflVG, HaftPflG, VAG, Relevante AVB, Kommentar, 3. Aufl. 2023, Baden-Baden (zitiert: *Bearbeiter*, in: Staudinger/Halm/Wendt, VersR).
Stein, Ekkehart: Die Wirtschaftsaufsicht, 1967, Tübingen.
Steinbrück, Ben/Traub, Sebastian: Die EU-Lieferketten-Richtlinie (CSDDD), MDR 2024, S. 1141 ff.
Stelkens, Paul/Bonk, Heinz Joachim (Begr.)/Sachs, Michael (Hrsg.): Verwaltungsverfahrensgesetz, Kommentar, 10. Aufl. 2023, München (zitiert: *Stelkens*, in: Stelkens/Bonk/Sachs, VwVfG).
Stern, Klaus/Sachs, Michael (Hrsg.): Europäische Grundrechte-Charta, Kommentar, 2016, München (zitiert: *Bearbeiter*, in: Stern/Sachs, GRC).
Stern, Klaus/Sodan, Helge/Möstl, Markus (Hrsg.): Das Staatsrecht der Bundesrepublik Deutschland im europäischen Staatenverbund, Band I

Grundlagen und Grundbegriffe des Staatsrechts, Strukturprinzipien der Verfassung, 2. Aufl. 2022, München (zitiert: *Wolff*, in: Stern/Sodan/Möstl, StaatsR, Bd. I).
Stern, Klaus/Sodan, Helge/Möstl, Markus (Hrsg.): Das Staatsrecht der Bundesrepublik Deutschland im europäischen Staatenverbund, Band IV Die einzelnen Grundrechte, 2. Aufl. 2022, München (zitiert: *Kirchhof*, in: Stern/Sodan/Möstl, StaatsR, Bd. IV).
Steuer, Sebastian: Grüne Transparenz und nachhaltige Verwirrung – Die produktbezogenen Informationspflichten der SFDR, ZBB 2022, S. 31 ff.
Steuer, Sebastian: Rechtsdurchsetzung im „grünen" Kapitalmarkt, Die nationale Begleitgesetzgebung zur Taxonomie-VO und SFDR, BKR 2022, S. 296 ff.
Steuer, Sebastian/Tröger, Tobias H.: The Role of Disclosure in Green Finance, J. Financ. Regul. 8 (2022), S. 1 ff.
Stiftung Familienunternehmen (Hrsg.): Nachhaltigkeitsberichterstattung: Zur Unionsrechtskonformität des CSRD-Standardsetzungsverfahrens, erstellt von Martin Nettesheim, 2022, München.
Stilz, Eberhard/Veil, Rüdiger (Hrsg.): beck-online.GROSSKOMMENTAR AktG, München (zitiert: *Fleischer*, in: Stilz/Veil, BeckOGK AktG).
Stöbener de Mora, Patricia Sarah/Noll, Paul: Das Omnibus-I-Paket zur Vereinfachung der Nachhaltigkeitsberichterstattung und Sorgfaltspflichten, EuZW 2025, S. 501 ff.
Stöbener de Mora, Patricia Sarah/Noll, Paul: Noch grenzenlosere Sorgfalt?, Der Richtlinienvorschlag zu Sorgfaltspflichten von Unternehmen im Hinblick auf Nachhaltigkeit, EuZW 2023, S. 14 ff.
Stolzenberg, Hendric: ILO und EU, Zum Gebot der Berücksichtigung der Normen der Internationalen Arbeitsorganisation bei der Auslegung des Unionsrechts, 2021, Berlin.
Stolzenberg, Hendric/Labus, Clara: Die arbeitsrechtlichen Offenlegungspflichten nach den Vorschlägen der Europäischen Beratergruppe für Rechnungslegung, NZA 2023, S. 479 ff.
Stotz, Jörg: Strukturfragen, VW 1/2024, S. 38 ff.
Streinz, Rudolf (Hrsg.): EUV/AEUV, Vertrag über die Europäische Union, Vertrag über die Arbeitsweise der Europäischen Union, Charta der Grundrechte der Europäischen Union, Kommentar, 3. Aufl. 2018, München (zitiert: *Kahl*, in Streinz, EUV/AEUV).
Stumpp, Maximilian: Die EU-Taxonomie für nachhaltige Finanzprodukte – Eine belastbare Grundlage für Sustainable Finance in Europa?, ZBB 2019, S. 71 ff.

Suerbaum, Joachim: Die Schutzpflichtdimension der Gemeinschaftsgrundrechte, EuR 2003, S. 390 ff.

Sydow, Gernot/Wittreck, Fabian: Deutsches und Europäisches Verfassungsrecht I, Prinzipien, Institutionen, Verfahren, 4. Aufl. 2025, München (zitiert: *Sydow/Wittreck*, VerfassungsR I).

Thaler, Richard H./Sunstein, Cass R.: Nudge, Wie man kluge Entscheidungen anstößt, 5. Aufl. 2015, Berlin.

Thaler, Richard H./Sunstein, Cass R.: Nudge, Improving decisions about health, wealth, and happiness, 1. Aufl. 2008, New Haven (zitiert: *Thaler/Sunstein*, Nudge, 2008).

Theusinger, Ingo/Ilg, Felix: Fehlende Umsetzung der CSRD in deutsches Recht stellt Unternehmen vor große Herausforderungen, DB 2025, S. 176 ff.

Thönissen, Stefan F.: Nachhaltigkeitspflichten in der Insolvenz, NZI 2023, S. 649 ff.

Tschäpe, Philipp/Trefzger, Dominik: Die Sorgfaltspflicht des Lieferkettengesetzes – Rechtsnatur, Inhalt und Haftung, ZfBR 2023, S. 423 ff.

Ulmer-Eilfort, Constanze: Soziale Nachhaltigkeit - Risiken, Auswirkungen, Chancen, ESG 2022, S. 76 ff.

Van Aaken, Anne: Constitutional Limits to Paternalistic Nudging: A Proportionality Assessment, in: Kemmerer, Alexandra/Möllers, Christoph/Steinbeis, Maximilian/Wagner, Gerhard (Hrsg.), Choice Architecture in Democracies, Exploring the Legitimacy of Nudging, 1. Aufl. 2016, Baden-Baden, Oxford, S. 161 ff.

Van Aaken, Anne: Judge the Nudge: In Search of the Legal Limits of Paternalistic Nudging in EU, in: Alemanno, Albert/Sibony, Anne-Lise (Hrsg.), Nudge and the Law, A European Perspective, 2015, Oxford, Portland, S. 83 ff.

Veil, Rüdiger: Transparenz über nachhaltige Investments und Nachhaltigkeitsrisiken – ist die europäische Gesetzgebung zu kurz gesprungen?, in: Grundmann, Stefan/Merkt, Hanno/Mülbert, Peter O. (Hrsg.), Festschrift für Klaus J. Hopt zum 80. Geburtstag, 2020, Berlin, Boston, S. 1321 ff.

Veil, Rüdiger/Deckert, Katrin/Kämmerer, Jörn Axel/Voigt, Christian: Nachhaltige Kapitalanlagen durch Finanzmarktregulierung, Reformkonzepte im deutsch-französischen Rechtsvergleich, 2019, Tübingen.

Velte, Patrick: Nachhaltige Vergütungssysteme als Treiber der unternehmerischen Nachhaltigkeitsleistung?, Ein Beitrag zur

EU-Sustainable Corporate Governance-Debatte vor dem Hintergrund empirischer Befunde, DStR 2022, S. 440 ff.

Velte, Patrick: Sustainable Corporate Governance: Integration von Nachhaltigkeit in das Aktien- und Bilanzrecht (Teil I), DB 2021, S. 1054 ff.

Velte, Patrick/Wulf, Inge/Weber, Stefan C./Fischer, Alexander: Nachhaltigkeit und Bürokratieabbau: Vorschlag eines EU-Omnibus-Pakets zur Änderung der CSRD, CSDDD und Taxonomie-Verordnung, IRZ 2025, S. 145 ff.

Wagner, Eric/Rothenburg, Vera/Schuler, Florian: Omnibus-Überarbeitung der europäischen Nachhaltigkeitsregulierung: „Simplification" samt „Stop the Clock", - Vorschläge zur Vereinfachung der Regelungen für Nachhaltigkeit und EU-Investitionen -, DB 2025, S. 1128 ff.

Wagner, Eric/Ruttloff, Marc/Wagner, Simon (Hrsg.): Das Lieferkettensorgfaltspflichtengesetz in der Unternehmenspraxis, Handbuch, 2022, München (zitiert: *Bearbeiter*, in: Wagner/Ruttloff/Wagner, LkSG).

Walden, Daniel: Corporate Social Responsibility: Rechte, Pflichten und Haftung von Vorstand und Aufsichtsrat, NZG 2020, S. 50 ff.

Walden, Daniel: Die Bedeutung von CSR für die Unternehmensleitung, in: Walden, Daniel/Depping, André (Hrsg.), CSR und Recht, Juristische Aspekte nachhaltiger Unternehmensführung erkennen und verstehen, 2015, Berlin, Heidelberg, S. 1 ff.

Wandt, Manfred: Drängender Handlungsbedarf für das Vertragsrecht der Gruppenversicherung – Anmerkungen zum konsultierten BaFin-Rundschreiben „Hinweise zu echten Gruppenversicherungsverträgen" –, in: Gesamtverband der Deutschen Versicherungswirtschaft e.V. (Hrsg.), Verlässlichkeit, Verantwortung, Vertrauen, Festschrift für Jörg Freiherr Frank von Fürstenwerth, 2020, Karlsruhe, S. 393 ff.

Wandt, Manfred: Versicherungsrecht, 6. Aufl. 2016, München (zitiert: *Wandt*, VersR).

Wandt, Manfred/Lüders, Gerrit: Nachhaltigkeitsregulierung des Finanzbereichs im Allgemeinen und produktbezogene Offenlegungspflichten im Versicherungsbereich im Besonderen, VersR 2023, S. 809 ff.

Wandt, Manfred/Sehrbrock, David: Die Umsetzung des Verhältnismäßigkeitsgrundsatzes der Solvency-II-Richtlinie im VAG-Regierungsentwurf, - Eine kritische Würdigung der §§ 290, 291 VAG-RegE mit alternativen Regelungsvorschlägen -, VersR 2012, S. 802 ff.

Wandt, Manfred/Sehrbrock, David: Gedanken zu den Solvency II-Richtlinienzielen und ihre Bedeutung für das VAG, in: Burgard, Ulrich/Hadding, Walther/Mülbert, Peter O./Nietsch, Michael/Welter, Reinhard (Hrsg.), Festschrift für Uwe H. Schneider zum 70. Geburtstag, 2011, Berlin, Köln, S. 1395 ff.

Wandt, Manfred/Sehrbrock, David: Regelungsziele der Solvency II-Rahmenrichtlinie, ZVersWiss 100 (2011), S. 193 ff.

Warnke, Lina/Thomas, Nadja/Müller, Stefan: Von der freiwilligen zur verpflichtenden Nachhaltigkeitsberichterstattung im Rahmen der CSRD, DB 2023, S. 977 ff.

Waschbusch, Gerd/Kiszka, Sabrina/Runco, Fabio: Nachhaltigkeitspräferenzen in der Anlageberatung aus regulatorischer Sicht, BKR 2021, S. 609 ff.

Waschbusch, Gerd/Kiszka, Sabrina/Runco, Fabio: Nachhaltigkeitsrisiken und Bankenaufsichtsrecht, BKR 2020, S. 615 ff.

Waschbusch, Gerd/Kiszka, Sabrina/Schuster, Hannes/Biehl, Jonathan: Der vergütungsspezifische Nachhaltigkeitsbegriff in der Finanzbranche, Das regulatorische Verständnis im Wandel, BKR 2022, S. 374 ff.

Weber, Franziska/Schäfer, Hans-Bernd: „Nudging", ein Spross der Verhaltensökonomie, Überlegungen zum liberalen Paternalismus auf gesetzgeberischer Ebene, Der Staat 56 (2017), S. 561 ff.

Weber, Klaus (Hrsg.): Rechtswörterbuch, 34. Edition Stand: 1.4.2025, München.

Weber, Werner: Die Versicherungsaufsicht in der gegenwärtigen Rechtsentwicklung, ZVersWiss 50 (1961), S. 333 ff.

Weiand, Neil George/Winter, Frederik/Rojahn, Martin: Sustainable Loans and Bonds – regulatorisches Umfeld und erste Praxiserfahrungen, ZfgK 2020, S. 285 ff.

Weihe, Lars: Compliance 2024: Was Verantwortliche im Mittelstand wissen müssen, CCZ 2024, S. 85 ff.

Weitnauer, Manuel: Corporate Sustainability – Compliance, Unternehmensstrategien und Risiken (Teil I), GWR 2023, S. 221 ff.

Weitnauer, Wolfgang: Handbuch Venture Capital, Von der Innovation zum Börsengang, 7. Aufl. 2022, München (zitiert: *Weitnauer*, in: Weitnauer, Venture Capital-HdB).

Weller, Marc-Philippe/Fischer, Tim: ESG-Geschäftsleitungspflichten, Unternehmenstransformation zur Klimaneutralität, ZIP 2022, S. 2253 ff.

Weller, Marc-Philippe/Hößl, Theresa/Seemann, Camilla: Klimaneutralität im Privatrecht, ZEuP 2024, S. 575 ff.

Wellerdt, Alexander: Neue Corporate Governance Regeln für Vorstand und Aufsichtsrat, Auswirkungen des FISG, FüPoG II und LkSG sowie der Ansätze zur Sustainable Corporate Governance, ZIP 2022, S. 356 ff.

Wellerdt, Alexander: Legislativvorschlag für eine Verordnung zu Europäischen Green Bonds, Ein Rahmenwerk für nachhaltige Finanzinvestitionen im Zusammenspiel mit der Offenlegungs-VO und der Taxonomie-VO, EuZW 2021, S. 834 ff.

Wendt, Domenik Henning: Das neue Versicherungsvertriebsrecht, VersR 2019, S. 257 ff.

Wendt, Janine/Wendt, Domenik Henning (Hrsg.): PRIIP-Verordnung, über Basisinformationsblätter für verpackte Anlageprodukte für Kleinanleger und Versicherungsanlageprodukte, Kommentar, 1. Aufl. 2021, Baden-Baden, Basel (zitiert: *Kalss*, in: Wendt/Wendt, NK-PRIIP-VO).

Wessels, Herbert: Gedanken zu einer Reform des Versicherungsaufsichtsrechts, 1962, Aurich.

Willms, Nicole/Stark, Carola: Die Wiederentdeckung von Clawbacks als Teil nachhaltiger Unternehmensführung, Mit überlegten Vergütungsmodellen den Grundstein zur werteorientierten Unternehmenskultur legen, ESGZ 6/2023, S. 40 ff.

Winter, Frederik/Hafner, Kathrin: Environmental - Social - Governance 2022: Aufsichtsrecht als Katalysator für „Nachhaltigkeit“, DB 2022 (Beilage 02), S. 59 ff.

Winter, Frederik/Kostić, Tina: Environmental - Social - Governance 2024: Gesetzliche Fixierung ESG-bezogener Anforderungen durch das EU-Bankenpaket (CRD IV und CRR III), DB 2024 (Beilage 02), S. 53 f.

Winter, Frederik/van Meegen, Alexander: Environmental - Social - Governance 2021: „Grünes“ Aufsichtsrecht?, - Die Bedeutung von ESG für Banken, Finanzdienstleister und Versicherungsunternehmen -, DB 2021 (Beilage 02), S. 59 ff.

Winter, Gerrit: Versicherungsaufsichtsrecht, Kritische Betrachtungen, 2007, Karlsruhe.

Winter, Gerrit: Zielsetzungen der Versicherungsaufsicht, ZVersWiss 94 (2005), S. 105 ff.

Wirth, Christian/Schreier, Vincent: Aktuelle Entwicklungen im Versicherungsaufsichts- und Versicherungsunternehmensrecht, r+s 2024, S. 49 ff.

Wolff, Johanna: Anreize im Recht, Ein Beitrag zur Systembildung und Dogmatik im Öffentlichen Recht und darüber hinaus, 2020, Tübingen.

Wolff, Johanna: Eine Annäherung an das Nudge-Konzept nach Richard H. Thaler und Cass R. Sunstein aus rechtswissenschaftlicher Sicht, RW 2015, S. 194 ff.
Wollenschläger, Ferdinand: Die unternehmerische Freiheit (Art. 16 GRCh) als grundrechtlicher Pfeiler der EU-Wirtschaftsverfassung, Konturen in der Charta-Rechtsprechung des EuGH, EuZW 2015, S. 285 ff.
Wollenschläger, Ferdinand: Budgetöffentlichkeit im Zeitalter der Informationsgesellschaft, Die Offenlegung von Zuwendungsempfängern im Spannungsfeld von Haushaltstransparenz und Datenschutz, AöR 135 (2010), S. 363 ff.
Wymeersch, Eddy: Das neue europäische Finanzmarktregulierungs- und Aufsichtssystem, ZGR 2011, S. 443 ff.
Wypych, Artur-Konrad/Sahle, Sophia: Vergütungsgestaltung in Versicherungsunternehmen unter Solvency II, Bestandsaufnahme und -analyse der geltenden Vorgaben im europäischen Vergleich, VersR 2024, S. 72 ff.
Zampano, Laura: Die Ursprünge der Versicherungsaufsicht in Deutschland und Italien aus historisch-vergleichender Perspektive, 2021, Berlin.
Zech, Herbert: Nachhaltigkeit und Digitalisierung im Recht, ZfDR 2022, S. 123 ff.
Zipperle, Madelaine/Kuthe, Thorsten: Maßgaben der BaFin zum Umgang mit Nachhaltigkeitsrisiken, DB 2020, S. 438 f.

HAFTUNGS- UND VERSICHERUNGSRECHT

Rechtliche Probleme der vertraglichen und außervertraglichen Haftung sowie des Versicherungsrechts

Herausgegeben von Christoph Brömmelmeyer, Martin Ebers, Hans-Peter Schwintowski und Jochen Taupitz

Band 1 Jochen Taupitz: Zivilrechtliche Haftung bei Kreditkartenmißbrauch. 1995.

Band 2 Sabine Scheiper: Der Versicherungsmakler. Aufgabe und Vergütungssystem im Wandel. 1996.

Band 3 Thomas Kritter: Der Ausschluß des Arztes von der Rechnungserstattung in der privaten Krankenversicherung. 2000.

Band 4 Torsten Kretschmer: Die zeitliche Abgrenzung des Versicherungsschutzes in der Allgemeinen Haftpflichtversicherung. Unter besonderer Berücksichtigung des AGB-Gesetzes und internationaler Deckungskonzepte. 2002.

Band 5 Seok-Chan Yoon: Die Gefährdungshaftung für moderne Techniken. Zugleich eine Stellungnahme zum neuen Schadensersatzrecht. 2002.

Band 6 Wolfram Irmer: Sekundärrechtsschutz und Schadensersatz im Vergaberecht. Die Notwendigkeit der Neuordnung des Primär- und Sekundärrechtsschutzes im Vergaberecht. 2004.

Band 7 Tabea Quiring: Die Dritthaftung von Sachverständigen. Nach der Schuldrechtsreform und der Neuregelung des § 839 a BGB. 2006.

Band 8 Jana Kossak: Rechtsfolgen eines Verstoßes gegen das Benachteiligungsverbot im Allgemeinen Zivilrechtsverkehr. Eine Untersuchung des § 21 AGG unter besonderer Berücksichtigung des europäischen Sanktionensystems. 2009.

Band 9 Susann Rochlitz: Arbeitszeitkonten in der (Alters-)Vorsorge. Rechtliche Perspektiven nach der Flexi II-Reform. 2011.

Band 10 Mirja Sauerland: Die Harmonisierung des kollektiven Verbraucherrechtsschutzes in der EU. Eine Analyse bezüglich der Kompetenz der Europäischen Union zur Schaffung von einheitlichen auf Leistung gerichteten Kollektivklagemechanismen. 2012.

Band 11 Jan Mittelstädt: Der Kapitalisierungsanspruch des Verletzten gemäß § 843 Abs. 3 BGB. Eine rechtsdogmatische Untersuchung zur materiellen und prozessualen Durchsetzung des Kapitalisierungsanspruches. 2014.

Band 12 Mareike Keller: Ein Konzept zur Umsetzung der Ausgleichsfunktion bei der Bemessung des Schmerzensgeldes. 2014.

Band 13 Jörg Büchner: Neue Entwicklungen und alte Probleme in der Berufsunfähigkeitsversicherung nach der VVG-Reform. Unter besonderer Berücksichtigung des aktuellen Bedingungsmarktes. 2015.

Band 14 Friedrich Anselm Wagner: Haftungsfragen bei Unfällen zwischen Radsportlern. Zugleich eine Untersuchung zu relativen Schutzpflichten und der Struktur des § 823 Abs. 1 BGB. 2016.

Band 15 Claudia Fechner: Schutzlücken im System effektiven Rechtsschutzes bei der Durchsetzung von Schadensersatzansprüchen. 2016.

Band 16 Britta Netzband: Der Courtageanspruch des Versicherungsmaklers. Grenzen der Vertriebsgestaltungsfreiheit der Versicherer unter besonderer Berücksichtigung des kartellrechtlichen Diskriminierungs- und Behinderungsverbots. 2019.

Band 17 Burkard Lensing: Die freie Anwaltswahl. Grundlagen des Verfahrensrechtes und Reichweite im Rechtsschutzversicherungsrecht. 2019.

Band 18 David Ulrich: Die direkte Inanspruchnahme des D&O-Versicherers. 2021.

Band 19 Kai Simon Wettlaufer: Nachhaltigkeit im Versicherungsaufsichtsrecht. 2026.

www.peterlang.com

www.ingramcontent.com/pod-product-compliance
Ingram Content Group UK Ltd.
Pitfield, Milton Keynes, MK11 3LW, UK
UKHW021841290926
8980IPUK00005B/579

9 783631 946480